国家社会科学基金2013年度项目
广西民族大学一流学科出版基金资助

明清书坊与戏曲研究

廖华 —— 著

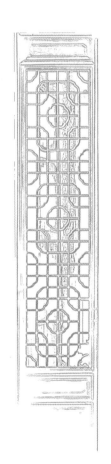

中国社会科学出版社

图书在版编目（CIP）数据

明清书坊与戏曲研究/廖华著. —北京：中国社会科学出版社，
2021.7
　ISBN 978-7-5203-7953-3

　Ⅰ.①明… Ⅱ.①廖… Ⅲ.①刻书—影响—古代戏曲—研究—
中国—明清时代 Ⅳ.①G256.22②I207.37

　中国版本图书馆 CIP 数据核字（2021）第 034171 号

出 版 人　赵剑英
责任编辑　郭晓鸿
特约编辑　张金涛
责任校对　李　莉
责任印制　戴　宽

出　　版　中国社会科学出版社
社　　址　北京鼓楼西大街甲 158 号
邮　　编　100720
网　　址　http://www.csspw.cn
发 行 部　010-84083685
门 市 部　010-84029450
经　　销　新华书店及其他书店

印　　刷　北京明恒达印务有限公司
装　　订　廊坊市广阳区广增装订厂
版　　次　2021 年 7 月第 1 版
印　　次　2021 年 7 月第 1 次印刷

开　　本　710×1000　1/16
印　　张　23.75
插　　页　2
字　　数　364 千字
定　　价　138.00 元

目　录
CONTENTS

绪　　论

戏曲文学在明清空前繁荣。首先，表现为戏曲创作的兴盛。明清涌现了大批戏曲作家和戏曲作品，其中不乏《西厢记》《牡丹亭》《长生殿》《桃花扇》等经典之作。其次，戏曲批评得到明代文论家的推崇和重视。《中国古典戏剧理论史》指出："嘉靖、隆庆时期是奠定中国戏剧理论在中国古代文艺思想史上历史地位的重要时期。同时，这一阶段又是戏剧理论迎来高峰期的一个前奏，嘉、隆之后，中国古代戏剧理论便走向了它的巅峰。"① 明代戏曲批评不仅全方位展开，而且出现了诸如《曲律》等论著。最后，明清戏曲演员和戏班大量出现，晚清的地方戏表演更是全面发展，阅读、观赏、表演戏曲成为明清大众最重要的消遣方式。总而言之，明清戏曲在整个创作界、批评界、演出界都呈现了一片欣欣向荣的景象。关于明清戏曲的研究，学者多立足于作家和作品探讨戏曲文学的发展。其实，明清出版机构，特别是书坊刻书，也应引起我们的重视。

陈大康先生曾谈到小说出版的意义，他说："'问世'是指创作的完成，'出版'才意味着作品开始在较多的读者中流传；前者表明小说史上增添了一部新作品，而唯有后者方能保证产生与该作品相称的社会反响，从而对后来的创作发生影响。就这个意义而言，在小说发展史的研究中，'出版'意义的重要性更甚于'问世'。"② 的确，创作完成后，可以成为作家自娱自乐的读

---

① 谭帆、陆炜：《中国古典戏剧理论史》，华东师范大学出版社 2005 年版，第 6 页。
② 陈大康：《明代小说史》，上海文艺出版社 2000 年版，第 15 页。

物，当然也可以手抄几本赠人，但流传的范围毕竟有限；作品以刊本形式流传就大大不同了，传播速度与范围都是惊人的。如明人郑之文创作的杂剧《白练裙》，相传是为了嘲讽屠隆等文人，刻本流传后，十分畅销。沈德符云："一时为之纸贵……次年，李九我为南少宰署礼部，追书肆刻本，毁其板，然传播远近无算矣。"① 如果《白练裙》是手抄本，是不可能在短时间内"传播远近"的。可见，作品只有通过出版公之于世，才能产生广泛的社会效应。

中国的刻书业至明清得到了长足发展，这与商品经济的推进和印刷技术水平的提高密不可分。明清官刻、家刻和坊刻中均有戏曲刻本，尤其是书坊所刻戏曲，占现存明清戏曲的绝大部分。书坊，即我国旧时书店的泛称。汉代已有专门售卖书籍的店铺；唐代中叶，四川、安徽、江苏、浙江、洛阳等地设肆刻书已很普遍；两宋时期，书坊刻书、售书日渐兴盛；明清的书坊更为发达，坊肆遍布全国，刊本层出不穷，是之前任何时代都不能比拟的。那么，书坊的含义是什么呢？笔者比较认同戚福康先生的观点。他认为书坊是"中国封建社会中晚期（唐代—清代）为满足市场需要而进行生产兼营销售印本书的私营单位"，而且"书坊业并不能简单地等同于今天的出版业，书坊同时具备印刷、出版及某些书店的功能，书坊主常常又是组稿、编辑、印刷、出版、发行的组织者，同时某些书坊主还是藏书家、校勘学家、文学家、学者，文化水平较高，社会接触面广"。② 的确，与现代的书商有所不同，古代书坊主人往往集藏书、刻书、售书于一体，采稿、校对、编辑刊刻、印刷、装订、销售都是他们的工作。

如果说一个作品的产生，是作者、文本、读者三者紧密结合的结果，那么出版机构要完成一个刻本，就是刻家、作者、文本与受众四者相互影响的结果。明清刻家往往身兼多职，既要安排出版计划，又要编辑文本；追逐经济利益的书坊主，还要负责发行销售。也就是说，一个戏曲刊本，不仅体现了作者的精神，而且包含了刻家对于大众文化和通俗文学的思考。从这个思路出发，本书的框架设计如下。

---

① （明）沈德符：《万历野获编》，中华书局 1959 年版，第 676 页。
② 戚福康：《中国古代书坊研究》，商务印书馆 2007 年版，第 24、30、31 页。

第一章"明清戏曲刊刻的兴盛原因、统计与特点",分三个方面论述,首先分析明清戏曲刊刻兴盛的原因:戏曲受众群的扩大;王李之学的兴起,推动了进步的文艺思想;统治阶级对戏曲的喜好,对文艺的发展也有着举足轻重的作用;印刷技术的提高与造纸业的发展;相对宽松的出版政策;文学自身的发展;发达的交通网络;营利与兴趣相结合的刊刻心态;文人传播戏曲的心态。其次全面整理统计、分析明清坊刻、家刻戏曲的篇目与特点。最后纵向考察明清坊刻戏曲的阶段性特征。

第二章"明清坊刻戏曲的稿源编辑与广告发行",讨论明清书坊获取稿源的渠道有购求、征稿、组织编写、书坊主自创、书坊主藏书、作家或读者自荐作品;分析刻家的编辑工作,包括编辑方式、编辑人员、编辑内容,并从中指出稿源和编辑工作对戏曲的影响;论述明清坊刻戏曲的十种广告类型:书名广告、序跋广告、凡例广告、识语广告、牌记广告、扉页广告、版心广告、正文卷首广告、评点广告、附录广告。

第三章"明清书坊与戏曲选本",首先对明清坊刻戏曲选本进行统计与分类;其次指出明清书坊对戏曲选本的意义,即明清戏曲选本以坊刻为主,书坊迎合读者的阅读需求,从而使选本形式多样化,书坊主亲自编选戏曲,并体现了重要的选曲观念,书坊组织文人改写曲文,使选本趋于案头与场上兼擅;最后分析戏曲选本的刊刻形态对戏曲研究的意义,即从刊本的命名、篇目分类考察戏曲观念(源流观、特征观、文体观、艺术观、功能观),从散出入选频率,分析明人的审美风尚及其变化。

第四章"明清书坊与戏曲插图",分析明清坊刻戏曲插图的脉络,接着探讨明清书坊对戏曲插图的意义及其影响,书坊以戏曲插图作为促销手段,从而促进戏曲插图的发展;请名家绘图和雕刻,提高知名度;书坊勇于改变画风,促使戏曲插图越来越精美;剧情融入插图,辅助文本内容;增加图目,促进戏曲出目的发展;改变插图内容,体现文本批评的功能;描绘舞台场景,指导戏曲演出;丰富插图种类,提高刊本价值;光芒万丈,为其他文化所借鉴。

第五章"明清书坊与戏曲评点",分两部分论述,第一部分勾勒明清坊刻戏曲评点的发展脉络，同时分析世德堂、继志斋、容与堂、雕虫馆、师俭堂、柳浪馆等书坊评点戏曲的特色。第二部分论述明清书坊对戏曲评点的影响，即评点作为促销手段而得到书坊的重视；组织下层文人评点，引领和推动戏曲评点的发展；书坊追求名人效应，从而提高戏曲评点的水平；书坊主亲自评点，从而丰富戏曲评点的形式与内容。

第六章"明清书坊与戏曲改编"，从促销手段、刊本案头化等因素分析明人热衷改编戏曲的原因；探讨明代书坊刊刻使元杂剧的体制，如分折、楔子、题目正名更加整饬，也使传奇体制，如分出、分卷、出目、开场、下场诗日趋规范；书坊在刊刻剧本时对脚色体制、曲律文辞也多有改编，尤其是晚明的书坊主臧懋循、袁于令、高一苇等，针对当时案头剧过多的现象，自觉追求案头与场上兼美的审美标准，改编且刊刻了一系列戏曲，有利于戏曲文学的综合发展。

第七章"明清书坊与戏曲演出"，分三个方面论述明清书坊对戏曲演出的影响。一是明清书坊刊刻舞台流行剧本、增加点板和表演类插图、指导舞台表演的论著、评论艺人表演的"花谱"、反映艺人与戏班轶事的书籍，从而丰富了戏曲表演艺术；二是明清书坊改写剧本，使之更适合台上表演，又编刊《南音三籁》《缀白裘》《乐府红珊》《六十种曲》等舞台范本，有效指导了戏曲演出；三是明清书坊与戏班存在合作关系，给戏班提供稿酬，扩大剧本受众群，保存演出脚本，提高剧本的文学性和舞台性，进一步促进了戏班的发展。

第八章"明清书坊与戏曲读者"，首先探讨明清戏曲读者群包括帝王、士大夫、文人、下层百姓、商人、军士、少年儿童、女性读者和海外读者，并考察明清戏曲读者主体构成的变化。其次论述明清戏曲读者的特点，一是与戏曲观众相同，拥有各个阶层的读者，看戏、读戏常被禁止，喜爱《西厢记》《牡丹亭》《桃花扇》《长生殿》等经典作品；二是与戏曲观众不同，读者可以细细品味戏曲文本；三是与小说读者不同，看戏与读戏、读戏与演戏的互动使戏曲读者拥有独特的阅读体验。再次，论述戏曲读者与戏曲演出、戏曲文本的相互影响。最后探讨读者对戏曲刊刻的影响：促进戏曲刻本的产生、刊本形态的多样化、不同题材的戏曲刊刻、文本内容的修订、戏曲续集和改编本的刊刻，同时在《西厢记》等剧本的经典化过程中起了重要作用。

　　本书将研究视野转移到书坊和受众，从出版文化的角度探讨明清戏曲刊刻活动，由此揭示明清戏曲观念和审美风尚，并挖掘明清书坊对戏曲的具体影响。这样的研究有助于我们理解戏曲史上的一些争辩和疑问，同时使我们更清晰地认识戏曲的传播情况和当时的文化背景。

　　最后，需要指出的是，本书所讨论的"戏曲"主要是指明清时期雕版印刷的南戏、杂剧、传奇等传统戏曲。

第一章　明清戏曲刊刻的兴盛原因、统计与特点

明嘉万时期诗文家李诩（1506—1593）曾慨叹道："余少时学举子业，并无刻本窗稿。……今满目皆坊刻矣。"① 可以说，明代中叶以来，中国刻书业迅速发展，尤其是书坊林立，超越了之前任何一个朝代。各种类型的坊刻图书进入读者视野，备受大众喜爱的戏曲，更是被大量刊刻。正如冯梦龙《双雄记·序》所说："《荆》《刘》《蔡》《杀》而后，坊本辈出，日益滥觞。"② 本章主要探讨明清戏曲刊刻兴盛的原因；统计和分析明清坊刻、家刻戏曲的数目和特点；此外，分析明代坊刻戏曲、清代坊刻戏曲的阶段性特征。

第一节　明清戏曲刊刻兴盛的原因

笔者认为明清戏曲刊刻兴盛的原因主要有以下几个方面。

一　城市人口扩大，并以小说戏曲为乐

从明中叶开始，社会经济发展，尤其是商业兴盛，居民人数急剧增多。

---

① （明）李诩：《戒庵老人漫笔》，中华书局 1982 年版，第 334 页。
② （明）冯梦龙：《双雄记·序》，明末墨憨斋刊本，吴毓华《中国古代戏曲序跋集》，中国戏剧出版社 1990 年版，第 271 页。

同时，许多农村人口流向城市，何良俊曾描述说："昔日逐末之人尚少，今去农而改业为工商者三倍于前矣。"① 流入城市的农民，大多成为工商业者，这在一定程度上增加了城市人口。据韩大成《明代城市研究》记载，南京城里人口在洪武三十年（1397）就超过60万，上班做工人数达13万，从事62个工种。而北京人口万历时更在百万以上，杭州人口也近百万，苏州人口也在60万左右。② 随着城市规模的扩大，市民队伍不断壮大，民众对文化的需求也越来越强烈。他们在"日出而作，日落而息"的生活规律中，迫切希望找到一种娱乐方式。

此外，资本主义萌芽的发展使社会风气发生巨大变化。明《客座赘语》卷一《正嘉以前醇厚》云：

> 有一长者言曰：正、嘉以前，南都风尚最为醇厚。荐绅以文章政事、行谊气节为常，求田问舍之事少，而营声利、畜伎乐者，百不一二见之；逢掖以咕哗帖括、授徒下帷为常，投贽干名之事少，而挟倡优、耽博弈、交关士大夫陈说是非者，百不一二见之；军民以营生务本，畏官长，守朴陋为常，后饰帝服之事少，而卖官鬻爵、服舍亡等，几与士大夫抗衡者，百不一二见之；妇女以深居不露面，治酒浆、工织纴为常，珠翠绮罗之事少，而拟饰倡妓、交结姏媪，出入施施无异男子者，百不一二见之。③

这段话反映了中晚明社会风气的转变：人们开始在饮食、服饰、居室以及器用方面追求华美，倾慕"去朴从艳"的服饰，向往"慕奇好异""异调新声"的文艺娱乐。他们在物质生活得到一定的满足后，便对精神生活提出了相应的要求。

作为叙事文学的小说戏曲，有其独特的艺术魅力，如语言通俗、故事性强，于是成为大众重要的娱乐方式，被书坊竞相刊刻。所谓"卖古文不如卖

---

① （明）何良俊：《四友斋丛说》，中华书局1959年版，第112页。
② 韩大成：《明代城市研究》，中国人民大学出版社1991年版，第49—50页。
③ （明）顾起元：《客座赘语》，中华书局1987年版，第25页。

时文，印时文不如印小说"① 的现象，正是书商为了迎合大众审美需求而形成的。

二 王李之学的兴起，推动了文艺思想的进步

明代中后期，一方面社会动荡，政局黑暗，阶级矛盾日益尖锐化；另一方面，商业经济发展，城市文化繁荣，风俗变更，思想文化界开始活跃起来。面对这样的时局，文人士子表现出不同的态度。有的开始寻找维护封建统治的出路；有的则对政治产生厌倦情绪，以狂妄放纵的姿态反击对人欲的压制，积极倡导人性的解放。以王守仁为首的王学代表了前者。王守仁继承了宋代陆九渊的"心学"，认为"心者，天地万物之主也"，② 并且主张知行合一，虽然在一定程度上有利于人的自我意识的觉醒，却以维护封建纲常为归依。泰州学派，亦称王学左派，代表了后者，越来越具有离经叛道的倾向。其实，王守仁的观点为"自挖封建伦理的墙角留下了余地"，因为"他不像宋儒那样借助外在的宇宙观讨论，来重建内在的孔孟伦常，而用禅宗的'直指本心'，遂留下了'本心'的自然本性得以承认的余地"。③ 所以，泰州学派抓住"心即理"之说大肆发挥，尤其是李贽，喊出了反礼教的最强音。他肯定人的七情六欲，认为"穿衣吃饭，即是人伦物理"，④ 反对虚伪矫饰，提出"童心"说，倡导真情实学。汤显祖、袁宏道等文人则将李贽的思想发扬光大，以至"士大夫靡然信之"，"士风大都由其染化"。⑤

在人文新思潮的影响下，民众自我主体意识觉醒。明人的价值观念、行为准则发生了一系列变化。他们开始认识到自我价值的存在，关注个体欲望的满足，追求身心愉悦，正如李贽所云："士贵为己，务自适。"⑥ 为了寻求

---

① 清同治六年重镌《汇纂功过格》卷七《与人格劝化》，王利器《元明清三代禁毁小说戏曲史料》，上海古籍出版社 1981 年版，第 253 页。

② （明）王守仁：《答季明德》，《阳明先生集要》上册，中华书局 2008 年版，第 284 页。

③ 邓乔彬：《古代文艺的文化观照》，上海教育出版社 2003 年版，第 501 页。

④ （明）李贽：《焚书》卷一《答邓石阳》，中华书局 1975 年版，第 4 页。

⑤ （清）傅维麟：《明书》卷一六〇《异教传》，转引自厦门大学历史系编《李贽研究参考资料》（第 1 辑），福建人民出版社 1975 年版，第 28 页。

⑥ （明）李贽：《焚书增补》卷一《答周二鲁》，中华书局 1975 年版，第 258 页。

"自适"，人们逐步形成了向往自由、热衷娱乐的生活习惯，阅读小说戏曲迅速进入他们的世界。反映在文学创作上，则是李贽等一批进步文人反传统观点，重视通俗文学的价值，开启了文学通俗化和社会化的进程，具体表现在两个方面：一是小说戏曲的作品数量非常可观；二是作品表达的内容更加世情化。如公安三派提倡"性灵说"；"三言""二拍"里不少篇章大胆描写男女之情，并表现商人的追财逐利；《金瓶梅》从一个侧面反映了当时女性的情理挣扎；汤显祖唯美地刻画了杜丽娘"情至则生者可以死，死可以生"的真挚之情①，从而使《牡丹亭》成为千古绝唱。

三 统治阶级对戏曲的喜好，对文艺的发展也有着举足轻重的作用

文学的发展有多种因素，而统治阶级的喜好亦不容忽视。虽然它并不起主导作用，但是对文学样式的发展产生了一定影响。比如战国时期，中国散文蓬勃发展，这与当时王公贵族争相养士的风气有关；汉武帝喜好张扬国威，铺张扬厉的赋体形式因而兴盛；唐代君王喜好诗词，甚至以诗取士，诗歌在唐朝达到鼎盛不足为怪；宋代也有不少皇帝偏爱填词，故宋词得到长足发展。明清戏曲的繁荣当然也离不开统治阶级的喜好。

在中国的历史上，戏曲成为不少帝王闲暇之时的消遣方式，出现了不少帝王戏迷。比如秦二世胡亥，将戏曲前身"傩"，即驱除魔鬼瘟疫的一种歌舞，配上管弦，填上歌词，发展为具有情节的戏曲，后来称为"秦腔"。唐明皇李隆基亦酷爱戏曲，甚至将梨园作为戏曲教坊基地，因此后人称戏曲界人士为"梨园弟子"。至明代，戏曲禁令众多，但明代帝王对戏曲的热爱有过之而无不及。如朱元璋喜读《琵琶记》等戏曲，还模仿元杂剧的曲子写了一首小诗："诸臣未起朕先起，诸臣已睡朕未睡；何似江南富足翁，日高三丈犹披被。"② 天启皇帝熹宗朱由校不仅看戏，还喜欢演戏，曾冒着酷暑穿上厚厚的冬装戏服，可谓历代帝王中戏迷之最。清代帝王中也不乏戏迷，京剧的发展

---

① （明）汤显祖：《牡丹亭》，明泰昌朱墨刻本《牡丹亭记》，吴毓华《中国古代戏曲序跋集》，中国戏剧出版社1990年版，第88页。

② （清）周寿昌：《思益堂日札》（第2版）卷七《读曲杂说》，中华书局1985年版，第196—197页。

就与他们的喜爱密不可分。虽然大部分帝王仅以戏曲为乐，造诣不深，但是这种上行下效的作用不可小觑。

四　印刷技术的提高与造纸业发展

明初刊刻技术相对落后，陈大康《明代小说史》指出，"若按一个刻字匠每天可刻二百余字的速度推算"，"十个工匠刻八万字的《三国志》约花一个多月便可以完成，可是要刻七十万字的《三国演义》就得花上十个月。而且，在雕板之前须得有写工逐字地书写和校勘，而雕板之后还需要经过刷印、折叠、装订等几道工序，这部作品要刊印成书，前前后后总须得有一年的时间"。[①] 如此耗费人力的书籍，价格当然不菲，估计只有官吏或商人能够购买。

明代中叶以后，除雕版印刷外，木活字、铜活字、泥活字等技术不断发展，对劳动力的需求有所降低，刻工的酬劳也相应减少。如叶德辉《书林清话》谈到明代刻书工价甚廉。[②] 明代李开先之所以刊刻《打哑禅》与《园林午梦》，原因之一就是"雕工贫甚，愿减价售技"[③]。可见，雕工的要价，直接影响了书籍刊刻。明代刻字工人的工资不高，成本降低，价格逐渐能被市民所接受。

同时，明代的造纸业迅速发展。《菽园杂记》卷十二记载了明代社会的用纸情况："洪武年间，国子监生课簿仿书，按月送礼部，仿书发光禄寺包面，课簿送法司背面起稿，惜费如此。永乐、宣德间，鳌山烟火之费，亦兼用故纸，后来则不复然矣。成化间，流星爆仗等作，一切取榜纸为之，其费可胜计哉！"[④] 纸张被铺张浪费，说明纸张的产量大为提高。

印刷业与造纸业的发达，使大规模的书坊开设成为可能，从而为小说戏曲的刊行创造了条件。

---

① 陈大康：《明代小说史》，上海文艺出版社 2000 年版，第 166 页。
② （清）叶德辉：《书林清话》，中华书局 1957 年版，第 185 页。
③ （明）李开先：《院本短·引》，《李开先集》（下册），中华书局 1959 年版，第 857 页。
④ （明）陆容：《菽园杂记》，中华书局 1985 年版，第 153 页。

五　相对宽松的出版政策

为了加强控制知识分子的思想，元朝政府对书籍出版严加管理。明陆容《菽园杂记》云："元人刻书，必经中书省看过，下所司，乃许刻印。"① 元人刻书并非易事，作品必须经过官员的层层审查，方有出版的可能。与元代相比，明代书籍出版的政策较为宽松。明代开国之初，朝廷颁发"书籍田器不得征税"之令。《明史》记载："明初务简约，其后增置渐多，行赍居鬻，所过所止各有税。其名物件析榜于官署，按而征之。唯农具、书籍及他不鬻于市者勿算，应征而藏匿者没其半。"② 自明洪武间废除书籍税之后，出版图书的成本减少，极大地促进了书籍刊刻行业的发展。

明代对工匠的管理也越来越松动。明初政府实行"轮班匠"制度，即规定各地的工匠必须按期到京城服役。刻字匠的规定是两年一班，印刷匠是一年一班。虽然值班的时间只有三个月，但是"路途遥远者，往返动经三四月，则是每应一班须六七月，方得宁家……一年一班者，奔走道路，盘费罄竭"，浪费了时间与劳力，③ 即使是"无工可做，亦不敢失期不至"。④ 这就在一定程度上限制了刻书业的发展。明成化二十一年，政府实行班匠纳银制，允许轮班匠交付银两而免赴京师服役，不愿意付钱的仍需要当班。明嘉靖八年，政府下令废除轮班制，一律改为纳银，由政府雇人服役。"一条鞭法"实行后，一切徭役都可以银代替。这使刻字匠、印刷匠有更多人身自由，可以从事更多的出版工作。

六　文学自身的发展

任何事物都处于运动变化中。文学样式的形成与发展不可能一朝一夕发

---

① （明）陆容：《菽园杂记》，中华书局 1985 年版，第 129 页。
② （清）张廷玉等：《明史》之《食货志五·商税》，中华书局 1974 年版，第 1974 页。
③ （明）胡广等：《英宗实录》卷一五三"正统十二年闰四月丙戌"条，台湾"中央研究院"历史语言研究所影印本，第 3003 页。
④ （明）胡广等：《明太祖实录》卷二三〇"洪武二十六年十月己亥"条，台湾"中央研究院"历史语言研究所影印本，第 3363 页。

生蜕变，戏曲当然也经过漫长的演化历程才得以兴盛繁荣。北曲杂剧在元末已呈衰落之势，到了明代吸收南剧的特长而得以重振。较为灵活自如的南曲则在四大声腔争奇斗艳的竞争中获得迅速发展。明嘉、隆间，昆山腔经魏良辅等人改革后脱颖而出，声腔圆润细腻，深得文人雅士的喜爱。《宝剑记》《鸣凤记》《浣纱记》是嘉靖年间三部重要传奇。其中，《浣纱记》是第一部昆腔传奇，将昆曲搬上舞台，使更多文人学士学习和创作戏曲。明万历以后，剧坛形成了注重性灵词采的玉茗堂派和强调格律的吴江派。青木正儿在《中国近世戏曲史》中说："万历间自沈璟、汤显祖两大家起麾曲坛，作家并辔驰骛，竞盛一时。由是至明末清初间，诸家所作，尤极殷富灿烂。"① 明代末年，传奇作家以阮大铖、吴炳为代表，提倡"以临川之笔协吴江之律"②，主张既追求词采又恪守音律。至清代，戏曲创作和理论继续发展，出现"南洪北孔"、李渔《闲情偶寄》等重要作家、作品。

戏曲不仅可以消磨时光、寓教于乐，而且具有讥讽时政、结朋交友、晋身仕途等功能，日益受到文人的重视。臧懋循在《元曲选·序二》中说："今南曲盛行于世，无不人人自谓作者。"③ 沈德符《顾曲杂言》云："年来俚儒之稍通音律者，伶人之稍习文墨者，动辄编一传奇。"④ 王骥德《曲律》云："今则自缙绅、青襟，以迨山人、墨客，染翰为新声者，不可胜记。"⑤ 吕天成《曲品》云："博观传奇，近时为盛。大江左右，骚雅沸腾。"⑥ 沈宠绥《度曲须知》云："名人才子，踵《琵琶》，《拜月》之武，竞以传奇鸣，曲海词山，于今为烈。"⑦ 创作实践推动戏曲理论发展，理论的进步又对戏曲创作

---

① 〔日〕青木正儿：《中国近世戏曲史》，王古鲁译，作家出版社1958年版，第165页。

② 吴梅：《中国戏曲概论》，上海古籍出版社2000年版，第162页。

③ （明）臧懋循：《元曲选后集·序》，《负苞堂集》，古典文学出版社1958年版，第56页。

④ （明）沈德符：《顾曲杂言》，中国戏曲研究院编《中国古典戏曲论著集成》（第4集），中国戏剧出版社1959年版，第206页。

⑤ （明）王骥德：《曲律》，中国戏曲研究院编《中国古典戏曲论著集成》（第4集），中国戏剧出版社1959年版，第167页。

⑥ （明）吕天成：《曲品》，中国戏曲研究院编《中国古典戏曲论著集成》（第6集），中国戏剧出版社1959年版，第211页。

⑦ （明）沈宠绥：《度曲须知》，中国戏曲研究院编《中国古典戏曲论著集成》（第5集），中国戏剧出版社1959年版，第198页。

有着重要的指导意义。明清剧坛就是在创作繁荣和文艺争鸣的热闹氛围中出现鼎盛的局面。丰富的传奇作品使刻家不用担心稿源问题，从而促进了戏曲刊刻行业的发展。

七　发达的交通网络

明代的交通运输业较前代有了明显发展，明代科学家宋应星曾感慨道："幸生圣明极盛之世，滇南车马，纵贯辽阳，岭徼宦商，衡游蓟北，为方万里中，何事何物不可见见闻闻。"① 江南一带的交通尤为发达，如南京有"龙蟠虎踞"之称，是会合南北、贯通东西之枢纽；杭州、湖州等地也是水网交错，港湾遍布，正如刊于崇祯八年的《天下水陆路程》所说，"水多，诸港有船"。② 可见，明代江南的交通十分便利。

交通运输关系着王朝统治的稳定，对于书籍出版来说也是重要的影响因素。学者沈津曾指出："大凡水陆两路交通便利的地方，也必定是书肆聚集之处所。"③ 的确如此，如明代建宁府地处福建北大门，北连浙江，西接江西，著名的建溪流入闽江，奔向东海，是来往闽、浙、赣三省的交通要道，行旅商贾的集散之地，有利于书肆的兴起和发展，所以建阳、建安两地能够较早从事刻书事业。又如明万历间藏书家徐𤊻为了访书，"三为吴越之游"，他所到的地方均是交通发达之地，也是书坊集中之处。④

八　营利与兴趣相结合的刊刻心态

毋庸置疑，书坊刻书是为了营利的。如明代书坊主臧懋循被罢官后，经济拮据，生活困顿，为了养家糊口，他不得不操起刻书之业。他在《与曹能始书》中说：

---

① （明）宋应星：《天工开物》，科学出版社1976年版，第4页。
② （明）黄汴：《天下水陆路程》，山西人民出版社1992年版，第204页。
③ 沈津：《明代坊刻图书之流通与价格》，《书韵悠悠一脉香：沈津书目文献论集》，广西师范大学出版社2006年版，第98页。
④ （明）徐𤊻：《红雨楼书目·序》，《徐氏红雨楼书目》，古典文学出版社1957年版，第244页。

> ……弟入春来，为第四子娶妇，空囊本不能有所营办，而妇家又不见怜，往往求多，几至析骸决脑矣。屡谋入都，旋为债家所束，两月间怀抱恶甚，未可为知已道也。①

在《寄姚通参书》又说：

> ……弟播弃以来，值岁之不时，更为婚嫁所累，先人遗产荡不复存，乃汗漫江湖，佣文自活，穷途洒泣，谁见怜之。②

臧懋循曾希望做达官的幕僚，但是被时人讥为不守礼法之人，未能如愿，最终选择"佣文自活"，卖文为生。除了经济方面的直接动因外，还有两个方面是书坊坚持刊刻戏曲的理由。

首先是不以刻书挣钱为耻的心理。明代人们的思想观念开始发生变化，其中就有对"贵义贱利""重本抑末"价值观的颠覆。李贽公开倡导"好货""好色"是人的本性；改革家张居正提出"资商利农"的主张；明后期思想家黄宗羲提出"工商皆本"论，即工业和商业都是本业。这些主张和言论从各个角度充分肯定了追求财富的合理性。人们对于金钱的崇拜，将长期压抑的物质欲望在瞬间解放出来。经商也不像过去受到世人的鄙视，"弃儒就贾"甚至成为一种风气。这一思潮使许多文人士大夫纷纷营产谋利。明人黄省曾在《吴风录》中说："至今吴中缙绅士大夫，多以货殖为急。"③ 于慎行《谷山笔麈》云："吴人以织作为业，即士大夫家，多以纺绩求利。"④ 明末著名的思想家唐甄曾在苏州从事牙行经营，他并不认为自己的经商行为是可耻的，而是指出辅佐周武王立大功的姜尚也曾"卖饭于孟津"⑤。孔尚任《桃花扇》中写到一位在南京三山街开设书坊"二酉堂"的书商蔡益所，这位书商介绍

---

① （明）臧懋循：《负苞堂集》，古典文学出版社 1958 年版，第 87 页。
② 同上书，第 88 页。
③ （明）黄省曾：《吴风录》，顾廷龙编《续修四库全书》史部地理类，第 733 册，上海古籍出版社 2002 年版，第 791 页。
④ （明）于慎行：《谷山笔麈》，中华书局 1984 年版，第 39 页。
⑤ （明）唐甄：《潜书·食难》，中华书局 1963 年版，第 88 页。

自己是"混了书香铜臭、贾儒商秀"，"既射了贸易诗书之利，又收了流传文字之功；凭他进士举人，见俺作揖拱手，好不体面"。① 书坊主既获取了利润，又有"流传文字之功"，就算是举人见到，也要礼让三分，说明儒商的价值逐渐被社会认可。

其次是喜爱戏曲的心理。高应玘《卧病江皋·序》云："其嗜文者将必刻文，嗜诗者刻诗，刻经解，刻举业。"② 的确，刻家一般会选择自己喜欢的作品刊刻。李廷谟《徐文长先生批点北西厢记·跋》云："予每见文人一诗一文一语言之妙者，恨不即时传遍天下，诵之歌之而后已，故喜刻书。"③ 李廷谟说他看到好文章便恨不得马上将之版印。如此说来，书坊刊刻戏曲也有欣赏戏曲的原因。臧懋循改编汤显祖"四梦"，编刊《元曲选》，恐怕除为了生计外，也是出于对戏曲的热爱。

"学而优则仕"当然是文人最大的理想。但是明代中晚期政治黑暗，儒生走科举取士之途极其艰难。如果科举之路屡屡受挫，那么该如何寻找出路？刊刻自己喜欢的书籍，不仅有利可图，还可以留名后世，可谓名利双收。将谋生发展与兴趣爱好相结合，对于失意文人来说，未尝不是绝佳的途径。

九　文人传播戏曲的心态

在印刷出版业不发达的情况下，文学的功能实现方式以应制、游宴、赠答、赋物、题词、书信、自娱等封闭方式为主，创作者难以确立将个人心灵世界与外在读者世界充分沟通的自觉意识。这就使作家对待文学的传播是"束之高阁""藏之名山"，在作品完成后并不马上使之流传于社会。如祁麟佳的《大室山房四剧》，是在他逝世后由其兄长祁彪佳刊刻的。④ 又如金圣叹云："夫世间之书，其力必能至于后世，而世至今犹未能以知之，而我适能尽

---

① （清）孔尚任：《桃花扇》第二十九出《逮社》，人民文学出版社1959年版，第190页。

② （明）高应玘：《卧病江皋·序》，（明）李开先《李开先集》（下册），中华书局1959年版，第903页。

③ （明）李廷谟：《北西厢记·跋语》，明崇祯延阁刊本《徐文长先生批点北西厢记》，吴毓华《中国古代戏曲序跋集》，中国戏剧出版社1990年版，第174页。

④ （明）祁彪佳：《大室山房四剧及诗稿·序》，录自上海出版公司1955年版《远山堂明曲品剧品校录》，吴毓华《中国古代戏曲序跋集》，中国戏剧出版社1990年版，第285页。

智竭力，丝毫可以得当于其间者，则必我今日所批之《西厢记》也。"① 金圣叹希望其批注的《西厢记》能流传于后世，被后人理解与喜爱。

然而，随着戏曲文学地位的提高及实用主义倾向日益明显，一些文人开始想方设法使作品流传于世。如祁彪佳得知沈泰编刊杂剧选本《盛明杂剧》，迫切希望自己创作的《鱼儿佛》也能收编其中，于是给沈泰写信道：

> 然倘有数语可观，乞仁兄大加斧正，刻入二集中，何如？倘二集已足三十种，或以别一剧俟之三刻，而此剧仍插入何如？惟尊裁之。袁凫公相别时已相约为弟批评，兹小柬乞仁兄并小剧致之，祈其践此约也。若此兄已还金阊，则不必烦往返，第得仁兄一字之品题，便为腐草生光矣。②

祁彪佳愿意自己掏钱出版，而不是等着商家来求书，也许因为作者非常满意自己的作品，希望更多读者欣赏；又或是作者期盼作品面世后能得到同行的赞许与指点。无论如何，这已经有别于"藏之名山"的传播心态。

孟称舜在《贞文记·题词》中云："传奇剖厥之赀，则募自吾乡及金陵者居多，盖表扬幽贞，风励末俗，实众情之所同，而非余一人能为之也，此性之所为无不善也。"③《贞文记》之所以出版，就是希望通过该戏曲挽救明末衰败之势，实现戏曲的教化功能。在孟氏看来，戏曲不是自我的陶醉，而是应该承载更多的内涵，即作品完稿后还需要将之流传，与更多的人分享，使更多的人从中受益。刊刻费用由孟氏的老乡和金陵朋友所出，说明普通百姓也非常认可这种传播心态。

以上主要从受众群体、文艺思潮、帝王的爱好、印刷技术、出版政策、文学发展、交通网络、刻家的心态、文人的心态九个方面分析了明清刊戏曲兴盛的原因。笔者主要着眼于"刊本"而不是稿本，所以结合作家、作品、

---

① （清）金圣叹：《圣叹外书·序》，贯华堂《贯华堂第六才子书西厢记》，吴毓华《中国古代戏曲序跋集》，中国戏剧出版社 1990 年版，第 343 页。

② （明）祁彪佳：《远山堂尺牍·与沈林宗》，南京图书馆藏明抄本，转引自赵素文《祁彪佳与明杂剧〈鱼儿佛〉的编订及刊刻》，《戏曲研究》2005 年第 1 期。

③ （明）孟称舜：《贞文记·题词》，明崇祯年间刻本《贞文记》，吴毓华《中国古代戏曲序跋集》，中国戏剧出版社 1990 年版，第 203 页。

刻家、受众四个角度探讨，以全面了解明清戏曲繁荣的因素。

第二节　明清坊刻、家刻戏曲统计与特点

明清刻书业包括官刻和私刻，其中私刻又分为坊刻和家刻。本节主要探讨明清坊刻、家刻戏曲的情况。

整理明清私刻戏曲目录，涉及家刻与坊刻的辨别，而这两者的区分，笔者主要依据刊本的牌记、识语、凡例、序跋，及与刊刻者、刊本相关的笔记和史料，同时参考了以下几类文献资料。

一是版刻书目与研究：著作有明周弘祖《古今书刻》，杨绳信《中国版刻综录》《增订中国版刻综录》，杜信孚、杜同书《全明分省分县刻书考》《全清分省分县刻书考》《明代版刻综录》，瞿冕良《中国古籍版刻辞典》，北京图书馆《中国印本书籍展览目录》，胡学彦《浙江历代版刻书目》，江澄波《江苏刻书》，王澄《扬州刻书考》，杜信孚、漆身起《江西历代刻书》，方彦寿《建阳刻书史略》与《福建历代刻书述略》，谢水顺、李珽《福建古代刻书》，徐学林《徽州刻书史》，刘尚恒《徽州刻书与藏书》，叶树声、余敏辉《明清江南私人刻书史略》，张秀民《中国印刷史》，缪咏禾《明代出版史稿》，顾志兴《浙江出版史研究》，戚福康《中国古代书坊研究》；论文有俞为民《明代南京书坊刊刻戏曲考述》、孙崇涛《中国戏曲刻家述略》与《古代江浙戏曲刻本述考》、郭英德《〈牡丹亭〉传奇现存明清版本叙录》、宋平生《〈桃花扇传奇〉版刻源流考》、李复波《〈西楼记〉版本初录》。

二是古籍、善本书目：王重民《中国善本书提要》和《中国古籍善本书目》（上海古籍出版社），中国科学院图书馆《续修四库全书总目》，王绍曾《清史稿艺文志拾遗》，程小澜等《浙江省古籍善本联合目录》，王荣国等《东北地区古籍线装书联合目录》，常书智、李龙如《湖南省古籍善本书目》，何远景《内蒙古自治区线装古籍联合目录》和《山西文献总目提要》，张德

意、李洪《江西古今书目》，成都市图书馆《成都市古籍联合目录》，贾晋华《香港所藏古籍书目》。

三是戏曲书目、丛刊：董康《曲海总目提要》，傅惜华《明代杂剧全目》《清代杂剧全目》《明代传奇全目》，庄一拂《古典戏曲存目汇考》，蒋星煜等《明清传奇鉴赏辞典》所附录《明清传奇书目》，张棣华《善本剧曲经眼录》，王文章《傅惜华藏古典戏曲珍本丛刊提要》《中国地方戏曲剧本丛刊》，郭英德《明清传奇综录》，齐森华等《中国曲学大辞典》，幺书仪《戏剧通典》，李修生《古本戏曲剧目提要》，黄仕忠《日本所藏中国戏曲文献综录》《日本所藏戏曲文献丛刊》《明清孤本稀见戏曲汇刊》，陈旭耀《现存明刊〈西厢记〉版本综录》，郑振铎等《古本戏曲丛刊》，王秋桂《善本戏曲丛刊》，刘世珩《暖红室汇刻传奇》，北京大学图书馆《不登大雅文库珍本戏曲丛刊》，广东省潮剧发展与改革基金会《明本潮州戏文五种》，龙彼得《明刊闽南戏曲弦管选本三种》，顾廷龙《续修四库全书》，国家图书馆出版社《古本〈西厢记〉汇集·初集》，中华书局出版社《明刻古典戏曲六种》，陈志勇《明清孤本戏曲选本丛刊》，刘祯、程鲁洁《郑振铎藏珍本戏曲文献丛刊》。

四是图书馆、博物馆、研究所所藏古籍书目、汇刊：《北京图书馆古籍善本书目》《北京图书馆普通古籍总目》《上海图书馆善本书目》《浙江省立图书馆善本书目》《河南省图书馆中文古籍书目》《山西省图书馆古籍善本书目》《北京大学图书馆藏善本书目》《清华大学图书馆藏善本书目》《四川省高校图书馆古籍善本联合目录》《香港中文大学图书馆古籍善本书录》《中国历史博物馆藏普通古籍目录》《美国哈佛大学哈佛燕京图书馆中文善本书志》《美国哈佛燕京图书馆藏中文善本汇刊》《哈佛燕京图书馆藏齐如山小说戏曲文献汇刊》《东京大学东洋文化研究所所藏双红堂文库全文影像资料库》《国家图书馆藏〈西厢记〉善本丛刊》《大连图书馆藏珍秘戏曲古籍丛刊》《国家图书馆藏〈牡丹亭〉珍本丛刊》。

五是其他资料：著作有郑振铎《西谛书话》，中国戏曲志编辑委员会《中国戏曲志》，苏州市地方志编纂委员会《苏州市志》，中国戏曲志南京分卷编辑室《南京戏曲资料汇编》，邓长风《明清戏曲家考略全编》，王永宽、王钢

《中国戏曲史编年》，程华平《明清传奇编年史稿》，孙崇涛《戏曲文献学》，倪莉《中国古代戏曲目录研究综论》；论文有吕立忠《清代广西文人著述初探》、黄义枢《〈味兰簃传奇〉作者考辨》、王裕明《〈月中人〉作者月鉴主人考》、华玮《〈才子牡丹亭〉作者考述——兼及〈笠阁批评旧戏目〉的作者问题》。

由于参考的资料较多，以上只列了部分资料。此外，为了统计的准确性，笔者还到北京、上海、南京等地查阅了戏曲刊本，具体统计情况如下。

一 明清坊刻戏曲

（一）明代坊刻戏曲统计与特征

明代坊刻戏曲的统计按地区划分，括号内为书坊主人的名字，具体情况如下。

江苏地区刊刻戏曲的书坊有 43 家，共刻戏曲 227 种。俞为民在《明代南京书坊刊刻戏曲考述》中认为明代南京刊刻戏曲的书坊有 13 家，[1] 但据笔者统计，共有 25 家，分别是积德堂、少山堂（胡少山）、富春堂（唐对溪）、世德堂（唐晟）、文林阁（唐锦池）、广庆堂（唐振吾）、唐晟、德寿堂、继志斋（陈大来）、环翠堂（汪廷讷）、师俭堂（萧腾鸿、萧少衢）、文秀堂、长春堂、乌衣巷、博古堂（周时泰）、怀德堂（周氏）、春语堂、必自堂、汇锦堂（孔氏）、两衡堂、三元堂、石渠阁、天章阁、文盛堂、三美堂。据张秀民先生推断，明代南京书坊刊刻的戏曲作品当有二三百种，[2] 笔者依据现存刊本统计为 185 种。

苏州刊刻戏曲的书坊有 18 家，包括起凤馆（曹以杜）、书业堂、萃锦堂、宝珠堂、毛恒、蒸文馆、蛟麟斋、叶戊廿、宁致堂、尚友堂（安少云）、嘉会堂（陈勖吾）、志邺堂、柳浪馆（袁于令）、陈长卿、德聚堂、许自昌、周之标、汲古阁（毛晋），共刻戏曲 42 种。

---

① 俞为民：《明代南京书坊刊刻戏曲考述》，《艺术百家》1997 年第 4 期。
② 张秀民：《中国印刷史》，上海人民出版社 1989 年版，第 349 页。

浙江地区刊刻戏曲的书坊有 24 家，共刻戏曲 57 种。其中杭州书坊 14 家，分别是文会堂（胡文焕）、容与堂、翁文源、天绘楼、阳春堂、凝瑞堂、钟人杰、静常斋（李氏）、西爽堂（吴敬、吴仲虚等）、读书坊（段景亭）、安雅堂、山水邻、峥霄馆（陆云龙）、高一苇，共刻戏曲 31 种；绍兴书坊有会稽县的半野堂（商濬），上虞县的泥蟠斋（车任远），山阴县的李廷谟，共刻戏曲 5 种；湖州书坊有吴兴县的雕虫馆（臧懋循）、茅彦徵，及乌程县的闵齐伋、闵光瑜、凌濛初、凌玄洲、凌延喜，共刻戏曲 21 种。

安徽地区刊刻戏曲的书坊有 12 家，共刻戏曲 22 种。包括歙县的百岁堂、玩虎轩（汪云鹏）、尊生馆（黄正位）、敦睦堂（张三怀）、刘次泉、四有堂、四知馆（杨金）、观化轩（谢虚子）、还雅斋（黄德时）、青藜馆、存诚堂（黄裔我），以及休宁县的黄嘉惠。

福建地区刊刻戏曲的书坊有 27 家，共刻戏曲 35 种。其中建阳书坊 25 家，分别是进贤堂、余新安、种德堂（熊成治）、与耕堂（朱仁斋）、忠正堂（熊龙峰）、乔山堂（刘龙田）、忠贤堂（刘龙田）、三槐堂（王会云、王敬乔等）、游敬泉、杨素卿、叶志元、自新斋（余绍崖）、长庚馆（余氏）、余少江、刘龄甫、爱日堂（蔡正河）、陈含初、燕石居（熊稔寰）、集义堂、刘应袭、崇文堂、文立堂、岁寒友、萃庆堂（余彰德）、清白堂，共刻戏曲 33 种。此外，还有福州府闽县金魁、漳州府李碧峰与陈我含，共刻戏曲 2 种。

北京地区仅有金台岳家弘治戊午季冬重刊印行《奇妙全相注释西厢记》及永顺堂成化八年刻《新编刘知远还乡白兔记》；陕西地区只有凤毛馆（盛以弘）在万历年间刊刻的顾大典撰《重校白傅青衫记》。

根据以上统计可知，明代可考的坊刻戏曲中，共有 109 家书坊，刊刻戏曲 344 种；另外，所处地区不详的书坊 20 家，即春山居士、绍陶室、崇义堂、清远斋、陈晓隆、来仪山房、云林别墅、余会泉、七峰草堂、槐堂九我堂、梁台卿、岑德亨、杨龄生、纫椒兰馆、林于阁、漱玉山房、柱笏斋、映旭斋、慎馀馆、章庆堂；刊刻地区及书坊名称均不详者有戏曲 149 种。由此得出结论：包括现存本、已佚本和翻刻本在内，明代坊刻戏曲共有 493 种。与此同时，笔者还对一些刊刻信息进行了订正和考证。如关于起凤馆的主人，

《全明分省分县刻书考》认为是徐履道，估计是因为起凤馆所刻《沧州集》，书后有徐履道跋；但是《元本出相北西厢记》有阳文方印"曹以杜印"，因此起凤馆的主人应该是曹以杜。又如许自昌作有《水浒记》等剧，本人雅好刻书，曾以"霏玉轩"室名刊印了《太平广记》《李杜合集》《前唐十二家诗》《卧云稿》等书，《全明分省分县刻书考》认为许自昌所刻书籍为家刻本，但是笔者认为许自昌为书商。《甫里许氏家乘》收有许自昌与陈继儒的十多封信，其中谈到《唐类函》的刊刻问题，陈氏提出了建议：

> 其书局促不甚利益，弟半置之高阁。即使纂续，雅俗参半，前后糅杂，操翰之人，反多掊击，不如姑止之。即刻不行，即行不广。①

这就充分说明许自昌刻书的出发点是销售，是以营利为目的。朱万曙《明代戏曲评点研究》认为题为"梅花墅改订"的《节侠记》和《种玉记》可能是许自昌刻印的，因为"这两个批评本的版本相同，除卷前均有精致的插图，上下卷都题'梅花墅改订'和'玉茗堂批评'外，眉批均在眉上（无眉栏），出批的'评'字占一行，批语则另起一行，这种出批格式是明代评点本少有的，故可以相信，这两个评点出自同一书坊"②。笔者认为，以许自昌丰富的刻书情况来看，他刻印本人改订的戏曲是完全有可能的。

明代坊刻戏曲的特点可以概括为以下几个方面。

首先，从区域来说，集中在江苏、福建、安徽、浙江，以金陵为最。

依据上述数据可知，明代南京书坊所刻戏曲数量远远超过其他地区。可以说，与坊刻小说不同，坊刻戏曲中心不在建阳，而在南京。笔者以为，南京成为坊刻戏曲中心的原因主要有以下三点。

第一，演剧之风盛行。余怀《板桥杂记》云："金陵为帝王建都之地，公侯戚畹，甲第连云，宗室王孙，翩翩裘马，以及乌衣子弟，湖海宾游，靡不

---

① 明三叟斋藏本《甫里许氏家乘》，转引自黄裳《银鱼集》之《梅花墅》，生活·读书·新知三联书店1985年版，第367页。

② 朱万曙：《明代戏曲评点研究》，安徽教育出版社2002年版，第74页。

挟弹吹箫，经过赵李。每开筵宴，则传呼乐籍……"① 王叔承在《金陵艳曲》中描写南京浓厚的歌乐之风："春风十万户，户户有啼莺。"② 可见，明代南京是歌舞升平之地。杂剧、弋阳腔、青阳腔、海盐腔、昆曲都曾在南京剧坛流行。

第二，戏曲创作和理论丰富。一方水土养育一方人，南京的秀美山河，培育出众多群贤才俊。南京还是明朝的陪都，强大的社会背景也有利于学术团队的形成，正如梅新林先生所说："都城（南京）可以通过经济、政治、文化资源转化或积淀为文学资源。"③

第三，大量外地商人、文人、艺人流入南京进行戏曲活动。据《松窗梦语》载："金陵乃圣祖开基之地。北跨中原，瓜连数省，五方辐辏，万国灌输。三服之官，内给尚方，衣履天下，南北商贾争赴。"④ 金陵经济繁荣，吸引富商巨贾蜂拥而至。陈书录先生曾指出："中华文化以长江为界，分为南北两大文化，江苏正处在南北文化的交汇点上，因而形成了金陵文化的主要特征：交融性、互补性、开放性和创造性。"⑤ 南京兼容并蓄的地域文化特点，又吸引了四方来客。这些外来人口有的是寓居南京从事戏曲创作的文人；有的是在南京开设书坊的异地商人，如徽商汪廷讷到南京开设书坊刊刻戏曲，富春堂、世德堂、师俭堂书坊都是外地人在南京所开设的；也有到南京谋生的刻字工人，如歙县刻工多半移居南京。

总之，南京戏曲稿源充足，受众广泛，出版商聚集，三者合力共同推进戏曲坊刻的蓬勃发展。

江南交通发达、文化昌盛、士子文人众多。得天独厚的地理环境和浓厚的人文氛围使江南的戏曲创作欣欣向荣。因此，除了南京外，江南其他地区的戏曲刊刻也较为突出。苏州府藏书之富，甲于天下，对于刻书来说，有助于版本校勘，提高刊本的学术含量，如毛晋就是著名的藏书家，所刻《六十

---

① （明）余怀：《板桥杂记》，上海古籍出版社 2000 年版，第 7 页。
② 赵山林：《历代咏剧诗歌选注》，书目文献出版社 1988 年版，第 119 页。
③ 梅新林：《中国古代文学地理形态与演变》，复旦大学出版社 2006 年版，第 271 页。
④ （明）张瀚：《松窗梦语》，中华书局 1985 年版，第 83 页。
⑤ 陈书录：《坚持与发展金陵特色文化》，《南京社会科学》2002 年第 4 期。

种曲》是我国古代篇幅最大、流传最广的戏曲选集，与臧懋循的《元曲选》堪称双璧。徽州版刻崛起，得益于刻工精湛的技艺，特别是黄氏家族的刻工，达到了炉火纯青的地步，常常受邀到外地刊刻戏曲。杭州书坊就喜欢聘用徽州刻工，插图风格与徽派接近，尤以容与堂为代表，图绘生动，版刻亦佳，并大多署名"李卓吾评点"，开启了名家评点戏曲的风潮。湖州位于太湖南岸，四通八达，经济雄厚，刻书业在南宋已经形成；随着雕版印刷业的发展，闵氏和凌氏两大富豪投入刻书业，使湖州一跃成为明末刻书业的中心，所刻戏曲善用套印技术，版刻精美，质量上乘。

　　江南刻书业兴起后，建阳在刊刻戏曲方面失去了优势，但是仍有不少书坊刊刻戏曲。建阳是弋阳腔、青阳腔的主要流行地区，所以刊刻这两种声腔的戏曲选本占了很大比例，包括《大明春》《全家锦囊》《乐府菁华》《词林一枝》《乐府玉树英》《乐府万象新》《八能奏锦》《乐府名词》《尧天乐》《徽池雅调》《满天春》。北京作为京师之地，对书籍的需求量大，理应成为全国的图书集散地。但据史料记载，北京的书坊并不多，张秀民在《中国印刷史》中统计为13家，[①] 且大部分并不出名。根据胡应麟《经籍会通》中"每一当吴中二，当越中三，纸贵故也"之语，[②] 很有可能是北京地区不产纸，用外地的纸张成本高，所以刻书较少，戏曲刊刻也不例外。

　　至于山西、山东、江西、上海、湖南、湖北、河南、四川、广东等地，笔者未见明代坊刻戏曲刊本，但并不代表这些地区没有书坊刊刻戏曲，像山西平阳是宋、金、元时期全国四大雕版印书中心之一，戏曲艺术更是历史悠久，有"戏曲文物甲天下"之称，明代应该也有书坊刊刻戏曲，可惜均已失传。据笔者统计，现存明代无坊刻戏曲刊本但有家刻本的包括山西定襄县张宗孟刻《中山狼》；山东李开先刻《宝剑记》《改定元贤传奇》《一笑散》；江西汤显祖刻《汤海若先生批评琵琶记》《临川四梦》，徐奋鹏刻《新刻徐笔峒先生批点西厢记》，刘云龙刻《昆仑奴》；上海博山堂刻《梦花酣》、《花筵赚》和《鸳鸯棒》。

---

① 张秀民：《中国印刷史》，上海人民出版社1989年版，第359页。
② （明）胡应麟：《少室山房笔丛》，上海书店出版社2001年版，第42页。

其次，家族刻书兴盛。

明代刊刻小说的书坊有家族刻书的特征，如建阳的余氏、刘氏。明刊戏曲亦然。苏州叶姓一族刻有戏曲，如叶戊廿刻《荆钗记》，叶启元刻《玉夏斋传奇十种》。杭州吴氏家族吴敬、吴仲虚等人刊刻戏曲《玉茗堂乐府》和《万壑清音》。南京比较有名的刊刻戏曲的家族有唐氏一族，唐对溪富春堂、唐晟世德堂、唐锦池文林阁、唐振吾广庆堂均有戏曲刊本，以富春堂刻书最为宏富；另有萧氏一家刻书比较有名，萧少衢、萧腾鸿两兄弟创立"师俭堂"，刻有《西厢记》、《红拂记》等剧本。闵氏与凌氏是湖州大家族，几代人积极参与刻书业，其中闵齐伋、闵光瑜、凌濛初、凌延喜均刊刻戏曲。

家族刻书的优势很多，不仅子孙相继，有着优良的商业道德和敬业精神；而且规模庞大，组织严密，分工细致。为了扩大销售，书坊之间还强强联合，闵氏和凌氏就常合作刻书；或者在全国许多大都市设有销售网点，分布广，信息灵。因此，家族刻书往往成为同行业的佼佼者。

再次，书坊主人身份多样，具有一定的文化修养。现将刊刻戏曲且已知姓名的书坊主列一表格。

书坊主人	书坊名称	籍贯	身份
汪廷讷	环翠堂	安徽休宁	盐运使、戏曲作家
胡文焕	文会堂	浙江钱塘	戏曲家、藏书家、刻书家
商濬	半野堂	浙江会稽县	诗文家、编辑家
臧懋循	雕虫馆	浙江吴兴县	戏曲家
闵齐伋	不详	浙江乌程县	文字学家
闵光瑜	不详	浙江乌程县	诸生
凌濛初	不详	浙江乌程县	戏曲作家、戏曲理论家、小说家
汪云鹏	玩虎轩	安徽歙县	藏书家①
黄德时	还雅斋	安徽歙县	版刻工人

---

① 梁战、郭群一：《历代藏书家辞典》，陕西人民出版社 1991 年版，第 125 页。

书坊主人	书坊名称	籍贯	身份
黄正位	尊生馆	安徽歙县	家世刻书，为黄珙之后
刘次泉	不详	不详	版画刻工
袁于令	柳浪馆	江苏吴县	戏曲作家
毛晋	汲古阁	江苏常熟	藏书家、出版家

从表格可知，明代刊刻戏曲的书坊主人身份多样，有藏书家、诗文家、戏曲作家、版刻工人等。戚福康在《中国古代书坊研究》中指出："书坊业并不能简单地等同于今天的出版业，书坊同时具备印刷、出版及某些书店的功能，书坊主常常又是组稿、编辑、印刷、出版、发行的组织者，同时某些书坊主还是藏书家、校勘学家、文学家、学者，文化水平较高，社会接触面广。"① 比如毛晋，不仅是藏书家、出版家，而且是戏曲艺术造诣颇深的行家。

又次，书坊与文人保持紧密联系。

书坊主与文人的合作是明代坊刻的一大特色。因为书坊主需要文人提供相关信息，比如哪类书籍更易畅销，哪位藏书家有善本之类，等等；另外，一部作品付刻之前，还需要文人校订甚至改编，以促进销售。书商得到文人的帮助，如虎添翼，事半功倍。他们之间的关系是互惠互利，客观上促进了文学发展。明代刊刻小说的书坊就与文人关系密切。如《金瓶梅》得以畅销，得益于冯梦龙向书坊极力推荐。正是有了文人的帮助，商家才能够获取更大利润。当然，文人从中也获利不少。绿天馆主人《古今小说·序》称："（冯梦龙）家藏古今通俗小说甚富，因贾人之请，抽其可以嘉惠里耳者凡四十种，畀为一刻。"② 冯梦龙因藏书丰富而被聘请撰写书籍，从中赚取稿费。明代刊刻戏曲的书坊也与文人有着某种特殊的联系。如广庆堂与秦淮墨客（经叶德均考证，为纪振伦），师俭堂与陈继儒、徐肃颖，两衡堂与吴炳。这些书坊与

---

① 戚福康：《中国古代书坊研究》，商务印书馆 2007 年版，第 30—31 页。
② （明）绿天馆主人：《古今小说·序》，冯梦龙撰《古今小说》，恒鹤等标校，上海古籍出版社1992 年版，第 2 页。

文人之间的合作关系将在后面的章节中详细论述。

最后，作伪现象严重。

铜臭与书香相伴是书坊业的特性，戏曲刊刻同样难逃作伪的命运。戏曲刊本的书名、插图、评点、正文内容等都可以伪造。如程万里的戏曲选本《大明春》，全名《新锲徽池雅调官腔海盐青阳点板万曲明春》，曲辞科白俱全，但是正文中未标注板拍；万历年间徽州玩虎轩刻本《元本出相北西厢记》卷首有莺莺小像，此图抄袭明隆庆年间苏州刊本《西厢记杂录》中的插图。当然，坊刻戏曲中也不乏善本，像凌濛初、毛晋所刻戏曲版本，受到后人称赞。

（二）清代坊刻戏曲统计与特征

清代书坊刊刻的戏曲分三种情况：书坊名称不详；已知书坊名称及所在地；已知书坊名称但所在地不详。第一种情况，刊本众多，此处不罗列。后两种情况，如书坊刊刻的戏曲较多，则只列一两个剧目；如多家书坊均刻有戏曲《××》，则用"均刻《××》"表示；如书坊刊刻的某个选集《××》收录多家坊刻戏曲，则用"合刊《××》"表示；如书坊刊刻的某部书中收录戏曲文本，则在戏曲书名后加括号，并在括号内注明某部书的名字。

先来看按地区划分的清代书坊刊刻戏曲的情况。

苏州：树滋堂《清忠谱》；振古斋《秣陵春》；聚秀堂《西堂乐府六种》；霜英堂《清忠谱》；绿荫堂《九宫谱定》；文喜堂《秦楼月》；芥子园《闲情偶寄》《西厢记》《琵琶记》《博山堂三种曲》《博山堂北曲谱》《牡丹亭》《绣刻传奇八种》；致和堂《西厢记》《东郭记》《醉怡情》；载道堂《宣和谱》《翻水浒记》；课花书屋《琵琶记》；王夏斋《王夏斋传奇十种》；琴香堂《西厢记》《琵琶记》；清素堂《石恂斋传奇四种》；宝研斋《一笠庵四种曲》；书业堂《西厢记》《琵琶记》《玉茗堂四种》；陈长卿《醉怡情》；宝仁堂《缀白裘》；学耕堂《缀白裘新集》；欣赏斋《长生殿》；王君甫《千家合锦》《乐府新声》；步月楼《笠翁传奇十种》《琵琶记》；咸德堂《中州音韵辑要》；映雪堂《玉茗堂四种》；叶堂《西厢记曲谱》《纳书楹曲谱》《临川四梦曲谱》；咏春堂《槐春堂八种传奇》；艺林斋《暖香楼》《临春阁》《通天台》；

吴青霞斋《珊影杂识·盂兰梦》；元妙观得见斋《庶几堂今乐初集》；经义堂《曲话》《小四梦》；恒志书社《活捉》《借茶》等；博雅堂、郁郁堂、三槐堂、学余堂、三乐斋、益智堂、裕文堂、雅言堂均刻《西厢记》。

南京：两衡堂《西楼记》；翼圣堂《笠翁传奇十种》《闲情偶寄》《缀白裘》；三多斋《琵琶记》《六十种曲》《牡丹亭》；文盛堂《西厢记》《琵琶记》；奎壁斋《歌林拾翠》《乐府歌舞台》《万家锦》；怀德堂《西厢记》《牡丹亭》《笠翁十种曲》；刘文奎《酬红记》；大业堂、文会堂、金谷园、敦化堂、五车楼均刻《西厢记》；聚锦堂、三益堂、映秀堂均刻《琵琶记》。

江苏其他地区：抱芳阁《红楼梦》；友于堂《西厢记》；载德堂《中州音韵辑要》。

杭州：文业堂《长生殿》；鸿文堂、三雅堂均刻《缀白裘》；田翠舍《太平乐府》；崇实斋《秋梦》《蓬莱驿》《钱叹》；实文斋《叹老》《独啸》；陈云衢《蓝关记》《骷髅传》；卧游草堂《倚晴楼七种曲》；宝善堂《捉放曹操》。

浙江其他地区：文治堂《广寒香》；浙江学者堂《西厢记》；博雅堂、增利堂均刻《缀白裘》；群玉山房《长生殿》；鸳湖盛阜昌《洞庭缘》；照水堂《渔村记》；文翰斋《一捧雪》等；聚宝堂《回西川》等。

北京：永魁斋《满汉西厢记》；文盛堂《满汉西厢记》；文茂堂《东郭记》；宏文阁《消寒新咏》；集贤堂《万寿庆典》；文茂斋《万寿庆典》；修文堂《六合同春》；积秀堂《乐府红珊》；五柳居《长生殿》《缀白裘新集》；篆云斋《顾误录》；永顺书堂《西厢记》；来薰阁书庄《玉茗堂四梦》；文和堂、东泰山、经义堂、文义堂、聚兴堂、如意堂、老二酉堂、泰山堂、文盛堂、秀文堂、锦文堂、宝文堂、致文堂、聚魁堂、文翰斋、文秀堂、锦春堂、聚贤阁、文萃堂、贤文堂、九龄堂、富文堂等刻有《四郎探母》等京剧；得月书坊、青云书屋、义兴堂等合刊《唱本一百九十册》；荣宝斋《鞠部明僮选胜录》；群经堂、松竹斋、秀文斋、懿文斋、鸿宝斋、广兴堂均刻《鞠台集秀录》（《朝市丛载》）。

其他地区：上海待鹤斋《庶几堂今乐六种》；顾文善斋《韵学骊珠》。陕西树德堂《秦腔八种》；广兴德《三字经讨账》；三元堂《司马懋断阴》《下河东》；永庆堂《人之初借钱》《秦琼起解》；裕兴堂《诸葛观星》《双玉镯全本》；泉省堂《诸葛观星》《雪梅上坟》《大报仇》；聚和堂《火烧绵山》《老鼠告猫》；永盛堂《李彦贵卖水》《秀才听房》；澍信堂《二度梅》《柴桑关哭灵》；□□堂《铁角坟十张纸》。山西太原华美工厂《捡柴》等。安徽贵德堂《拜针楼》；竹友斋《梨园集成》；云鹤仙馆《桃溪雪》；琼笏山馆《玉台秋》；饴清堂《制曲枝语》《南曲入声客问》。湖北三元堂、文升堂、文雅堂等合刊《新镌楚曲十种》。湖南三让堂《西厢记》；益元局《西厢记》；余太华《桃花扇》；经绘堂《琵琶记》。四川戏曲改良公会《活捉王魁》《大审吉平》《邺水投巫》；成都龚氏《梅花梦》；舟山堂、元盛堂均刻《西厢记》；两仪堂、成裕堂、宏道堂均刻《琵琶记》；善成堂《乐府传声》《西厢记》《琵琶记》；鸿发堂等书坊合刊《唱本六十四册》；森隆堂等书坊刻有《柳荫记》等川剧。广东汗青斋《红楼梦》；萃古堂《天上有》；简书斋、维经堂、登云阁均刻《西厢记》。广西三经堂《看棋亭》；杨文茂堂、沈荣记、占元堂、杨大元等合刊《名班戏文》。福建广平堂《昆弋雅调》；如是山房《西厢记》。云南涤绮池馆《莲湖花榜》。江西文德堂《碧声吟馆丛书》。贵州正文堂《梅花缘》。天津穿柳亭《珊瑚鞭》。

再来看一下书坊所在地不详的清代坊刻戏曲情况。

世德堂《西厢记》《笠翁十种曲》《韵学要指》；饮醇堂《双南记》；朗润斋《雨蝶痕》；南湖享书堂《坦庵词曲六种》；亦园《花萼楼》；方来馆《万锦清音》；九经堂《赤壁记》；煮茗堂《丁野鹤集十种》；书带草堂《广寒香》《容居堂三种曲》；棒匄《偷甲记》；同德堂《虎口余生》《六十种曲》；西园《桃花扇》；花庭闲客《桃花扇传奇后序详注》；耐闲堂《西楼梦》；介寿堂《鸳鸯梦》；品香阁《风前月下》；孝经堂《音韵须知》；博古堂《四才子》；芸香阁《南词定律》；爱日堂《五伦镜》；翼德堂《意中缘》；聚盛堂《雷峰塔》；水绘园《影梅庵》；文德堂《西厢记》《纳书楹曲谱》《双断桥》《滩簧词新刊打斋饭》等；灵雀轩《醉高歌》；清梦山房《紫玉记》；叠翠书堂《南阳乐》；丰草亭《乐府传声》；承恩堂《双痣记》；荫槐堂《黄鹤楼》《滕王

阁》；涵经堂《玉剑缘》；宁拙斋《画图缘》；锄月山房、文奎堂均刻《义贞记》；敏修堂《清音小集》；爱竹山房《凤楼亭》；正气楼《离骚影》；贮书山房《新西厢》；天枢阁《后一捧雪》；琴鹤轩《琵琶行》；冰鹤堂《广陵胜迹传奇》；松月轩《砥石斋二种曲》；枕流居《韵学骊珠》；令德堂《雷峰塔》；敦美堂《游仙梦》；拥书楼《石榴记》；青心书屋《醒石缘》；市隐庄《百花梦》；藤花书舫《兰桂仙》；抚秋楼《绛蘅秋》；耀紫轩《皇华记》；大文堂《西江祝嘏》《笠翁十种曲》《藏园九种曲》《琵琶记》；有怀堂《万紫园》；半野草堂《琵琶侠》；涛音书屋《锦绣台》；乘槎亭《康衢乐府》；屋外山房主人《吟风阁杂剧》；一枝山房《牡蛎园》；桐阴书屋《梦华因》；怀清堂《错中错》；彩笔堂《丹桂传》；凌云仙馆《味尘轩曲谱》；宛邻书屋《东海记》；驯云阁《桃溪雪》《帝女花》；三鳣堂《回春梦》；朴存堂《曲目新编》；梅花庵《海烈妇》；达观堂《东郭记》；觉辉堂《梨花梦》；红蕉馆《桃花缘》；青莲堂《续缀白裘新曲九种》；镜亭书屋《探骊记》；友于堂《红楼梦》《目连救母》；敦本堂《还乡记》；耕读堂《虎口余生》；居易堂《居易堂三种》；大成斋《四声猿》；铁瓶书屋《墨憨斋定本传奇》；漱馀轩《才貌缘》；文远堂《马蹄金》；万宝全《大报国》等；一粟居《雨花台》；实获斋《绣像演剧》；青萝书屋《情邮记》；叩钵斋《芙蓉楼》；双碧楼《笳骚》；漱芳斋《孔雀记》；福谦堂《镜中明》；松韵堂《四喜记》；梦园《牡丹亭》《白雪楼》；芸香阁、中元堂、长沙旅社均刻《红楼梦》；青莲书屋、文靖书院均刻《一笠庵北词广正谱》；人文居、辅仁堂均刻《荔枝记》；圣雨斋、瑞凝堂均刻《啸余谱》；妙有山房、石门山房均刻《渔村记》《南山法曲》；博文堂、知稼堂均刻《鱼水缘》；带耕书屋、竹林堂均刻《玉茗堂四种》；怀古堂、友益斋均刻《寒香亭》；五亩园《颐情阁五种曲》；上寿堂《岘山碑》《虞山碑》（《遗爱集》）；经纶堂《藏园九种曲》《东郭记》《琵琶记》《西厢记》；八杉斋《顾曲录》；四美堂、右文堂、经元堂均刻《琵琶记》《西厢记》；种福堂、经国堂、会文堂、裕德堂均刻《目连救母》；清芬阁、木石居、玉振堂、小仓山房、绿野山房均刻《牡丹亭》；同人堂《笠翁十种曲》《长生殿》；文发堂、经本堂均刻《笠翁十二种曲》；文林堂、藻思堂、金相堂、藻文堂、大知堂、敦仁堂、经术堂均刻《笠翁十种曲》；友益堂、书有堂、小琅环山馆均刻《长生殿》；四教堂、集古堂、共赏斋、桂月楼均刻《缀白裘》；渔古堂、焕乎堂、立远堂均刻《藏园九种曲》；天籁堂、维新堂、龙文堂、石室山房、文玉轩、英德堂均刻《琵琶记》；辛文堂、三亦斋、文咸堂、聚古堂、远来斋、大中堂、宝淳堂、怀永堂、味兰轩、有成堂、文明阁、芸经堂、谦益堂、尚德堂、聚奎堂、经文堂、楼外楼、九如堂、大美堂、善美堂、文苑堂、同文堂、映红仙馆、汲修山馆、晋祁书业、槐荫堂、承德堂、贯华堂、新德堂、尚友堂、五云楼、会贤堂、四义堂、四德堂、崇文堂、三义堂、文英堂、兴文堂、大娄堂、尚伦堂均刻《西厢记》；撷芷馆《明僮合录》；西山堂《增补菊部群英》；上洋三元堂《宝莲灯》、文成堂《京调蝴蝶梦》；永兴堂《二进宫》等；义堂《天门走雪》；文秀堂《铡美案》等；锦春堂《祭塔》《活捉张三》《借茶》；益成堂、仁义堂、日光堂等书坊刻有《下四川》《诸葛吊孝》《辕门斩子》《八王讲情》《桂英祈恩》《药王成圣》《徐文升显魂》。

与明代坊刻戏曲一样，清代坊刻戏曲也有以下几种特征。

首先，书坊对戏曲文本进行编辑，包括改变字号、字体；订正曲谱；删润曲文；增加点板、插图、评点、科介；编成便于携带的袖珍书；等等。这些工作多是书坊聘请文人来完成，而有的书坊则聘请名家编辑戏曲，如乾隆十六年刊《芝龛记》的正文署"海内诸名家评"[1]，书坊请来名家是希望修饰后的文本能够吸引眼球，提高销量。

其次，在书名、封面、牌记、序跋、凡例、识语等处打广告。清代坊刻戏曲的书名往往增加"新刻""新镌""新编""全本""绘像""批评"等字眼，如维新堂《新刻魏仲雪先生批评琵琶记》、致文堂《京调全本探阴山》；内封和牌记多题"××藏板""××原板"，如"裕文堂原板"[2]、"南湖享书堂藏板，翻刻必究"[3]，以此来维护版权；序跋、凡例和识语则鼓吹刊本的价值，如古吴致和堂刊《醉怡情》的识语云："本坊特严加删订，取其词调清

---

① （清）董榕：《芝龛记》，清乾隆间刊本。
② （元）王实甫：《西厢记》，清嘉庆二十二年裕文堂刊本。
③ （清）徐石麒：《坦庵词曲六种》，清顺治间南湖享书堂刊本。

新，刻画最工者以登枣梨，使演习者揣摩曲至，旁观者闻声起舞。诚宇内之奇观，词坛之胜览也。识者珍之。"① 书坊致和堂强调其刊刻的《醉怡情》经过仔细删订，并有名工雕刻，有助读者演习，是难得一见的珍品，以引起购买者的欲望。

再次，作伪现象严重。虽然清代的书坊想方设法阻止他人盗版侵权，但由于没有完善的版权维护制度，书籍作伪的现象还是比较普遍。戏曲刊刻也不例外，作伪的手段主要有两种：一是换汤不换药，如郝鉴《鸳鸯帕弁言》云："窃他人之唾余而改头换面，以攘为己有。"② 二是假托名人绘画、点评，如张雍敬《醉高歌·自序》称："托为名流之所鉴赏，以欺世之聋瞽。"③ 至于盗版也是书商惯用伎俩，往往使正版的所有者痛恨，但又无可奈何。如《纳书楹曲谱·凡例》云："翻刻系俗人射利事，最足痛恨。……知音之士必能识别，则翻刻不究自息矣。"④ 书商尽管对"翻刻"痛恨至极，但也无可奈何，只能盼望读者明辨真伪，可见清代书籍作伪猖獗。

最后，经典作品不断被刊印。从上述坊刻戏曲统计中可知，《西厢记》、《琵琶记》和《牡丹亭》在清代仍然涌现众多版本，尤其是金圣叹评点的《西厢记》、吴吴山三妇合评的《牡丹亭》及毛声山和毛宗岗评点的《琵琶记》。清代文人戏曲作品，有的也十分畅销，如蒋士铨《藏园九种曲》"流播艺苑，家艳其书"⑤；《笠翁十种曲》和《缀白裘》的盗版不少，李渔和钱德苍都曾为此感到苦恼；洪昇《长生殿》和孔尚任《桃花扇》更是受到书坊的青睐，清人徐梦元曾说："本朝百年来，传奇之见诸坊刻者，仅得孔东塘之《桃花扇》、洪昉思之《长生殿》二种而已。"⑥

---

① （明）菰芦钓叟：《醉怡情》，清初古吴致和堂刊本。
② （清）郝鉴：《鸳鸯帕弁言》，清乾隆间佩兰堂刊《鸳鸯帕》，吴毓华《中国古代戏曲序跋集》，中国戏剧出版社1990年版，第482页。
③ （清）张雍敬：《醉高歌·自序》，清康熙间灵雀轩刊本《醉高歌》，俞为民、孙蓉蓉编《历代曲话汇编》（清代编第1集），黄山书社2008年版，第649页。
④ （清）叶堂：《纳书楹曲谱·凡例》，清乾隆间刊本《纳书楹曲谱》，吴毓华《中国古代戏曲序跋集》，中国戏剧出版社1990年版，第527页。
⑤ （清）张埙：《冬青树·序》，蔡毅《中国古典戏曲序跋汇编》，齐鲁书社1989年版，第1807页。
⑥ （清）徐梦元：《新曲六种之前五种·总序》，清乾隆间世光堂刊本《新曲六种·无瑕璧》，吴毓华《中国古代戏曲序跋集》，中国戏剧出版社1990年版，第484页。

与明代坊刻戏曲相比，清代坊刻戏曲又呈现了不同的特色。

其一，坊刻戏曲的地区更为广泛。明代坊刻戏曲主要集中于江浙、福建一带，刊刻地区有江苏、浙江、安徽、福建、北京和陕西。清代坊刻戏曲除了集中于江浙外，北京、上海也成为刊刻重镇，而且地域范围扩大，包括江苏、浙江、北京、天津、上海、重庆、四川、陕西、山西、湖北、湖南、安徽、云南、贵州、福建、江西、广东、广西。

其二，刊刻戏曲的书坊增加不少，且集中于江浙、北京等地。据笔者对明代坊刻戏曲的统计，江苏、浙江、安徽、福建、北京、陕西刊刻戏曲的书坊分别有 43、24、12、27、2、1 家。根据上述清代坊刻戏曲统计来看，江苏等地至少有 400 多家书坊刊刻戏曲，书坊所在地不详的也有很多。可见，清代刊刻戏曲的书坊数量总体上超越了明代。据前文考察，清代刊刻戏曲的重心在江浙和北京。江浙一直是中国古代坊刻戏曲的重要阵地，明代坊刻戏曲就集中于江浙一带。至清代，北京等地的坊刻业逐渐发展。张秀民《中国印刷史》指出："清代书坊最多者为北京，约有百余家。"① 晚清的戏曲坊刻也由江浙转向了北京。

其三，清代戏曲的命名方式比明代更为多样化。由于京剧等地方戏的发展，清代坊刻戏曲的命名，除了增加"新刻"等字眼外，也有增加"京调""梆子""二簧""滩簧""汉调""贯串""名班""名角""改良"，如致文堂《校正朱砂痣京调》、锦文堂《新刻宋江坐楼梆子腔》、经义堂《新刻孙夫人投江二簧腔》、文德堂《滩簧词新刊打斋饭》、文声堂《汉调名班曲本貂蝉》、万宝全《贯串伯牙摔琴》、富文堂《龙凤阁名班抄出徐杨二进宫真本》、宝文堂《新出改良大鼓俞伯牙摔琴》。清代坊刻戏曲的书名，有的还打上"名角"两字，甚至是艺人、票友的名字，如九龄堂《燕京第一名角德建棠曲本》，宝文堂《谭鑫培真本打棍出箱》《票友宋耀轩真词当铜卖马》。可以说，清代戏曲命名方式的变化，反映了当时戏曲的艺术特征与传播现象。

其四，戏曲出版与发行进一步分化。明代书坊刊刻、编辑、发行戏曲多

---

① 张秀民：《中国印刷史》，上海人民出版社 1989 年版，第 546 页。

是一体化的经营模式，即"前店后坊"式，店前售书，店后刻书。明末出现了书商委托其他书铺售书的方式，如明末杭州读书坊、泰和堂等书坊联合出版的《合诸名家批点诸子全书》，刊本出现了"发行"两字，被认为是"坊肆刊本署发行之先河"①。据现存明清戏曲刊本来看，出版与发行分开较多出现于清代，如乾隆五十五年多文堂藏板的《雷峰塔》署"玉锦楼发兑"，乾隆间叶堂刻《纳书楹曲谱全集》署"脩绠山房发兑"；清梦园刊《牡丹亭》署"梦园藏书，三多斋发兑"。戏曲制作和售卖分开的模式应该在清代才盛行开来，这也是清代坊刻戏曲异于明代之处。

以上笔者比较了明清两朝坊刻戏曲的特征，从中可知，清代坊刻戏曲延续了明代打广告、文本编辑、作伪、翻刻经典剧作等特点，同时在刊刻地域和书坊数量上大大扩展，戏曲的命名方式也随之丰富起来，可谓继明代以后，又登上了一个全新的高度。

二　明清家刻戏曲

所谓家刻，是由私宅、家塾或个人出资刊刻图书。与坊刻不同，家刻不以营利为目的，而是为了自己阅读或赠送亲朋好友。明清的戏曲刊刻以坊刻为主，但是家刻戏曲也占了一定比例，具有重要影响。

（一）明清家刻戏曲统计

明清家刻戏曲的统计按地区划分；刻家的姓名与刻家的室名用"—"间隔；如刻家刊刻的某部书中收录一个或多个戏曲文本，则先列戏曲名称，并在最后一个戏曲书名后加括号，括号内注明某部书的名字。

江苏共有刻家 56 人，明代 13 人，清代 43 人。

明代：范善溱《中州全韵》；薛旦—绣霞堂《醉月缘》；殳氏—晔晔斋《北西厢记》；张禄《词林摘艳》；冯梦龙—墨憨斋《墨憨斋定本传奇》；何钫《太和正音谱》；周居易《董解元西厢记》《王实甫西厢记》《陆天池西厢记》《李日华西厢记》；范律之《红梨记》；徐士范《西厢记》；蒋孝—三径草堂

---

①　潘承弼、顾廷龙编著：《明代版本图录初编：书林》，上海书店出版社 1940 年版，第 32 页。

《旧编南九宫谱》；焦竑《西厢记》《琵琶记》；唐云客《校正北西厢谱》《还魂定本》）。

清代：玉啸堂《倒鸳鸯》《闹乌江》；沈自晋—不殊堂《南词新谱》；邹式金《杂剧三集》；王正祥—停云室《新定十二律京腔谱》；万树—粲花别墅《拥双艳三种》；朱瑞图—秘奇楼《封禅书》；海陵沈氏《桃花扇》；李书云—秘园《西厢记演剧》；乔氏—来鹤堂《耆英会记》；黄周星—夏为堂《人天乐》；杨潮观—恰好处《吟风阁杂剧》；吴江叶恒春《鸳鸯梦》（《午梦堂集》）；徐赞侯—水竹居《雷峰塔》；黄振—柴湾村舍《石榴记》；徐爔—梦生堂《镜光缘》《写心杂剧》；王文治—冰丝馆《还魂记》；王高词—环翠山房《绣襦记》《红梨记》；叶起元《桃花扇》；冯起凤—吟香堂《吟香堂曲谱》；沈冠群—宁我斋《西楼记》；夏秉衡—秋水堂《八宝箱》《诗中圣》《双翠圆》；周昂—此宜阁《玉环缘》《西江瑞》《新订中州全韵》《西厢记》；钱维乔—小林栖《乞食图》《鹦鹉媒》；叶奕苞《锄经堂乐府》；袁栋—锄经楼《玉田乐府》；石韫玉《花间九奏》《红楼梦》《沈赘渔四种曲》；廖景文—惬心堂《遗真记》；仲振奎—绿云红雨山房《红楼梦》；张海鹏—借月山房《曲论》（《借月山房汇钞》）；仲振履—咬得菜根堂《双鸳祠》；潘炤《乌阑誓》《小沧桑》（《小百尺楼丛刊》）；李斗—自然庵《奇酸记》《岁星记》（《永报堂集》）；吴镐—蟾波阁《红楼梦散套》；瞿颉—秋水阁《鹤归来》；彭剑南—茗雪堂《香畹楼》《影梅庵》；沈楙德—世楷堂《南曲入声客问》《秦云撷英小谱》《制曲枝语》（《昭代丛书》）；王寿迈《鸳鸯梦》；真州吴桂《乐府传声》；半松斋《乐府传声》（《徐灵胎十二种全集》）；泰州夏氏《后缇萦》；丁传靖—豹隐庐《沧桑艳》；虞镂—书联屋《笠翁传奇十种》；董康—诵芬室《梅村先生乐府三种》）。

浙江共有刻家35人，明代14人，清代21人。

明代：陈与郊—赐绯堂《樱桃梦》《麒麟罽》《鹦鹉洲》《灵宝刀》《古名家杂剧》；沈泰《盛明杂剧初集》；张师龄—白雪斋《白雪斋五种曲》《粲花斋新乐府四种》《衡曲麈谭》《曲律》；陈汝元—函三馆《金莲记》；杨之炯—浣月轩《玉杵记》；张弘毅—著坛《玉茗堂四梦》《还魂记》；王骥德—方诸馆《古

杂剧》《徐文长改本昆仑杂剧》《西厢记》；朱朝鼎—香雪居《西厢记》；孟称舜
《古今名剧合选》《录鬼簿》；张礨《中州音韵》；茅一相—文霞阁《曲藻》《欣
赏编》；茅暎《牡丹亭》；屠隆《董西厢》；吕天成《义侠记》。

清代：来集之—倘湖小筑《秋风三叠》《两纱杂剧》；茗城张府《啸余
谱》；裴瑄—绛云居《明翠湖亭四韵事》；徐沁—曲波园《香草吟》《载花
舲》；洪昇—稗畦草堂《长生殿》；张澜—凝馥斋《万花台》《忠孝福》；潘廷
章—渚山堂《西来意》；周乐清—静远草堂《补天石》；魏熙元—玉玲珑馆
《儒酸福》；蔡廷弼—太虚斋《晋春秋》；许善长—碧声吟馆《瘗云岩》《风云
会》《神仙引》《胭脂狱》《茯苓仙》《灵娲石》；沈筠—守经堂《千金寿》；
张预《梅花梦》；夏纶—世光堂《惺斋五种》《新曲六种》；汪氏—振绮堂
《群仙祝寿》、《百灵效瑞》（《樊榭山房集》）、《瓶笙馆修箫谱》；丁氏—嘉惠
堂《群仙祝寿》、《百灵效瑞》（《武林掌故丛编》）；胡介祉—谷园《钮少雅
格正牡丹亭》；毛奇龄—书留草堂《韵学要指》（《西河合集》）；萧山陆氏
《韵学要指》（《西河合集》）；徐光莹《玉狮堂十种曲》《悲风曲》；俞樾—春
在堂《骊山传》《梓潼传》《老圆》（《春在堂全书》）。

安徽共有刻家18人，明代9人，清代9人。

明代：郑之珍—高石山房《目连救母》；蔡汝左《丹桂记》；孙学礼《四
太史杂剧》；朱元镇《牡丹亭》；蒲水斋《牡丹亭》；程明善—流云馆《啸余
谱》；汪道昆《大雅堂杂剧四种》《四声猿》；适适子《古本董解元西厢记》；
阮大铖—咏怀堂《十错认春灯谜》。

清代：章传莲—乐真别墅《月中人》；吴震生《才子牡丹亭》《笠阁批评
旧戏目提要》；张其锦《燕乐考原》；郑由熙—暗香楼《暗香楼乐府》（《晚学
斋集》）；李文瀚—味尘轩《味尘轩四种曲》《后四声猿》；李国松—兰雪堂
《桃花扇》；吴廷康—云鹤仙馆《桃溪雪》；徐乃昌《花部农谭》（《怀豳杂
俎》）；刘世珩《暖红室汇刻传奇》。

江西共有刻家14人，明代4人，清代10人。

明代：徐奋鹏—笔峒山房《西厢记》；汤显祖—玉茗堂《琵琶记》《临川
四梦》；刘云龙《昆仑奴》；龙䅓《增定南九宫谱》。

清代：邹山—乐余园《双星图》；吕世镛—怀永堂《西厢记》；唐英—古柏堂《灯月闲情十七种》；蒋知节—秋竹山房《阿修罗》《背子崖》；蒋士铨—红雪楼《藏园九种曲》《红雪楼十二种填词》；蒋立昂《清容外集》《蒋氏四种》；徐培《乐府传声》；王继善《审音鉴古录》；吴嵩梁—石溪舫《碧桃记》（《香苏山馆全集》）；蔡希邠《支机石》。

上海共有刻家7人，明代1人，清代6人。

明代：范文若—博山堂《博山堂北曲谱》《梦花酣》《花筵赚》《鸳鸯棒》。

清代：黄图珌—看山阁《温柔乡》《解金貂》《梦钗缘》《栖云石》《雷峰塔》；李钟元《长生殿》；黄兆森—痔堂《忠孝福》《饮中仙》《梦扬州》《蓝桥驿》《郁轮袍》；曹锡黼—颐情阁《桃花吟》《四色石》；朱日荃、张燕孙《人天乐》《惜花报》《试官述怀》《制曲枝语》《南曲入声客问》（《夏为堂别集》）、《曲话》。

山东共有刻家6人，明代1人，清代5人。

明代：李开先《宝剑记》《改定元贤传奇》《一笑散》。

清代：封岳—含章馆《西厢记》；叶承宗—友声堂《稷门四啸》（《涿函》）；孔尚任—介安堂《桃花扇》卢见曾—雅雨堂《旗亭记》《玉尺楼》；丁慎行《西湖扇》。

河北刻家4人，明代1人，清代3人。

明代：荆聚《雍熙乐府》。

清代：魏荔彤—兼济堂《归去来辞》（《怀舫别集·杂曲》）；李崇恕—寓形斋《桃花源记词曲》；张云骧《芙蓉碣》。

陕西刻家2人，明代、清代各1人。

明代：张羽《古本董解元西厢记》。

清代：王元常—槐庆堂《全福记》《繁华梦》。

山西刻家2人，明代、清代各1人。

明代：张宗孟《中山狼》。

清代：徐昆—贮书楼《碧天霞》《雨花台》《新琵琶》。

福建刻家 3 人，明代 1 人，清代 2 人。

明代：何璧《北西厢记》。

清代：陈烺《紫霞巾》；邹圣脉—寄傲山房《雪韵堂批点燕子笺记》。

其他地区，共有刻家 22 人。

清代：北京岳端—启贤堂《扬州梦》，范履福《空山梦》；河南杨氏—益清堂《不垂杨》，王铖《拟寻梦曲》；湖北崔应阶—香雪山房《烟花债》《情中幻》《双仙记》，董象垚《芝龛记》；湖南杨恩寿—长沙杨氏坦园《坦园六种》，叶德辉—观古堂《秦云撷英小谱》《燕兰小谱》（《双梅景暗丛书》）、《观剧绝句》，谭芝林《钧天俪响》，湘潭张氏—赐锦楼《六如亭》《玉田春水轩杂剧》；四川綦江吴氏《招隐居》，笔华斋《双龙坠》，周之琦—剑南室《苎萝梦》《紫姑神》《维扬梦》，李调元—万卷楼《雨村曲话》（《函海》），钟登甲—乐道斋《雨村曲话》（《函海》），石光熙《芝龛记》；贵州傅达源《鸳鸯镜》；广东蒋知白《清容外集》（《忠雅堂全集》），伍崇曜—粤雅堂《燕乐考原》（《粤雅堂丛书》），梁氏—藤花亭《曲话》《迎銮乐府》（《藤花亭十种》），沈宗畸《戏曲考原》《曲录》（《晨风阁丛书》）；广西龙继栋—味兰簃《侠女记》《烈女记》。

刻家名称、生平不详的有 14 人，明代 1 人，清代 13 人。

明代：绍陶室《杂剧十段锦》。

清代：王世珍《审音鉴古录》；啸梦轩《杨状元进谏谪滇南》；种石山房《花间乐》《双星会》；双溪荇山《易水歌》；且居《息宰河》；敲月斋《苏门啸》；尺木堂《三星圆》《神宴》《弧祝》《帨庆》；倚玉堂《冯骧市义》；天香馆《桂花塔》；佩兰堂《鸳鸯帕》；展谑斋《玉马珮》；椿阴轩《春灯新曲》；晴雪山房《韫山六种曲》。

以上统计明清家刻戏曲共有 183 家。

（二）明清家刻戏曲的特点

第一，家刻戏曲的数量从明代万历中后期开始增多，家刻戏曲的地域至清代有了扩展。明代坊刻戏曲在明万历时逐渐兴盛，地区有江苏、浙江、安徽、福建、北京和陕西；清代扩大到天津、上海、重庆、四川、山西、湖北、湖南、云南、贵州、广东、广西。明清家刻戏曲亦是如此，至明万历中后期，家刻戏曲流行开来。明代家刻戏曲的地区有江苏、浙江、安徽、江西、上海、山东、河北、陕西、山西、福建，清代扩大到北京、河南、湖北、湖南、四川、贵州、广东、广西。

第二，明清家刻戏曲集中在江浙一带，以江苏为最。明代的戏曲坊刻中心在南京、建阳，清代的戏曲坊刻重镇在江苏、北京。江苏可以说是明清坊刻戏曲最多的省份。家刻也不例外，上述明清家刻戏曲统计中，江苏和浙江的刻家最多。江浙一带人杰地灵，人才辈出。王国维曾云："至明中叶以后，制传奇者，以江浙人居十之七八。"① 创作的兴盛，保证了戏曲刊刻的稿源。另外，藏书与刻书有所联系。据范凤书《中国私家藏书概述》统计，明代藏书家有 869 人，而且主要集中在东南地区，历代最多的十个县市是：苏州 268 人，杭州 198 人，常熟 146 人，湖州 94 人，绍兴 93 人，宁波 88 人，福州 77 人，嘉兴 75 人，海宁 67 人，南京 60 人。② 可见，明代藏书家绝大部分在江浙地区，藏书为刻书提供便利，这也是江浙成为家刻戏曲中心的原因之一。

第三，明清家刻戏曲中不乏兼为藏书家的刻家。江浙地区藏书风气浓厚，不少刊刻戏曲的刻家本身就是藏书家，如石韫玉、胡介祉、俞樾、振绮堂汪氏、嘉惠堂丁氏，他们好聚古书，家藏多善本。除江浙以外，其他地区也有不少刊刻戏曲的藏书家。如山东李开先"家藏词山曲海不下千卷"③；山东的卢见曾藏书十万余卷，"皆世间罕见之本，卷帙宏富，楮墨精好，洵足珍秘"④；湖南的叶德辉，其观古堂藏书富甲海内，他的学生刘肇隅曾说，"吾师竭四十年心力，凡四部要籍，无不搜罗宏富，充栋连橱"⑤；又如山西的徐昆、四川的李调元、上海的曹锡黼、安徽的徐乃昌和李国松，也是家藏颇丰。

① 王国维：《录曲余谈》，《王国维戏曲论文集》，中国戏剧出版社 1984 年版，第 226 页。
② 范凤书：《中国私家藏书概述》，虞浩旭编《天一阁论丛》，宁波出版社 1996 年版，第 268—270 页。
③ （清）毛斧季：《跋新刊张小山北曲联乐府》，毛晋《汲古阁书跋》，上海古典文学出版社 1958 年版，第 138 页。
④ （清）法式善：《陶庐杂录》，中华书局 1959 年版，第 127 页。
⑤ （清）刘肇隅：《郋园读书志·序》，叶德辉《郋园读书志》，上海古籍出版社 2010 年版，第 2 页。

刻家的藏书有助于他们编辑出版戏曲刊物。

第四，明清家刻戏曲中不乏身兼戏曲作家的刻家。明代家刻戏曲者当中既是刻家又是戏曲作家的有陈与郊、傅一臣、孟称舜、王骥德、郑之珍、汪道昆、阮大铖、范文若、李开先、陈汝元、沈嵊、冯梦龙、吕天成等。清代有更多刻家刊刻自己编撰的戏曲，如邹式金、石韫玉、周昂、万树、徐爔、王正祥、彭剑南、杨潮观、袁栋、徐大椿、来集之、裘琏、徐沁、唐英、蒋士铨、黄兆森、徐昆、魏荔彤、岳端。这说明越来越多的文人愿意创作并刊行戏曲。重要的是，他们有经济实力将作品刊印成书，与亲朋好友分享。像李开先、汪道昆、陈与郊、阮大铖、邹式金、叶承宗、石韫玉、来集之、蒋士铨、徐昆等刻家考取了举人或进士，甚至状元，曾在朝中任职。他们既有学问又有稳定的收入，所以能够自己编写和出版戏曲。

第五，喜刻《西厢记》和《还魂记》。在现存所有明清家刻戏曲中，《西厢记》被刊刻的频率最高，刻家有张羽、适适人、徐士范、殳氏、王骥德、朱朝鼎、徐奋鹏、何璧、周居易、吕世镛、封岳、李书云、周昂等人。可以说，从明嘉靖年间至清末，《西厢记》不断出现在家刻本中。至于汤显祖的《牡丹亭》，问世后"家传户诵，几令《西厢》减价"①。清人吴吴山（吴人）的第三任妻子钱宜更是"愿卖金钏为锲板资"②，于是，明清《牡丹亭》版本众多，像张弘毅本、茅暎本、朱元镇本、蒲水斋本、怡府本、冰丝馆本，还有臧懋循、冯梦龙等人的改写本。《西厢记》和《还魂记》都是描述缠绵悱恻的爱情故事，语言精妙，情节曲折，将才子与佳人恋爱的心路历程娓娓道来，尤其是至死不渝的感情、苦尽甘来的结局，满足了读者对爱情的期待与幻想。对于文人来说，这两部作品不仅是心灵慰藉的灵药，更是学习戏曲的范本，因此大量存在于家刻本中。

第六，热衷曲韵、曲谱、曲论的刊刻。笔者比较现存明清家刻与坊刻本，

---

① （明）沈德符：《顾曲杂言》，中国戏曲研究院《中国古典戏曲论著集成》（第4集），中国戏剧出版社1959年版，第206页。

② （清）陈同、谈则、钱宜：《还魂记·序》，清梦园刊本《吴吴山三妇合评〈牡丹亭〉还魂记》，吴毓华《中国古代戏曲序跋集》，中国戏剧出版社1990年版，第411页。

发现大部分曲韵、曲谱、曲论仅存在于家刻本中，有蒋孝《旧编南九宫谱》、朱权《太和正音谱》、范善溱《中州全韵》、沈宠绥《度曲须知》《弦索辨讹》、娄梁散人《校正北西厢谱》、王世贞《曲藻》、钟嗣成《录鬼簿》、张楚叔《衡曲麈谭》、范善溱《中州全韵》、龙骧《增定南九宫谱》、王正祥《新定十二律京腔谱》《新定宗北归音》《新定考正音韵大全》《新定重校问奇》《新定十二律昆腔谱》、周昂《新订中州全韵》、冯起凤《吟香堂曲谱》、吴镐《红楼梦散套曲谱》、笠阁渔翁《笠阁批评旧戏目提要》、焦循《花部农谭》、凌廷堪《燕乐考原》、王国维《戏曲考原》《曲录》、金德瑛《观剧绝句》、谭芝林《钧天俪响》；有些作品也有坊刻本，但多是翻刻家刻本的，如程明善《啸余谱》、王骥德《曲律》、范文若《博山堂北曲谱》、徐大椿《乐府传声》、黄周星《制曲枝语》、毛先舒《南曲入声客问》、毛奇龄《韵学要指》、梁廷楠《曲话》、李调元《雨村曲话》。可见，明清家刻比坊刻更加重视曲韵、曲谱、曲论的刊刻。

第七，比起坊刻戏曲刊本，家刻本较为简洁雅致。如何璧本《西厢记·凡例》云：

> 坊本多用圈点，兼作批评，或注旁行，或题眉额，洒洒满楮，终落秽道。夫会心者自有法眼，何至矮人观场邪？故并不以灾木。
>
> 市刻皆有诗在后，如《莺红问答》诸句，调俚语腐，非唯添蛇，真是续狗，兹并芟去之，只附《会真记》而已，即元白《会真诗》亦不赘入。
>
> 旧本有音释，具有郢书燕说之讹，似乡塾训诂者。今皆不刻，使开帙者更觉莹然。①

《此宜阁增订金批西厢·例言》亦云："今袖珍《西厢》开头一序，系俪体文字，庸劣之笔，可云佛头著粪。又于《会真记》后杂录唐人双文本事诗，

---

① 明万历四十四年刻本《何璧校本北西厢记·凡例》，吴毓华《中国古代戏曲序跋集》，中国戏剧出版社 1990 年版，第 154 页。

及后人吊古诸作，甚属无谓，故亦汰之。至绣像更属稗官小说家恶习，例从删。"① 与坊刻本不同，家刻本不以赚钱为目标，无须在刊本中附加音释、插图、评点、诗词来吸引购买者，所以家刻本中辅助阅读的内容较少，显得干净利落。

第八，戏曲附于文集是家刻戏曲的重要形式。明清坊刻戏曲是以单篇作品呈现的，附在文集的坊刻本甚少，但从以上笔者统计的家刻戏曲可知，有不少附录戏曲的文集刊本，并且分三种情况。一是刻家刊刻自己文集并附本人创作的戏曲作品，如徐大椿《徐灵胎十二种全集》本《乐府传声》、李斗《永报堂集》本《奇酸记》《岁星记》；二是刻家刊刻自家文集中收录他人的戏曲作品，如梁廷楠《藤花亭十种》附王文治《迎銮乐府》、吴嵩梁《香苏山馆全集》附陆继辂《碧桃记》"雨画"一折；三是刻家刊刻他人的文集中收录戏曲作品，如茅一相刻沈津《欣赏编》附王世贞《曲藻》；叶恒春刻叶绍袁辑《午梦堂集》附叶小纨《鸳鸯梦》。明清家刻多由文人组成，以出版文集居多，于是戏曲附录于文集的形式较为常见。

（三）明清家刻戏曲的意义

在形式方面，明清家刻戏曲本做工细致精美。家刻本主要是作家自赏自娱，或是用来与亲朋好友交流，很多时候，更是作为礼物赠送他人，所以刻家尽量将刊本做得漂亮些。如冰丝馆刊刻的《还魂记》是影响较大的著名版本，刘世珩在《汇刻传奇杂剧·自序》中认为该刊本"雠校既精，板式亦雅，其图以明本重橅，尤极工致，可为传奇刻本之冠"②。刘世珩本人刊刻的《暖红室汇刻传奇》也是十分精良，艺林称为善本。特别是，家刻戏曲的插图美轮美奂，像香雪居《西厢记》、王骥德《西厢记》、著坛《玉茗堂四梦》、浣月轩《玉杵记》、汪道昆《大雅堂杂剧四种》与《四声猿》等刊本的插图多由名家所绘，版刻精雅，有些插图还得到后人的高度肯定，如郑振铎称赞博

---

① （明）周昂：《此宜阁增订金批西厢·例言》，清乾隆六十年此宜阁刊本《此宜阁增订金批西厢》，吴毓华《中国古代戏曲序跋集》，中国戏剧出版社1990年版，第534—535页。

② （清）刘世珩：《汇刻传奇杂剧·自序》，蔡毅《中国古典戏曲序跋丛编》，齐鲁书社1989年版，第508页。

山堂三种曲的插图"甚精致"①，指出高石山房刊刻的《目连救母劝善戏文》的插图"别具一格，实为徽派版画之始祖"②。由此可见，明清家刻戏曲刊本精致，观赏性极强。

在内容方面，明清家刻戏曲既有单行本，也有选本；既有传奇、杂剧，也有曲律、曲韵、曲谱、曲论，而且学术含量较高。明清家刻戏曲的"学术含量"离不开刻家的努力，从以下三个方面可以窥探。一是，刻家是戏曲家，有助于编辑戏曲文本。如王骥德、孟称舜、汪道昆、冯梦龙、吕天成、阮大铖、杨恩寿、蒋士铨等戏曲刻家，也是优秀的戏曲家，学问深厚，治学态度严谨，能更好地校注刊本。二是，刻家注重戏曲评点，提升文本价值。明清家刻戏曲评点本中，很多是刻家本人评点的，如徐士范《西厢记》、王骥德《西厢记》、冯梦龙《墨憨斋定本传奇》、孟称舜《古今名剧合选》、沈泰《盛明杂剧初集》、封岳《详校元本西厢记》、李书云《西厢记演剧》、孔尚任《桃花扇》、王元常《繁华梦》与《回春梦》、王文治《玉茗堂还魂记》、周昂《此宜阁增订金批西厢记》、李斗《奇酸记》、蒋士铨《晋春秋》。刻家评点戏曲，既能丰富刊本内容，又能深化中国的戏曲理论。三是，刻家是藏书家，在稿源和校勘方面大有便利。上述已经论及明清家刻戏曲中不乏兼为藏书家的刻家，像卢见曾、叶德辉、胡介祉、李开先、石韫玉、徐昆、俞樾等刻家，兼为藏书家。家藏之书为戏曲刊刻提供了大量稿源，也方便于版本校勘，减少失误。所以综合以上三点来看，家刻戏曲刊本的质量较为上乘，比如《墨憨斋定本传奇》《藏园九种曲》《坦园六种》《曲律》《观剧绝句》都是戏曲精品。

在编刊宗旨方面，明清家刻戏曲体现了文人对戏曲本身的重视。对于书坊来说，追求商业利益是他们的目标，但家刻并非如此，是否刊刻某书，不是取决于能否赚钱，而是看自己的兴趣，并且考虑戏曲文学的发展。如清代王继善刊行《审音鉴古录正续集》，琴隐翁在刊本序言中说："继善念其尊人琼圃翁生平音律最深，每叹时优率易纰谬，思欲手订一谱，兼训声容，著为

---

① 郑振铎：《劫中得书记》，《郑振铎全集》（第6卷），花山文艺出版社1998年版，第818页。

② 郑振铎：《谭中国的版画》，《郑振铎文集》，线装书局2009年版，第152页。

准则，惜未成而逝；既获此本，喜与乃翁素志相侔也，爰辗转购得原板，携归江南，稍事补雠，便公同好。"① 王继善与其父亲一样，对当时优伶演出常有失误的情况有所忧虑，得知有《审音鉴古录》一书后，"辗转购得原板"，认真补订校勘，希望对梨园有所帮助。可见，王继善是为了推进梨园发展才刊刻戏曲的。王正祥《新定十二律京腔谱》云："京腔盛行，惜无曲谱。兹故选曲归律，定其腔板，更附《考正音韵大全》《重较问奇一览》，汇成全帙，并附梓人。诚词坛之宝筏，而亦曲部之指南也。"② 所谓"京腔"是指弋阳腔，作者欲推之为曲谱正宗，所以命名为京腔。这是目前仅见的高腔曲谱。前文谈到明清家刻戏曲特点，论及明清曲韵、曲谱、曲论多以家刻本呈现。这些刊本的受众范围较小，不如戏曲剧本普及。但是家刻热衷于此，因为家刻戏曲多着眼于"戏曲"而不是受众。

从杂剧选本的刊刻也能说明文人更加看重戏曲本身。据笔者统计，明代现存 14 种杂剧类选本中，坊刻有臧懋循《元曲选》、尊生馆《阳春奏》、继志斋《元明杂剧四种》，环翠堂《环翠堂精订五种曲》；家刻有嘉靖三十二年李开先刻《改定元贤传奇》、嘉靖三十二年绍陶室刻《杂剧十段锦》、万历十七年陈与郊刻《古名家杂剧》、万历四十七年王骥德刻《古杂剧》、万历年间孙学礼刻《四太史杂剧》、崇祯二年沈泰刻《盛明杂剧》、崇祯六年孟称舜刻《古今名剧合选》；另外，刻家不详的有万历间刻佚名编《元明杂剧四种》、万历二十六年刻息机子编《元人杂剧选》，天启年间刻的《杂剧三种合刊》，这三种刊本存在家刻的可能性。可见，明代的杂剧选本以家刻为主。明代南曲红遍大江南北，书坊争先刊刻传奇类选本，家刻却选择了渐渐衰落的杂剧。这是什么原因呢？王骥德《古杂剧·序》云："三百篇之有尼父也，骚之有紫阳也，五言之有选也，律之有高棅氏诸家也，词之有草堂也，非恃传者，恃传之者也。而独元之曲，类多散逸，而世不尽见，国以初犹及以北曲名家者，

---

① （清）琴隐翁：《审音鉴古录·序》，清道光间刊本《审音鉴古录》，吴毓华《中国古代戏曲序跋集》，中国戏剧出版社 1990 年版，第 571 页。

② （清）王正祥：《新定十二律京腔谱》，清康熙间停云室刻本，陈恬、谷曙光编《京剧历史文献汇编》（清代卷 8），凤凰出版社 2011 年版，第 382 页。

而百年来率尚南之传奇，业已视为刍狗，即有其传之者，而浸假废阁，终无传也。夫元之曲，以摹绘神理，殚极才情，足抉宇壤之秘。"① 王骥德有感于元杂剧多已散佚，人们无从窥探它们的奥秘，所以精心挑选与整理，于万历年间刻有《古杂剧》20 种，供读者学习揣摩。程羽文《盛明杂剧三十种·序》云："今海内盛行元本，而我明全本亦已不减。独杂剧一种，耳目寥寥。予尝欲选胜搜奇，为昭代文人吐气，以全本当八股、大乘，以杂剧当尺幅小品，笥藏颇广，未命枣梨。而吾友沈林宗，顾曲周郎，观乐吴子，遂先有此举。"② 沈泰发现当朝之人对本朝杂剧不甚关注，但是当朝作品也不能忽视，就如袁于令所说，"胜国词林不能专美于前"③。于是，沈泰大胆编刊《盛明杂剧》，共收明代杂剧剧本 60 种，而且编选的标准很高，"非快事、韵事、奇绝、趣绝者不载"，试图极力挖掘本朝杂剧作品的魅力。④ 不难发现，家刻选择杂剧是为了让读者更好地认识杂剧，从而为戏曲创作和表演服务。所以，相对于书商来说，家刻有着更多的"文人使命"，能够自觉为戏曲文学发展做出努力。

当然，明清刻家出版戏曲可能更多出于兴趣爱好。但是，这种兴趣也对戏曲产生了积极影响。比如刻家多是文人，喜欢刊刻文集，而文集中附录了戏曲作品，使一些剧本得以流传下来。这也是家刻戏曲较多附录在文集刊本中的原因。另外，刻家喜欢看戏，有的还组织家班演出，从而促进了戏曲的舞台表演。刊刻戏曲的刻家有不少是家班主人，比如李开先、阮大铖、李书云、乔莱、唐英、黄振、王文治、李调元。⑤ 他们本身也是戏曲家，编写剧本供家班演出。如李开先家班培养了不少优童，"童子不使之读书、歌古诗，而

---

① （明）王骥德：《古杂剧·序》，明万历间顾曲斋刊本《古杂剧》，吴毓华《中国古代戏曲序跋集》，中国戏剧出版社 1990 年版，第 137 页。

② （明）程羽文：《盛明杂剧三十种·序》，明本《盛明杂剧》，吴毓华《中国古代戏曲序跋集》，中国戏剧出版社 1990 年版，第 189 页。

③ （清）袁于令：《〈盛明杂剧二集三十种〉为林宗词兄叙明剧》，董氏诵芬室刊印之明本《盛明杂剧二集》，吴毓华《中国古代戏曲序跋集》，中国戏剧出版社 1990 年版，第 192 页。

④ （明）沈泰：《盛明杂剧·凡例》，蔡毅《中国古典戏曲序跋丛编》，齐鲁书社 1989 年版，第 458 页。

⑤ 王永敬主编：《中国"昆曲学"研究课题系列：昆剧志》（下），上海文化出版社 2015 年版，第 560—579 页。

乃编词作戏"①，"有时取玩，或命童子扮之，以代百尺扫愁之帚"②。李书云参酌、朱素臣校订本《西厢记演剧·序》云："《西厢》风华流丽，实为填词家开山。自南曲兴而北音衰，北词渐次失传；又每折一人独唱，绕梁之声不继，遂为案头之书。"③ 李书云认为，随着杂剧衰落，北曲《西厢记》已在舞台失传，为重现其光彩乃着手改编，并由自己的家班搬演，演出现场还采用琉璃灯彩，效果极好。冒襄曾观看过表演，对此赞不绝口："癸亥同游在扬州，李家灯月真希罕"；④ "梁溪既远教坊绝，北曲《西厢》失纲纽；君家全部得真传，清浊抗坠咸入扣"⑤。对于《西厢记演剧》的舞台艺术，冒襄给予了高度肯定。而有的刻家虽然本人没有家班，但是所撰戏曲常在其他家班中上演。比如刻家万树的剧作大多在吴兴祚的家班演出过。吴兴祚之子吴秉钧在万树的《风流棒》序中说，万树的剧作"以卷帙太重，急难开演，已请山翁（万树号）节而传之。其他小剧，若《珊瑚球》《舞霓裳》《藐姑仙》《青钱赚》《梵书闹》《骂东风》《三茅宴》《玉山庵》等，几于盈箱充栋，陆离杳缈，不可方物，俱令家优试之氍毹上，观者神撼色飞，相与叫绝"⑥。吕洪烈《念八翻·序》亦云："先生每脱一稿，则大司马留村先生，必令家伶演之登场，授之梓人。"⑦ 值得注意的是，万树的剧本极有可能是"登场"后再刊刻，意味着刻家出版戏曲前可通过家班演出修改剧本。张岱《陶庵梦忆》云："阮圆海家优，讲关目，讲情理，讲筋节，与他班孟浪不同。然其所打院本，又皆主人自制，笔笔勾勒，苦心尽出，与他班卤莽者又不同。故所搬演，本

---

① （明）姜大成：《宝剑记·后序》，《李开先集》（下册），中华书局 1959 年版，第 852 页。

② （明）李开先：《院本短·引》，《李开先集》（下册），中华书局 1959 年版，第 857 页。

③ 李书云：《西厢记演剧·序》，清康熙间李书云参酌、朱素臣校订本《西厢记演剧》，伏涤修、伏蒙蒙《西厢记资料汇编》（上），黄山书社 2012 年版，第 318 页。

④ （清）冒襄：《戊辰中秋即事和佘羽尊长歌原韵》，《同人集》卷十一，《四库全书存目丛书》（集部第 385 册），齐鲁书社 1997 年版，第 454 页。

⑤ （清）冒襄：《癸亥扬州中秋歌为书云先生仁安堂张灯开讌赋》，《同人集》卷九，《四库全书存目丛书》（集部第 385 册），齐鲁书社 1997 年版，第 408 页。

⑥ （清）吴秉钧：《风流棒·序》，清康熙间粲花别墅刊本之《拥双艳三种·风流棒》，吴毓华《中国古代戏曲序跋集》，中国戏剧出版社 1990 年版，第 425 页。

⑦ （清）吕洪烈：《念八翻·序》，蔡毅《中国古典戏曲序跋汇编》，齐鲁书社 1989 年版，第 16495 页。

本出色，脚脚出色，出出出色，句句出色，字字出色。"① 刻家阮大铖编写剧本，可与家班演出互动，互相修改，所以"本本出色"。也就是说，家刻戏曲既推动了戏曲的表演，又提高了剧本的舞台性。刻家尽管是兴趣驱使，但在客观上给戏曲带来了发展。因此，从编刊宗旨看，家刻对戏曲的影响是积极深远的。

以上对明清家刻戏曲进行了分地区统计，并分析了家刻戏曲的刊本形态、作品内容、刻家身份，及时间与地域上的演变，同时论述了家刻戏曲在刊本质量、编刊宗旨方面的价值意义，以此了解明清家刻戏曲与坊刻戏曲的异同。

以上分别阐述了明清坊刻和家刻的篇目、特征、意义等，从中可见两者之间的差异。明清戏曲以坊刻为主，占了很大比例，尽管存在弄虚作假的现象，但是在很大程度上促进了戏曲的传播与发展。相比坊刻，家刻戏曲的数量少很多，但做工精致、学术性强。通过比较家刻、坊刻戏曲，能够更加深入地理解明清坊刻戏曲的特征与价值。

第三节　明清坊刻戏曲的阶段性特征

戏曲刊刻史不等同于创作史。比如，邱濬《五伦全备记》、邵璨《香囊记》、沈采《千金记》、沈受先《冯京三元记》、姚茂良《双忠记》、陆采《明珠记》等作品均完成于嘉靖之前，但是要到万历年间才有刊本。笔者根据现存明清坊刻戏曲的情况，归纳它们的阶段特征。

一　明代坊刻戏曲的阶段性特征

（一）前期：明初至正德时期

现存明代前期的坊刻戏曲本仅有 3 种：宣德十一年南京书坊积德堂刻《新编金童玉女娇红记》、永顺堂刻《白兔记》、金台岳家本《西厢记》。刊本

---

① （明）张岱：《陶庵梦忆》，中华书局 1985 年版，第 69 页。

数量少，稿源以元杂剧和南戏为主，是明初戏曲刊刻的特征，原因可从两个方面分析。一是戏曲创作萧条，稿源匮乏。何良俊说："祖宗开国，尊崇儒术，士大夫耻留心词曲，杂剧与旧戏文本皆不传。"① 明初的文人鄙视戏曲文学。而且，明初政府为了巩固自身统治，诛杀功臣，排除异己，大兴文字狱；在思想上倡导程朱理学，以八股文取士，凡是与程朱相违背的书籍，都遭到禁止。在这样的形势下，文坛创作一片沉寂，遑论通俗文学发展。书坊就算愿意刻书也缺少足够的稿源。二是明初统治者不断制定各种戏曲禁令，虽然未能遏制戏曲繁荣的趋势，但在一定程度上限制了戏曲发展。关于明初颁布的戏曲禁令，王利器《元明清三代禁毁小说戏曲史料》有详细记载，此不赘述。从禁令可知，明初统治者对戏曲严厉控制和打击。如此繁复和残酷的刑法，使书商噤若寒蝉。就算有少数书坊敢于冒险刻书，昂贵的书价也使读者望而却步。

（二）中期：嘉靖、万历时期

明中叶起，政治上的严酷统治有所松弛，城市工商业勃兴，社会风气转向重文轻武。在社会政治、经济、文化等多重因素作用下，坊刻戏曲逐渐兴盛。笔者统计，嘉靖时期坊刻戏曲有《风月锦囊》《璧筠斋古本北西厢》《梁状元不伏老》《僧尼共犯》《新刊巾箱蔡伯喈琵琶记》《荔镜记》。嘉靖时期的小说、戏曲作品都比较少，书坊主亲自创作小说以补充稿源，而戏曲稿源则主要来自当时的舞台表演本。像《风月锦囊》的全称是"摘汇奇妙戏式全家锦囊"，"戏式"即可供演剧与观剧之用；《荔镜记》是适合于舞台搬演的戏文。万历元年至万历二十年之间，已知刊刻年代的戏曲仅有 11 种，包括《西厢记》2 种，《琵琶记》2 种，《断发记》等 7 种。

明万历中期开始，坊刻戏曲刊本迅速增加，蔚为大观。传奇作品、戏曲选本、评点本的刊刻也都集中于此时。值得注意的是，戏曲刊刻呈现家族化倾向。比如南京著名的家族刻书有唐氏、周氏、陈氏、王姓等，刊刻戏曲的是唐姓书坊，富春堂、世德堂、文林阁、广庆堂均有戏曲刊本，是南京较为

---

① （明）何良俊：《四友斋丛说》，中华书局 1959 年版，第 337 页。

庞大的同族经营刻书集团；建阳萧氏刻书比较有名，其中萧腾鸿所刻戏曲很有特点，书名一般加"鼎镌"两字，且多由陈继儒评点；苏州叶姓一族的叶戊廿和叶启元刻有《荆钗记》和《玉夏斋传奇十种》；杭州吴氏家族刻书中，吴敬刻有《玉茗堂乐府》，吴仲虚后人以"西爽堂"的堂号刻有《万壑清音》。

（三）后期：泰昌、天启至崇祯时期

明天启、崇祯年间，各种社会矛盾激化，明朝统治岌岌可危。但是戏曲坊刻并没有受到压制，反而借着万历的光辉继续发亮。具体说来，有以下几个特征。

一是苏州和湖州成为戏曲坊刻中心。南京的坊刻戏曲在万历时期达到鼎盛，泰昌以后渐趋衰落。虽然也有师俭堂、汇锦堂、必自堂、两衡堂、三元堂、石渠阁、天章阁几个书坊刊刻戏曲，但是刊本很少，不能与富春堂等书坊相比。此期，苏州和湖州崛起。据笔者统计，苏州书坊除了书业堂、起凤馆、叶戊廿外，其余都活跃于天启、崇祯年间。作为后起之秀的吴兴书商，闵齐伋、闵光瑜、凌濛初、凌玄洲和凌延喜虽然刻书不多，但是所刻版本甚佳。吴兴闵、凌二家长期合作刻书，难分轩轾，与江苏常熟毛氏汲古阁，构成明末坊刻戏曲的鼎足。

二是更多文人加入出版行列，版刻精良。这阶段出现了集文人与刻书家于一身的所谓文人型书坊主，像闵齐伋、凌濛初和毛晋。这些文人本来靠治经起家，有较高的学术造诣和鉴赏能力，加之交游广、人脉宽，这就使他们所刻刊本在文字校对、图画装饰等方面更胜一筹，成为坊刻戏曲中的善本。

三是明末戏曲刊刻与现实关系密切。晚明社会风气衰败，戏曲刊刻开始侧重有关风化的作品。如毛晋指出他编选戏曲不是为了"穷耳目之官"，而是"俾天下后世启孝纳忠植节杖义"①。同时，反映社会现实的作品得到刊刻。如崇祯刻本《喜逢春》演毛士龙忤魏阉事，《磨忠记》叙述东林党人与魏忠

---

① （明）阅世道人：《演剧首套弁语》，明汲古阁刊本《六十种曲》，吴毓华《中国古代戏曲序跋集》，中国戏剧出版社1990年版，第292页。

贤做斗争的故事。

以上是对明代坊刻戏曲历程及其特点的简要分析，从中可知，明代书坊刊刻戏曲主要集中在中、后期，且紧随时代脉搏，刊本越来越精致。

二　清代坊刻戏曲的阶段性特征

清代坊刻戏曲在不同的阶段呈现出不同的特征，笔者将之分为三个阶段，详论如下。

（一）顺治、康熙、雍正年间

清初社会较为动乱，无论是官刻、家刻还是坊刻图书都较少，戏曲的刊刻亦是如此。至康熙年间，社会安定、经济复苏，刻书事业逐渐兴盛起来，坊刻戏曲也日益增多。康熙晚年，朝廷发布的戏曲禁令渐增，至雍正王朝，"戏曲的禁令比康熙朝更加严厉"，且雍正皇帝在位时间不长，所以雍正年间坊刻戏曲不多。总体来说，顺治至雍正年间，坊刻戏曲有以下几个特点。

1、刊刻戏曲的书坊集中于苏州和南京两个地区。此阶段刊刻戏曲且已知所在地的书坊有苏州的树滋堂、振古斋、致和堂、芥子园、聚秀堂、绿荫堂、博雅堂、学余堂、霜英堂、文喜堂、郁郁堂、课花书屋、载道堂；南京的两衡堂、大业堂、翼圣堂、文会堂、文盛堂、映秀堂、奎璧斋；浙江的学者堂、文治堂；北京文盛堂、永魁斋、文茂堂；安徽的饴清堂；湖南的三让堂、经绘堂；四川的舟山堂、两仪堂、成裕堂；福建的广平堂。显然，此阶段的刊刻阵地在江苏的苏州和南京。

2、热衷刊刻明代的戏曲作品。清初书坊刊刻了《清忠谱》《秣陵春》《通天台》《临春阁》《西堂乐府六种》《九宫谱定》《秦楼月》《宣和谱》《翻水浒记》《笠翁传奇十种》《闲情偶寄》《昆弋雅调》等当朝作品。但是，从现存刊本数量上看，清初的书坊还是比较热衷刊刻明代的戏曲作品。大批明代戏曲刊本在清初得到修版印行，如《西厢记》《牡丹亭》《琵琶记》《西楼记》《荔枝记》《玉茗堂四种》《咏怀堂新编九种曲》《元曲选》《六十种曲》《南音三籁》《词林逸响》《万锦清音》《歌林拾翠》《啸余谱》《曲律》《度曲须知》《粲花斋乐府四种》《名家杂剧》。另外，采芝客《鸳鸯梦》、黄方胤

《陌花轩杂剧七种》等无现存明代刊本的作品，在清初也有了刊行。

3、《西厢记》《琵琶记》及题李渔撰写或"阅定"的戏曲版本较多，但存在"托名"的现象。此阶段戏曲版本最多的是《西厢记》，约有20多家书坊刊刻，而且版本类型比较丰富。一是第一部满文译文《西厢记》，即北京永魁斋书坊与文盛堂书坊均于康熙年间刊刻《满汉西厢记》；二是八股文《西厢记》，即四德堂、崇文堂书坊均于康熙年间刻有钱书撰《雅趣藏书》；三是评点本《西厢记》，即较多书坊刊刻了金圣叹评点的《第六才子书》，浙江学者堂于康熙年间刊刻了毛奇龄校注《毛西河论定西厢记》，郁郁堂、大业堂于康熙年间均刻有署"吴吴山三妇合评"的《合订文机活趣全解西厢记》，但所谓"三妇合评"，应该是假托的①。至于《琵琶记》，多刻于雍正年间，为南京文盛堂、映秀堂，四川舟山堂、两仪堂、成裕堂，湖南经绘堂等书坊所刊刻，书名题"第七才子书"。另外，作者署名"李渔"的戏曲版本，清初刻有《笠翁传奇十种》（《怜相伴》《风筝误》《意中缘》《蜃中楼》《风求凰》《奈何天》《比目鱼》《玉搔头》《巧团圆》《慎鸾交》）、《笠翁新三种传奇》（《补天记》《双瑞记》《四元记》）、《续刻笠翁传奇五种》（《万全记》《十醋记》《双锤记》《偷甲记》《鱼篮记》）；署"李渔阅定"的有康熙间刊本《绣刻传奇八种》，即前面的"三种"和"五种"，作者是李渔、范希哲还是另有他人，学界有所争议，不排除托名李渔的可能性。

4、版刻戏曲插图的余晖。与明刊戏曲插图相比，清初戏曲插图的相同点是，文中插入图画依然很流行，无论是单篇剧本，还是选集都有插图本。插图的版式方面，同样有上下分栏式、月光式、单面或双面连式等；图解方面，也有两字目的，或是题字与题诗的。但是明清两朝的戏曲插图又有差异。从整体上看，清刊戏曲插图的艺术成就逊色很多，像清初刊刻的《西厢记》插图本不少，书名多题"绘像""绣像"，但大都袭用明代刊本，缺乏创新；当然也有比较优秀的，如《雅趣藏书》的插图制作十分考究。此外，康熙年间文喜堂刻朱素臣《秦楼月》、启贤堂刻嵇永仁《扬州梦》、书带草堂刻周稚廉

---

① 郭汉城：《郭汉城文集》，中国戏剧出版社2004年版，第324页。

《容居堂三种曲》、翼圣堂刻李渔《笠翁传奇十种》，这些刊本的插图也比较精致，特别是《扬州梦》与《秦楼月》，为徽派版画最后的巨匠之一鲍承勋所刻，插图 精丽典雅。雍正之后，中国戏曲版画逐渐衰落。随着石印技术的发达，晚清石印图画逐渐丰富起来，给晚清戏曲插图注入新鲜的血液。

（二）乾隆、嘉庆、道光年间

乾隆登基以来，政治清明，国泰民安，出版业进一步发展，戏曲刊刻数量增加，这个阶段可以说是清代坊刻戏曲较为繁荣的时期。

1、仍然集中于江浙一带。刊刻戏曲并已知所在地的书坊有江苏苏州的映雪堂、三乐斋、姑苏咏春堂、书业堂、宝仁堂、琴香堂、学耕堂、咸德堂、纳书楹、宝研斋、清素堂、裕文堂、经义堂；江苏其他地区有刘文奎、怀德堂、敦化堂、载德堂；浙江杭州的鸿文堂、三雅堂、田翠舍、陈云衢；浙江其他地区有博雅堂、增利堂；北京的宏文阁、集贤堂、积秀堂、五柳居；湖北的三元堂、文升堂、文雅堂等；广东的简书斋、汗青斋、萃古堂；贵州的正文堂；天津的穿柳亭。不难发现，乾隆至道光年间，江浙一带依然是戏曲坊刻的中心。

2、刊刻戏曲的地域扩大。乾隆十五年，宋廷魁在《介山记·自跋》中说"顾迩年来书虽成，与俗伶龃龉而枣梨之事，北地尤艰，是以久而未出也"，后来"余内弟康子阳三如金陵，临别请梓"，《介山记》才得以刊刻①可见，乾隆前期，坊刻戏曲仍然集中于江南一带。笔者据现存戏曲刊本考查，情况与之相同。大致从乾隆后期以来，坊刻戏曲才全面展开，除了江苏、浙江以外，北京等地也刊刻了戏曲。如北京宏文阁乾隆六十年刻《消寒新咏》、集贤堂乾隆六十年序刊《万寿庆典》、积秀堂嘉庆五年覆刻《乐府红珊》、五柳居嘉庆十五年刊《缀白裘新集合编十二集》与《长生殿传奇》；广东简书斋道光二年刻《西厢记》、汗青斋道光十五年刻《红楼梦》、萃古堂道光十五年刻《天上有》；天津穿柳亭乾隆四十三年刻《珊瑚鞭》；贵州正文堂嘉庆七年刻

---

① （清）宋廷魁：《介山记·自跋》，清乾隆刊本《介山记》，俞为民、孙蓉蓉《历代曲话汇编》（清代编第2集），黄山书社2008年版，第241—242页。

《梅花缘》；湖北三元堂、文升堂、文雅堂等书坊约于嘉庆、道光年间刊刻楚曲剧本《新镌楚曲十种》。也就是说，广州、天津、贵州、湖北等地也刊刻戏曲了，刊刻戏曲的地区越来越多。

3、以刊刻当朝作品为主，且刊刻了不少戏曲评点本。此阶段刊刻的明代戏曲主要是《荆钗记》《西厢记》《琵琶记》《四声猿》《牡丹亭》《玉茗堂四种传奇》《墨憨斋新曲十种》《六十种曲》《槐春堂八种传奇》《蓝关记》《叹骷髅》《春灯谜》《归元镜》《曲律》《六合同春》《乐府红珊》。刊刻的明代戏曲没有上个阶段丰富，因为乾隆年间戏曲创作兴盛，为书坊提供了大量的稿源，书坊更加重视当朝作品的出版。而且，书坊还刊刻了不少戏曲评点本。张勇敢《清代戏曲评点史论》指出，"清前期（顺治、康熙、雍正）共有120余种戏曲评点本"，"清中期（乾隆、嘉庆、道光）共有150余种戏曲评点本"，"清后期（咸丰、同治、光绪、宣统）共有60余种戏曲评点本"[①]。此阶段可以说是清代戏曲评点最为兴盛的时期，据笔者统计，清代坊刻戏曲评点本也是集中在这个阶段。

4、开始刊刻花部戏曲与"花谱"。地方戏曲的兴起引起了书商的关注，一些花部戏曲得到刊刻。如乾隆年间最为流行的戏曲选本《缀白裘》。该选本由苏州书坊宝仁堂主人钱德苍编刊，既有雅部也有花腔，前后共出了12集，其中《缀白裘梆子腔十一集外编》刻于乾隆三十九年，专门收录地方戏曲。这种融入舞台剧本的选集大受欢迎，很快成为梨园表演的指南。随后，学耕堂、鸿文堂、三雅堂、博雅堂、增利堂、五柳居、四教堂、集古堂、共赏斋、桂月楼等书坊纷纷翻刻以射利。至清嘉庆、道光年间，花部戏曲逐渐流行起来，书坊抓住商机，刊刻了《新镌楚曲十种》等地方戏曲文本。值得注意的是，品评优伶之书开始有刊本流传。如北京宏文阁书坊于乾隆六十年刊刻《消寒新咏》，对十八位演员的表演进行题咏、评述；《燕兰小谱》《评花》《日下看花记》《听春新咏》《众香国》《燕台集艳》等"花谱"也有刊本流行。

---

① 张勇敢：《清代戏曲评点史论》，华东师范大学 2014 年博士论文。

（三）咸丰、同治、光绪、宣统年间

1、以北京地区为中心。此阶段江浙地区刊刻戏曲的书坊有元妙观得见斋、振新书社、艺林斋、恒志书社、锦春堂、抱芳阁、友于堂、文翰斋、崇实斋、宝善堂、群玉山房、照水堂、鸳湖盛阜昌、聚宝堂、新市文翰斋，书坊数量减少，坊刻戏曲的中心地位被北京所取代。北京地区，前两个阶段仅有永魁斋、文盛堂、文茂堂、宏文阁、集贤堂、积秀堂、五柳居书坊刊刻戏曲，此阶段则有篆云斋、永顺书堂、来薰阁书庄、群经堂、锦文堂、宝文堂、文和堂、致文堂、东泰山、经义堂、泰山堂、文义堂、聚魁堂、文盛堂、聚兴堂、如意堂、秀文堂、老二酉堂、文翰斋、文秀堂、锦春堂、万宝全、聚贤阁、文萃堂、贤文堂、九龄堂、聚奎堂、富文堂、得月书坊、第一书局、青云书屋、槐荫堂、义兴堂、松竹斋、懿文斋、鸿宝斋、秀文斋、广兴堂、荣宝斋等。清末，北京刊刻戏曲的书坊比江浙地区多，成为晚清戏曲刊刻的中心。

2、刊刻戏曲的地区更为广泛。除了北京、江浙一带以外，还有安徽的琼笏山馆、竹友斋；湖南的益元局；福建的如是山房；上海的顾文善斋；广东的登云阁；四川的鸿发堂、善成堂、成都龚氏、成都戏曲改良公会、万卷阁；陕西的树德堂、三元堂、永庆堂、广兴德、永盛堂、裕兴堂、泉省堂、聚和堂、澍信堂；云南的涤绮池馆、尚友堂；江西的文德堂；广西的三经堂、杨文茂堂、沈荣记、占元堂、杨大元；山西的太原华美工厂。以上所列的地区有北京、江苏、安徽、湖南、四川、福建、上海、浙江、广东、陕西、云南、江西、广西、山西，可见刊刻戏曲的地区比上个阶有所扩大。

3、明清传奇刊本退居主流，地方戏曲及记录、评论优伶的书籍越来越多。此阶段仅有如是山房、登云阁、益元局、辅仁堂、经纶堂、清芬阁、经国堂等寥寥可数的几家书坊刊刻了明代的戏曲作品；当朝的"雅部"戏曲刊本，也比上阶段少了很多。而地方戏曲刊刻则遍地开花，成为戏曲刊刻的主流。如北京锦文堂、宝文堂、文和堂、致文堂、经义堂、泰山堂、文义堂、聚魁堂、文盛堂、聚兴堂、如意堂、聚贤堂、秀文堂、老二酉堂、东泰山、文翰斋、文秀堂、锦春堂等书坊均刊有京腔剧目；陕西树德堂等书坊刻有

《古城聚义》《司马懋断阴》《下河东》等秦腔剧目；四川鸿发堂等书坊刻有大量的川剧剧本；苏州元妙观得见斋于光绪六年刻余治编京剧剧本集《庶几堂今乐》；广西桂林占元堂等书坊刻有戏曲剧本集《名班戏文》；山西的太原华美工厂刻有《捡柴》《胡迪骂阎》《杀府》《清风亭》《芦花》；安徽竹友斋刊刻了李世忠所编皮黄剧本选集《梨园集成》；苏州恒志书社等书坊刻有地方戏曲。随着地方戏兴盛，坊刻"花谱"也多了起来。如荣宝斋于光绪二十四年刊刻了然先生《鞠部明僮选胜录》；光绪年间，松竹斋、懿文斋、鸿宝斋、秀文斋、广兴堂等书坊均刻有《朝市丛载》本《鞠台集秀录》；《昙波》《评花软语》《撷华小录》《莲湖花榜》《增补菊部群英》等花谱也得到刊刻。此外，记载优伶生平、事迹的书籍日益丰富，如北京琉璃厂富文斋、西山堂等书坊刊刻《菊部群英》《法婴秘笈》《燕台鸿爪集》《明僮合录》《金台残泪记》等记录优伶情况的书籍也不断被刊刻。

4、木版印刷逐渐衰落。清人黄式权在《淞南梦影录》中说："石印书籍，用西国石板。磨平如镜，以电镜映像之法摄字迹于石上，然后傅以胶水，刷以油墨，千百万页之书，不难竟日而就。细若牛毛，明如犀角。"① 石印书籍成本低，出书快，文本清晰，受到书商青睐。许多新成立的书局，如北京肇新印刷局、上海书局、点石斋石印书局、商务印书馆、湖南裕湘机器局，直接采用新技术出版戏曲，特别是上海地区，涌现了大量的石印戏曲文本。至于传统书坊，面对这样的新技术，有的放弃雕版印书，改为石印书籍；有的利用新技术，宣传戏曲刊本，如在报纸上刊登戏曲广告。

从昆腔剧目到花部戏曲，从木板印刷到让位于石板印刷，清代坊刻戏曲的变化历程可分为清初至雍正、乾隆至道光、咸丰至宣统三个阶段，即发展期、繁荣期和衰落期。所谓有消逝必有新生，尽管木刻戏曲衰落了，但是晚清的戏曲出版却焕发出新的生机。

---

① （清）黄式权：《淞南梦影录》，上海古籍出版社1989年版，第118页。

第二章　明清坊刻戏曲的稿源编辑与广告发行

书坊在出版活动中首先要解决的就是稿源问题。获得稿源后还要进行多项工作，如修订文本内容、研究广告策略。本章主要探讨明清书坊怎样获取和编辑戏曲稿源；寻找稿源和编辑工作中体现了哪些特点；为了争取更多读者，书坊又如何进行广告宣传。考察刊本成形前的筹备阶段可挖掘明清戏曲观念和文学现象，有助于进一步了解中国戏曲文学的发展。

第一节　明清坊刻戏曲稿源及其编辑

新闻学所说的"稿源"是指新闻机构获得稿件的来源。本节讨论的"稿源"是指明清书坊关于戏曲刊刻的底本来源。所谓"巧妇难为无米之炊"，没有底本，出版活动将无法进行。对于书坊来说，优质的稿源是刊本质量的保证，精益求精的校勘则使稿源锦上添花，备受读者青睐，从而提高书籍的销售量。因此，书坊主人非常重视稿源及其编辑工作。本节主要探讨明清书坊如何获取和编辑戏曲稿源，以及稿源与编辑对戏曲文学的影响，从而进一步理解明清戏曲的传播与发展。

一　明清坊刻戏曲的稿源

明中叶以后，印刷技术提高，戏曲作品日益丰富，书坊刊刻戏曲随之流行。那么，明清书坊是如何获取戏曲稿源的呢？据笔者考察，明清书坊获得戏曲底本的方式主要有以下几种。

（一）购求

清初戏曲家张坚云："吾归恐无以自遣，行将取《梦中缘》传奇付诸梓人，售书贾，取其值，以供杖头野饮资，亦可与二三子优游娱岁矣。"① 对于创作者来说，将剧本卖给书坊能够赚取生活费，何乐而不为呢？书坊除了直接购买作者的原稿外，还可通过另外两种途径获取稿源。一是手抄本。明清戏曲作品有的先以抄本形式流传，后才得以刊刻。如袁于令的《西楼记》脱稿后并不是先有刻本，而是被广大读者"抄写传诵"②。考虑到抄写麻烦，且传播速度慢，读者将抄本授之梓人，书坊购买的底本便是手抄本。二是版片。曾萼在《鱼水缘》的序言中说："坊人见其书者以为奇货可居也，谋诸沈君，售其版。"③《鱼水缘》的初刊本为吴兴沈君所刻，书贾认为此书有利可图，所以花钱购买版片。无论是原稿、抄本还是版片，对于坊刻来说，要想获得优秀的稿源，购求是极其重要的渠道。

（二）征稿

为了获得优质的稿源，或者为了扩大出版物的影响，书坊往往在书籍的封面、凡例、牌记中刊登征稿信息。崇祯年间，杭州书坊峥霄馆刊行《皇明十六名家小品》，书中附有征稿启事，共列了七则，甚是详备，其中有一条写道："刊《行笈别集》，征名公新剧，骚人时曲。"④ 读者喜欢新鲜的内容，而新剧、新曲容易被各大书坊抢购，像清人周皑创作的《滕王阁》传说"甫经脱稿，旋教纸贵洛阳；才得传观，争欲雕付剞劂"⑤。因此，书坊预先向读者告知征稿内容也许能更快抢到稿源。该启事还向读者交代了供稿的地点，"在杭付花市陆雨侯家中；在金陵付承恩寺中林季芳、汪复初寓"，这不禁让人想起金

---

① （清）徐孝常：《梦中缘·序》，清刊本《玉燕堂四种·梦中缘》，吴毓华《中国古代戏曲序跋集》，中国戏剧出版社1990年版，第542页。
② （明）陈继儒：《题〈西楼记〉》，明剑啸阁刊《西楼记》，吴毓华《中国古代戏曲序跋集》，中国戏剧出版社1990年版，第160页。
③ （清）曾萼：《鱼水缘传奇》，清乾隆四十四年知稼堂刊袖珍本。
④ （明）丁允和、陆云龙编：《皇明十六家小品》，书目文献出版社1997年版，第79—80页。
⑤ （清）程瀚：《滕王阁·叙》，蔡毅《中国古典戏曲序跋汇编》，齐鲁书社1989年版，第1980页。

台岳家本《西厢记》牌记旁的一行文字"正阳门外大街东下小石桥第一巷内"①，显然，告诉读者书坊的位置，便于读者投稿，从而提高出版效率。

（三）组织编写

在稿源匮乏的情况下，明清书坊需要聘请文人编写戏曲，如纪振伦为广庆堂书坊编写了不少戏曲和小说，所以袁世硕先生说："疑纪振伦为（金陵）唐氏书坊之编书先生。"② 明清文人受雇于某书坊为之编书的不在少数，像金陵书坊师俭堂请来徐肃颖改写剧本，包括陆采《明珠记》、王元寿《异梦记》、梅鼎祚《玉合记》、汤显祖《还魂记》、周朝俊《红梅记》和袁于令《西楼记》；黄文华则为建阳书商余绍崖、蔡正河、叶志元分别编写了戏曲选本《乐府玉树英》《八能奏锦》《词林一枝》。如果估计刊本将会畅销，书坊更会着力组织文人编写剧本，如冲和居士编写的戏曲选本《缠头百练》"已自纸贵"后，继续为杭州书坊编撰《缠头百练二集》。③ 又如署名"古越瀛宗季女"著的《六月霜·序》云："会坊贾以采摭秋事演为传奇请，仆以同乡同志之感情，固有不容恝然者。重以义务所在，益不能以不文辞，爰竭一星期之力，撰成十四折，匆匆脱稿，即付手民。"④ 1907 年 7 月，鉴湖女侠秋瑾被清政府杀害，她的英勇就义引起了社会极大反响，坊贾抓住商机，请人快速编写戏曲，当年即有刊本问世以飨读者。组织编写戏曲，针对性强，能迎合读者的审美需求，是书坊获取稿源的常用方式。

（四）书坊主自创

明清书坊主人积极创编戏曲，杂剧与传奇、单篇与选本，原创与改作都有涉及。以明代为例，学界普遍认为开设书坊且创作或编选戏曲的，据笔者统计有臧懋循《元曲选》、胡文焕《群音类选》、熊稔寰《徽池雅调》与《尧天乐》、周之标《吴歈萃雅》与《乐府珊珊集》、汪廷讷《环翠堂乐府》、凌

① （元）王实甫：《西厢记》，《古本戏曲丛刊初集》，商务印书馆 1954 年版。
② 袁世硕：《杨家府世代忠勇演义志传·前言》，《古本小说集成》，上海古籍出版社 1994 年版。
③ （明）瓠落生：《新镌出像点板缠头百练二集·序》，明崇祯间峥霄馆刊本。
④ （明）古越瀛宗季女：《六月霜·序》，蔡毅《中国古典戏曲序跋汇编》，齐鲁书社 1989 年版，第 2495—2496 页。

濛初《南音三籁》、袁于令《西楼记》等作品。另外有几位戏曲作家，据笔者考证分析，也是书坊主人，包括高一苇改订《金印合纵记》，日本《舶载书目》著录《孟日红葵花记》，标"高一苇刻"，① 又据笔者所查国家图书馆藏明万历间刊本《竹浪轩珠渊》，封面署"书林高一苇"，② 可知，高一苇是书坊主人；富春堂本《白蛇记》题"书林子弟朱少斋校正"，③ 朱少斋也是书坊主人，作有传奇《金钗记》《英台记》《破镜记》，均佚；毛晋编有《六十种曲》，关于毛晋刻书是私刻还是坊刻，学界有不同意见，笔者倾向于戚福康先生的观点，即毛晋是明代杰出的书坊主。④ 许自昌作有《水浒记》等剧，本人亦为书坊主，详论见本书第一章第二节"明清坊刻、家刻戏曲统计与特点"。也就是说，明代既是书坊主又是戏曲作家或选家的就有 11 人。书坊主编写戏曲，或为娱乐或为谋利，却在客观上扩大了戏曲稿源。

（五）书坊主的藏书

书坊主自身收藏的作品也可以成为稿源。如明代书坊玩虎轩主人刊刻的《琵琶记》来自本人"箧中藏本"⑤，臧懋循出版的《元曲选》，源自"家藏元人秘本杂剧最多"⑥。有的出版家本身就是藏书家，如明代书坊主胡文焕，朱之蕃称其"家拥素封之富，彩英猎藻，博古综今，槐秘箧藏，邺架恒满"⑦；万历年间，书坊主叶戌廿刊刻的《荆钗记》，其底本很有可能就是自家藏书，因为黄丕烈《荆钗记·跋》指出姑苏叶氏是"有明一代昆山文藏家"⑧；刊刻《六十种曲》的毛晋也有大量藏书，号称"明季藏书家以常熟之

---

① ［日］《舶载书目》，转引自黄仕忠《日本所藏中国戏曲文献研究》，高等教育出版社 2011 年版，第 180 页。
② （明）王路清：《竹浪轩珠渊》，明万历间刊本。
③ （明）郑国轩：《白蛇记》，《古本戏曲丛刊初集》，商务印书馆 1954 年版。
④ 戚福康：《中国古代书坊研究》，商务印书馆 2007 年版，第 197 页。
⑤ （明）玩虎轩主人：《琵琶记·序》，明万历间玩虎轩刊本《琵琶记》，吴毓华《中国古代戏曲序跋集》，中国戏剧出版社 1990 年版，第 98 页。
⑥ （清）梁廷枏：《曲话》，中国戏曲研究院编《中国古典戏曲论著集成》（第 8 集），中国戏剧出版社 1959 年版，第 293 页。
⑦ （明）朱之蕃：《百家名书·序》，明万历间文会堂本。
⑧ （清）黄丕烈：《荆钗记·跋》，蔡毅《中国古典戏曲序跋汇编》，齐鲁书社 1989 年版，第 583 页。

毛晋汲古阁为最著"①。书坊主有意识收藏珍本、善本，对戏曲稿源数量和质量均有裨益。

（六）作者或其亲朋好友自荐作品

书籍以抄本的形式传阅，流传的范围毕竟有限，如要公诸同好仍需加以刊刻。但是，并不是所有剧本都如李渔的戏曲那么幸运，"每成一剧，才落笔端，即为坊人攫去，下半犹未脱稿，上半业已灾梨"②。很多时候，要想出版剧作，还需主动向书坊推荐，坊主收到作品后，或给予稿费或让对方付钱刊刻。从明清戏曲的序跋来看，孟称舜《贞文记》、张衢《芙蓉楼》、王筠《繁华梦》与《全福记》、徐光鋈《玉狮堂五种传奇》等作品均由他人资助而得以刊刻。就连孔尚任《桃花扇》的出版也是由他朋友佟铉"倾囊橐五十金，付之梓人"③，"五十金"在当时并不是小数目。出书费用昂贵，如家无余资，而书坊又不愿出资，那么只能通过亲朋好友的赞助。

以上笔者分析了明清书坊获取戏曲稿源的六种渠道，从中可见，稿源渠道多样，为戏曲刊刻提供了有力保障。

二　明清书坊对戏曲稿源的编辑

对稿源进行编辑是出版活动中必不可少的环节。明清书坊对于戏曲稿源也不例外，如文林阁刻《新刻全像易鞋记》，题"文林阁校梓"；继志斋主人陈大来刻《重校玉簪记》，题"己亥孟夏秣陵陈大来校录"；尊生馆主人黄正位刻《阳春奏》和《琵琶记》，书口下方有"尊生馆校刊"五字。以下笔者将详述明清坊刻戏曲的编辑内容与方式。

第一，书坊编辑戏曲的内容主要包括三个方面。一是版面设计。装帧是一门艺术，书籍包装精美，能引起读者的关注，因此书坊主乐于花心思设计版面，如装饰封面或调整字号。像《词林一枝》《八能奏锦》的封面刻

---

① （清）叶德辉：《书林清话》，中华书局1957年版，第188页。

② （清）李渔《闲情偶寄》，中国戏曲研究院编《中国古典戏曲论著集成》（第7集），中国戏剧出版社1959年版，第58页。

③ （清）云亭山人：《桃花扇本末》，清康熙戊子刻本《桃花扇》，吴毓华《中国古代戏曲序跋集》，中国戏剧出版社1990年版，第442页。

有图画；金台岳家刻《新刊大字魁本全相参订奇妙注释西厢记》和苏州坊刻《新刊巾箱蔡伯喈琵琶记》，则分别以字号的大小来吸引读者。二是校对和改订文本。所谓曲无定本，关目布置、曲辞科白都可能被改动。谢世吉在万历七年少山堂本《刻出像释义西厢记》的引言中说："盖此传刻不厌烦，词难革故，梓者已类数种，而货者似不惬心。胡氏少山，深痛此弊，因恳余校录。"① 万历初期，《西厢记》的版本众多，但是读者仍对刊本不满意，金陵书坊少山堂坊主便请来谢世吉校订，希望能满足读者的阅读需求。《西厢记》、《琵琶记》与"四大南戏"等流行剧目之所以出现众多版本，正是校勘、编辑的结果。在明清文人的戏曲观念里，音律始终处于首要位置，按照《中原音韵》《南九宫谱》等曲韵、曲谱订正曲文也是书坊非常重要的工作。三是增加序跋、读音、注释、插图、评点，毋庸置疑，这些都是增加利润的筹码。书坊主多花钱聘请文人代劳，但有的则亲自操刀。如书坊主陈大来撰写《锦笺记·引》，并放在其刊刻的《李卓吾先生批评锦笺记》卷首；苏州书坊起凤馆刊刻的《西厢记》，卷首有《刻李王二先生批评北西厢·序》，署"庚戌冬月起凤馆主人叙"；湖州书坊主凌延喜所作《拜月亭·序》，载于他天启年间刊刻的《幽闺怨佳人拜月亭记》；师俭堂主人萧腾鸿为其本人刊刻的《鼎镌玉簪记》《鼎镌陈眉公先生批评琵琶记》《汤海若先生批评西厢记》等戏曲刊本绘画；湖州书坊闵齐伋刻有《会真六幻西厢》，刊本附录其本人所撰《五剧笺疑》，对曲辞音律和剧本体制多有考证。与自创戏曲一样，书坊主对戏曲编辑亲力亲为，尽管是为了自我消遣或节省经费，但同样有助于戏曲的刊刻出版。

第二，书坊组织文人乃至名家编辑戏曲，而且分工明确，编辑人员也较为固定。明清书坊聘请文人创作戏曲的同时组织他们编辑文本，于是为了生计的文人们，尤其是那些中下层文人，常流连于各大书坊之间，如谢天佑为广庆堂编写《剑丹记》，也为富春堂校对《白兔记》、《玉玦记》和《琵琶记》；郑国轩为富春堂撰写《白蛇记》，又为文立堂校订《西厢记》；罗懋登为富春堂撰写《香山记》，也为德寿堂注释《拜月亭》，还为金陵书坊注释

---

① （明）谢世吉：《刻出像释义西厢记·序》，明万历七年少山堂刻《新刻考正古本出像释义北西厢》，伏涤修、伏蒙蒙辑校《西厢记资料汇编》（上），黄山书社 2012 年版，第 119 页。

《重校北西厢记》、《重校金印记》和《重校投笔记》。明万历中后期以来，大批文人涉足戏曲领域，参与戏曲编辑的名家越来越多。如凌延喜所刻《琵琶记·跋》云："会同叔即空观主人度《乔合衫襟记》，更悉此道之详。旋复见考核《西厢记》，为北曲一洗尘魔。因请并致力于《琵琶》，以为双绝。遂相与参订，殚精几年许，始得竣业。"[1] 凌延喜刻书态度严谨，对于其他坊刻之书表示不满，认为不是"千章一律"，就是"字句增损，平仄错置"，所以请来曾创作《乔合衫襟记》和校刻《西厢记》的凌濛初，他们一起参订《琵琶记》，花费了好几年的时间。除了文字校对外，书坊也请名家补充插图与评点。如周之标《吴歈萃雅选例》称："图画止以饰观，尽去难为俗眼，特延妙手，布出题情。"[2] 仇英、钱谷、丁云鹏、陈洪绶、项南洲等"妙手"常被书坊邀请绘刻戏曲插图；陈继儒、李贽等名家则为师俭堂、容与堂等书坊刊刻的戏曲作评点。

　　需要指出的是，术业有专攻，书坊往往聘请不同的文人从事校正、注释、评点、插图等编辑工作。比如师俭堂的戏曲刊本大多署"云间眉公陈继儒评""一斋敬止余文熙阅""古闽徐肃颖敷庄删润""潭阳萧徽韦鸣盛校阅""刘素明绘画"，说明刊本分别由不同的文人评点、校阅、删润和绘图。而某一编辑内容又常常由某一文人负责，如余文熙主要为师俭堂校阅戏曲，又如世德堂所刻大部分戏曲署"姑孰陈氏尺蠖斋重订"或"秣陵陈氏尺蠖斋注释"，可见陈氏尺蠖斋是世德堂长期雇用的文人，主要负责校订工作。固定的编辑人员熟悉书坊的刊本风格，能够熟练操作，节省时间，提高工作效率。

　　无论是谢天佑等中下层文人还是陈继儒等名家，书坊均邀请他们参与戏曲的编辑工作，并让他们长期为某书坊服务，从而使戏曲刊本能够顺利出版。特别是富春堂、广庆堂等大型书坊，刊刻的戏曲书籍较多，书坊主身边应该聚集了一批文人，为书坊出谋划策，协助经营，因此他们既是生意上的伙伴，

---

① （明）西吴三珠生：《琵琶记·跋》，明凌濛初刻朦仙本《琵琶记》，吴毓华《中国古代戏曲序跋集》，中国戏剧出版社1990年版，第185页。

② （明）周之标：《吴歈萃雅选例》，明万历四十四年周氏刊本《吴歈萃雅》，俞为民、孙蓉蓉编《历代曲话汇编》（明代编第2集），黄山书社2008年版，第417页。

也可能是志同道合的朋友，大家共同钻研，合力出书，带来戏曲刊刻的繁荣与兴盛。

第三，坊刻之间互相协助，共同编辑戏曲。书坊之间合作刊书是常有之事，如《刻李九我先生批评破窑记》就是明万历年间由陈含初与詹林我两家建阳书坊合刊。从编辑工作来看，亦是如此。上文所说凌延喜请来一起编辑《琵琶记》的凌濛初，既是小说、戏曲名家，也是一位书坊主人；还有前文论述的书坊主朱少斋，曾给富春堂校订《白蛇记》；又如世德堂本《伍伦全备忠孝记》和《裴度香山还带记》，题"星源游氏兴贤堂重订"，据《明代版刻综录》记载，"兴贤堂"为明隆庆年间的书坊，刻有《新刊书经批注分旨白文便览》等书籍。① 在竞争激烈的图书行业中，有时强强联合远远胜于相互排挤，彼此合作也是一种商业策略。

简言之，比起现代书籍的出版，明清书坊编辑戏曲底本的形式更为多样，不仅是文字校对或对版面进行设计，还要负责插图、评点等辅助文本的内容，书坊为此需要组织不同专长的文人编辑戏曲，做到分工仔细，保证刊本质量；也要尽量聘请名家，借用文人的名气提高刊本知名度；同时力争与其他书坊合作，达到互惠互利的双赢局面。

三 从稿源及编辑看明清书坊对戏曲的影响

根据坊刻戏曲的稿源渠道及其编辑，我们可以窥探明清书坊对戏曲文学的影响。

一方面，书坊主积极参与戏曲编创，极大地促进了戏曲文学的发展。在获取和编辑戏曲稿源的过程中，明清书坊主体现了强烈的参与意识。首先表现为亲自编辑和编写戏曲，而这些书坊主中，不乏戏曲造诣较深的作家，如臧懋循、汪廷讷、凌濛初、袁于令、毛晋、李渔，给我们留下了《元曲选》《狮吼记》《南音三籁》《西楼记》《六十种曲》《笠翁十种曲》等经典作品。其次表现为聘请文人、名家创作和编辑戏曲。书坊主自身素质有所欠缺，对

---

① 杜信孚：《明代版刻综录》（第 7 册），江苏广陵古籍刻印社 1983 年版，第 8 页。

市场的走向未必观察准确，所以需要文人指点，编写哪些戏曲可能畅销，怎样修改文本才能符合大众的口味，于是书坊主主动与文人保持紧密联系，争取与文人"结友"或"结社"。

明清书坊主与文人结为好友，便于获取稿源和编辑文本。比如徐守愚《红梨记·序》云："坊友翻刻见请，予亦乐为之序云。"① 游戏主人《改制皮黄新词·例言》云："是书方成，坊友闻之，便来怂恿付梓，因笑而付之。"② 西泠词客《点金丹·凡例》云："刻友守催急迫，每脱一副，即便开镌。"③ 铁桥山人、问津渔者、石坪居士合著的《消寒新咏》是以诗的形式品评乾隆末年戏曲表演艺术的专著，作者认为此书"藉娱寂寞，岂堪冒昧问世耶"，但后来"书坊好友谓：'借梨园以遣兴，亦犹浑语足解颐。天下事皆戏耳，何不编作剧本观？'二君首肯，仆亦哂付之"④。《消寒新咏》的作者本认为此书不宜问世，可在书坊好友的劝说下，还是同意出版。由此可见，朋友之情为书坊主刊刻戏曲提供了不少便利。

明清书坊主还与文人存在着"结社"现象，这可从两个方面进行分析。

一是明清文人的聚会推进了戏曲出版事业。明清家班兴盛，助长了宴客之风，文人常聚集一起看戏、评戏，他们在觥筹交错、欢歌醉舞中谈天说地，关于戏曲的高深或浅俗之见也随之诞生。值得注意的是，文人之间的聚会还刺激了戏曲的刊刻。崇祯十二年刻本《张深之先生正北西厢秘本》卷首有一份"参订词友"名单，即参与该刊本校订的人员名字，多达32名，名单后注明"已仕不列"，看来参与校订工作的不止32人，其中包括不少知名文人，如王翙、顾卜、郭浚、孟称舜、沈自徵、姚士粦、谈以训、李明岳、祁奕远、顾宸、薄子珏；卷首还有马权奇撰写、陈洪绶以草书题写的序言，落款为

① （清）徐守愚：《红梨记·序》，清乾隆五十年环翠山房刻巾箱本《红梨记》，吴毓华《中国古代戏曲序跋集》，中国戏剧出版社1990年版，第522页。

② （清）游戏主人：《改制皮黄新词·例言》，吴晓铃藏抄本，傅谨主编，陈恬、谷曙光编《京剧历史文献汇编》（清代卷8），凤凰出版社2011年版，第456页。

③ （清）西泠词客：《点金丹·凡例》，清乾隆间刊本《点金丹》，俞为民、孙蓉蓉编《历代曲话汇编》（清代编第3集），黄山书社2008年版，第324页。

④ （清）石坪居士：《消寒新咏·自跋》，清乾隆间三益山房刊本，傅谨主编，谷曙光、吴新苗编《京剧历史文献汇编》（清代卷1），凤凰出版社2011年版，第106页。

"己卯暮冬雪中马权奇题于定香桥"。① 定香桥在风光秀丽的杭州西湖,适合文人聚会。张岱《陶庵梦忆》就曾记载,明崇祯七年(1634)十月,他与女优朱楚生、陈素芝,及曾波臣、陈洪绶、彭天锡等人在定香桥雅聚。② 《张深之先生正北西厢秘本》的序言正是在定香桥完成的,刻家如不经常参与聚会,估计很难请到马权奇作序,著名画家陈洪绶题写序言并绘图,以及三十多位文人校稿。

二是文人聚会吸引了书坊主参与社团活动。对于书坊主来说,参与聚会能多认识些中上流的文人,如南京三山街书商蔡益所结交复社文人,他的书店是复社文人激扬文字、抨击时弊的场所,于是能够优先刊刻发行复社文人的作品。③ 如果能成为文人社团的一分子,彼此交往频繁,那么对出版事业更是有所帮助。比如李渔创作的戏曲,大部分序跋是由他的社友所写,像《怜香伴》《风筝误》《意中缘》《蜃中楼》的序者分别为"勾吴社弟"(虞巍)、"勾吴社小弟"(虞镂)、"东海社弟"(范文白)、"西泠社弟"(孙治)。李渔是清代著名的戏曲家,亦是一位出色的书商。他努力经营芥子园书铺,不仅刊刻了众多书籍,而且在销售方面也有自己的一套策略。作为书坊主,他的成功在很大程度上得益于他广交朋友、积极参与社团活动。

综合以上两点,加之明清结社的风气,我们有理由相信,明清不少书坊主与文人结为社友,这种亲密的关系推动了戏曲的出版事业,比如得到充足的稿源,严谨的校订,名家的序跋、绘图与评点。

另一方面,沾上铜臭味的明清书商也给戏曲文学带来一定的消极影响。第一,部分稿源存在弄虚作假的现象。如崇祯年间三元堂刊《红梅记》,署"公安中郎宏道删润",阿英指出:"名为删润,实与旧本无异。"④ 明护春楼主人所作《远尘园》,今无传本,《曲海总目提要》有剧情介绍,郭英德云:"观《提要》所叙情节,与《绾春园》毫无二致,仅改换人物姓名……疑当为改易《绾春园》而作者,借以售利。"⑤ 明清书商鱼目混珠,作伪手段层出

---

① (元)王实甫:《西厢记》,明张深之订正本,《古本戏曲丛刊初集》,商务印书馆1954年版。
② (明)张岱:《陶庵梦忆》,中华书局1985年版,第27页。
③ (清)孔尚任:《桃花扇》,人民文学出版社1959年版,第190页。
④ 阿英:《雷峰塔传奇叙录》,中华书局1960年版,第104页。
⑤ 郭英德:《明清传奇综录》(上册),河北教育出版社1997年版,第437页。

不穷，给当时的读者造成不少困扰。第二，部分稿源由于不受书坊重视而失传。根据现存戏曲刊本统计，明代刊刻的杂剧类戏曲，无论是单行本还是选集本，都远远少于戏文、传奇类，而且大部分属于家刻本。为什么坊刻的杂剧本较少呢？刻于崇祯十四年的《盛明杂剧二集》收录凌濛初《虬髯翁》一剧，该剧有汪彦雯的眉批曰："初成诸剧，真堪伯仲周藩，非复近时词家可比，余搜之数载始得值，值此集已告成，先梓其一，余俟三集奉为冠冕。"①凌濛初在选本刊刻时仍在世，但是所作剧本已大多散佚，刻家搜集数年才得到一部分稿源。明杂剧尚如此，元杂剧就更不用说了。刊刻《杂剧选》的息机子说"余少时见云间何氏藏元人杂剧千□，羡不及录也，用以为缺"，后来友人从京师带来一些底本，才得以继续刊刻。②明代是传奇的黄金时代，北曲杂剧退居二位。杂剧读者少，底本难觅，以营利为目标的书坊主，并不是都如毛晋那样舍得花重金求稿，大部分书坊主还是不愿意如此抬高成本，因此，坊刻杂剧刊本很少，影响了杂剧作品的流传。另外，受到读者追捧的作品被不断改编，比如现存明刊版本最多的剧作是《西厢记》和《琵琶记》，然而那些不知名的作品则远离读者视线。书坊并不是免费出版所有作品，有些戏曲很优秀但缺乏经费，还是得不到刊刻，这对古今的读者来说不无遗憾，也给后世的研究带来困难。

以上笔者从正反两面分析了明清书坊获取稿源与编辑工作对戏曲的影响，即书坊对戏曲发展具有重要意义，但坊刻性质决定了其无法避免一些消极作用。

综上所述，明清书坊主要通过购求、征稿、组织编写、书坊主自创、书坊主藏书、作家及其亲朋好友自荐作品等几种方式获取戏曲稿源；书坊还组织文人、名家或联合其他书坊，甚至亲自编辑戏曲；从稿源和编辑来看，书坊主与文人关系密切，结为好友或社友，共同促进戏曲的兴盛；但有些稿源是抄袭品，或由于书坊忽视而失传，这难免给戏曲文学带来消极影响。不过，总体而言，

---

① （明）沈泰：《盛明杂剧》，顾廷龙《续修四库全书》（第 1765 册），上海古籍出版社 2002 年版，第 200 页。

② （明）息机子：《刻〈杂剧选〉·序》，明万历刻本《古今杂剧选》，吴毓华《中国古代戏曲序跋集》，中国戏剧出版社 1990 年版，第 100 页。

书坊的积极意义不容忽视，尤其是书坊主表现了强烈的参与意识。可以说，从选择稿源到编辑文本是一个关键和复杂的过程，书坊主在此起了主导作用。他们不仅要慧眼识"底本"，还要组织文人进行"修剪"工作。有的学者称书商为"越界文化的建筑师"。的确，一个新的刊本熔铸了书坊主对于金钱、文化、学问的诸多思考。就是这样的"建筑师"，在营利的同时推动了戏曲文学的繁荣。

第二节　明清坊刻戏曲的广告

宋元时期已有戏曲刊刻，书商如何进行广告宣传？今仅存《元刊杂剧三十种》，资料匮乏，无从全面探讨。因此，学者大多从酒幌、灯笼、锣鼓、女艺人姿色、副末开场的念白、下场诗、收场诗等方面研究，如吴晟《宋元戏曲中商品意识的几种主要表征》、于建刚《中国戏曲的广告传统》均有详细论述。至明代，中国的刻书业日益兴盛，戏曲的创作也更加繁荣，这就使戏曲刻本在数量和质量上都超越了前朝。明清戏曲的广告也随之大放光彩。尤其是以营利为目的的书坊，为了保证销售量，想方设法做好广告宣传。笔者认为明清坊刻戏曲的广告形式有以下几种。

一　书名广告

书名是吸引读者注意的最直观的形式。如果书名平淡无奇，则很容易打消读者的阅读欲望，从而降低书籍的销售量。因此，明代书坊主非常重视戏曲的命名，书名的广告形式可谓层出不穷。

（一）为了满足读者好奇心理，书商往往在书名添加"新编""新镌""新刊""重校""重订""增补""奇"等字眼。

富春堂是以刊刻戏曲为主的金陵书坊，据笔者初步统计，该书坊刊刻的30多种戏曲中，书名均带有"新"字，收录于《古本戏曲丛刊》的就有26种。此外，藏于国家图书馆的有《新刻出像音注花栏裴度香山还带记》《新刻出像音注目连救母》《新刻出像音注唐韦皋玉环记》等。与富春堂同一家族经营的书坊世德堂、广庆堂，他们刊刻的戏曲书名也大多标有"新"字。也有书坊独辟蹊径，如继志斋刊刻戏曲的书名大部分是"重校"两字。而万历九年刻《新刻增补全像乡谈荔枝记》，弘治十一年刻《奇妙全相注释西厢记》等书名则强调内容新颖独特。

（二）音释、点板、图像、评点等文本辅助性内容也在书名上反映。

作为通俗文学，戏曲不仅有宾白，还有唱词。大段诗性化的文雅唱词难免含有难读与难解的词语，于是音释、点板起了很好的辅助作用。插图不仅起到美化书籍的作用，而且还能帮助读者理解文本内容，正如鲁迅在《"连环图画"辩护》中说："书籍的插图，原意是在装饰书籍，增加读者的兴趣，但那力量，能补助文字之所不及，所以也是一种宣传画。"① 评点亦如此，评点家的鉴赏可以帮助读者分析作品，甚至可以引起读者的共鸣。音释、点板、图像、评点，这些有利于销售的策略，精明的出版商当然不会放过他们的宣传功能，于是"音注""释义""点板""全像""全相""绣像""出像""出相""批评""批点"等词语在书名中被醒目地提出来。而这些书名中，往往不仅提到一种辅助内容，如《新镌绣像评点玄雪谱》《新刻出像音注花栏韩信千金记》《新刊重订出像附释标注音释赵氏孤儿记》《新刻出像音注增补刘智远白兔记》。

（三）添加"元本""古本""京本""全本"等字样以示珍贵。

什么样的书籍更受读者青睐？从时间上说，是越接近作者原稿的刻本；从地域上说，是数量繁多而又质量较好的地方所刻之书；从内容上说，是具有完整章节的刻本。因此，书商从这几个方面入手在书名上打广告，如《古本董解元西厢记》《重刻元本题评音释西厢记》《元本出像西厢记》《元本出相西厢记》《元本出相南琵琶记》《古本荆钗记》《李卓吾先生批评古本荆钗记》《新刻考正古本出像注释北西厢记》《二刻京本出像音释高彦真葵花记全传》《新镌徽本图像音释崔探花合襟桃花记》《新刻增补戏对锦曲大全满天

① 鲁迅：《木刻纪程·小引》，《鲁迅全集》（第 6 卷），人民文学出版社 2005 年版，第 49 页。

春》《重补摘锦潮调金花女大全》《重刊五色湖插科增入诗词北曲勾栏荔镜记戏文全集》）。

（四）借用名著或名人包装书名。

明人李开先《词谑》云："尹太学士直舆中望见书铺标帖有《崔氏春秋》，笑曰：'吾止知《吕氏春秋》，乃崔氏亦有《春秋》乎？'亟买一册，至家读之，始知为崔氏莺莺事。"① 好学的读者以为觅得新书，可买回来才发现是《西厢记》。只将书名更换一字，就能赚取读者，名著效应不可小觑。明刻本中有《新刻吴越春秋乐府》，其实就是梁辰鱼所撰《浣纱记》传奇，估计也"骗"了不少读者。将名人姓氏放入书名，也是书商惯用的手段。笔者据朱万曙《明代戏曲评点研究》中"明代戏曲评点本存本目录"统计，书名署"李卓吾"评点的戏曲就有 19 种，位居榜首，其次为陈继儒和汤显祖。不管他们评点内容真实与否，但因三位都是明代文坛上的大家，所以常常被书商"点名"。书名显示的评点家还有魏仲雪、袁于令、袁宏道、袁了凡、沈际飞、徐奋鹏、孙镰、谭友夏、钟伯敬、杨东来、郑道圭等。此外，有的书商在刊刻一种戏曲时，附录了多位大家的评点，书名也就特别吸引眼球，如《三先生合评北西厢记》《三先生合评元本琵琶记》；有的评点本是朱墨套印本，书名也拿来作广告，如《硃订西厢记》。

（五）美其名，自卖自夸。

这主要体现戏曲选本的命名。书商黄正位为当时受冷落的元杂剧编了选集《阳春奏》，东海于若瀛在序跋中说："兹复选名家杂剧付之剞，乃以杂剧之名为未雅也，而题之曰：《阳春奏》。夫阳春白雪和者素寡，黄叔以是命名，岂不为元时诸君子吐气乎。"②《月露音》的命名，编者解释为："盖取隋时李谔案头所集，辞赋连篇，皆月露之音。总之，清朗可以销尘，雅丽直堪惊世

---

① （明）李开先：《词谑》，中国戏曲研究院《中国古典戏曲论著集成》（第 3 集），中国戏剧出版社 1959 年版，第 271 页。
② （明）于若瀛：《阳春奏·序》，明万历间刊本《阳春奏》，吴毓华《中国古代戏曲序跋集》，中国戏剧出版社 1990 年版，第 123—124 页。

耳。"① 以"月露"形容所选内容清新妙丽。有的甚至直接宣称为世间罕物，如黄文华对自己所选《乐府玉树英》评价甚高："语语琼琚，字字瑶琨，譬则天庭宝树，一枝一干，皆奇珍异宝之菁华也"。② 也有书商在原有书名添加美丽动人的词语以增加卖点。《中国文学通典·戏剧通典》在介绍选本《尧天乐》时说："是书存本已经过书商挖改，其卷端所题书名'南北新调'之后应还有字，为书商挖去，卷下前题《新锓天下时尚南北新调尧天乐》，故今人以为其书名应为《尧天乐》，但'尧天乐'三字亦明显为书商后增。"③ 除了以上四种外，尚有《词林摘艳》《全家锦囊》《八能奏锦》《杂剧十段锦》《大明天下春》《满天春》《大明春》《乐府菁华》《玉谷新簧》《吴歈萃雅》《词珍雅调》《徽池雅调》《歌林拾翠》《词林白雪》《冰壶玉屑》《古今奏雅》等。

（六）易名，换汤不换药。

明代笔记《古今谭概》为冯梦龙所辑纂，文人兼书商的李渔重刊此书时改其名为《古今笑》，结果购者如云。他说："同一书也，始名《谭概》，而问者寥寥，易名《古今笑》，而雅俗并嗜，购之唯恨不早：是人情畏谈而喜笑也明矣。"④ 李渔抓住了读者喜爱笑话的心理，用瞒天过海之计，使书籍销路大开。郑振铎在戏曲选本《新镌汇选辨真昆山点板乐府名词·跋》云："所选传奇，中有《四节记》《减灶记》《合璧记》较罕见。然如《京兆记》，则巧立名目，故为眩人，实即汪道昆四剧中之《京兆眉》耳。明人故多此恶习，而于俗本、坊本尤甚。"⑤ 郑振铎指出，"巧立名目"的现象在明代通俗刻本和坊刻本中屡见不鲜。如徐肃颖的《丹桂记》是根据周朝俊的《红梅记》删改，除了将"红梅"全改成"丹桂"，以及"鬼辩"一出有较大变动外，剧情、人物、文辞、出目均同《红梅记》。徐肃颖删改的戏曲还有《丹青记》

① 明万历间杭州李氏刊本《月露音·凡例》，俞为民、孙蓉蓉《历代曲话汇编》（明代编第2集），黄山书社2008年版，第454页。
② （明）黄文华：《乐府玉树引》，明万历间刊本《新镌精选古今乐府滚调新词玉树英》，俞为民、孙蓉蓉《历代曲话汇编》（明代编第2集），黄山书社2008年版，第437页。
③ 幺书仪：《中国文学通典·戏剧通典》，解放军文艺出版社1999年版，第260页。
④ （清）李渔：《古今笑史·序》，（明）冯梦龙《古今谭概》（下），天津古籍出版社1995年版，第1256页。
⑤ 郑振铎：《劫中得书记》，《郑振铎全集》（第6卷），花山文艺出版社1998年版，第788页。

《明珠记》《异梦记》，这些刻本卷首均题"云间陈继儒眉公批评""古闽徐肃颖敷庄删润""潭阳萧儆韦鸣盛校阅"。萧鸣盛是明代著名书坊师俭堂的主人；该坊所刻戏曲大部分有陈继儒评点。如果陈继儒是萧鸣盛聘请而来，那么，徐肃颖也极有可能是其请来删改戏曲、更换书名，以促进销售。

（七）用其他文体作戏曲书名。

万历刻高明撰《蔡中郎忠孝传》，没有看过《琵琶记》的读者，还以为是小说呢，其实就是抓住了读者喜欢看故事的心理特点，所以用小说惯用的命名方式来命名戏曲。又如广庆堂万历三十年刻戏曲选本《新刊分类出像陶真选粹乐府红珊》，为什么将戏曲称为"陶真"？陶真，是一种用琵琶或鼓伴奏的说唱艺术，大约起源于北宋，盛行于宋元，明清时期民间还在演唱。可见，这一命名仍然是为了迎合大众的口味。此外，有些书商则以"乐府"或"词"命名戏曲，提高戏曲的地位以促进销售，如《环翠堂乐府》《丽句亭评点花筵赚乐府》《词坛清玩西厢记》。

（八）以方便读者阅读和携带的刊本形态作书名。

此类如金台岳家刻《新刊大字魁本全相参订奇妙注释西厢记》、嘉靖本《新刊巾箱蔡伯喈琵琶记》；以"定本"命名，强调刊本是经过认真校对的，可以成为范本，如明末刊本《西厢清玩定本》；以套印技术打广告，如《硃订西厢记》；以装帧技术打广告，如富春堂刻《新刻出像音注花栏韩信千金记》，"花栏"是指在板框四周刻上花纹图案，美化书籍版面，使读者赏心悦目。不难发现，书商喜欢给书名添加词语，告诉读者刊本好在哪里，像嘉靖四十五年刻《重刊五色湖插科增入诗词北曲勾栏荔镜记戏文全集》，这个书名竟然20多字。

值得注意的是，有些刊本的扉页、卷首、目录、版心的书名不同，如建阳刘龙田刻《唾红记》的封面标"绘像忘忧女传奇"，正文卷首书名为"新刻出相点板唾红记"；万历刻《重校千金记》的封面标"仇实父绘像千金记"，正文卷首书名为"重校千金记"；杭州读书坊刻《金雀记》的封面标"精镌古本金雀"，正文首行标"新镌点板金雀记"，总目题"刊新编出相点板金雀记目录"；长春堂刻《玉簪记》的封面标"还雅斋较正点板　新镌绣像玉簪记　长春堂藏板"，目录题"新镌女贞观重会玉簪记"，版心刻"全像注释玉簪记"。显而易见，书坊主在刊本的不同位置变化书名，无非是要在书名中尽可能多地填充广告信息。

总而言之，无论是增加"新刊""古本""音释""定本""花栏""大字本""巾箱本""朱墨本"等修饰语，还是更换书名，都是商家的广告手段，为了给读者带来更多的审美愉悦，起到更好的宣传效应。

二　序跋广告

序跋在刊本中的位置虽然没有书名那么醒目，但是也可以作为宣传的手段。

一方面，从序跋来源看，广告形式有两种。一是请名家作序，这是最常见的方式。二是书商伪托名人所写序跋。如《选古今南北剧》就是假托徐渭的一个戏曲选本；又如郑之玄作传奇《红杏记》，卷首有王骥德《红杏记·题词》，署"天启乙丑（1625）仲夏月"，王骥德在天启三年（1623）已经去世，《红杏记·题词》或是伪托。另一方面，从序跋内容看，宣传方式亦有两种。一是贬低别家刻书，以抬高自家刻本的身价，这是书商最常用的促销手段之一。如书坊尊生馆刻《琵琶记·题词》云："近世刻者，率多鲁鱼亥豕，序者又数白论黄，虽欲博周郎一顾，难矣哉！"[1] 意思是别家刻本错漏百出，很难得到受众的青睐。二是直接夸赞作品，表现在四个方面。

第一，与名著相并列。书坊存诚堂刻《鼎镌郑道圭先生评点红杏记》，卷首载方诸生《红杏记·题词》云："是传也，直与蔡、张二记，并垂不朽也可。"[2] 将关目枝蔓、曲词冗赘、多袭旧套的《红杏记》与《琵琶记》《西厢记》并称，未免夸大其词。

第二，指出戏曲的教化功能，以提升刊本品位。如王思任《三先生合评元本北西厢·序》云："兹刊之有功名教，岂浅眇者而可遽以淫戏之具目之也

---

① （明）黄正位：《琵琶记·题词》，明尊生馆刻《琵琶记》，转引自黄仕忠《〈琵琶记〉研究》，广东高等教育出版社 2011 年版，第 201 页。

② （明）方诸生：《红杏记·题词》，明存诚堂刻《鼎镌郑道圭先生评点红杏记》，郭英德《明清传奇综录》，河北教育出版社 1997 年版，第 501 页。

哉！"① 金绍伦《昙花记后记》云："兹本余王父侍御公旧物圈点处，皆手泽也。且曾云：'《昙花》虽属填词，然有许多醒悟人语，不可以词书观之。'"②

第三，突出戏曲的艺术特征。一是"新奇"。万历四十五年刻《灵宝刀》，卷首载逢明生所作之《序》云："自小说稗编兴，而世遂多奇文奇人奇事。然其最，毋逾于《水浒传》。而《水浒》林冲一段为尤最。其妇奇，其婢奇，其伙类更奇，故表而出之，以为传奇。不独此也，传中有府尹，有孙佛儿，不惮熏天炙手之权谋，而能昭雪无罪，又奇之奇者也。故李卓吾曰：有国者自贤宰而下，不可一日不读《水浒传》。"③ 这段广告词说得很有水准，褒扬之意可谓层层递进，先是指出世人的好奇心理，接着标榜《水浒》为"奇异"之首，然后分析故事情节是如何奇特，最后引用名家之言来助阵。二是"雅俗共赏"。作为综合艺术的戏曲来说，本来既是案头读物，也可场上表演，但是有些作品往往顾此失彼，如能两者兼备，则容易得到读者的垂青。因此，孟称舜《古今名剧合选·序》云："于此选去取颇严，然以辞足达情者为最，而协律者次之，可演之台上，亦可置之案头，赏观者其以此作文选诸书读可矣。"④

第四，描述阅读的审美感受。任何读者在阅读过程中，都希望与作品共鸣，得到愉悦放松的心境或者情感的宣泄，所以有的序跋以此打广告，告诉读者，该本戏曲会带来美妙的享受。如周之标《吴歈萃雅·小引》云："粉黛文章，何如清真腔调，当今不乏有情人，留之几案，日读数过，可当炎燠世界一服清凉散也。"⑤ 蒋子徵《祝发记·序》云："读此记而不潸然泣下者，非孝子也，不慨然割情者，非烈士也；不毅然轻生者，非贞女也。"⑥ 这些说辞，并不是直

---

① （明）王思任：《合评北西厢·序》，明刻本《三先生合评元本北西厢·序》，俞为民、孙蓉蓉编《历代曲话汇编》（明代编第3集），黄山书社2008年版，第47页。

② （明）金绍伦：《昙花记后记》，汲古阁原刊本，黄竹三、冯俊杰《六十种曲评注》（第22册），吉林人民出版社2001年版，第551页。

③ （明）逢明生：《灵宝刀·序》，明万历间刊本《灵宝刀》，吴毓华《中国古代戏曲序跋集》，中国戏剧出版社1990年版，第111页。

④ （明）孟称舜：《古今名剧合选·序》，明崇祯间刊本《古今名剧合选》，吴毓华《中国古代戏曲序跋集》，中国戏剧出版社1990年版，第200页。

⑤ （明）周之标：《吴歈萃雅·小引》，明万历四十四年周氏刊本《吴歈萃雅》，俞为民、孙蓉蓉编《历代曲话汇编》（明代编第2集），黄山书社2008年版，第416页。

⑥ （明）蒋子徵：《祝发记·序》，蔡毅《中国古典戏曲序跋汇编》，齐鲁书社1989年版，第1204页。

接赞美文本内容，而是从读者的感觉入手，不得不佩服广告手段之高明。

三　凡例、识语、牌记广告

除了书名和序跋以外，凡例、识语和牌记也常被拿来做广告。首先，凡例广告。凡例又称"释例""发凡""例言"，是有关编纂原则、本书体例、收录范围、使用方法的说明。明刊戏曲的凡例少则几条，多则几十条，提供了丰富的信息，其中广告策略表现如下。

第一，鼓吹"古本""秘本""珍本"。如虎耕山人《蓝桥玉杵记·凡例》云："本传原属霞侣秘授，撰自云水高师，首重风化，兼寓玄铨。阅者斋心静思，方得其旨。……末附《蓬莱》《天台》二曲，同出秘授。"① 种德堂刻《琵琶记·凡例》云："核定以古本为主。今诸家本多有删改，而音义仍未相谐，及有讹缺者，一据古本补订之。"② 张弘毅《汤义仍先生还魂记·凡例》云："佳刻不再，珍重，珍重。"③ 明万历间香雪居刊本《西厢记·凡例》曾指出："今刻本动称古本云云，皆呼鼠作朴，实未尝见古本也。"④ 一语道破书商为了招徕读者所惯用的伎俩。

第二，强调出自名家手笔。毋庸置疑，名家点评、绘图、校对文本不仅能够提高刊本的质量，而且可以打响知名度。无论是伪托还是真有聘请名人，只要在刊本中明确提出，则可以起到很好的宣传作用。如《词林逸响·凡例》云："是编遍觅笥稿，就正名公；稍涉粗鄙，不敢漫收。虽曰乐府碎金，无忝词家完璧。"⑤

第三，说明刊本已订正韵律、曲谱。如朱墨刻本《牡丹亭·凡例》云：

---

① 明万历间浣月轩刊《蓝桥玉杵记·凡例》，吴毓华《中国古代戏曲序跋集》，中国戏剧出版社 1990 年版，第 117 页。

② 明万历元年种德堂本《琵琶记·凡例》，转引自黄仕忠《〈琵琶记〉研究》，广东高等教育出版社 2011 年版，第 192 页。

③ 明天启四年张氏著坛刊《清晖阁批点玉茗堂还魂记·凡例》，俞为民、孙蓉蓉编《历代曲话汇编》（明代编第 3 集），黄山书社 2008 年版，第 53 页。

④ 明万历间香雪居刊《新校注古本西厢记·凡例》，吴毓华《中国古代戏曲序跋集》，中国戏剧出版社 1990 年版，第 128 页。

⑤ 明天启三年萃锦堂刊本《词林逸响·凡例》，俞为民、孙蓉蓉编《历代曲话汇编》（明代编第 2 集），黄山书社 2008 年版，第 459 页。

"曲每以宾白辏调，旧本混刻，不唯昧作者苦心，亦大失词家正脉。今悉依宁庵先生《九宫谱》订正。"① 明天启间刻朱墨套印本《邯郸梦记·凡例》云："音切悉遵《九宫调》《太和正音谱》，考订的确，或平声借仄，仄声借平，一字而二三音者，俱从本调起叶。"② 与小说有别，戏曲可歌唱，对于曲调的规范格外重要，以此为广告，当然更能吸引读者。

第四，强调校对之精。参订仔细，润色认真是刊本的卖点之一。如静常斋主人《月露音·凡例》云："乐府选行，毫繁种类。第病冗病套，多错多偏，谁云善本！兹选采择不埒一辞，雠校不讹一字。"③ 谢国《蝴蝶梦·凡例》云："至于圈释之当，仇校之精，几无一字一音讹漏，则借力于订阅诸友为多。"④

第五，借用版权做广告。明代书籍版权制度不完善，盗版、翻版活动猖獗。以保护版权的名义达到宣传目的是广告策略之一。如《青晖阁批点玉茗堂还魂记·凡例》云："本坛独不禁翻刻，唯买者各认原板，则翻者不究自息矣。"⑤ 李廷谟《徐文长先生批评北西厢记·凡例》亦云："翻版难禁，贾者须认延阁原板，他本自然行秽。"⑥

第六，给"续集"做广告。如《玄雪谱·凡例》云："遍采甚难，尽梓不易，姑择其尤者先行，随有续集于后。"⑦ 未刊发的续集在初集中提出，能够引起的读者的关注。

其次，识语广告。识语即题跋，书籍上的题识之辞，写在正文前后。戏

---

① 明泰昌间朱墨刻本《牡丹亭·凡例》，吴毓华《中国古代戏曲序跋集》，中国戏剧出版社1990年版，第164页。

② 明天启间刻朱墨套印本《邯郸梦记·凡例》，吴毓华《中国古代戏曲序跋集》，中国戏剧出版社1990年版，第166页。

③ 明万历间杭州李氏刊本《月露音·凡例》，俞为民、孙蓉蓉编《历代曲话汇编》（明代编第2集），黄山书社2008年版，第454页。

④ 明崇祯间柱笏斋刻本《蝴蝶梦·凡例》，吴毓华《中国古代戏曲序跋集》，中国戏剧出版社1990年版，第285页。

⑤ 明天启四年张氏著坛刊《清晖阁批点玉茗堂还魂记·凡例》，俞为民、孙蓉蓉编《历代曲话汇编》（明代编第3集），黄山书社2008年版，第54页。

⑥ 明崇祯间延阁刊本《徐文长先生批评北西厢记·凡例》，伏涤修、伏蒙蒙辑校《西厢记资料汇编》（上），黄山书社2012年版，第212页。

⑦ 明崇祯间刊《玄雪谱·凡例》，吴毓华《中国古代戏曲序跋集》，中国戏剧出版社1990年版，第297页。

曲识语与小说识语一样，比较短小，但也可作为宣传之用。明刊戏曲识语的广告形式主要体现在以下几个方面。

第一，直接说明与别家不同。如万历三十二年书坊李碧峰和陈我含所刻戏曲选本《新刻增补戏对锦曲大全满天春》，识语云："内共十八队俱系增补删正与坊间诸刻不同。"① 说明刊本是经过挑选、增补和删节的。

第二，强调名家手笔。如宝珠堂在《陈眉公先生删润批评丹桂记》的识语中说："本堂搜请原本，费既不赀，评复轩豁。字体依乎古宋，画意出自名家，足称郑虔之三绝。付诸剞劂、良苦心哉！历五寒暑，始克竣工，商者以砆珷混良玉焉。"② 所镌刻的图画花费了名家整整五年的时间，可想其精细程度，对买家来说有着极大的诱惑力。

第三，指出稿源的特殊性。如《词林一枝》的识语云："《千家摘锦》，坊刻颇多，选者俱用古套，悉未见其妙耳。予特去故增新，得京传时兴新曲数折，载于篇首，知音律者幸鉴之。"③ 针对当时戏曲选本大多选录元代、明初的戏文和明前期的传奇，《词林一枝》则较多选录了《狮吼记》等万历年间流行的"时兴"戏曲，显示了稿源的新颖独特。

第四，强调版权。如中国台湾"国家"图书馆藏《鼎镌陈眉公先生批评西厢记》封面的识语云："陈眉公先生删润批评西厢记传奇，内仿古今名人图画，翻刻必究。"④ 嘉靖四十五年刻的《荔镜记》卷末识语指出："重刊《荔镜记》戏文，计有一百五叶，因前本《荔镜记》字多差讹，曲文减少，今将潮、泉二部增入颜臣勾栏诗词北曲，校正重刊，以便骚人墨客闲中一览，名曰《荔镜记》，买者须认本堂余氏新安云耳，嘉靖丙寅年。"⑤

最后，牌记广告。牌记，亦称"墨围""碑牌""牌子""书牌"，是古书

---

① 明万历三十二年刊《新刻增补戏对锦曲大全满天春》识语，龙彼得《明刊闽南戏曲弦管选本三种》，中国戏剧出版社1995年版。

② 明宝珠堂刊《陈眉公先生删润批评丹桂记》识语，《郑振铎全集》（第14卷），花山文艺出版社1998年版，第315页。

③ 明刻本《词林一枝》识语，王秋桂《善本戏曲丛刊》（第1辑），中国台湾学生书局1984年版。

④ "国家"图书馆编：《国家图书馆善本书志初稿》，中国台湾"国家"图书馆编印1999年版，第351页。

⑤ 广东省潮剧发展与改革基金会编：《明本潮州戏文五种》，广东人民出版社1985年版，第580页。

中有题识文字的围框，内刻文字长短不一，常位于封面之后或卷末的空白处，主要见于坊刻本中，官刻书籍一般无牌记。明刊戏曲的牌记主要从两个方面做广告。

一是刊署版权。如继志斋所刻戏曲《重校紫钗记》《重校窃符记》《重校吕真人黄粱梦境记》《半夜雷轰荐福碑》，均在封面牌记标"继志斋原版"。有的戏曲刊本极其强调版权归属，如环翠堂刻《袁了凡先生释义琵琶记》的牌记署"本衙藏板，翻刻必究"；万历四十四年静常斋刻《出相校正无差月露音》，封面左下刊"静常斋板，不许翻刻"，右下一朱文长方印，署"杭城丰东桥三官巷口李衙刊发，每部纹银八钱，如有翻刻，千里究治"①。

二是指出其他刊本的不足，以凸显自家刊本的优势。如金台岳家本《西厢记》的卷末牌记很特别，上下以云头装饰，字数之多在历代牌记里也是少见的，内容如下：

> 尝谓古人之歌诗，即今人之歌曲，歌曲虽所以吟咏人之性情，荡涤人之心志，亦关于世道不浅矣。世治歌曲之者犹多，若《西厢》，曲中之翘楚者也。况间阎小巷家传人诵，作戏搬演，切须字句真正，唱与图应，然后可。今市井刊行，错综无伦，是虽登垄之意，殊不便人之观，反失古制。本坊谨依经书，重写绘图，参订编次大字魁本，唱与图合。使寓于客邸，行于舟中，闲游坐客，得此一览始终，歌唱了然，爽人心意。命锓梓刊印，便于四方观云。弘治戊午季冬金台岳家重刊印行。②

这篇牌记首先将所刊之书《西厢记》夸赞了一番：不仅涤荡人心，且"关于世道不浅"；接着提到"唱与图应"，给插图做广告；然后指出别家刊本"错综无伦"，自家刊本是如何取胜；最后强调刊本能够给读者带来"爽人心意"的感受。如此看来，每一句都是在宣传，可谓用心良苦。

---

① 转引自张秀民：《中国印刷史》，上海人民出版社 1989 年版，第 518 页。
② 明弘治间金台岳家刻《奇妙全相注释西厢记》"牌记"，吴毓华《中国古代戏曲序跋集》，中国戏剧出版社 1990 年版，第 41 页。

四　其他形式的广告

明刊戏曲的广告花样百出，上面提到的几种方式是比较常见的。此外，尚有一些不多见，但是仍然具有宣传作用的广告形式，包括以下四种。

（一）扉页、版心的广告

扉页，又叫"里封""内封""副封面"，介于封面与正文之间。由于扉页是读者阅读正文前首先接触到的，过目率极高，因此书商无不花心思在扉页上做广告。扉页上除了刊署书名和版权外，还可以装饰图案，起到使书籍美观的效果，如选本《词林一枝》《八能奏锦》《万曲长春》的扉页均是上图下文。至于版心，同样有版权广告，如崇祯刻谢国撰《蝴蝶梦》的版心上方题"蝴蝶梦"，下方署"柱笏斋藏板"。

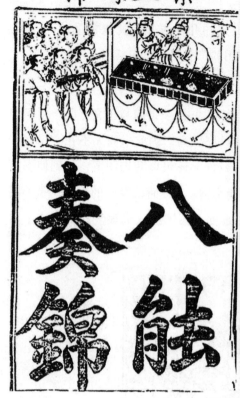

（二）正文卷首的广告

明刊戏曲正文每卷卷端一般署书名、著作者、出版者和校订人员。有些刊本则在卷首的眉栏处打广告，如《校梓注释圈证蔡伯喈大全》中卷和下卷卷首的眉栏云"京本考正，音释无讹"，"京本音释，考正无讹"；杂卷则云"京本考正，什（释）义大全"，①强调刊本校对仔细，注音和释义均无误。

（三）评点广告

利用评点内容打广告，一般放在卷首序跋，正文首页的眉栏处及篇尾部分。如崇祯间刻本《贞文记》由陈箓言、吕王师、俞而介、王毓兰批点。卷

---

① 明刊本《校梓注释圈证蔡伯喈大全》，转引自黄仕忠《〈琵琶记〉研究》，广东高等教育出版社 2011 年版，第 198 页。

首有孟称舜《题词》，共四页，第一页的眉栏处有一句评语："《贞文记》具一部禅宗，《题词》具一部性说，固知此书当作宇宙间一部大书。"第一出为《标目》，首页的眉栏处有一段话："实甫《西厢》、义仍《还魂(记)》、子塞《娇红（记）》，皆以幽情艳词委烨动人。此曲情出于正，而思致酸楚，才华艳发，模神写照，啼笑毕真，使见者魂摇色动，则异曲同工，合彼三书，共成四美。"① 评点者认为《贞文记》是"宇宙间一部大书"，可与《西厢》《还魂》媲美。又如漱玉山房刊《盐梅记》卷首"总批"云："读至《西厢》《水浒（传）》《盐梅（记）》，只见精神，不见文字。"② 虽然这些溢美之词不是出现在书名、序跋、识语、牌记中，但是仍在显眼的位置，广告效果可见一斑。

（四）附录广告

对于读者来说，卷末附有与作者、正文相关的信息，具有莫大的吸引力。因此，附录也是广告的形式之一。附录的内容有以下两个方面。

第一，附录与作者相关的内容。如天启三年刻沈璟撰《新刻博笑记》，附录"词隐先生论曲"散曲一套；万历刻卜世臣撰《冬青记》，附载作者《谈词》一卷。

第二，附录与正文相关的内容。一是附录字音、释义。如徐士范万历八年《重刻元本题评音释西厢记》下卷卷末附有《北西厢记释义全》《北西厢记字音大全》。二是附录作品中主人公的传记。如万历间会稽商氏半野堂刊《唐韦状元自制篔筜记》，卷首附载"韦剑南逸稿"；万历四十六年刻《东郭记》，附《齐人生本传》一文；天启间凌玄洲所刻《红拂记》，卷首附载《虬髯客传》；崇祯四年德聚堂刻《小青娘风流院》，附录了《小青传》和《小青焚余》；明朱墨本《绣襦记》，卷首载《汧国夫人传》。三是附录与剧情相关的剧本。如万历富春堂刻《新刻出像音注薛平辽金貂记》，卷前附载元末杨梓所作《功臣宴敬不伏老杂剧四折》；明末刻朱墨套印本《校正原本红梨记》

① （明）孟称舜：《贞文记》，《古本戏曲丛刊二集》，商务印书馆 1955 年影印版。
② （明）青山高士：《盐梅记》，明漱玉山房刊本，转引自康保成《孤本明传〈盐梅记〉述略》，《文献》1999 年第 1 期。

附张寿卿《红梨花》杂剧一卷；金台岳家本《西厢记》卷首附载杂剧《莺莺红娘着围棋》，亦称《围棋闯局》，未署作者，明闵遇五刻本《西厢记》亦有附载，题"晚进王生"。该剧本是对《西厢记》第一本的补充，写莺莺听琴后与红娘下围棋，张生逾墙相见，惊散棋局。四是附录与剧情相关的诗词或评论性和考证性文章。继志斋刻《重校北西厢记》，附录了《重校北西厢记考证》《钱塘梦》《园林午梦》《重校蒲东珠玉诗》等内容，其中《重校北西厢记考证》竟然包括《会真记》《元微之年谱》《碧溪漫志》《唐故荥阳郑府君夫人博陵崔氏合祔墓志铭》等近 60 篇文章。当然，这些附录中有些艺术价值不大，如张楷《重校蒲东珠玉诗》以组诗的形式描述崔张的爱情故事，文采一般，然而仍有读者喜爱。正如陈眉公批评本的一段批语云："蒲东诗大都俗腐，且烦多可厌，本欲删去，又恐学究尚有好之者，细批无味，转添蛇足，空存之可。"[1] 这也就说明附录是招徕读者的一种手段。

以上从书名、序跋、凡例、识语、牌记、扉页、版心、正文卷首、评点、附录十个方面分析了明刊戏曲的广告形式，由此可见广告形式丰富多样。尽管有些书商为了营利，广告词哗众取宠、华而失实，却能起到很好的宣传效应，从而在一定程度上促进了戏曲的传播。

第三节　明清坊刻戏曲的发行与流通

购买是获得书籍最普遍的方式之一。明崇祯间曹溶《流通古书约》说："近来雕板盛行，烟煤塞眼。挟资入贾肆，可立致数万卷。"[2] 可见当时人们购书雅兴之高。那么，明清书坊如何发售戏曲图书呢？笔者认为主要有三种方式。

---

① （明）陈继儒：《蒲东诗评语》，明万历间师俭堂刊本《鼎镌陈眉公先生批评西厢记》，伏涤修、伏蒙蒙辑校《西厢记资料汇编》（上），黄山书社 2012 年版，第 201 页。

② （清）曹溶：《流通古书约》，（清）鲍廷博辑《知不足斋丛书二》，（日本京都）株式会社中文出版社 1980 年版，第 1451 页。

一　书市

书市，即销售图书的集市。我国最早的书市兴起于西汉末期的长安，位于长安城东南的太学一带，每逢农历初一、十五，士人和太学生聚会于此，"各持其郡所出货物及经传书记、笙磬乐器，相与买卖，雍容揖让，或议论槐下"①。东汉时书肆渐多，出售儒家经典或诸子百家的书籍。北宋时期，书市多在庙会，集中于相国寺内。至明清，图书市场十分繁荣，可分为固定书铺和定期书市。

（一）固定书铺

书肆，是专门出售书籍的店铺，就是现在所说的"书店"，在两汉时已普遍出现，明清时期更是数不胜数。明代学者胡应麟云："今海内书，凡聚之地有四，燕市也、金陵也、阊阖也、临安也。"② 从现存明清戏曲刊本来看，也是如此，北京、南京、苏州、杭州刊刻戏曲较多。这些地方的固定书铺也相应较多，且比较集中。如胡应麟说："凡金陵书肆多在三山街及太学前。"③ 三山街是明代繁华地段，明代刊刻戏曲的书坊多设此地，如富春堂、世德堂、继志斋等。

高濂在《遵生八笺》中说："明窗净几，焚香其中，佳客玉立相映，取古人妙迹图画，以观鸟篆蜗书，奇峰远水；摩挲钟鼎，亲见商周。端砚涌岩泉，焦桐鸣佩玉，不知身居尘世。所谓受用清福，孰有逾此者乎？"④ 书肆窗明几净，炉香茗碗，随手翻阅书籍，是何等惬意之事。

（二）定期书市

定期书市，是指每遇庙会、集市、会考，各地书商携带书籍到北京等商业贸易城市设摊售书，主要有以下几种方式。一是设立售卖图书的摊点，一

---

① （宋）李昉：《太平御览》卷五三四《礼仪部十三·学校》引《三辅黄图》，《四部丛刊三编》（七九），商务印书馆1936年版，第69页。
② （明）胡应麟：《少室山房笔丛》卷四《经籍会通四》，上海书店出版社2001年版，第42页。
③ 同上。
④ （明）高濂：《遵生八笺》，巴蜀书社1992年版，第501页。

般在店铺周围。如明代马佶人著《荷花荡》传奇写道："不免在书铺廊处，摆个书摊，赚他几贯何如？"① 二是货担郎，肩挑书担，走街串巷，往往兼售其他货物。所售图书一般为通俗读物。一些大户人家散出的善本极有可能就落入货担手中。三是书船，又称书舶，即在船舶上发行图书。江浙一带水道发达，书商往往靠船只贩卖书籍。

二 托人销售

托友人、商人顺路将书籍运送到其他地区销售，也是图书发行的一种方式。如明万历间臧懋循立志刊刻《元曲选》，刻了一半后，由于底本难觅，另外经济困难，被迫停止。他在《寄黄贞父书》中说："刻元剧本拟百种，而尚缺其半，搜辑殊不易，乃先以五十种行之。且空囊无以偿梓人，姑藉此少资缓急。兹遣奴子赍售都门，亦先以一部呈览。幸为不佞吹嘘交游间，便不减伯乐之顾，可作买纸计矣。倘有所须，自当续致。"② 可见，臧懋循是拜托亲朋好友将刻好的部分刊本，带到南京宣传售书，等到卖书换钱后，才得以最终刻完全书。

三 登门求售

书坊主往往主动与文人保持一定往来，除了及时向文人打听书市最新消息，还可以向文人销售他们的书籍。比如对钱谦益、毛晋等大藏书家，书商往往亲自登门求售。

除了以上三种方式外，明清戏曲刊本也以赠书、借阅的方式流通。自古以来，赠书是亲朋好友间表达感情的方式之一。有些书坊在安排刊印任务时，就包括赠送亲友的部分。如谢兴尧《书林逸话》云："按昔日刻书习惯，……刊成后，先以红色印刷，次乃用墨。以红印本分赠师友，墨印本送各地出

---

① （明）马佶人：《荷花荡》，《古本戏曲丛刊二集》，商务印书馆 1955 年影印版。
② （明）臧懋循：《负苞堂集》，古典文学出版社 1958 年版，第 85 页。

售。"① 借阅图书也相当普遍。如祁彪佳给沈大来的信中曾云："沈词隐九宫谱中所载传奇，得其一鬻皆古质可喜，倘购得其中数种，尤足以冠诸剧之上也。有数剧为弟所未见者，列目别幅，倘许借一，当专价来领。"② 赠送与借阅流通方式不能小觑，往往在文学发展中起到重要作用。谭元春《批点想当然·序》云："《想当然》者，相传谓卢楠次楩所著为传奇，而自异其名者也。吴人客游于楚，箧中携此。谭子见而赏之，乃为竟读。"③ 不知"吴人"是借阅还是赠送，但是谭元春正因此偶然机缘拜读了《想当然》，并给予评点。这使我们能够更加深入理解戏曲文本，对谭元春的文学思想也有了进一步认识。

值得注意的是，随着造纸业和印刷手工业的发展，书籍大量增加，刻书业中出现版刻与发行分工。戏曲的出版也不例外，如容与堂刻《李卓吾先生批评红拂记》，封面题"李衙藏板""杭城宗阳宫发兑"④。另外，随着晚清报刊业的发展，很多商家选择在报纸上刊登广告。如清光绪二年，松筠阁、千顷堂两书坊在《申报》刊登许鸿磐《北曲六种》刊本的发行广告，标题为"新出传奇"，云："山左许刺史鸿磐经学湛深，出其余事制为北曲六种，引商刻羽直接元人之席，兹装订齐全，存在四牌楼松筠阁、二马路千顷堂两书坊发售，每本取回工料洋三角，赏看者祈早赐顾为盼。"⑤ 又如竹简斋书坊于清光绪七年在《申报》登载广告《桃溪雪传奇》，云："是书为吴廷康先生所辑后附徐烈妇同心栀子图，笔墨精妙，无出其右，每部价洋四角，赏鉴者请向宝善街竹简斋书坊购取可也。"⑥ 通过报纸宣传戏曲书籍的发售，对于书坊来说，是一种很好的途径。

①　谢兴尧：《书林逸话》，张静庐辑注《中国出版史料补编》，中华书局1957年版，第429—430页。

②　(明) 祁彪佳：《远山堂尺牍·与沈大来》，南京图书馆藏明抄本。

③　(明) 谭元春：《批点想当·然序》，明崇祯刻本《谭友夏批点想当然传奇》，吴毓华《中国古代戏曲序跋集》，中国戏剧出版社1990年版，第261页。

④　转引自黄仕忠：《日本所藏中国戏曲文献研究》，高等教育出版社2011年版，第102页。

⑤　《新出传奇》，《申报》1876年第1324号，第6页。

⑥　《桃溪雪传奇》，《申报》1881年第3049号，第5页。

第三章 明清书坊与戏曲选本

与分析选本的篇目内容不同，本章是从明清戏曲选本的刊刻者、编选者、刊本命名、篇目分类等方面分析书坊与戏曲选本的关系。首先，统计明清坊刻戏曲选本并进行归类；其次，论述明清书坊在戏曲选本中的作用；最后，根据选本命名、篇目分类等直接呈现的刊本形态，挖掘明代戏曲观念，并统计选本中散出入选频率，结合读者与书坊的内在关联，以揭示明清戏曲选本的审美特征。

第一节 明清坊刻戏曲选本的统计与分类

在分析明清书坊与选本的关系之前，先来看看明清书坊刊刻了哪些选本，有哪些类型，详论如下。

一 明清坊刻戏曲选本的统计

现存明清坊刻戏曲选本（已知书坊名称）如下。

明代有进贤堂《全家锦囊》、余绍崖《乐府玉树英》、三槐堂《乐府菁华》、广庆堂《乐府红珊》、李碧峰与陈我含《满天春》、尊生馆《阳春奏》、刘次泉《玉谷新簧》、敦睦堂《摘锦奇音》、博古堂《元曲选》、周之标《吴歈萃雅》与《乐府珊珊集》、静常斋《月露音》、叶志元《词林一枝》、蔡正河《八能奏锦》、四有堂《乐府名词》、金魁《大明春》、文会堂《群音类选》、刘龄甫《乐府万象新》、熊稔寰《尧天乐》与《徽池雅调》、玩虎轩《徽歌集》与《赛徽歌集》、继志斋《元明杂剧四种》、环翠堂《环翠堂精订五种曲》、志邨堂《墨憨斋重定传奇五种》、文林阁《绣像传奇十种》、师俭堂《六合同春》、富春堂等《绣刻演剧十种》、凌濛初《南音三籁》、萃锦堂《词林逸响》、西爽堂《万壑清音》、峥霄馆《缠头百练二集》、闵齐伋《会真六幻西厢》、山水邻《新镌四大痴》、汲古阁《六十种曲》。清代的坊刻戏曲选本有积秀堂重印《乐府红珊》，铁瓶书屋重印《墨憨斋定本传奇》，修文堂重印《六合同春》，实获斋、三多斋、同德堂均曾重印《六十种曲》，大文堂等《李笠翁评定传奇十种》，大知堂等《笠翁十二种曲》，方来馆《万锦清音》，奎璧斋《歌林拾翠》《乐府名时曲万家锦》《乐府歌舞台》，致和堂《醉怡情》，广平堂《昆弋雅调》，叶堂《纳书楹曲谱》，文德堂《纳书楹曲谱全集》，王君甫《千家合锦》与《万家合锦》，翼圣堂《新镌缀白裘合选》，宝仁堂《缀白裘》，桂月楼、共赏斋、鸿文堂、四教堂、集古堂、学耕堂、三雅堂、博雅堂、增利堂、五柳居均刻有《缀白裘》，最乐堂《续缀白裘》，青莲堂《续缀白裘新曲九种》，元妙观得见斋《庶几堂今乐初集》，竹友斋《梨园集成》，敏修堂《清音小集》，居易堂《居易堂三种》，三元堂等《新镌楚曲十种》，杨文茂堂等《名班戏文》，太平堂等《唱本六十四册》，致文堂等《唱本一百九十册》。

书坊名称或刊刻地区不详的明清戏曲选本有《元人杂剧选》、《词林白雪》、《大明天下春》、《词珍雅调》、《元明杂剧四种》、《小说传奇合刊》、《万锦娇丽》、《乐府南音》、《冰壶玉屑》、《怡春锦曲》、《杂剧三种合刊》、《古今奏雅》、《歌林拾翠》①、《玄雪谱》、《乐府遏云编》、《玉谷金莺》（已佚）、《选古今南北剧》、《乐府遴奇》、《乐府争奇》、《童云野刻杂剧》（已佚）、《杂剧十段锦》、《传奇四十种》、《盛世新声》、《词林摘艳》、《雍熙乐府》、《咏怀堂新编九种曲》、《新缀白裘》、《庶几堂道情曲》、《真正京调四十二种》。

---

① 现存《歌林拾翠》有两种版本，一是刻于清初的奎璧斋刊本，二是浙江图书馆所藏版本。参见汪超宏《明代曲作二考》，《文学遗产》2007 年第 4 期。此处指浙图的版本。

二 明清坊刻戏曲选本的分类

（一）明代坊刻戏曲的分类

第一，按南北曲分，只选录杂剧的选本有《杂剧十段锦》《阳春奏》《元曲选》，继志斋刻《元明杂剧四种》、《山水邻新镌四大痴》、《童云野刻杂剧》（已佚）等，其余为以戏文、传奇为主的选本。杂剧选本中，只收录元杂剧的选本是《元曲选》；只收录明杂剧的选本是《杂剧十段锦》，其余为元明杂剧合选。

第二，依据宾白分，不带宾白适合清唱的选本有《盛世新声》《词林摘艳》《雍熙乐府》《群音类选》《词林白雪》《乐府名词》《乐府南音》《乐府争奇》《吴歈萃雅》《乐府珊珊集》《月露音》《南音三籁》《词林逸响》《乐府遏云编》，其余为适合舞台表演的折子戏类选本。

第三，按腔调分，以青阳腔、弋阳腔为主的选本有《大明春》《玉树英》《乐府万象新》《乐府菁华》《乐府红珊》《满天春》《词林一枝》《八能奏锦》《玉谷新簧》《大明天下春》《摘锦奇音》《尧天乐》《徽池雅调》，其余为以昆腔为主的选本。

第四，按版式分为四种：一是不分栏，如唐振吾刻《乐府红珊》；二是分上、下两栏，均收戏曲散出，如《乐府菁华》；三是分上、下两栏，上栏刊刻灯谜、酒令等，下栏刊戏曲；四是分上、中、下栏，中间一栏刊刻诗词、散曲、酒令、笑话等。万历刊本多分三栏，如《乐府玉树英》《词林一枝》《八能奏锦》《玉谷新簧》《万曲长春》《尧天乐》《徽池雅调》。

第五，按单出、单剧分。现存杂剧类选本均是单剧类选本。戏文、传奇类选本主要是单出选本，也有选录单剧的。可以确定刻于明代的单剧类选本有万历年间的《小说传奇合刊》，上栏选话本小说五篇《李亚仙》《女翰林》《王魁》《贵贱交情》《玉堂春》，下栏为传奇《绣襦记》《焚香记》《水浒记》《南楼记》《玉玦记》，以及毛晋汲古阁的《六十种曲》。

除了上述五种分类方式外，还可以按照案头与场上划分。比如《全家锦囊》是从早期舞台表演本中选录，《六十种曲》等选本均强调可供排演的重要性。总之，戏曲分类方式多样，反映了明刊戏曲选本的兴盛，可满足不同受众的审美需求。

（二）清代坊刻戏曲选本的分类

清代坊刻戏曲选本可以分成两个阶段。

第一，清初至乾隆年间，以翻刻明代戏曲选本和刊刻昆腔选本为主。刊刻的明代戏曲选本有《南音三籁》《元曲选》《六十种曲》《词林逸响》《赛徵歌集》《墨憨斋新曲十种》《墨憨斋定本传奇》《南词新谱》《咏怀堂新编九种曲》《新镌乐府清音歌林拾翠》等；刊刻的昆腔选本有《醉怡情》《方来馆合选古今传奇万锦清音》《乐府歌舞台》《新刻时尚乐府千家合锦》《新编时尚乐府新声一卷》《新镌缀白裘合选》等。值得注意的是，乾隆中后期开始出现花部剧目的选本，如宝仁堂书坊刊刻《时兴雅调缀白裘新集初编》，既有雅部也有花部；又如乾隆四十八年敏修堂刊刻京腔剧本选集《清音小集》。

第二，清嘉庆至清末，以刊刻花部戏曲为主。这个阶段仍有刊刻明代戏曲选本的，如《乐府红珊》有清嘉庆五年刻本，《六十种曲》由于受到读者欢迎，至清道光年间仍有刊本；也有刊刻昆腔选本的，如《遏云阁曲谱》《六也曲谱初集》。但是，这时期以地方戏选本居多，有《名班戏文》《梨园集成》《新镌楚曲十种》《居易堂三种》《庶几堂今乐初集》《中国古典戏剧剧本小册子》《真正京调四十二种》《唱本六十四册》《唱本一百九十册》等。晚清还有很多石印地方戏曲选本，本章不讨论。

第二节　明清书坊对戏曲选本的意义

关于明清戏曲选本研究，以往学界多从文本内容探讨明清戏曲的特色与价值。本节则从出版文化的角度挖掘书坊与文人、读者的关系，以此探究明清书坊对于戏曲选本的意义，从而使我们更深入地了解古典戏曲接受与传播的现象，以及明清戏曲选本发展的轨迹。

（一）明清戏曲选本以坊刻为主

上述笔者已经统计了明清坊刻戏曲选本，接下来看一下明清家刻戏曲选本，统计如下：李开先《改定元贤传奇》、陈与郊《古名家杂剧》、周居易《合并西厢记》、顾曲斋《古杂剧》、孙学礼《四太史杂剧》、沈泰《盛明杂剧》、孟称舜《古今名剧合选》、王继善《审音鉴古录》、不殊堂《南词新谱》、吟香堂《吟香堂曲谱》、刘世珩《暖红室汇刻传奇》、吴梅《奢靡他室曲丛第一集》。

根据统计可知，明清戏曲选本中坊刻本占了绝大多数。诚然，创作繁荣是戏曲选本兴盛的前提，但是书坊的作用也不容忽视。

（二）书坊迎合读者的阅读需求，从而使选本形式多样化

书坊刻书主要以营利为目的，为加大销售额，明清书坊根据读者不同的需求而编刊戏曲选本，这在一定程度上促进了戏曲选本走向多样化。

其一，为助于读者练习演唱，书坊在戏曲选本中添加音韵、点板。《词林逸响·凡例》云："曲中之调，有单有合。歌者茫然不解所犯，今尽标明。至声分平仄，字别阴阳，用韵不同之处，细查《中原音韵》，即为注出，使教者可导迷津，学者得乘宝筏。"[1] 标声调，分宫商，对于"歌者""教者""学者"来说大有帮助。附板式、加板眼亦是如此，如叶堂在《纳书楹曲谱·自序》中说，"余谱《西厢记》问世……迄今已阅十有二年，而购者寥寥，心窃自疑"，后被告知"作谱者必点定小眼，始有绳尺可依。今子之谱有板而无眼，此购者之所以裹足而不前也"，于是"复加校订，于可用小眼处，一一增入，以付剞劂"。[2] 叶堂吸取他人意见，按照读者需求而丰富板眼。有的书坊为了吸引更多读者就请来名家点校，如《万壑清音·凡例》云："兹集点板俱系名家订定，则他刻有误皆已订正。"[3] 强调选本的点板是"名家订定"。

其二，为帮助读者加深文本理解，书坊在戏曲选本中添加评点、插图。

---

① 明天启三年萃锦堂刊本《词林逸响·凡例》，俞为民、孙蓉蓉编《历代曲话汇编》（明代编第2集），黄山书社 2008 年版，第 459 页。

② （清）叶堂：《纳书楹曲谱·自序》，清乾隆间纳书楹刊本《纳书楹重订西厢记曲谱》，伏涤修、伏蒙蒙辑校《西厢记资料汇编》（上），黄山书社 2012 年版，第 356 页。

③ 明抄本《新镌出像点板北调万壑清音·凡例》，俞为民、孙蓉蓉编《历代曲话汇编》（明代编第3集），黄山书社 2008 年版，第 469 页。

锄兰忍人《玄雪谱·凡例》云："传奇接《三百篇》之余，虽俗笔附会不少，而要文人感托者居多，非细细拈出，则幽深隽冷之味不见，故不揣固陋，僭加评点。"① 评点有助于读者理解曲文，特别是那些"幽深隽冷之味"，经过评点者的解释分析，读者容易窥探字里行间的深层意蕴，所以书坊乐于为戏曲添加评点。插图生动形象，同样备受读者青睐，书坊也相当重视，如《月露音·凡例》云："图绘止以饰观，尽去又难为俗眼。此传特倩妙手布出新奇。"② 书坊"特倩妙手"以招徕读者。

其三，为方便读者携带，书坊将戏曲选本刊刻为袖珍书。黄文华《乐府玉树引》云："予慕前辈风流声吻，间从妙选中采摭其尤最者。"③ 说明选本择录的是众多戏曲中的精华部分。周之标《吴歈萃雅又题词》云："睹兹编也，如读全本矣。"④ 何谓"读全本"？就是择优取录、扬长避短后，能够见微知著的本子。如果能将"读全本"的刊本"缩小"，体积小内涵大，岂不是两全其美？《赛徵歌集》序云："遵之付剞劂氏，镌为袖珍小书，以便观览。然敢故谓纤巧以悦人也。"编者对戏曲"删繁就简"后，将"起发人之兴趣者若干篇"结集在一起，所得"精粹者"，刊成"小书"，使读者赏心悦目。⑤ 除了《赛徵歌集》外，《歌林拾翠》《千家合锦》《万家合锦》《六也曲谱初集》《真正京调四十二种》等明清戏曲选本均有袖珍刊本。

其四，书坊鉴于戏曲选本的畅销而刊刻续集。《缠头百练二集》卷首有瓠落生自序，云："清溪道人素为著作手，更邃于学。先我有心，尝简拔名曲为《缠头百练》，已自纸贵。今复精遴为选之二。"⑥ 序文落款为"庚午中秋日瓠

① 明崇祯间刊本《玄雪谱·凡例》，吴毓华《中国古代戏曲序跋集》，中国戏剧出版社1990年版，第297页。
② 明万历间杭州李氏刊本《月露音·凡例》，俞为民、孙蓉蓉编《历代曲话汇编》（明代编第2集），黄山书社2008年版，第455页。
③ （明）黄文华：《乐府玉树引》，明万历间刻本《新镌精选古今乐府滚调新词玉树英》，俞为民、孙蓉蓉编《历代曲话汇编》（明代编第3集），黄山书社2008年版，第437页。
④ （明）周之标：《吴歈萃雅·又题词》，明万历四十四年周氏刊本《吴歈萃雅》，俞为民、孙蓉蓉编《历代曲话汇编》（明代编第2集），黄山书社2008年版，第419页。
⑤ （明）无名氏：《赛徵歌集·序》，明万历间巾箱本《赛徵歌集》，俞为民、孙蓉蓉编《历代曲话汇编》（明代编第3集），黄山书社2008年版，第474页。
⑥ 郑振铎：《记一九三三年间的古籍发现》，《郑振铎全集》（第5卷），花山文艺出版社1998年版，第468页。

落生题于峥霄馆中","峥霄馆"即明末杭州陆云龙的书坊。由于初集十分畅销,所以峥霄馆又组织文人进行续集的编选。又如周之标在《增订珊珊集·小引》中说:"向余序《吴歈萃雅》,海内辄为嗜痂。此刻老矣,《珊珊集》继起,仍属余手自增定。"① 发现所编选本获得读者好评后,书坊主周之标继续亲自编刊选本。

其五,刊刻不同类型的戏曲选本。明清坊刻戏曲选本种类繁多,有折子戏选本或清唱类选本,有选录单出或整出的,有专选杂剧或戏文、传奇的,有以昆腔为主或以其他声腔为主的,还有以方言创作的,如《满天春》。显然,形式的多样仍然源于读者不同的需求。如明万历时期,折子戏演出达到鼎盛,而折子戏选本的刊刻恰恰集中在这个时期。至于清唱类选本,虽然不适合表演,却得到不少文人的喜爱,正如《雍熙乐府》序所云:"窃自爱之,乃于直侍之余,礼文政务之暇,或观诸窗几,或命诸声歌,临风对月,把酒赏音,洋洋陶陶,久而忘倦。"② 繁忙的工作之余,伴着月亮与美酒,对着曲文边读边唱,完全沉浸在戏曲之中,那是多么美妙的艺术享受。况且,自戏曲兴起始,人们就形成以"曲"为本体的戏曲观念,所以,明清书坊刊刻了不少像《词林白雪》等只录联套曲文的清唱选本。

郑振铎先生认为,中国戏曲的大团圆结局总是一成不变,就算有几幕富于创造力也因全局结构的陈腐而大为失色,但"在选本中,则把这些精华的地方取了出来,不由得使我们精神为之一振,较之放在全剧中读来,只有更为精神,更可爱,反倒可诱引起我们去读全剧的勇气"③。的确,戏曲选本能够引起读者读全本的兴趣,是读者闲暇之时把玩之物,更是学习的范本。这就刺激了书坊大量刊刻以营利,既有表演之用的折子戏选本,也有适合演唱的清唱选本;既有附加音韵、点板、评点的选本,也有袖珍本和续本;既有北曲和南戏选本,也有按声腔和方言摘录的选本。书坊尽管不能保证所有选

① (明)周之标:《增订珊珊集·小引》,明万历间刊本《新刻出像点板增订珊珊集》,俞为民、孙蓉蓉编《历代曲话汇编》(明代编第2集),黄山书社2008年版,第420页。

② (明)安肃:《雍熙乐府·序》,明嘉靖刊本《雍熙乐府》,吴毓华《中国古代戏曲序跋集》,中国戏剧出版社1990年版,第72页。

③ 郑振铎:《中国戏曲的选本》,《郑振铎全集》(第6卷),花山文艺出版社1998年版,第399页。

本都质量上乘，但种类繁多的戏曲选本，总能让读者找到自己感兴趣的，从而极大地促进了戏曲选本的繁盛。

（三）书坊主亲自编选戏曲，体现了重要的选曲观念

除了刊刻他人编辑的选本外，书坊主人也编选戏曲选本。据笔者统计，明代书坊主编刊的戏曲选本有 13 种，即《元明杂剧四种》、《绣像传奇十种》《群音类选》《元曲选》《阳春奏》《山水邻新镌四大痴》《六十种曲》《吴歈萃雅》《增订乐府珊珊集》《月露音》《徽池雅调》《南音三籁》和《会真六幻西厢》；清代的钱德苍编刻《缀白裘》、居易堂编有《居易堂三种》、叶堂辑有《纳书楹曲谱》。可见，书坊主对于编刊戏曲选本是比较积极的，而且不乏佳作，像《元曲选》和《六十种曲》分别是我国古代流传最广的戏曲杂剧和传奇选集，堪称双璧；《缀白裘》则是清代普遍流行、翻刻最多的戏曲选本。

为什么书坊主对选本编辑如此感兴趣呢？不可否认，对于书坊主来说，自编自刻不仅可以节省成本，还可以将自己的作品放入选本中。如胡文焕《群音类选》收录他本人创作的《桂花风》曲词五折，及《犀珮记》《余庆记》的残存佚曲；凌濛初改编《玉簪记》为《乔合衫襟记》，部分曲词存《南音三籁》中；熊稔寰和周之标也将他们创作的散曲放入自己编刊的选本中。然而，笔者认为，更重要的原因是书坊主具有明确且积极的选曲观念。

一是针对南曲兴盛、北曲衰落的趋势编刊元杂剧选本。于若瀛《阳春奏·序》云："年来专尚南音，而北剧俱废。吾友黄叔气禀醇和，志嗲慕古，往所镌《草玄》《虞初》诸书，悬之国门，纪价为高矣。兹复选名家杂剧付之剞劂，乃以杂剧之名为未雅也，而题之曰：《阳春奏》。夫阳春白雪和者素寡，黄叔以是命名，岂不为元时诸君子吐气乎。"[1] 作为书商，黄正位放弃备受追捧的传奇选本，毅然选择编刊元杂剧，表现出一定的胆识和眼光。

二是针对晚明戏曲创作的诸多弊端，提倡学习元杂剧。晚明剧坛出现汤

---

[1]　（明）于若瀛：《阳春奏·序》，明万历间刊本《阳春奏》，吴毓华《中国古代戏曲序跋集》，中国戏剧出版社 1990 年版，第 123—124 页。

显祖的"文采派"和沈璟的"格律派",双峰对峙、各自言说,戏曲创作缺乏统一的法则与规范。为此,臧懋循"选杂剧百种,以尽元曲之妙,且使今之为南者,知有所取则云尔"①,希望人们能够认识元剧的精髓,并从中汲取营养,掌握音律声腔,更好地演唱南曲。

三是重视南杂剧的创作。明中叶以来,出现了一种新的戏曲形式:南北曲兼用,或纯用南曲,篇幅短至一折,长达十余折。胡文焕刊刻的《群音类选》,首次将这种戏曲归为一类,并命名为"南之杂剧"。对于这种新兴的戏曲艺术样式,胡文焕能够及时快捷地给予命名和归类,并且较为准确地抓住其本质特征,从而引起更多文人的关注,使杂剧与明代传奇进一步融合。

四是重视乱弹戏的创作。钱德苍的《缀白裘》不仅选了昆腔,还录入梆子腔、西秦腔、时调杂出等花部乱弹诸腔,均是场上流行之曲。作为昆腔爱好者,钱德苍并没有鄙视地方戏,而是慧眼独具,既为当时的梨园提供演出范本,也为后人留下了一大批乱弹戏。

五是正确引导读者学习曲谱。凌濛初在《南音三籁·凡例》云:

> 曲有正调正腔,衬字虽多,音节故在,一随板眼,毫不可动。而近来吴中教师,止欲弄喉取态,便于本句添出多字,或重叠其音以见籁弄之妙、抢㕭之捷,而不知已戾本腔矣。况增添既多,便须增板。增板既久,便乱正板。后学因之,率尔填词,其病有不可救药者,偶一正之,即云:本之王问琴所传,而不知作俑之为罪人。沈伯英所谓"闻今日吴中清唱,即欲掩耳而避"者也。兹刻一依旧本录曲,一依旧谱点板,不敢徇时,其为时所沿者,俱明列其故,以备异同云。②

凌濛初有感于"乱正板"的现象,希望通过附载点板的选本纠正后学者的毛病。除了板眼,《南音三籁》还有宫调、平仄、韵位等曲律的研究。选本中常见到"学者当从之""学者勿以北曲视之""作词者不可不严"等注文。

---

① (明)臧懋循:《元曲选后集·序》,《负苞堂集》,古典文学出版社1958年版,第57页。
② 明刊本《南音三籁·凡例》,吴毓华《中国古代戏曲序跋集》,中国戏剧出版社1990年版,第183页。

可见，凌濛初是有意识地指导读者学习戏曲。可以说，《南音三籁》不仅对演员、观众、读者有一定的指导作用，对于创作者来说也是大有裨益，难怪耄耋之年的袁于令仍要常常翻阅《南音三籁》，以补"未竟之业"。①

鲁迅指出："选本可以借古人的文章，寓自己的意见。"② 意思是，选家有自己的编选标准，选本是选家借用他人的文章表达自己的想法，即读者所看到的选本，体现较多的并不是原作家的思想，而是选家本人的思想。选家其实就是扮演了"导演"的脚色，指导读者该看什么书，又如何去欣赏，以致读者更多受到选家而不是作家的影响。明清书坊主编刊戏曲选本，选本中带有编者的选曲观念，而这些观念具有重要的价值意义，能够引导读者学习戏曲，促进戏曲文学的发展。

（四）书坊组织文人改写曲文，使选本趋于案头与场上兼擅

现在的出版社对书籍的编辑，更多是对文字进行校对。而明清书坊对戏曲书籍的编辑，不限于校勘，还可改写曲文。比如叶开沅在《〈白兔记〉的版本问题（一）富本系统》一文中指出，明代书坊富春堂为方便读者阅读，聘请文人编辑宋元南戏《白兔记》，使之案头化；《八能奏锦》等明代选本中的《白兔记》也有改动，"将主要唱词原封不动或略加修润，将宾白和关目稍加缩减"。③ 建阳刊本《八能奏锦》的编者是黄文华，他还为其他两位建阳书商余绍崖和叶志元分别编选了戏曲选本《乐府玉树英》和《词林一枝》，估计黄文华是流连于建阳书坊的下层文人。就如纪振伦为广庆堂等明代金陵书坊编校了很多戏曲，所以袁世硕先生推测纪振伦为"（金陵）唐氏书坊之编书先生"。④

既然书坊刊刻戏曲选本前要组织文人改编戏曲，那么，改编的标准是什么呢？以下试以《乐府红珊》和《六十种曲》为例说明。

纪振伦编辑的《乐府红珊》刻于明万历三十年，分为"庆寿""伉俪"

---

① （清）袁于令：《南音三籁·序》，清刊本《南音三籁》，吴毓华《中国古代戏曲序跋集》，中国戏剧出版社1990年版，第194页。

② 鲁迅：《选本》，《鲁迅全集》（第7卷），人民文学出版社2005年版，第135页。

③ 叶开沅：《〈白兔记〉的版本问题（一）富本系统》，《兰州大学学报》1983年第1期。

④ 袁世硕：《杨家府世代忠勇演义志传》"前言"，《古本小说集成》，上海古籍出版社1990年版。

"激励"等 16 类，可满足观众点戏的需求，而且选本中《凡例》的内容主要是教导读者如何演唱，强调"初学必要将《南琵琶记》《北西厢记》从头至尾熟读，一字不可放过，自然有得"，"初学不可混杂多记"，"唱须要唱出各样牌名理趣"，"听曲要肃然雅静"，可知编刊目的是供演出之用。① 于是，纪振伦的改编侧重于表演实际。比如，《旷野奇逢》这一出与之前的世德堂本相比较，语言更为口头化，像"娘子曾嫁人否"被改为"娘子嫁人没有"。然而，作为受聘于书坊的文人，纪振伦改编戏曲的目标还包括争取更多的读者，除了演员读者外，也要照顾到比较庞大的文人读者群。于是，比起早期《乐府菁华》《乐府万象新》等较多保留表演痕迹的选本，《乐府红珊》又倾向于案头读物，像所选《还带记》就省略了不少曲文和宾白，更加简洁和雅致。由此可见，纪振伦试图既体现表演的功用又满足文人的阅读需求，尽管对曲文的改动不多，但是在调和舞台与案头上所做的努力值得肯定。

出版商毛晋主持编辑《六十种曲》也请来文人润饰，他在《题演剧二套》中说："会日长至，惜年暗销，偕二三同志，就竹林花榭，携尊酒，引清讴，复捻合《会真》以下十剧。"② 毛晋与凌濛初、冯梦龙、徐日曦等交往甚密，在选编刊《六十种曲》时，应该得到过他们的帮助，群策群力才得以完成。至于他们的改编内容可以《荆钗记》为例加以分析。《荆钗记》现存明刻本有姑苏叶氏刻《原本王状元荆钗记》、金陵世德堂本、茂林叶氏刊本、屠隆评本、李卓吾评本和汲古阁本。经笔者仔细校对，汲古阁本以李评本为底本，这两种版本在关目结构方面是一致的，只有细微处的变化，详述如下。

---

① 清嘉庆五年积秀堂覆刻本《精刻绣像乐府红珊·凡例》，俞为民、孙蓉蓉编《历代曲话汇编》（明代编第 2 集），黄山书社 2008 年版，第 451 页。

② （明）得闲主人：《题演剧二套》，明汲古阁刊本《六十种曲》，吴毓华《中国古代戏曲序跋集》，中国戏剧出版社 1990 年版，第 293 页。

李评本①	汲古阁本②
第一出【临江仙】（末上）一段新奇真故事。……少不得仁义礼先行。（问内科）借问后房子弟，今日搬演谁家故事哪本传奇？（内应科）今日搬演一本义夫节妇荆钗记（末）原来此本传奇，待小子略道家门便见戏文大意。【沁园春】才子王生。	（末上）一段新奇真故事。……少不得仁义礼先行。（问答照常）【沁园春】才子王生。
第四出【谒金门】（小外上）	（小外杂从上）
第四出【转山子】（末上）	（末扮学官上）
第六出【绕地游】（贴上）	（老旦上）
第六出【风入松】（生）谨依严命。（老旦）孩儿。还有一件事。	（生）敢不遵命。（老旦）儿。还有一件事。
第六出【前腔】（见）许大人请。今蒙贵步到寒家。有何见论。	（见介）许大人请。重蒙贵步到寒家。有何见论。
第六出【桂枝香】物无借贷。儿。自你父亲去后之时。	物无借贷。（拔钗介）儿。自你父亲去后之时。
第六出【前腔】偏喜爱熟油苦菜。但心无忌猜。但心无忌猜。物无妨碍	偏喜爱熟油苦菜。但心无忌猜。物无妨碍。
第七出【秋夜月】便说令兄宅上有个令爱。要取他做娘子。	便说令兄宅上有个令爱。要娶她做娘子。
第十四出【前腔】解元衣锦荣归。不惟壮观老员外之门楣。抑且增益老安人之惭愧。	解元衣锦荣归。不惟壮观老员外之门楣。抑且增益老安人之福履。
第十五出【疏影】（外）看坐来。（介）看坐来。亲家。请里面相见。	〔外〕看坐来。亲家。请里面相见。

① （明）柯丹邱：《李卓吾先生批评古本荆钗记》，黄仕忠《日本所藏稀见中国戏曲文献丛刊》，广西师范大学出版社 2006 年版。

② （明）毛晋：《六十种曲》，中华书局 1958 年版。

李评本	汲古阁本
第十六出【甘州歌】(生)交我成名先寄数行书。	(生)教我成名先寄数行书。
第十六出【前腔】(众)一心止望入试闱。	(众)一心指望入试闱。
第十六出【尾】图得今宵沉醉归。	图得今宵沈醉归。
第十七出(末上)务要文章贞洁。……无非晓达时务。何莫经史辨疑	(末上)务要文章峻洁。……无非晓达时务。何必经史辨疑。
第十七出【夜游朝】(外上)	(外杂从上)
第十七出【前腔】(小生上)慈亲衰倦。	(末上)慈亲衰倦。
第十七出【前腔】(净上)……(介)生员领题。	(净上)……(杂)生员领题。
第十七出【前腔】(外)此子年齿虽逾。学识颇到。(净)不敢。我学生八八六十四卦。三百八十四爻。无不精晓。(外笑)可知你不亲笔砚。	(外)此子年齿虽逾。学识颇到。(净)不敢。我学生八八六十四卦。三百八十四爻。无不精晓。(外笑)可知你日亲笔砚。
第十七出【前腔】(净)先生。不是这学。乃是鹤儿第一。	(净)大人。不是这学。乃是鹤儿第一。
第十七出【前腔】(介)生员领题。	(生)生员领题。
第十七出【前腔】(外)第三场作诗。光香郎韵。	(外)天字号第三场。就把桂花为题。光香郎韵。作诗一首。
第十七出【风检才】(众)万岁。	(众)万岁。万岁。万万岁。
第十八出【破阵子】(旦上)登楼试晚妆。镜破意踌躇。羞看舞双燕。文彩入空虚。	(旦上)登楼试晚妆。镜破意踌躇。羞看舞双燕。交彩入空虚。
第十八出【前腔】妇仪当尽。昏问寝兴。听樵楼更漏。紫陌鸡声。忙把衣衫整。	妇仪当尽。昏问寝兴。听谯楼更漏。紫陌鸡声。忙把衣衫整。

李评本	汲古阁本
第二十二出【尾】(净外上)鹊声喧。灯花艳。(丑)老员外。老安人。姐夫中了状元。有书回来了。	(外净上)鹊声喧。灯花艳。(末上)老员外。老安人。姐夫中了状元。有书回来了。
第二十二出【一封书】(老旦)亲家母。我孩儿不是忘恩负义的人。	(老旦)亲家妈。我孩儿不是忘恩负义的人。
第二十六出【菊花新】(夫上)日上三竿犹未起。闻呼未审何因。(外)夜来有一妇人投江。稍手救得在小船上。夫人。你把些干衣服与他换了湿的。请来见我。(请介)【糖多令】(旦上)无奈祸临头。	(贴旦上)日上三竿犹未起。闻呼未审何因。(外)夜来有一妇人投江。稍手救得在小船上。夫人。你把些干衣服与他换了湿的。来见我。【糖多令】(旦上)无奈祸临头。
第二十六出【前腔】(外)差人到饶州报与你丈夫知道。交他娶你去。夫妇重会。缺月再圆。心下如何。	(外)差人到饶州报与你丈夫知道。教他取你去。夫妇重会。缺月再圆。心下如何。
第二十八出【梧桐儿】(老旦)呀。果是我媳妇的。痛杀我也。【山坡羊】撤得我不尴不尬。	(老旦)呀。果是我媳妇的。痛杀我也。(倒地介)【山坡羊】撤得我不尴不尬。
第三十三出【前腔】(合前净上)潮阳府阴阳生接老爷。	(合前丑上)潮阳府阴阳生接老爷。
第四十出【三段子】(小生)翁今几儿。(外)念箕裘无人可倚。(小生)族分几枝。(外)念国宗无人可悲。	(小生)翁今几儿。(外)念箕裘无人可倚。(小生)族分几。(外)念宗支无人可悲。
第四十六出【前腔】(外)说什么来。(丑)那烧香的王太守。好似亡夫模样。	(外)说什么来。(丑)他说道烧香的王太守。好似亡夫模样。
第四十七出(净)你不要管。长官没有什么赏你。一个钱且收下。(末)一个钱买酒吃不醉。买饭吃不饱。要他何用。(净)就不是做家的。拿这钱去做买卖。(末)这一个钱做甚买卖。(净)一钱为本。万钱为利。(末)好言语。小人收去。	(净)你不要管。长官没有什么赏你。一个钱且收下。(末)一个钱买酒吃不醉,买饭吃不饱,要它何用。(净)就不是做家的。拿这钱去做买卖。(末)这一个钱做甚买卖。(净)一钱为本。万钱为利。(末)好谶语。小人收去。

李评本	汲古阁本
第四十八出【紫苏丸】（外）又是年兄。（净）抬礼过来观。老夫邓识宝。取在手内。便知什么宝贝。	（外）又是年兄。（出钗介净）抬礼过来观看。老夫邓识宝。取在手内。便知什么宝贝。
第四十八出【前腔】（生）为参万俟丞相。招赘不从。反生恶意。将吾拘系。奏官理。一时改调蛮烟地。……（外）曾有回书。【前腔】（生）曾寄书回。	（生）为参万俟丞相。招赘不从。反生恶意。将吾拘系。奏官里。一时改调蛮烟地。……（外）曾有书回。【前腔】（生）曾寄书回。
第四十八出【红衫儿】（末上）申奏吉安府知府王十朋。居官清政。	（末上）申奏吉安府知府王十朋。居官清正。

为了陈述方便，汲古阁本简称为"汲本"，汲本对《荆钗记》的改动有四个方面。

第一，开场简化。李评本中有副末与后台脚色的对白，汲本则仅以"问答照常"作为舞台表演的提示。

第二，改写脚色。李评本中十朋母亲张氏的脚色名目是"贴"，汲本改为"老旦"；李评本钱安抚之妻的脚色名目是"夫"，汲本改为"贴旦"。以上两处是根据舞台表演发展而作的改动。第二十二出《获报》写李成向老员外和老安人报喜，说王十朋中了状元。李成一直是由末扮演的，李评本突然在此处改为"丑"扮，明显不妥，汲本纠正为"末"扮；第三十三出《赴任》写到王十朋到广东潮阳上任，分别有"三山巡检"和"潮阳府阴阳生"迎接他，这两个人物在李评本均由"净"所扮，极短的时间内让一个脚色先后上场，很难改换装扮，这就影响了表演的真实性，于是汲本将阴阳生改为"丑"扮。以上两处是根据表演的实际情况进行改动的。

第三，增加科介。第二十八出《哭鞋》写张氏在江边发现玉莲的鞋子后，以为玉莲已投江而死，悲痛欲绝，汲本增加"倒地介"，提示演员的舞台动作。第六出《议亲》写张氏将自己头上的荆钗拔下，拿给十朋权当聘礼，汲本增加了"拔钗介"的舞台说明；第四十八出《团圆》写钱安抚为了试探王十朋的反应，故意要将荆钗给他看，汲本又增加"出钗介"的提示，不仅可以指导演员的表演，而且能使剧情突出"荆钗"这条线索，照应主题。

第四，改写曲文。首先是订正错别字，如李评本中"一心止望入试闱"和"交我成名先寄数行书"中"止"和"交"字为错别字，汲本改为"指"和"教"。其次，根据文意改写，做到文通字顺。如汲本第十四出《迎请》写李成劝十朋赴选，因为十朋衣锦还乡"不惟壮观老员外之门楣，抑且增益老安人之福履"，可李评本是"增益老安人之惭愧"，不知何解。又如李评本第十七出《春科》，写考官赞扬考生"学识颇到"，但又说"可知你不亲笔砚"，于理不通，汲本改为"可知你日亲笔砚"。再如第十七出中，李评本的考官说"务要文章贞洁"，用"贞洁"形容文章似不恰当，汲本改为"文章峻洁"。最后，为了行文整饬而改写。如《春科》中，李评本写道："第三场作诗；……地字号第三场，就把梅花为题；……人字号第三场，就把橘子为题。"汲本改为"天字号第三场，就把桂花为题；……地字号第三场，就把梅花为题；……人字号第三场，就把橘子为题"。显然，汲本补充"天字号"等曲文后，与下文更为对应。

由上述分析可知，《六十种曲》的改编包括订正字句、更换词语、简化开场白、增加舞台提示和改变脚色名目。这些改动体现了毛晋既重视文本阅读又强调舞台表演效果。

作为综合艺术，戏曲需要活跃于舞台；作为案头读物，戏曲刊本讲究格式规范、行文雅致。当戏曲刊本兴盛之初，刻家为培养读者群，也许较多注重可读性。万历中后期以来，明代剧坛出现文采派与格律派的争论，人们越来越意识到阅读与演出两者兼并的重要性。臧懋循、袁于令、冯梦龙等出版家更是积极实践，编改了不少传奇剧本。选本的编刊也不例外，书坊组织文人改编曲文，使之案头与场上兼美，以此扩大读者群，从上述的两个例子可以窥探一二。

综上所述，明清戏曲选本以坊刻为主，书坊根据读者的需求，刊刻了形式多样的戏曲选本，并且积极加以宣传促销；同时组织文人进行编辑工作，提升选本的艺术审美品位；难能可贵的是，书坊主并没有被大众的喜好所左右，而是立足于戏曲的健康发展，亲自选编戏曲以指引读者。从中可见书坊与读者、文人的密切关系，以及书坊在戏曲选本发展中的推动作用，这就有助于我们全面深入地了解中国戏曲选本史。

第三节　戏曲选本的命名、分类、篇目与戏曲研究

以往的研究多从戏曲选本的主题价值、艺术特征探讨明清戏曲，其实，书坊刊刻戏曲选本，在选本命名、分类等方面有所讲究，能够反映一定的思想观念，这对戏曲文学的研究大有帮助。因此，本节以明代戏曲为例，从戏曲选本的命名、分类、篇目入选频率考察明代的戏曲观念和审美观念。

一　选本的命名、分类与戏曲观念

（一）戏曲源流观

王世贞《曲藻》云："三百篇亡，而后有骚赋；骚赋难入乐，而后有古乐府；古乐府不入俗，而后以唐绝句为乐府；绝句少婉转，而后有词；词不快北耳，而后有北曲；北曲不谐南耳，而后有南曲。"[1] 之后，明代很多戏曲家支持这种观点。梁辰鱼《南西厢记·叙》云："乐府变而为词，词变而为曲。"[2] 止园居士《题天马媒》："曲本词，词本古乐府，乐府本骚赋。"[3]《盛明杂剧二集》序云："三百篇亡，而后有骚赋；骚赋难入乐，而后有古乐府；古乐府不入俗，而后以唐绝句为乐府；绝句少委蛇，而后有词；词不快北耳，而后有北曲；北曲不谐南耳，而后有南曲，凡皆同工而异制，共源而分流，

---

① （明）王世贞：《曲藻》，中国戏曲研究院编《中国古典戏曲论著集成》（第4集），中国戏剧出版社1959年版，第27页。

② （明）梁辰鱼：《南西厢记·叙》，明万历间刊本《南西厢记》，俞为民、孙蓉蓉编《历代曲话汇编》（明代编第1集），黄山书社2008年版，第474页。

③ （明）止园居士：《题天马媒》，暖红室刻本《天马媒》，吴毓华《中国古代戏曲序跋集》，中国戏剧出版社1990年版，第197页。

其同焉共焉者情，而其异焉分焉者时。"① 刘楫《词林摘艳·序》云："《康衢》《击壤》之歌，乐府之始也。汉魏而下，则有古乐府，犹有余韵存焉。至元、金、辽之世，则变而为今乐府。"② 孟称舜《古今词统·序》云："诗变而为词，词变而为曲，词者诗之余而曲之祖也。"③

将曲与乐府、词作为同源论，固然因为彼此都有乐理的特征，但更重要的是，可以提高曲的卑微地位，如杨维桢在《周月湖今乐府序》中说："夫词曲本古诗之流，既以乐府名编，则宜有风雅余韵在焉。"④ 因此，明代不少戏曲的书名冠以"乐府"或"词"字，如《丽句亭评点花筵赚乐府》《词坛清玩西厢记》；作品集有《环翠堂乐府》《玉茗堂乐府》《玉茗堂新词》；戏曲选本的命名表现尤为显著，有《乐府红珊》《乐府名词》《增订乐府珊珊集》《乐府菁华》《乐府玉树英》《乐府万象新》《雍熙乐府》《乐府南音》《乐府争奇》《乐府名词》《乐府遏云编》《词林逸响》《词林一枝》《重刊盛世词调》《词林白雪》《词林双艳》《词林摘艳》《词珍雅调》《南北词广韵选》等。可见，明刊戏曲选本的命名能够反映出戏曲源流观：曲与乐府、诗词同源。

（二）戏曲特征观

明人编刊戏曲选本时，在区分散曲和戏曲的过程中，对戏曲的特征认识由模糊至清晰。如刻于明万历三十年的《乐府红珊·凡例》云："清唱谓之冷唱，不比戏曲。戏曲藉锣鼓之助，有躲闪省力处，知者辨之。"⑤ "散曲"又称"时曲""清曲""冷曲"，戏曲要供场上表演，需借"锣鼓之助"。明万历四十四年的选本《吴歈萃雅·题词》云："时曲者，无是事有是情，而词人曲

---

① （明）卓人月：《盛明杂剧二集·序》，录自明本《蟾台集》，吴毓华《中国古代戏曲序跋集》，中国戏剧出版社1990年版，第299页。

② （明）张禄：《词林摘艳·序》，明嘉靖四年刊本《词林摘艳》，俞为民、孙蓉蓉编《历代曲话汇编》（明代编第1集），黄山书社2008年版，第245页。

③ （明）孟称舜：《古今词统·序》，明崇祯间刊本《古今词统》，吴毓华《中国古代戏曲序跋集》，中国戏剧出版社1990年版，第203页。

④ （明）杨维桢：《周月湖今乐府序》，《四部丛刊》本《东维子文集》卷十一，俞为民、孙蓉蓉编《历代曲话汇编》（唐宋元编），黄山书社2009年版，第424页。

⑤ 清嘉庆五年积秀堂覆刻本《精刻绣像乐府红珊·凡例》，俞为民、孙蓉蓉编《历代曲话汇编》（明代编第2集），黄山书社2008年版，第450页。

摩之者也；戏曲者，有是情且有是事，而词人曲肖之者也。"① "有是情且有是事"意味着戏曲是用故事情节表现情感。明天启三年的《词林逸响》序云："其所为时曲者不征事实，独肖神情。"② 言下之意，戏曲是"征事实"，且"肖神情"。刻于明崇祯年间的《玄雪谱·凡例》云："戏曲写形，清曲写影，虽同音而实异调，自当另作一集，固不混入，以乱耳目"。③ 意思是，散曲是直抒胸臆，戏曲则是形象的、直观的。可见明人对戏曲特征的理解越来越深入。

从明刊戏曲选本的分类也可窥见一二。明万历间的折子戏选本往往是剧曲与散曲合刻。如《徽池雅调》卷二上栏，在《西厢记·月下佳期》《破窑记·蒙正荣归》《鸣凤记·继盛修本》中插入《声声杜宇》《一春无事》等散曲。明天启、崇祯年间的折子戏选本则基本不存在此种情况。清唱类选本分得比较仔细，但也是逐渐将戏曲与清曲划清界限。如刊于明万历前期的选本《群音类选》设"清腔类"以区别于其他各卷；明万历中后期的选本《乐府南音》，全书共两卷，分日、月集，日集专录戏曲，月集单收散曲；明天启年间刊刻的《南音三籁》则直接以"散曲""戏曲"分为两类。

（三）戏曲艺术观、功能观

明刊戏曲选本的命名和内容分类，可以反映明人的戏曲艺术观。如尚奇求新是明中叶以来的文学思潮，戏曲作家也在"奇"字上下功夫。巧合、错认、神助、冥判、游梦等桥段在明代戏曲中屡见不鲜。正如《二奇缘·小引》云："传奇，纪异之书也。无奇不传，无传不奇。"④ 因此，《改定元贤传奇》是元代杂剧选本，作者也命之"传奇"。此外，《乐府遴奇》《摘锦奇音》等选本也是以"奇"命名。又如本色说是明代戏曲理论的重要命题。李开先、

---

① （明）周之标：《吴歈萃雅·题词》，明万历四十四年周氏刊本《吴歈萃雅》，俞为民、孙蓉蓉编《历代曲话汇编》（明代编第 2 集），黄山书社 2008 年版，第 419 页。

② （明）愚古老人：《词林逸响·序》，明天启三年萃锦堂刊本《词林逸响》，俞为民、孙蓉蓉编《历代曲话汇编》（明代编第 1 集），黄山书社 2008 年版，第 748 页。

③ 明崇祯间刊本《玄雪谱·凡例》，吴毓华《中国古代戏曲序跋集》，中国戏剧出版社 1990 年版，第 297 页。

④ （明）倪倬：《二奇缘·小引》，明崇祯间刻本《二奇缘》，吴毓华《中国古代戏曲序跋集》，中国戏剧出版社 1990 年版，第 231 页。

徐渭、何良俊、王世贞、沈璟、王骥德、吕天成、祁彪佳、凌濛初等人从语言风格或意趣神旨，对"本色"的含义予以阐释。凌濛初认为本色并非俚俗，在《谭曲杂札》云："曲始于胡元，大略贵当行不贵藻丽，其当行者曰本色，盖自有一番材料，共修饰辞章，填空学问，了无干涉也。"① 本着"贵当行，不贵藻丽"的观点，他将自己所编戏曲选集命名为"南音三籁"，并以"古质自然，行家本色""俊逸有思，时露质地""粉饰藻缋，沿袭靡词"三种标准将所选南曲分为"天籁""地籁""人籁"三等。②

明刊戏曲选本的内容分类，也反映了明人对戏曲功能的观念。戏曲具有表演功能，而且不同的场合应该搬演不同的戏曲。如明万历时期的选本《乐府红珊》将十六卷分为庆寿、伉俪、诞育、训诲、激励、分别、思忆、捷报、访询、游赏、宴会、邂逅、风情、忠孝节义、阴德、荣会。这种分类法显然是为了场上演出，满足不同观众的喜好。戏曲选本的内容分类又往往同时呈现艺术观和功能观。如《月露音》将所选剧分为"庄""骚""愤""乐"，说"《庄》取其正大，《骚》取其潇洒，《愤》以写《庄》《骚》哀切之情，《乐》以摹《庄》《骚》欢畅之会，犹之兴观之有群怨也"，③ 既谈到"潇洒""哀切"等艺术标准，也涉及了"兴观群怨"的社会批评。

二 散出入选频率与明代的审美风尚

戏曲的刊本形态可以揭示明代的戏曲观念，刊本所选的散出则可以反映明代的时代风尚、明人的审美追求及其变化。

第一，明万历时期被 5 种及 5 种以上选本选录的折子戏。

为了突出选本审美标准的变化，笔者将明代折子戏选本分为两个阶段，

---

① （明）凌濛初：《谭曲杂札》，中国戏曲研究院编《中国古典戏曲论著集成》（第 4 集），中国戏剧出版社 1959 年版，第 253 页。

② （明）凌濛初：《南音三籁·凡例》，录自明刊本《南音三籁》，吴毓华《中国古代戏曲序跋集》，中国戏剧出版社 1990 年版，第 183 页。

③ 明万历杭州李氏刊本《月露音·凡例》，俞为民、孙蓉蓉编《历代曲话汇编》（明代编第 2 集），黄山书社 2008 年版，第 453 页。

即万历年间的选本共 15 种:《玉树英》《乐府万象新》《大明天下春》《乐府菁华》《乐府红珊》《满天春》《词林一枝》《八能奏锦》《玉谷新簧》《摘锦奇音》《大明春》《尧天乐》《徽池雅调》《徽歌集》《赛徽歌集》。天启、崇祯年间的选本共 5 种:《万壑清音》、《怡春锦曲》(《缠头百练》初集)、《缠头百练二集》、《歌林拾翠》① 和《玄雪谱》。下表括号内" + "前的数字是万历时期的选录总数," + "后的数字是天启、崇祯年间的选录总数。

两情相悦	《拜月亭·旷野奇逢》(12 + 2)、《玉簪记·词姤私情》(7 + 1)《红拂记·侠女私奔》(6 + 2)、《玉簪记·姑阻佳期》(5 + 1)《还带记·香山还带》(5 + 0)、《破窑记·破窑居止》(5 + 0)《破窑记·夫妻祭灶》(5 + 0)
传统妇德	《金印记·周氏当钗》(6 + 0)、《破窑记·梅香劝归》(5 + 0)《箱环记·卖环奉姑》(5 + 0)、《三元记·断机训子》(5 + 1)《长城记·姜女送衣》(5 + 1)、《跃鲤记·芦林相会》(5 + 0)《断发记·冒雪逃回》(5 + 1)
男儿志气	《妆盒记·妆盒匿主》(8 + 1)、《妆盒记·拷问宫人》(5 + 1)《千金记·萧何追信》(7 + 2)、《琵琶记·上表辞官》(7 + 0)《投笔记·别母求名》(5 + 0)、《三国志·云长训子》(5 + 0)《金印记·途中自叹》(6 + 0)、《阳春记·点化阳明》(5 + 0)
思念情切	《金印记·对月思夫》(10 + 2)、《投笔记·夷地赏月》(7 + 0)《香囊记·忆子平胡》(6 + 0)、《琵琶记·中秋赏月》(6 + 1)《琵琶记·书馆思亲》(5 + 1)、《投笔记·南楼问卜》(5 + 0)
伤感离别	《玉簪记·秋江哭别》(9 + 1)、《琵琶记·长亭送别》(8 + 1)《和戎记·昭君出塞》(8 + 0)、《玉环记·渭河分别》(6 + 0)
久别重逢	《荆钗记·母子相会》(6 + 1)

---

① 现存《歌林拾翠》有两种版本,一是刻于清初的奎壁斋刊本;二是浙江图书馆藏本。参见汪超宏《明代曲作二考》,《文学遗产》2007 年第 4 期。此处依据浙图的版本。

续　表

游园赏景	《红叶记·四喜四爱》(10+1)、《四节记·坡游赤壁》(6+0) 《浣纱记·吴王游姑苏台》(5+0)
加官登第	《五桂记·加官进禄》(8+0)、《破窑记·宫花捷报》(7+0) 《五桂记·五喜临门》(6+0)

　　从表格可知，万历时期的折子戏所呈现的主题是多方面的。第一，爱情主题。从古至今，风情剧都是大众最喜爱的题材之一。《旷野奇逢》等6种折子戏调子轻松，具有喜剧色彩，反映了人们对于浪漫爱情的向往。第二，传统妇女坚贞、孝顺的美德被凸显。《周氏当钗》《梅香劝归》《姜女送衣》《冒雪逃回》表现了妇女对丈夫矢志不渝的感情；《卖环奉姑》《芦林相会》《断机训子》则体现了妇女尽心尽力侍奉公婆和养儿育女。第三，文人士大夫关于忠君、孝义、侠情、功名的追求。相比女子，古代男人的天地更为广阔。他们需要思考如何养家糊口、光宗耀祖，解决忠孝两全的问题。因此，此期的折子戏也在一定程度上反映了男性的世界。第四，离别与思念。求取功名与戍边征战需要男子远离家乡，这种"远离"的概念与现在远走他乡是不同的。明代的陆路、水路虽然较为发达，但是与当今迅捷的交通无法同日而语。如今绕半个地球也就十来个小时，但是在古代赴京赶考要好几个月，而且其间只能通过书信方式联系。所以，离别对于古人来说，是遥远和漫长的时空等待，分手之际就显得特别伤感，思念之情尤为深切。《对月思夫》《秋江哭别》等折子戏正是古人生活的真实写照，被选的频率颇高。第五，游玩与登科。比起以上四类，这两类主题的折子戏相对少些，但是《四喜四爱》被10种选本收录，说明游赏类的表演还是很有市场的；《加官进禄》被8种选本收录，则表达了人们对于功成名就的美好愿望。

　　总的来说，明万历时期的折子戏贴近百姓生活，尤能抓住情感的聚焦点，引起强烈的共鸣。如离别与思念的场景在现实人生中每天都在上演，人们对于这种感情深有体会，用优美的曲词描写出来，更能得到情感的宣泄。又如表现妇德的那几出戏，女性受众均能从中看到自己的影子，感慨万千。像《芦林相会》是写姜诗之妻竭尽全力侍奉婆母，但遭到邻居污蔑，以致被丈夫逐出家门。她声泪俱下申诉冤屈，但被无情反驳，悲痛万分之际只能哭一声：
"天！好苦!"在封建礼教的牢笼中，古代妇女根本没有话语权可言，这就是
她们悲惨的处境。也许经历不同，但她们感触是一样的。由此可见，此期的
选本比较顺应大众的审美需求。

第二，明天启、崇祯时期被两种及两种以上选本选录的折子戏。

吕天成在《曲品》中将传奇分为六类："一曰忠孝，一曰节义，一曰仙佛，
一曰功名，一曰豪侠，一曰风情。"① 按照这个分类，此期折子戏选录情况
如下。

风情	《拜月亭·旷野奇逢》(12 + 2)、《拜月亭·幽闺拜月》(2 + 2) 《红拂记·侠女私奔》(6 + 2)、《金印记·对月思夫》(10 + 2) 《南西厢记·听琴》(0 + 2)、《南西厢记·送别》(0 + 2) 《明珠记·窥窗》(0 + 2)、《明珠记·煎茶》(1 + 2)、《灌园记·私会》(0 + 2) 《灌园记·赠袍》(0 + 2)、《还魂记·惊梦》(0 + 3)、《还魂记·幽媾》(0 + 3) 《还魂记·寻梦》(0 + 3)、《水浒记·野合》(0 + 3)、《青楼记·淑贞鼓琴》(0 + 2) 《青楼记·璹贞订盟》(0 + 2)、《西楼记·缄误》(0 + 3)、《西楼记·泣试》(0 + 2) 《珍珠衫·惊欢》(0 + 2)、《珍珠衫·哭花》(0 + 2)、《珍珠衫·歃动》(0 + 2) 《花筵赚·狂约》(0 + 2)、《花筵赚·闺绽》(0 + 2)、《花筵赚·乞花》(0 + 2) 《望湖亭·不乱》(0 + 2)
豪侠功名	《千金记·萧何追信》(7 + 2)、《三国志·单刀赴会》(1 + 3) 《宝剑记·夜奔梁山》(0 + 2)、《连环记·设计》(0 + 2) 《连环记·董卓差布》(0 + 2)、《鲛绡记·雪夜访贤》(1 + 2)
仙佛	《李丹记·梁芳证道》(0 + 2)、《祝发记·入禅》(0 + 2)
其他	《绣襦记·剔目流芳》(3 + 3)、《琵琶记·乞丐寻夫》(4 + 2) 《琵琶记·扫墓遇使》(1 + 2)、《明珠记·城下觅音》(0 + 2) 《明珠记·授计》(1 + 2)

与明万历时期相比，明天启、崇祯时期表现男女之情的折子戏明显增多。

---

① （明）吕天成：《曲品》，中国戏曲研究院编《中国古典戏曲论著集成》（第6集），中国戏剧
出版社 1959 年版，第 223 页。

像《明珠记》在万历年间只有《赛徵歌集》选录，到了明天启、崇祯年间却被4种选集选录；《灌园记》在万历年间是选取《太史名高》等散出，但是此阶段偏向《私会》等言情的戏目。这些言情的折子戏中表现妇女节操的主题并未减弱，如《绣襦记·剔目流芳》在万历年间众多的选本中只有3种选录，但是此期5种选本中就被3种收录。值得注意的是，正面歌颂自然情欲的折子戏有所增加。如《灌园记·私会》《还魂记·惊梦》《还魂记·寻梦》《还魂记·幽媾》《水浒记·野合》《珍珠衫·歆动》。明万历年间，个性解放思潮狂卷而来，人们的思想观念发生很大变化，肯定人的七情六欲，放任本性寻找自适。思潮的狂澜延续到这个阶段，有过之而无不及。明崇祯年间刊刻的选集《怡春锦曲》在划分作品时，就专门设有"幽期写照礼集"一类，收录《南西厢记·践约》《红梨花记·佳期》《锦笺记·尼奸》《玉合记·义媾》《红拂记·私奔》《珠衲记·私订》《青琐记·赠香》《水浒记·野合》《明珠记·珠圆》《存孤记·私期》《玉簪记·词媾》《红鞋记·私会》《还魂记·惊梦》《灌园记·机露》《玉玦记·入院》《义侠记·巧媾》《异梦记·梦圆》。

此外，明万历时期选录早期戏文的热潮退却下来，转向晚明文人的传奇作品。《水浒记》《还魂记》《望湖亭》《西楼记》《珍珠衫》《花筵赚》等作品都是明中叶以后创作的。可见，文人创作的传奇在天启、崇祯年间受到热烈追捧，其中汤显祖和袁于令两位大家的作品尤为大众喜爱。

第三，明刊折子戏选本中选录频率较高的剧目。

万历年间	被10种以上选本选录	《拜月亭》(13＋4)、《荆钗记》(13＋2)、《金印记》(13＋2)、《破窑记》(12＋0)、《红叶记》(12＋1)、《琵琶记》(12＋4)、《玉簪记》(12＋1)、《和戎记》(11＋0)、《四节记》(11＋0)、《三元记》(11＋1)、《金貂记》(11＋1)、《五桂记》(11＋1)、《妆盒记》(11＋2)、《西厢记》(11＋2)、《香囊记》(10＋0)、《投笔记》(10＋0)
	被5种以上选本选录	《三国志》(9＋3)、《断发记》(9＋1)、《浣纱记》(9＋4)、《白兔记》(8＋2)、《千金记》(8＋4)、《红拂记》(7＋5)、《四德记》(7＋0)、《洛阳记》(7＋0)、《同窗记》(6＋0)、《十义记》(6＋0)、《长城记》(5＋1)、《阳春记》(5＋0)、《珍珠记》(5＋0)、《玉钗记》(5＋0)、《鸣凤记》(5＋1)、《箱环记》(5＋0)

天启、崇祯年间被3种以上选本选录	《红梨记》(0+5)、《还魂记》(0+5)、《彩楼记》(2+4)、《灵犀佩》(0+4)、《灌园记》(3+4)、《琵琶记》(12+4)、《连环记》(4+4)、《千金记》(8+4)、《明珠记》(1+4)、《浣纱记》(9+4)、《焚香记》(1+4)、《三国志》(9+3)、《南西厢记》(1+3)、《昙花记》(3+3)、《义侠记》(0+3)、《南柯梦记》(0+3)、《红梅记》(1+3)、《西楼记》(0+3)、《纨扇记》(0+3)、《水浒记》(3+3)

将两个阶段的剧目进行比较，可以发现三个特征。

一是《拜月亭》《荆钗记》《金印记》《琵琶记》等戏文一直流行于明代的舞台。这些剧目以生动有趣的故事情节、清新流畅的曲律、典雅而不生涩的语言吸引着千万读者和观众。

二是明天启、崇祯年间主要为昆腔类传奇作品。《破窑记》《红叶记》《玉簪记》《和戎记》《四节记》《三元记》《金貂记》《五桂记》《妆盒记》《香囊记》《投笔记》《白兔记》《四德记》《同窗记》《十义记》《长城记》《阳春记》《珍珠记》《玉钗记》《箱环记》等戏曲由于声腔问题逐渐退出舞台，取而代之的是用昆腔演唱的传奇作品。

三是明天启、崇祯间豪侠、仙佛类的剧目增多。除了《红梨记》等11种风情剧外，其余9种《灌园记》《连环记》《千金记》《义侠记》《水浒记》《三国志》《浣纱记》《昙花记》《南柯梦记》，均为霸权争斗、求仙问佛之类的作品。联系上文中的分类，《三国志·单刀赴会》《李丹记·梁芳证道》《祝发记·入禅》等折子戏在天启、崇祯年间也是备受瞩目。为什么会出现这种变化呢？笔者认为，这与当时的文化背景有关。明中叶以后，儒释道三教趋向融通，参禅修净之风十分盛行。李贽、袁宏道、汤显祖、徐渭、屠隆等文人的思想均受到佛学影响。"性灵说"正是在佛教心性论的推动下形成的文学思潮。崇祯年间，明王朝已是强弩之末，各种矛盾激化，政局动荡，人心惶惶。随着世道的变化，人们更加崇拜和向往佛道之学。他们渐渐对明王朝失去信心，放弃功名利禄等外在的追逐，把自我生命的解脱作为人生至高理想。但是另一方面，从小受到"治国平天下"思想熏陶的文人，他们的内心仍然渴望自身强大，拯救水深火热中的黎民百姓。就像屠隆创作《昙花记》，既写木清泰虔心求道，又时时不离现实关怀，如影射奸权当道，披露种种不良风气，幻想公正廉洁的阴间地府作为苦难的出路。晚明文人的思想是复杂的，在混乱的社会中，总是徘徊于是与非之间，苦苦思索和寻觅着人生的支点。救世与遁世并存，纵欲与节义同在，因此选本中的豪侠、仙佛、幽情、教化类的折子戏在天启、崇祯年间受到重视。

郑振铎说："我们在这些选本中，便可以看出近三百年来，最流行于剧场上的剧本，究竟有多少种，究竟是什么性质的东西；更可以知道，究竟某一种传奇中最常为伶人演唱者是哪几出。这在演剧史上也是很重要的消息。"[①]的确，根据以上分析，我们大致知道明代两个阶段分别流行什么剧目，反映了哪些审美风尚。

第四，明刊清唱类选本中被 5 种及 5 种以上选本选录的散出。

明刊戏曲选本中共有 15 种清唱类选本，包括万历之前的《盛世新声》《词林摘艳》《雍熙乐府》；万历以后的《群音类选》《乐府名词》《词林白雪》《乐府南音》《乐府争奇》《乐府遏云编》《吴歈萃雅》《月露音》《南音三籁》《词林逸响》《乐府珊珊集》。

游玩的喜悦之情	《四节记·游赏》(5)、《四节记·复游赤壁》(5)、《四节记·游览》(5)、《四节记·春游》(6)、《罗囊记·春游锡山》(7)、《玩江楼记·春游》(7)、《刘智远·游春》(6)、《琵琶记·赏荷》(8)、《琵琶记·赏月》(8)
男女间的爱慕之情	《红拂记·红拂私奔》(8)、《玉簪记·茶叙芳心》(5)、《玉簪记·对操传情》(5)、《玉簪记·词姤私情》(6)、《南西厢记·僧殿奇逢》(6)、《南西厢记·莺莺听琴》(8)、《南西厢记·传情》(5)、《南西厢记·酬和》(6)、《绣襦记·骏骑调羹》(6)、《明珠·偷觑》(6)、《明珠记·怨诉》(5)、《明珠记·煎茶》(8)、《浣纱记·思忆》(5)

---

① 郑振铎：《中国戏曲的选本》，《郑振铎全集》（第 6 卷），花山文艺出版社 1998 年版，第 398 页。

悲欢离合之情	《琵琶记·叙别》(5)、《彩楼记·别妻赴选》(7)、《香囊记·分别》(6) 《浣纱记·分离》(5)、《浣纱记·嘱行》(6)、《拜月亭·泣歧》(6) 《拜月亭·行路》(6)、《拜月亭·悲遇》(5) 《香囊记·驿逢》(6)、《浣纱记·溪遇》(7)
悠悠思念之情	《拜月亭·拜新月》(10)、《祝发记·空闺思念》(5) 《南西厢记·莺莺忆念》(6)、《荆钗记·祭江》(6) 《玉环记·玉箫寄真》(7)
功业成败之感慨	《灌园记·愁诉》(8)、《红拂记·李靖渡江》(10) 《金印记·旅叹》(8)、《千金记·北追》(8)、《投笔记·超明远邑》(7) 《牧羊记·卫律说降》(5)、《千金记·北点将》(6)
伦理教化之情	《荆钗记·严训》(5)、《琵琶记·规奴》(6)、《寻亲记·教子》(6) 《绣襦记·剔目流芳》(8)、《绣襦记·乞市》(7)
团圆喜庆之情	《彩楼记·完聚》(6)、《彩楼记·喜庆》(5)、《琵琶记·祝寿》(5) 《南西厢记·泥金报喜》(5)

　　折子戏强调情节性、叙事性，而清唱类选本则主要是抒怀言志。从以上分类来看，明人抒发的感情是很丰富的，有游玩的心情、男女之情、离别重逢之情、思念之情、胸怀大志的豪情、仕途受挫的悲情、喜庆之情、伦理教化之情。但总的来说，清唱的曲子偏向文人的审美情趣。如《琵琶记》《拜月亭》在折子戏选本中被选录最多的出目分别是《长亭送别》《旷野奇逢》，但在清唱类中则是《赏荷》《赏月》《拜新月》，侧重于诗情画意的情境和内心情感的表露。

　　清唱类选本所选剧目比较集中，被 8 种及 8 种以上选本选录的就有 11 个散出，包括《拜月亭·拜新月》《红拂记·仗策渡江》《琵琶记·赏荷》《琵琶记·赏月》《南西厢记·莺莺听琴》《灌园记·愁诉》《金印记·旅叹》《千金记·北追》《红拂记·红拂私奔》《明珠记·煎茶》《绣襦记·剔目流芳》。这些散出所传达的感情真挚、音律和谐、用字稳妥。如《拜新月》写瑞兰到庭园拜月，为丈夫祷告，盼望夫妻早日团聚；并向义妹瑞莲倾诉衷肠，剖白心迹。这出戏胜在人物心理刻画细腻传神、声调和婉、本色清空，得到明人推崇。又如《仗策渡江》写男主人公李靖心怀经世济民的方策，唱词抒发了其宏大志向和怀才不遇的苦衷，音调嘹亮、语言雄健、受到时人激赏。

从清唱类选本也可以发现明人审美的变化。如明代嘉靖年间有3种清唱类选本，其中被两种及两种以上选本选录的曲子有《彩楼记·完聚"喜得功名遂"》（3+3）、《玩江楼记·春游"花底黄鹂"》（2+5）、《千金记·十面埋伏"天淡云孤"》（2+2）、《下江南〔画眉序〕"元宵景堪题"》（2+0）、《卧冰记·〔昼锦堂〕"夏日炎炎"》（2+0）。括号内"+"后是万历、崇祯时期的选录次数。看来，万历之前《彩楼记·完聚》颇受欢迎，但是《下江南》和《卧冰记》等则在后来的选本中遭受冷落。

第五，《六十种曲》等单剧类选本收录的篇目。

	《六十种曲》	《绣刻演剧》	《梨园雅调》	《绣像传奇十种》
《琵琶记》	○	○	○	
《荆钗记》	○	○		
《香囊记》	○	○	○	
《浣纱记》	○	○		○
《寻亲记》	○	○		
《千金记》	○	○	○	
《精忠记》	○			
《鸣凤记》	○		○	
《八义记》	○			
《三元记》	○	○	○	
《西厢记》	○	○	○	

	《六十种曲》	《绣刻演剧》	《梨园雅调》	《绣像传奇十种》
《幽闺记》	○	○		
《明珠记》	○		○	
《玉簪记》	○	○	○	
《红拂记》	○	○	○	
《还魂记》	○	○		○
《紫钗记》	○		○	
《邯郸记》	○		○	
《南柯记》	○			
《西厢记》	○			
《春芜记》	○		○	
《琴心记》	○	○		
《玉镜台》	○			
《怀香记》	○			
《彩毫记》	○		○	
《运甓记》	○			
《鸾鎞记》	○			
《玉合记》	○	○		
《金莲记》	○			
《四喜记》	○		○	
《绣襦记》	○		○	

	《六十种曲》	《绣刻演剧》	《梨园雅调》	《绣像传奇十种》
《青衫记》	○		○	
《红梨记》	○		○	
《焚香记》	○			
《霞笺记》	○		○	
《西楼记》	○		○	
《投梭记》	○			
《玉环记》	○	○	○	
《金雀记》	○		○	
《赠书记》	○			
《锦笺记》	○		○	
《蕉帕记》	○	○		○
《紫箫记》	○	○		
《水浒记》	○			
《玉玦记》	○	○	○	
《灌园记》	○	○		
《种玉记》	○			
《双烈记》	○			
《狮吼记》	○			
《义侠记》	○	○	○	○
《白兔记》	○	○		
《杀狗记》	○			
《昙花记》	○			

续　表

	《六十种曲》	《绣刻演剧》	《梨园雅调》	《绣像传奇十种》
《龙膏记》	○			
《飞丸记》	○			
《东郭记》	○			
《节侠记》	○			
《双珠记》	○			
《四贤记》	○			
《还魂记》	○			
《四美记》		○		○
《鱼篮记》		○		○
《易鞋记》		○		○
《袁文正还魂记》		○		○
《云台记》		○		○
《珍珠记》		○		○

　　以上《六十种曲》等四种选本都是以"演剧"或"梨园"为号召的选本，也就是说它们所选都是适合场上表演的剧本。其中《琵琶记》《香囊记》《浣纱记》《千金记》《三元记》《西厢记》《玉簪记》《红拂记》《还魂记》《玉环记》《蕉帕记》《玉玦记》《义侠记》被三种选本收录，与散出的收录情况差异不大，说明这些戏曲曾活跃于明代的舞台，受到大众喜爱。

　　以上针对剧目、散出做了统计和分析，从中可知明刊折子戏选本和清唱类选本体现了不同的审美倾向；选本的审美标准在不同的时期有所变化，呈现各自特征；其中万历年间的折子戏选本具有浓烈的生活气息，以扣人心弦的相思、离别等主题为主，处处照应受众的审美需求；天启、崇祯年间的折子戏选本紧贴时代的脉搏，偏向幽情、节义、仙佛、豪侠四类作品，反映了末世中的人们希望通过纵欲和求道来避难，但又无法摆脱道德责任的包袱，以致焦灼矛盾的心态；清唱类选本以抒情为宗旨，受到欢迎的曲子比较集中，但嘉靖年间所选的曲子与后来的选本还是有差异的；《六十种曲》等单剧类选本则在一定程度上反映了哪些剧作曾兴盛于明代的舞台。

其实，明清戏曲刊本除了能够反映戏曲观念、审美风尚外，也能帮助我们理解戏曲史上的一些争辩问题。如《拜月亭》与《琵琶记》孰高孰低，在明代曾有激烈的争论。王世贞、吕天成与何良俊、沈德符等人分别有不同的看法。李贽在《拜月亭·序》说："此记关目极好，说得好，曲亦好，真元人手笔也。首似散漫，终至奇绝，以配《西厢》，不妨相追逐也。自当与天地相终始，有此世界，即离不得此传奇。"① 李贽还从艺术的角度分析了《拜月亭》与《琵琶记》的区别，他说："《拜月》《西厢》，化工也；《琵琶》，画工也。……意者宇宙之内，本自有如此可喜之人，如化工之于物，其工巧自不可思议尔。"② 两者相互媲美，各有秋千，到底如何分出胜负？从选本收录情况来看，《琵琶记》更受大众欢迎。《拜月亭》共40出，在折子戏选本中只有9出被选录，但是《琵琶记》共42出，却有24出被选录（按照汲古阁本统计，分别是第2、3、4、5、9、11、16、17、18、19、21、22、23、24、25、28、29、30、31、32、33、36、37、38出），还有艺人新增加的《书馆托梦》《描画真容》《琵琶词》等内容。清唱类选本中的情况也大致如此。

又如，汤显祖的剧作被明代的文人认为不合音律规范，不适合演唱，从选本来看是否得出一致的结论呢？先来看他的剧作被哪些选本收录：

《紫箫记》：《乐府玉树英》《乐府万象新》《乐府红珊》《群音类选》《月露音》；

《紫钗记》：《歌林拾翠》《词林逸响》《乐府珊珊》；

《邯郸记》：《怡春锦曲》《缠头百练二集》《月露音》《乐府珊珊》；

《南柯梦记》：《怡春锦曲》《缠头百练二集》《歌林拾翠》《玄雪谱》《月

---

① （明）李贽：《拜月亭·序》，容与堂刻《李卓吾批评幽闺记》，吴毓华《中国古代戏曲序跋集》，中国戏剧出版社1990年版，第68页。

② （明）李贽：《焚书》卷三《杂说》，中华书局1975年版，第96—97页。

露音》《乐府珊珊》；

《还魂记》：《万壑清音》《怡春锦曲》《缠头百练二集》《歌林拾翠》《玄雪谱》《乐府遏云编》《月露音》《词林逸响》《乐府珊珊》。

《紫箫记》大约作于万历五年至七年，被《乐府玉树英》等万历中期的折子戏选本收录，说明该剧曾在万历年间的舞台盛演；《紫钗记》《邯郸记》多被清唱类选本选录；《南柯梦记》和《还魂记》入选于天启、崇祯年间的多种选本。如此看来，汤显祖的剧作并非佶屈聱牙，而是在舞台表演中得到大众的认可。需要指出的是，为什么选录汤显祖"四梦"的选本除了万历四十四年的《月露音》外，其他都是天启、崇祯年间的选本呢？关于"四梦"的创作时间一直有所争议。黄仕忠《"玉茗堂四梦"各剧题词的写作时间考》认为"臧本四梦题词所署时间，并不能直接视作汤显祖本人自署"，如"臧本之《牡丹亭·题词》署作'万历戊子'，即万历十六年（1588），而《牡丹亭》中已经叙写了万历十九年汤氏贬官广东时的所见所闻"，并根据日本所藏唐振吾刻《南柯梦记》《邯郸梦记》等刊本，推断《还魂记》并非成书于万历十六年间而是万历二十六年，其他"三梦"的完成时间也应相应推后。① 如果《还魂记》成书于万历十六年间，万历三十年的《乐府红珊》和万历三十四年的《词林白雪》等选本应该有所收录。可见，黄仕忠先生的推论较为可信。

吴敢在《〈赵氏孤儿〉剧目研究与古代戏曲选本》一文中说："没有中国古代戏曲选本，便无法进行《赵氏孤儿》剧目研究……没有中国戏曲选本，便没有一部完整的中国戏曲史。"② 戏曲选本的内容提供版本流变的信息，刊本的直观形态则揭示了明代的戏曲观念和审美风尚。只有结合选本进行研究，才能全面深刻认识戏曲，形成"完整的中国戏曲史"。

---

① 黄仕忠：《"玉茗堂四梦"各剧题词的写作时间考》，《文学遗产》2011 年第 5 期。
② 吴敢：《〈赵氏孤儿〉剧目研究与古代戏曲选本》，吴敢、杨胜生编《古代戏曲论坛》，中国澳门文星出版社 2003 年版，第 1—3 页。

第四章　明清书坊与戏曲插图

郑振铎先生指出："明之中叶及末年是中国插图史上的黄金时代。今所能得到的好插图，当以这时代为最多；而这时代不仅绘图的艺术极为精工，即雕刻的艺术亦到了前莫与京，后莫与京之佳境。"① 至明代，中国木刻插图十分兴盛。其中，小说戏曲插图的创作繁花似锦，备受读者青睐。较之小说插图，戏曲插图的出现与繁荣较晚，然而姗姗而来的戏曲插图犹如璀璨之星，日益光艳夺目，足与小说插图相媲美，甚至有所超越。而明清戏曲插图的兴盛与书坊密不可分，本章主要探讨明清书坊对戏曲插图的影响。

第一节　明清坊刻戏曲插图的概况

一　明代戏曲插图的地域分布

明代是中国戏曲插图的黄金时期，我们来看一下明代戏曲插图的地域分布。

（一）金陵戏曲插图

戏曲插图以金陵为主。现存最早的金陵戏曲插图是宣德十一年积德堂书坊刊刻的《金童玉女娇红记》，共有 86 幅，单面形式，左图右文，取消联语

---

① 郑振铎：《漫步书林·插图之话》，《郑振铎全集》（第 14 卷），花山文艺出版社 1998 年版，第 9 页。

标题；人物比例缩小，重视景物铺垫，画风朴拙。明万历年间，金陵戏曲插图进入繁荣期，富春堂、世德堂、广庆堂、文林阁、继志斋等书坊刊刻了大量戏曲插图。以明万历二十年划分，前期主要受到建阳版画的影响，善用黑底衬托，黑白对比法运用得十分恰当，如富春堂本《西厢记》与熊龙峰本的如出一辙，前者只是去掉两旁的联语而已；后期则学习徽派和杭州画风，如文林阁《玉簪记》翻刻徽州观化轩本，汇锦堂《西厢记》翻刻杭州李廷谟本。但总的来说，典雅大方、明朗豪放是金陵戏曲插图的风格。

（二）北京戏曲插图

北京版画罕见，极为珍贵。现存戏曲插图有成化八年永顺堂刊《新编刘知远还乡白兔记》，弘治十一年金台岳家刻《西厢记》。这两种戏曲的插图以人物为主，自然奔放、不拘小节，风格较为粗犷。郑振铎先生曾对弘治本《西厢记》的插图评价说："继承了建安版的上图下文的版型，而运以北派的刀法，'二美俱，两难并'，的确是一部长篇大幅的名作，其间有不少画面刻得相当活泼，有生气。"① 周心慧先生曾将弘治本《西厢记》与积德堂《娇红记》的插图进行比较，认为"两者除版式不同外，在人物造型、刀刻运用等方面多有相似之处，说明在当时交通情况并不便利的条件下，南北两京在戏曲版画艺术上是相互影响，有所交流，互为借鉴的"②。弘治本《西厢记》插图比建安本更富"生气"，估计是因为同时受到建阳和金陵画风影响的缘故。

（三）建阳戏曲插图

建阳虽以小说插图为主，但也有不少戏曲插图。现存最早的是《全家锦囊》，为嘉靖三十二年建安书林詹氏进贤堂刊本。该本上图下文，多有图标与对联；线条黑白分明，粗犷有力；人物占据较大空间，古朴稚拙。随着金陵与徽州画派的兴起，建阳戏曲插图也开始向其他画派学习借鉴。如明万历年

---

① 郑振铎：《中国古代木刻画史略》，《郑振铎全集》（第14卷），花山文艺出版社1998年版，第305页。
② 周心慧：《中国古代戏曲版画考略》，《中国古代版刻版画史论集》，学苑出版社1998年版，第69页。

间建阳书坊陈含初刻《李九我先生批评破窑记》，插图画风"颇似徽派，但仍保留着福建的特色"①。建阳有些书坊甚至直接挪用金陵、徽州刊本的插图，如游敬泉刻《李卓吾批评合像北西厢记》和三槐堂刻《重校北西厢记》，插图与金陵继志斋刻《重校北西厢记》相同，只是数量较少罢了。

（四）徽州戏曲插图

从广义上说，徽州戏曲插图指徽州人刊行的版画作品；从狭义上说，专指徽州本土雕印的版画作品。徽派版画风格的定型比金陵略晚一些，前期主要学习金陵画风；万历十年刊刻《目连救母劝善戏文》后，画风逐渐秀丽，尤其是黄氏一家奋起，改变以往大刀阔斧、粗枝大叶的刀法，环境、景物的绘刻更为细腻，给插图注入新的元素；明万历末期至崇祯时期，超越两京、建安，形成晚明徽州版画插图为首的局势。徽派版画艺术成就高，学者多有称赞，如郑振铎先生说："徽派木刻画家们是成为万历的黄金时代的支柱。他们是中国木刻画史里的'天之骄子'。他们像彗星似的突然出现于木刻画坛上。"②赵万里先生在《中国版刻的发展过程》中也说道："十五世纪初叶，徽派版画兴起，直到十七世纪末，徽派版画独步一时。……特别是戏曲、小说的插图，具有高度的艺术造诣和独特的时代风格，吸引着千千万万的读者。"③

（五）杭州戏曲插图

杭州戏曲插图亦称武林版画，受到杭州水光山色、风土人情的影响，一改金陵派、徽州派以人物为主的画风，构图以景物为主，人物为辅，将人物与故事融入画意。有些插图大笔墨抒写旖旎风光，更像是山水画。最典型的代表是容与堂绘刻的戏曲插图，开创了杭州戏曲插图的新风格。杭州戏曲插图也善于借鉴，比如书坊容与堂、起凤馆聘请的画工除了项南洲是杭州本地人外，其余皆为徽籍人。徽州黄氏一族中不少有名刻工迁居杭州，为杭州插

① 王伯敏：《中国美术通史》（第5卷），山东教育出版社1988年版，第227页。
② 郑振铎：《中国古代木刻画史略》，《郑振铎全集》（第14卷），花山文艺出版社1998年版，第319页。
③ 宋原放主编：《中国出版史料》（古代部分），山东教育出版社2004年版，第228页。

图增辉不少。

（六）苏州戏曲插图

现存最早的苏州戏曲插图是明隆庆间众芳书斋刊本《西厢记杂录》，线条略显粗犷，但比早期的建安或金陵版画要细致些。苏州版画早期的风格可以概括为简约、质朴、单纯；明万历以后，受到富丽的徽派风格影响，大多是单面形式，人小景大，人物增多，构图开阔，注重环境渲染。

（七）吴兴戏曲插图

吴兴戏曲插图以"凌刻本"与"闵刻本"的戏曲插图为主，在明末十分发达。主要受杭州插图影响，以景物为主，甚至完全是一幅风景画，极其注重山水意境的表达，并且广泛采用多色套印技术，如《六幻西厢》是现存最早的彩色套印戏曲插图；天启刻《西厢五剧》为朱墨套色本，刷印讲究，典雅精丽，是吴兴凌、闵两家版画特殊风格的代表作品。

二　明刊戏曲插图的形式

（一）位置

早期的戏曲插图一般穿插在文本中，多根据故事情节发展，分配各图的位置。有的刊本每一出（折）都有相应的插图匹配，有的则是在重要关目中配图。明万历中后期，戏曲插图常放在卷首，位置非常醒目。当读者拿到刊本时，首先是流连于那些精美的图画，并开始想象故事情节，购书的欲望会更加强烈。看来，位置的变更也是一种促销方法。

（二）版式

一是上图下文。自五代以来书籍就有上图下文的形式，元代至明代嘉靖年间普遍流行，建本与京本多采用。五代时期，插图比例大于文字，元明插图与文字的比例则较为合理，如弘治十一年的《西厢记》、嘉靖年间的戏曲选本《全家锦囊》和《荔镜记》，这些刊本的插图与文字搭配，让人赏心悦目。

二是单面或双面连式。单面式就是左图右书，刊本多题"出像"或"出相"。双面连式也叫合页连式，即左右两页构图，合起来看是一张完整的图画。这种形式在戏曲插图中较为普遍，如金陵书林文林阁、广庆堂、继志斋的戏曲插图大多双面对连，横幅大图。

三是月光式。以圆形构图，犹如天上的满月，故名月光版，或称"日光型"。月光插图符合中国人以圆为美的传统审美标准。同时，将景物放在圆形框架中，观赏者的视角随之发生变化。虽然惜墨如金，但是用极少的语言表达丰富的意蕴，别具一格。明代戏曲插图采用月光式的刊本最初见于武林版画中，而在苏州版画中居多，且均为崇祯年间所刻，如李延阁本《北西厢记》、敲月斋本《苏门啸》《滑稽馆新编三报恩传奇》《一笠庵新编花占魁传奇》《一笠庵新编人兽关传奇》《一笠庵新编一捧雪传奇》《一笠庵新编永团圆传奇》《学韵堂批点燕笺》《笔来斋订定二奇缘传奇》《泊庵芙蓉影》、玉夏斋《十种传奇》中的《金印记黑貂裘》。

四是狭长版式。苏州戏曲插图的一大特色是单面狭长版的形式，疏密有致，人物修长，有利于人物形象的舒展。属于这种版式的明刊戏曲插图有忠贤堂刻《唾红记》、七峰草堂《牡丹亭》、《玉茗堂批评种玉记》《新刻魏仲雪先生批点西厢记》《新刻魏仲雪先生批点琵琶记》《新刻魏仲雪先生批点投笔记》《续西厢升仙记》《怀远堂批点燕子笺》《吴歈萃雅》《盛明杂剧》等。

五是主图和副图。主图是指与书中内容密切相关的插图，副图是与书中内容不直接相关的山水、花鸟、鱼虫、博古之类的插图。如月光版插图最初以副图的形式出现，多绘与戏曲内容无关的山鸟虫鱼，后来才出现两面均月光型的双面插图，正面描写剧情，背面是陪衬。

（三）图解

刊刻年代较早的戏曲插图，多为上方或两侧注有字数不等的"标题"。如明万历九年建安县朱氏与耕堂刊《荔枝记》，上图下文式，标题分刻在图的两侧，像"承差迎接陈运使""三友相辞别"等。明万历前中期的图目多为字数不等或四字。如富春堂刊刻戏曲插图的标题为四字至八字，字框横贯上栏，像万历九年刊《玉玦记》的插图上方横书"秦庆娘忆夫""南北兵卒交兵""王商别妻去求试""张安国差人刺耿京""张安国领金兵侵南朝""茶商冯二官人瓢李娟奴""昝喜李娟奴观潮遇二骗子"，字数五、六、七、八、九、十、十一字不等，以七、八、九字居多；世德堂本的图目则均作四字，两旁饰以云纹，如万历十七年刻《拜月亭记》的图目"世隆自叙""瑞兰自叙""兄妹避军"，已是整齐的四字标题。明万历末期开始出现两字图目，如万历四十五年刊刻的《灵宝刀》，插图旁侧有两字标题。

《西厢记》在明代各个时期均有版本，可以说是中国古代戏曲版画史的一面镜子。现将明刊《西厢记》插图的位置、版式、图解等列一个表格，以便更加直观地了解明刊戏曲插图的形式演变。

刻家	时间	刊本	地点	位置	版式	图解
金台岳家	弘治十一年	《奇妙全相注释西厢记》	北京	文中	上图下文	图目字数不等
少山堂	万历七年	《新刻考正古本大字出像注释北西厢记》	金陵	文中	双面连式	四字图目
熊龙峰	万历二十年	《重刻元本题评音释西厢记》	建阳	文中	单面连式	四字图目
刘龙田	万历年间	《重刻元本题评音释西厢记》	建阳	文中	单面连式	四字图目
富春堂	万历年间	《校梓注释圈证蔡伯喈大全》	金陵	文中	单面连式	四字图目
玩虎轩	万历二十五年	《北西厢记》	歙县	文中	双面连式	无
继志斋	万历二十六年	《重校北西厢记》	金陵	文中	双面连式	无
环翠堂	万历年间	《元本出相西厢记》《袁了凡先生释义西厢记》	金陵	文中	双面连式	无

刻家	时间	刊本	地点	位置	版式	图解
周居易	万历二十八年	《新刊合并董解元西厢记》《新刊合并王实甫西厢记》《新刊合并李日华西厢记》《新刊合并陆天池西厢记》	苏州	卷首	双面连式	无
晔晔斋	万历三十年	《北西厢记》	苏州	卷首	双面连式	无
起凤馆	万历三十八年	《元本出像西厢记》	苏州	文中	双面连式	无
容与堂	万历三十八年	《李卓吾先生批评北西厢记》	杭州	卷首	双面连式	文中曲文
香雪居	万历四十二年	《新校注古本西厢记》	会稽	文中	双面连式	两字图目
何璧	万历四十四年	《北西厢记》	不详	卷首	双面连式	无
师俭堂	明末	《鼎镌陈眉公先生批评西厢记》	金陵	文中	双面连式	题诗
凌濛初	明末	《西厢记五剧》	乌程县	卷首	单面竖图	无
李廷谟	崇祯四年	《北西厢记》	山阴县	卷首	月光型	题诗
闵齐伋	明末	《会真六幻西厢》	乌程县	卷首	双面连式	无
天章阁	崇祯年间	《李卓吾先生批点西厢记真本》	金陵	卷首	主副图	文中曲文
存诚堂	崇祯年间	《新刻魏仲雪先生批点西厢记》	歙县	卷首	半页为图，另半页题诗	题诗

从表格可知，明刊《西厢记》的插图位置从散见于正文之间至集中于卷首；版式从上图下文、单面式、双面连式至月光式、单面竖幅，走向多样化；画中的"题字"，则从图目到诗句。

与明刊戏曲插图相比，清刊戏曲插图的相同点是，文中插入图画依然很流行，无论是单篇剧本还是选集都有插图本。插图的版式方面，同样有上下分栏式、月光式、单面或双面连式等；图解方面，也有两字目的，或是题字与题诗的。但是明清两朝的戏曲插图又有差异。从整体上看，清刊戏曲插图艺术成就稍逊一些，像清刊《西厢记》插图本不少，但很多是袭用明刊本的，缺乏创新；当然也有比较精致的，如《三星圆》《笠翁传奇十种》《一笠庵四种曲》等刊本的插图让人眼前一亮。与明刊戏曲插图相比，清代也有自己的特色。随着石印技术的发达，晚清石印图画逐渐丰富起来，给晚清戏曲插图注入了新鲜的血液。只是，石印插图不在本书的研究范围内。

第二节　明清书坊对戏曲插图的影响

明嘉靖、万历时期，戏曲刊本大量出现，戏曲插图也随之繁荣。关于明清戏曲插图研究，学界较多探讨的是地域特色与价值。本节则以出版文化为视角，论述明清书坊对戏曲插图的影响，从而深入理解戏曲插图的产生及其传播。

一　书坊以戏曲插图作为促销手段，从而促进戏曲插图的发展

鲁迅先生曾说："降至明代，为用愈宏，小说传奇，每作出相，或拙如画沙，或细于擘发，亦有画谱，累次套印，文采绚烂，夺人目睛，是为木刻之盛世。"[1] 可以说，明代是小说、戏曲插图艺术的黄金时代。周心慧先生则认为："在中国古版画艺苑中，戏曲版画是最为引人注目的一株奇葩。无论其遗

---

① 鲁迅：《北平笺谱·序》，《鲁迅全集》（第 7 卷），人民文学出版社 2005 年版，第 427 页。

存数量之多，镌刻之精，拟或艺术价值之高，皆胜其他题材版画一筹。"① 的确，明清戏曲插图的创作繁花似锦，质量上乘，在中国版画史上有着非常重要的地位。而明清戏曲以坊刻为主，坊刻戏曲刊本层出不穷，是之前任何时代不能比拟的，也就是说，明清戏曲插图绝大多数是书坊刊刻的。

　书籍中附有插图是自古有之。《重刻清晖阁批点牡丹亭·凡例》云："著坛不取绣像。然左图右书，自古有之，今几增补。"②《吴吴山三妇评笺注释金圣叹第六才子书·凡例》称："是集每折必绘图像于首，列诗词于后，世谓谐俗，不知正复古也。"③ 清代学者叶德辉在《书林清话》中说："吾谓古人以图、书并称，凡有书必有图。"④ 文本附有插图是自古以来就有的传统，读者阅读带有插图的书籍已经成为一种习惯，为了迎合读者的审美需求，书坊只好加入图画。内容枯燥的文本有了图画会增色不少；精彩的文本中插入图画，则是锦上添花。插图作为图书的装饰内容，对于招徕读者具有重要作用。明清有些书坊主就直言不讳，增添图画只是为了迎合读者的阅读兴趣。如天启五年武林刻本《牡丹亭还魂记·凡例》中说："戏曲无图，便滞不行，故不惮仿摹，以资玩赏，所谓未能免俗，聊复尔尔。"⑤ 插图是为了满足世俗的要求，如果缺失"便滞不行"。可见，插图完全是书坊销售的手段，正如崇祯间刊本《蝴蝶梦·凡例》云："曲之有象，售者之巧也。"⑥

　明代中叶以后，中国的经济和印刷技术有了很大进步，书坊逐渐兴盛起来，彼此相互竞争，成为刻印事业的主体。据张秀民统计，明代南京书坊多达93家。⑦ 而据笔者统计分析，刊刻戏曲的书坊就有20多家，比较著名的书坊如富春堂、世德堂、继志斋、文林阁均以刊刻戏曲为主。小说、戏曲等通

①　周心慧：《中国古代版刻版画史论集》，学苑出版社1998年版，第65页。
②　清乾隆五十年冰丝馆刊本《重刻清晖阁批点牡丹亭·凡例》，俞为民、孙蓉蓉编《历代曲话汇编》（清代编第3集），黄山书社2008年版，第316页。
③　清嘉道间文苑堂刻巾箱本《吴吴山三妇评笺注释金圣叹第六才子书·凡例》，吴毓华《中国古代戏曲序跋集》，中国戏剧出版社1990年版，第416页。
④　（清）叶德辉：《书林清话》，中华书局1957年版，第218页。
⑤　（明）佚名：《牡丹亭还魂记·凡例》，明天启五年武林刻《词林双艳》本。
⑥　明崇祯间柱笏斋刻本《蝴蝶梦·凡例》，吴毓华《中国古代戏曲序跋集》，中国戏剧出版社1990年版，第284页。
⑦　张秀民：《中国印刷史》，上海人民出版社1989年版，第348页。

俗文学由于受到大众喜爱，书坊之间的竞争尤为激烈。为了争取更多的读者，书坊主想方设法，花招百出。然而，插图本的戏曲众多，书坊该如何取胜呢？在激烈的市场竞争中，书坊主不仅在戏曲文本中插入图像，而且非常注重插图的宣传功效，促销手段可谓花样迭出。一是为插图做广告。书名、扉页、序跋等位置显眼，过目率极高，常被书商用来打广告。如据笔者粗略统计，明代南京刊刻戏曲近 200 种，而书名有"出像"或"出相"字眼的就多达 80 种。《新刻出像音注花栏王十朋荆钗记》《新刊校正全相音释青袍记》《李卓吾批评合像北西厢记》《新镌绣像评点玄雪谱》等以"出像""全相""合像""绣像"命名的书籍在明清戏曲书籍中屡见不鲜。不少刊本的序跋还特别强调该本插图的独特之处，如少山堂刻谢世吉《刻出像释义西厢记引》云："补图像于各折之前，附释义于各折之末，是梓诚与诸刻迥异耳。"① 二是变换插图的位置及版式。早期的戏曲插图一般穿插在文本中，多根据故事情节发展，分配各图的位置。万历中后期，戏曲插图常放在卷首，位置非常醒目；当读者拿到刊本时，首先流连于那些精美的图画，并开始想象故事情节，购书的欲望会更加强烈。至于插图的版式则从上图下文、单面式、双面连式至月光式、单面竖幅走向多样化。三是采用彩色套印技术。明谢肇淛《五杂俎》评论吴兴刊本时云："吴兴凌氏诸刻，急于成书射利，又悭于倩人编摩其间，亥豕相望，何怪其然？至于《水浒》《西厢》《琵琶》及《墨谱》《墨苑》等书，反覃精聚神，穷极要眇，以天巧人工，徒为传奇耳目之玩，亦可惜也。"② 在谢肇淛看来，凌氏刻书本末倒置，不精心校对文字，却醉心于插图艺术。凌氏刻书兴起于天启、崇祯年间，此时戏曲插图已经日趋成熟。为了脱颖而出，凌氏刊刻的作品以彩色套印制成，达到"巧夺天工"的艺术佳境。

    精美的插图，给单一的文字增添了情趣，也使读者赏心悦目。从读者的接受角度出发，揣摩读者心理，发挥插图版画的装饰功能，已成为书籍出版必不可少的内容，也是明代戏曲书籍刊刻的最基本特征之一。为了节省经费或者自娱自乐，一些书坊主还亲自为刊本绘图。如萧腾鸿为金陵书坊师俭堂

---

① （明）谢世吉：《刻出像释义西厢记引》，明万历七年少山堂刻本。
② （明）谢肇淛：《五杂俎》，上海书店出版社 2001 年版，第 266 页。

主人，刊刻《鼎镌玉簪记》，题"刘素明镌，萧腾鸿、刘素明、蔡元熏、赵璧同画"；《鼎镌陈眉公先生批评琵琶记》第十出题"腾鸿笔"；《汤海若先生批评西厢记》题"萧腾鸿绘"。

二　请名家绘图和雕刻，提高知名度

美国著名女汉学家伊佩霞曾在《剑桥插图中国史》中指出："书籍插图艺术受益于明代刻书业的迅速发展，由于没有类似版权保护的东西，刻书家都相信别的刻书家也在卖同样的书籍。在这个充满竞争的市场上，为了使自己的书更具吸引力，书坊日益频繁地聘请艺术家画插图。"[1] 戏曲刊刻也不例外，为了引起读者的注意，明代书坊积极聘请名家绘刻。如《新镌歌林拾翠·凡例》说："雅择精工，极为绘梓，骈于卷首，用佐秘观。"[2] 万历四十四年刻《月露音·凡例》云："图绘止以饰观，尽去又难为俗眼。此传特情妙手布出新奇。"[3] 梯月主人《吴歈萃雅选例》称："图画止以饰观，尽去难为俗眼，特延妙手，布出题情。良工独苦，共诸好事。"[4] 可见，明代书坊重视邀请"妙手""精工"来创作戏曲插图。

富春堂、世德堂等早期书坊所刻戏曲均有插图，可惜并没有留下画家和刻工的名字。郑振铎先生说："明代中叶以后，刻图之工尤自珍其所作，往往自署其名，若何钤、汪士珩、魏少峰、刘素明、黄应瑞、刘应祖、洪国良、项南洲、黄子立，其尤著者。"[5] 插图的重要性被突出后，刻工的地位也相应提高，因此常在刊本中署上自己的姓名。现将已知画家、刻工姓名的明代戏曲刊本列一表格。

---

① ［美］伊佩霞：《剑桥插图中国史》，赵世瑜等译，山东画报出版社2002年版，第152页。

② （明）佚名：《新镌歌林拾翠·凡例》，明崇祯年间刻本。

③ 明万历间杭州李氏刊本《月露音·凡例》，俞为民、孙蓉蓉编《历代曲话汇编》（明代编第2集），黄山书社2008年版，第455页。

④ （明）梯月主人：《吴歈萃雅选例》，明万历四十四年周氏刊本《吴歈萃雅》，俞为民、孙蓉蓉编《历代曲话汇编》（明代编第2集），黄山书社2008年版，第417页。

⑤ 郑振铎：《访笺杂记》，《郑振铎全集》（第14卷），花山文艺出版社1998年版，第219页。

刻家	时间	画家	刻工	作品
众芳书斋	不详	不详	何钤	《西厢记杂考》
种德堂	万历元年	不详	闽人王石泉	《琵琶记》
少山堂	万历七年	不详	余仁	《西厢记》
郑之珍	万历十年	不详	不详	《目连救母》
熊龙峰	万历二十年	不详	卢玉龙	《西厢记》
观化轩	万历二十六年	不详	黄近阳	《玉簪记》
继志斋	万历二十六年	汪耕	不详	《西厢记》
	万历年间	何龙	刘大德（宛陵）	《红蕖记》
	万历年间	吴廷羽	不详	《荆钗记》
	万历年间	仇英	不详	《重校千金记》
	万历年间	不详	黄应组	《重校玉合记》
容与堂	万历三十八年	赵璧	黄应光	《西厢记》《琵琶记》
	万历年间	不详	黄应光	《玉合记》《红拂记》
	万历年间	不详	黄应光、谢茂阳、姜体乾、吴凤台	《幽闺记》
起凤馆	万历三十八年	汪耕	黄一楷、黄一彬	《北西厢记》
	万历年间	不详	黄一楷、黄一彬、黄端甫、黄一凤	《南琵琶记》
三槐堂	万历年间	不详	刘次泉	《重校北西厢记》

刻家	时间	画家	刻工	作品
环翠堂	万历年间	钱贡、汪耕	黄应组	《投桃记》《彩舟记》《天书记》《三祝记》《义烈记》《狮吼记》
	万历年间	不详	陈聘洲、陈震衷	《北西厢记》
	万历年间	不详	刘少台、蔡继所	《袁了凡先生释义琵琶记》
浣月轩	万历三十四年	汪樵云	不详	《篮桥玉杵记》
玩虎轩	万历二十五年	汪耕	黄镈、黄应岳	《西厢记》《琵琶记》
晔晔斋	万历三十年	殳君素	不详	《西厢记》
大雅堂	万历年间	不详	黄应瑞	《大雅堂杂剧》
				《四声猿》
方诸馆	万历三十九年	王以中	黄应光	《重刻订正元本批点画意北西厢》
顾曲斋	万历年间	不详	黄一彬、黄端甫、黄一凤、黄吉甫、黄德新、黄德修、黄庭芳、黄应秋	《古杂剧》
钟人杰	万历年间	汪修	不详	《四声猿》
香雪居	万历四十二年	钱谷原作，汝文淑摹	黄应光	《新校注古本西厢记》
臧懋循	万历年间	不详	黄应光、黄礼卿、黄端甫	《元曲选》
刘云龙	万历四十三年	不详	黄应光	《昆仑奴》

刻家	时间	画家	刻工	作品
七峰草堂	万历年间	不详	黄一凤、黄一楷、黄翔甫、黄吉甫、黄端甫、黄应淳	《牡丹亭还魂记》
何璧	万历四十四年	不详	黄一楷、黄一彬	《北西厢记》
师俭堂	明末	熊莲泉	刘次泉	《西厢记》
	明末	刘素明、蔡冲寰	刘素明、刘次泉	《六合同春》
		萧腾鸿、萧照鸣、蔡冲寰、王廷策	陈聘洲、刘次泉、陈升云、陈凤洲	《陈眉公先生批评西厢记》
	明末	餐霞子、熊莲泉	不详	《西楼记》
	明末	熊莲泉、蔡冲寰、王廷策	不详	《明珠记》
宝珠堂	万历年间	蔡冲寰、刘素明、陈凤洲、陈聘洲	陈凤洲、陈聘洲、刘素明	《丹桂记》
李廷谟	崇祯四年	陈洪绶、蓝瑛、蓝孟、陈继儒、董其昌、魏之克、黄石	不详	《北西厢记》
闵齐伋	明末	王文衡	汪文佐、刘升伯	《牡丹亭》
	明末	不详	黄一彬	《六幻西厢》
凌濛初	明末	王文衡	黄一彬	《西厢记五剧》
	明末	王文衡	郑圣卿	《琵琶记》
	明末	马云	不详	《识英雄红拂莽择配》

刻家	时间	画家	刻工	作品
存诚堂	崇祯年间	魏之璜、陈一元等	刘素明	《新刻魏仲雪先生批点西厢记》
柳浪馆	万历后期	李士达	不详	《柳浪馆批评紫钗记》
天章阁	崇祯年间	陈洪绶、仇英等	项南洲	《李卓吾先生批评西厢记真本》
张深之	崇祯年间	陈洪绶	项南洲	《北西厢秘本》
怀远堂	崇祯年间	陆武清	项南洲	《燕子笺》
两衡堂	崇祯年间	不详	项南洲	《粲花斋五种曲》
不详	崇祯年间	陈洪绶	项南洲	《新镌节义鸳鸯冢娇红记》
敲月斋	崇祯十五年	不详	陆武清	《苏门啸杂剧》
不详	崇祯年间	不详	郭卓然	《西楼梦传奇》
宁致堂	崇祯年间	不详	鲍凤梧	《一笠庵批评玉簪记》
不详	明末	不详	刘素明	《硃订西厢记》
不详	明末	不详	刘素明	《硃订西厢记》
不详	明末	王文衡	刘杲卿	朱墨本《校正原本红梨记》
不详	明末	不详	黄一彬、黄一楷	李卓吾评本《浣纱记》
不详	万历年间	不详	黄一楷、鸣岐	《元本出相南琵琶记》
不详	万历四十五年	不详	黄吉甫、黄应淳、黄端甫、黄翔甫、黄一凤	石林居士序刻本《牡丹亭还魂记》
不详	万历年间	不详	黄一凤、黄一楷、黄一彬、黄叔吉	《新刻吴越春秋乐府》

刻家	时间	画家	刻工	作品
不详	崇祯年间	王千之	不详	许自昌改订《玉茗堂批评种玉记》
不详	崇祯年间	不详	项南洲	《白雪斋乐府五种曲》之《诗赋盟传奇》
刘次泉	万历年间	不详	刘次泉	《玉谷新簧》
不详	崇祯年间	不详	项南洲	《歌林拾翠》
萃锦堂	天启三年	不详	赵邦贤	《词林逸响》
叶志元	万历年间	不详	陈聘洲、陈腾云	《词枝一林》
不详	崇祯年间	不详	黄子立	《玄雪谱》
西爽堂	天启四年	不详	黄光宇	《万壑清音》
不详	崇祯年间	不详	洪国良	《怡春锦曲》
峥霄馆	崇祯年间	不详	洪国良	《缠头百练二集》

　　笔者依据明代戏曲刊本中画家、刻工的名字，分析书坊邀请名家绘刻的特点如下。

　　第一，明代众多画家参与了戏曲插图的绘制。明崇祯十三年金陵书坊天章阁刊刻《李卓吾先生批评西厢记真本》，此本插图有陈洪绶、仇英、陆喆、魏先、朱英、隐之、孙状、陆槃、黄吉、陆玺、曹振、厉颖、鲁得之、陆善、慧公等款署，明代描绘戏曲插图的画家数量从中可见一斑。重要的是，不少绘画名家也乐在其中。清初徐沁编著《明画录》为明代画家作传，略述画艺。据笔者考察，其中画戏曲插图的名家有唐寅、仇英、丁云鹏、陈继儒、陈洪绶、李士达、董其昌、曹振、魏之璜、魏之克、蓝孟、蓝瑛、赵璧等。《明画录》虽旁搜博访，却多疏漏，像汪耕、钱谷、殳君素、汝文淑、熊莲泉、王廷策、钱贡都是明代有名的画家，亦画有戏曲插图，但均未被收录。此外，也有一些画史无传的画家，如汪修、汪樵云、何龙、餐霞子、黄石、陆武清、陈一元、王千之，尽管在画史上名声不显，但所画戏曲插图不乏佳作。

第二，金陵、杭州、湖州书坊常聘请徽州"黄氏"刻工。徽派版画中以虬村黄氏所刻为佼佼者。郑振铎曾指出："万历中叶以来，徽派版画家起而主宰艺坛，睥睨一切，而黄氏诸父子昆仲，尤为白眉。时人有刻，其刻工往往求之新安黄氏。"① 黄氏刻工良佳者众多，功力甚高、技艺超凡，富有变化、精益求精，达到炉火纯青的地步。于是，金陵、杭州等作为戏曲刊刻的重镇，这些地区的书坊往往邀请黄氏名工刻图，比如黄应组、黄应光、黄一楷、黄一彬、黄端甫、黄一凤、黄镳、黄应岳、黄应瑞、黄应秋、黄应淳、黄吉甫、黄德新、黄庭芳、黄礼卿、黄翔甫、黄叔吉、黄子立、黄光宇。毋庸置疑，书坊聘请有名的刻工，对于版画技艺的提高大有裨益。如黄氏名工尤以寄寓杭州者最多，所刻起凤馆本《王李合评北西厢记》、容与堂本《李卓吾先生批评琵琶记》《李卓吾先生批评玉合记》等作品，技艺超凡，精益求精，为杭州戏曲插图增色不少。

第三，为合作方便，书坊往往长期雇用某一位画家或刻工。如书坊主汪廷讷刊刻的戏曲大多由汪耕和钱贡绘图；师俭堂则常与蔡冲寰、刘素明、刘次泉合作，其中刘素明既为刻图高手，又深谙画事，是集创作、刻版、印制于一身的巨匠；至于吴兴闵氏、凌氏戏曲刊本插图，多为王文衡绘图，刻工同用新安黄一彬、郑圣卿、刘杲卿、刘升伯、汪文佐等人，形成了吴兴版画的地方特色。书坊与某位名家长期合作可提升出版效率，而且容易形成一种品牌效应。

第四，明末戏曲版画中，陈洪绶与项南洲常被邀请合作刻图。陈洪绶的绘画，对后世影响很大，所绘《西厢记》插图，精美绝伦，备受后人推崇。项南洲为明末清初武林版刻名工，用刀精心，一丝不苟，能形成个人风貌，为武林一系奠定了基础。两人合作绘刻的戏曲有天章阁《李卓吾先生批评西

---

① 郑振铎：《〈中国版画史图录〉自序》，《郑振铎全集》（第 14 卷），花山文艺出版社 1998 年版，第 241—242 页。

厢记真本》、崇祯十二年张深之刻《北西厢秘本》、崇祯年间刻《新镌节义鸳鸯冢娇红记》等。陈洪绶与项南洲为同一个刊本绘刻插图，对读者来说具有莫大的吸引力。

根据上述分析可知，明代书坊采用了多种方式提升戏曲刊本的知名度。比如聘请大批画家画图，或长期邀请同一位画家和刻工。书坊虽然是为了销量才聘请名家绘图，却在很大程度上提高了插图的水平。

三　书坊勇于改变画风，促使戏曲插图越来越精美

随着戏曲刻本增加和版画技艺提高，读者对插图的要求越来越高。书坊主为了满足受众的审美需求，大胆变换插图风格。这可从以下几个方面论证。

首先，同一个地区的戏曲插图风格不断变化。以金陵书坊所刻戏曲插图为例。富春堂的戏曲插图风格较为统一，上方横标图目，以人物为主，用笔粗壮，黑白分明，雄健直率，多根据舞台场面描绘。所刻《三桂联芳记》《玉玦记》中的插图，精美无比，使人读了如嚼橄榄，余味久久不尽，是富春堂的代表作品。世德堂于明万历十年前后，由富春堂分立出来。该坊所刻插图风格与富春堂相似，上端标图目，以人物为主，但有所发展，标题两侧衬以双线卷云，线条较富本细腻，黑白处理亦不像富本大胆。文林阁的插图仍然以人物为主，景物为辅，但开始受徽派影响，呈现出与富春堂、世德堂迥异的风格。如改单面形式为双面连式的横幅大图，人物比例缩小，重视环境搭配，趋向精细。正如郑振铎所说："文林阁唐氏似也是一家，时代却更晚些。它所刻的像《四美记》《易鞋记》等剧的插图线条渐趋纤弱，但追求工丽，却少了力量，不似富春堂本的木刻画那么虎虎有生气了。"[①] 广庆堂的戏曲插图与文林阁相似，但受徽派影响更深，更加典雅纤丽。

继志斋所刻插图受徽派影响最深，相较以上书坊所刻插图更加秀丽。所刻 20 多种剧本中，不少由安徽名家绘刻，为金陵版画注入了新鲜血液。如

---

① 郑振铎：《中国古代木刻画史略》，《郑振铎全集》（第 14 卷），花山文艺出版社 1998 年版，第 311 页。

《荆钗记》由安徽吴廷羽绘稿,《红蕖记》为新安何龙画,宣城刘大德刻版。郑振铎指出:"继志斋陈氏的出现在 17 世纪的初期。其插图是十分成熟的作品。凡是他所刻的,一望即知其功力是不浅的。……其插图都是双版大幅的,却取消了两旁提要式的联语。很细致秀丽,所缺少的仍是厚重和力量。这是金陵派后期特有的病态,别的地方的木刻画却不是这样的。"① 环翠堂的主人汪廷讷是安徽休宁人,喜欢聘请徽派名家绘图,如钱贡、陈聘洲、陈风洲,因此所刻戏曲插图完全是徽派化,纤细入微、精丽无比。万历末年至崇祯年间的师俭堂,所刻戏曲插图同时受到徽州和杭州画风的影响,比容与堂插图更加精细与成熟。崇祯年间书坊两衡堂所刊吴炳《粲花斋五种曲》插图,亦趋向苏杭画风,人物纤细小巧,景物描写简单,少了金陵前期的繁复与典雅,所以王伯敏《中国美术通史》将之归为杭州戏曲版画。②

其次,同一个书坊的戏曲插图风格发生变化。金陵著名书坊富春堂于万历五年刻有《校梓注释圈证蔡伯喈大全》,可知该书坊成立于万历前期或更早,所刻戏曲插图风格较为统一,上方横标图目,以人物为主,用笔粗壮,黑白分明,雄健直率,但是《祝发记》《镌新编全像三桂联芳记》等插图的细腻因素开始增多;世德堂由富春堂分立出来,插图风格与富春堂相似,但是刊刻的《琵琶记》重视室内摆设,极有可能受到徽州玩虎轩《琵琶记》的影响;活跃于万历中后期的金陵书坊继志斋,插图主要受到徽派影响,刊刻二十多种剧本中,不少出自安徽名家,但是《双鱼记》等插图则出现单面竖幅版式,可能万历末年又受到苏杭插图的影响。这就说明,书坊并没有故步自封,而是努力寻求突破。

最后,以《西厢记》插图为例说明。《西厢记》在明代各个时期均有版本,可以说是中国古代戏曲版画史的一面镜子。笔者选取书坊金台岳家、熊龙峰、继志斋、容与堂、凌濛初、闵齐伋所刻《西厢记》中张生与崔莺莺分别的画面,以几幅不同时期的插图来探讨。

---

① 郑振铎:《中国古代木刻画史略》,《郑振铎全集》(第 14 卷),花山文艺出版社 1998 年版,第 312 页。

② 王伯敏:《中国美术通史》(第 5 卷),山东教育出版社 1988 年版,第 271 页。

弘治十一年北京金台岳家本：上图下文，图标为"莺送生分别辞泣"，由6幅插图组成。这几幅图刀法凝重，苍劲有力，自然奔放，不拘细节，有建阳画风的痕迹，只是面目表情略显粗糙。

万历二十年建阳熊龙峰本：卢玉龙刻图。单面版式，两旁设有概括内容主旨的联语。以人物为主体构图，姿态清晰，脸部表情也有了细致刻画；并以室内背景为装饰，画风古朴豪放。

万历二十六年金陵继志斋本：汪耕绘图。横幅双面大图，且取消两旁的联语。受到徽派版画影响，人物线条拉长，苗条俊秀；同时环境空间扩大，注意景物描写，画风精丽典雅，装饰性很强。

万历三十八年杭州容与堂本：赵璧画，黄应光刻。插图有了很大革新，改变之前以故事情节立意的做法。图中的秋景烘托出强烈的伤感之情，呈现出悠远深邃的境界，整个画面重在意境的表达。

天启年间吴兴凌濛初本：朱墨套印本，王文衡画，黄一彬刻。相较容与堂本，人物比例缩小，更加渲染环境。诗情画意，催人泪下，是明代吴兴版画之代表作品。祝重寿认为其是"中国画史，乃至世界画史上表现离别心情之最"①。

崇祯十三年吴兴闵齐伋本：朱墨套印本，黄一彬刻图。此图也是通过萧瑟的秋景表现情境，却由扇面的形状构图，借用"边框"产生全新的艺术效果，变换读者的欣赏视角。

以上通过分析《西厢记》插图的演变，我们不难发现，明代戏曲插图刚开始以人物为主，表现故事情节，注重装饰性，后来则侧重景物衬托情感，强调神韵和意境。不可否认，越来越精美的戏曲插图得益于版画艺术本身的发展，但是书坊所起的作用也不能忽视。因为书坊重视插图艺术，为适应读者越来越高的审美标准，不惜重金聘请当时比较有名的画家和刻工，所以才能将插图时尚化和精品化，从而逐步将戏曲插图的发展推向高峰。

---

① 祝重寿：《中国插图艺术史话》，清华大学出版社2005年版，第85页。

金台岳家本

熊龙峰本

继志斋本

容与堂本

凌濛初本

闵齐伋本

四　剧情融入插图，辅助文本内容

鲁迅说："书籍的插图，原意是在装饰书籍，增加读者的兴趣，但那力量，能补助文字之所不及。"① 这是告诉我们，插图不仅起到美化书籍的作用，而且能帮助读者理解文本内容。显然，那些辅助文本阅读的插图，能够引起读者的注意，成为促销的手段之一。于是，明清书坊为了提高戏曲刊本销量，特别重视插图的辅助功能，主要表现在以下三个方面。

其一，揭示情节脉络。明代北京书坊金台岳家刻本《西厢记》的插图为上图下文式，每页一图，有一百多幅插图，以情节单元分段，多至七八面连接为一幅长卷，插图中还配有解说剧情的文字，整本插图犹如连环画长卷，读者即使不看原文，也能通过画面读出整个故事。这样的插图有助于读者了解故事情节，能够吸引读者的兴趣。但是书坊仍然担心读者关注不够，又特意在牌记中强调："本坊谨依经书，重写绘图，参订编次大字魁本，唱与图合。使寓于客邸、行于舟中，闲游坐客，得此一览始终，歌唱了然，爽人心意。命锓梓刊印，便于四方观云。"② "唱与图合""得此一览始终"正是书坊销售《西厢记》的

---

① 鲁迅：《木刻纪程·小引》，《鲁迅全集》（第6卷），人民文学出版社2005年版，第49页。
② 明弘治间金台岳家刻本：《奇妙全相注释西厢记》"牌记"，吴毓华《中国古代戏曲序跋集》，中国戏剧出版社1990年版，第41页。

卖点。可以说，"唱与图合"是明清坊刻戏曲插图的重要表现形式。

其二，体会人物的情感。崇祯年间所刻《新镌歌林拾翠·凡例》说："绣像事属写情，原为娱目，令览者触景会心，如逢其事，披图绎句，若见其人。"① 图像能使读者"触景会心""若见其人"，就如郑振铎先生所说"表现出文字的内部的情绪与精神"②。生活中那些只可意会不可言传的细腻之情，往往只能通过图画等感性符号来表达，所以插图能让读者浮想联翩，深入体会剧中的人与事，这种深入浅出的方式有时远远胜于言语的功力。如陈洪绶为《张深之正北西厢》刊本所绘《窥简》一图，崔莺莺立在屏风前看着书信，红娘在屏风后探身窥视，画面让人感受到了莺莺紧张又兴奋的情绪，红娘既喜又忧的心情，甚至能想象到画面外张生与老夫人的神态，这些"感受"在文中没有直接提及，但读者能从插图中捕捉到文字潜藏的情感。

陈洪绶《窥简》

---

① （明）西湖漫史：《歌林拾翠·凡例》，国图藏明刊本。
② 郑振铎：《插图之话》，《郑振铎全集》（第14卷），花山文艺出版社1998年版，第64页。

其三，品味剧中的意境。明代文人马云曾为凌濛初刻本《识英雄红拂莽择配》绘图，凌氏在图像后跋云："余既以三传付剞劂氏，友人马辰翁见而击节，遂为余作图。且语余曰：昔人道王右丞诗中有画、画中有诗，子曲已如画矣。余曰：'子画中不乃亦有曲耶？'"[①] 书坊主人凌濛初称赞马云的插图"画中有曲"，充满诗情画意。可知，戏曲插图能营造文本的意境。明清戏曲刊本中不乏具有意境的插图。比如徽州书坊玩虎轩所刻《琵琶记》有《南浦嘱别》一图，写新婚不久的蔡伯喈与赵五娘在桥边话别，夫妻两人牵手依偎，脉脉含情，他们身后有流水萦绕，杨柳飘拂，此情此景，意境深远，十分感染读者。

《琵琶记·南浦嘱别》

明清坊刻戏曲插图在解说故事、表达情感和表现意境方面，能够满足甚至超越读者的审美期待，既促进了刊本的销量，又为戏曲文本增色不少。

---

① （明）凌濛初：《红拂杂剧·自跋》，明末刊本《北红拂》，俞为民、孙蓉蓉编《历代曲话汇编》（明代编第 3 集），黄山书社 2008 年版，第 331 页。

五　增加图目，促进戏曲出目的发展

上面提到金台岳家本《西厢记》配有解说剧情的文字，这些文字可以说是插图的标题。戏曲插图的标题除了帮助读者理解剧情外，是否还有其他作用？程师国赋在《明代书坊与小说研究》一书中指出，小说插图的标题对"通俗小说回目的发展提供一定的借鉴与启迪"①。那么，戏曲插图的标题是否也影响了戏曲的出目呢？较早的戏曲坊刻本，如《西厢记》（弘治十一年刊）、《风月锦囊》（嘉靖三十二年刊），均无出目，但是有图目。而现存最早的分出标目的完整剧本，据郭英德先生分析是嘉靖四十五年刻《荔镜记戏文全集》。②

进入明万历年间以后，戏曲出目渐增，但从万历前期的刊本来看，仍然是图目居多。据现存刊本考察，明万历前期的戏曲刊本有两种情况。一是刊刻年代不详的，这类刊本占了绝大多数，并以金陵书坊富春堂所刊为主。③ 富春堂是明代较早的大型书坊，其现存戏曲大部分收录在《古本戏曲丛刊》中，有 25 种，其中《白袍记》《草庐记》《东窗记》《白兔记》《金貂记》《南调西厢》《虎符记》《千金记》《三元记》《升仙记》《双忠记》《寻亲记》《玉钗记》《玉玦记》《紫箫记》《赵氏孤儿》《绨袍记》《鹦鹉记》《和戎记》都是有图目而无出目的。二是在明万历前几年中已知刊刻年代的戏曲刊本，仅有万历元年种德堂《琵琶记》、万历五年富春堂《琵琶记》、万历七年少山堂《西厢记》、万历九年与耕堂《荔枝记》。除了《荔枝记》有图目而无出目外，其余三个刊本均有出目，但出目是对图目的改写。可通过图目与出目的比较进一步论证。

现存最早的全本《西厢记》是金台岳家本，该本无一折标有题目，却有不少图目。明弘治以后，目前我们能见到较早的《西厢记》文本是嘉靖间刻《雍熙乐府》本，并无标出目；以及同治十年抄写嘉靖间刻《碧筠斋古本北西

---

① 程国赋：《明代书坊与小说研究》，中华书局 2008 年版，第 173 页。
② 郭英德：《明清传奇史》，江苏古籍出版社 1999 年版，第 54 页。
③ 从插图、评点、篇目可知富春堂是活跃于明万历前期的书坊，具体可参见郑振铎《中国古代木刻画史略》、朱万曙《明代戏曲评点研究》、马华祥《万历金陵富春堂刊本传奇版本考》等论著。

厢》，有四字出目，但此本真伪学界有争议；① 之后便是万历七年少山堂刻本。现将弘治本的图目与少山堂本的出目进行比较（括号内为戏曲出目），如"张生问长老求僧舍"（僧房借寓）、"莺莺喜张生解围"（白马解围）、"红承夫人命请生饮酒"（红娘请宴）、"莺闻生操琴步移窃听"（月下听琴）、"莺莺开妆盒偶见生简帖"（妆台窥简）、"夫人莺莺同长老长亭饯送张生"（长亭送别）、"张生草桥店夜梦莺莺"（草桥惊梦）、"张生衣锦还乡"（衣锦还乡），② 不难发现，出目是对图目的提炼，显得更加简洁整饬。

锦囊本中《伯喈》的图目，与万历元年种德堂本《琵琶记》的出目比较（括号内为戏曲出目）："华筵庆寿"（高堂庆寿）、"牛氏戒妾"（牛氏规奴）、"丞相训女"（省归训女）、"对镜梳妆"（对镜梳妆）、"官媒说亲"（遣媒议亲）、"状元赴佳期"（促赴佳期）、"亲尝糟糠"（私食糟糠）、"中秋玩月"（秋闱赏月）、"五娘剪发"（剪发葬亲）、"描画真容"（画容辞墓）、"赵氏题诗"（书馆题诗）、"张公扫墓"（张公扫墓）、"赵氏团圆"（旌表团圆），③ 出目与图目非常接近甚至相同。

锦囊本中《荆钗记》图目与明万历十三年世德堂本（较接近古本面貌的刊本）的出目进行比较（括号内为戏曲出目）："玉莲庆寿"（玉莲庆寿）、"至宅说亲"（议亲王氏）、"逼嫁不从"（逼女重婚）、"抱石投江"（玉莲投江）、"送安人祭江起程"（祭妇登程）、"差人递书询朋"（差人往饶）、"夫妇团圆"（会合团圆），④ 将出目或图目直接照搬过来，或是稍加修改，使之更为凝练。

以上通过戏曲图目和出目在时间和内容上的比较，我们大致可以得出结论，明代戏曲的出目深受图目的启发，戏曲图目是出目的摹本。

---

① 参见陈旭耀《同治间抄本〈碧筠斋古本北西厢〉考》，《文献》2007 年第 2 期；杨绪容《碧筠斋本：今知最早的〈西厢记〉批点本》，《文献》2018 年第 2 期。

② （元）王实甫：《西厢记》，《古本戏曲丛刊初集》，商务印书馆 1954 年版；（元）王实甫：《西厢记》，明万历七年少山堂刻本。

③ （明）徐文昭：《风月锦囊》，《善本戏曲丛刊》（第四辑 37 册），中国台湾学生书局 1984 年版；（明）高明：《琵琶记》，明万历元年种德堂刻本。

④ （明）徐文昭：《风月锦囊》，《善本戏曲丛刊》（第四辑 37 册），中国台湾学生书局 1984 年版；（明）柯丹邱：《节义荆钗记》，明万历年间世德堂刻本。

六　改变插图内容，体现文本批评的功能

英国艺术史家贡布里希说："现实生活中根本没有艺术这种东西，只有艺术家而已。"① 艺术家在文艺作品中起到关键性作用。为了扩大书籍销路，明清书坊不惜花重金聘请当时的名家为戏曲文本画图，而画家不同画风也随之变化，这就导致插图的内容千变万化。即使是同一个文本，戏曲插图的内容也不尽相同。比如《西厢记》的明代刊本，据陈旭耀著《现存明刊〈西厢记〉版本综录》有47种，② 其中戏曲插图也不是千篇一律的，据董捷著《明清刊〈西厢记〉版画考析》，明清《西厢记》插图的版本就有39种。③ 明代书坊主闵光瑜《邯郸梦记·小引》云："虽然临川说梦，梦也，余赘之绘像、批评、音释，可谓梦中寻梦，迷之甚矣。因自号曰梦迷生。"④ 所谓"梦中寻梦"说明是作者研读戏曲作品后，根据自己的理解进行绘画，属于二度创作。也正因如此，戏曲插图具有了文本的批评功能，大致有以下三个方面。

其一，插图内容的选择是一种批评方式。对于戏曲插图，画家是有选择性地描画。如《西厢记》的明清坊刻本众多，每一版本插图的内容有所差异，像"斋坛闹会""白马解围""诡谋求配"并不是所有版本都有。又如"莺莺像"有陈居中版、唐寅版、仇英版等多个版本，书坊主闵振声对"崔娘遗照"十分痴迷，最终选择陈居中版置刊本卷首，"以见佳人艳质芳魂，千载如昨"⑤；而书坊主李廷谟则认为之前的版本"丑人物，殊令呕唾"，于是请来"名画名工"重新绘制。⑥ 显然，插图的变化主要源于画家或书商的喜好与重视，犹如选本是选家对众多作品的挑选。鲁迅曾指出："选本可以借古人

① （英）贡布里希：《艺术的故事》，范景中译，生活·读书·新知三联书店1999年版，第15页。
② 陈旭耀：《现存明刊〈西厢记〉版本综录》，上海古籍出版社2007年版，第1—3页。
③ 董捷：《明清刊〈西厢记〉版画考析》，河北美术出版社2006年版，第3—4页。
④ （明）闵光瑜：《邯郸梦记·小引》，明天启间刻朱墨套印本《邯郸梦记》，吴毓华《中国古代戏曲序跋集》，中国戏剧出版社1990年版，第165页。
⑤ （明）闵振声：《西厢记·跋》，明天启崇祯间朱墨套印本《硃订西厢记》，吴毓华《中国古代戏曲序跋集》，中国戏剧出版社1990年版，第259页。
⑥ 明崇祯间延阁刻本《徐文长先生批评北西厢记·凡例》，伏涤修、伏蒙蒙辑校《西厢记资料汇编》（上），黄山书社2012年版，第212页。

的文章，寓自己的意见。"① 插图亦是如此，是画家借图像表达自己对作品的鉴赏。

其二，插图中的文字是对作品的点评。明清戏曲插图中的文字，除了解说剧情、促进出目发展以外，也具有一定的批评意义。如早期戏曲刊本的插图，两侧多有题诗，像嘉靖本《荔镜记》第四幅图书"椿树庭前愁潦倒，萱花堂上恐飘零。君王若许归田里，绝胜衣冠立汉廷"②，此诗反映了陈三兄长陈伯延离乡赴任的心情，是画家对"双亲堂上老年纪，功名牵绊觅除伊"等原文的解读。③ 明万历末期，题字、题诗、题词多放图中空白处，如万历三十八年容与堂刻《李卓吾先生批评北西厢记》，第二幅插图题"执手未登程先问归期，别酒将倾未饮心先醉"，这两句诗来自李日华《南调西厢记》，可谓剧中的佳句，既渲染了张生与崔莺莺的分别之情，又有名言名句鉴赏之功效。画家引用他人诗词，或是摘录原文，或是自创文字，将之与图相配，犹如评点家对曲文加圈加点，是文本批评的一种方式。

其三，画面本身体现画家对戏曲文本的批评。如《西厢记》中"长亭送别"一折，有些刊本的插图描写张生与崔莺莺两人室内把酒道别，或是室外伤心话别，而汤显祖评本《董西厢》的《双目送行云》则描绘了莺莺与红娘登高远眺的场景，突出莺莺的离愁别绪。又如明代《鸳鸯冢》刊本有四幅陈洪绶绘的娇娘画像，虽然是同一个人物的画像，却各具神韵，使读者看到天真纯朴、楚楚可怜又坚强不屈的娇娘，这样的形象就像画家评点《鸳鸯冢》所说的"性情之至"，④ 能让读者对她产生无限同情，从而对束缚人性的封建礼教更为痛恨。可见，画面的构思立意和绘图技巧蕴含了画家的批评，也影响了读者的审美认知和价值判断。

---

① 鲁迅：《选本》，《鲁迅全集》（第7卷），人民文学出版社2005年版，第135页。
② （明）佚名：《荔镜记戏文全集》，《明本潮州戏文五种》，广东人民出版社1985年版，第370页。
③ 同上书，第373页。
④ （明）陈洪绶：《节义鸳鸯冢娇红记·序》，明崇祯间刻本《节义鸳鸯冢娇红记》，吴毓华《中国古代戏曲序跋集》，中国戏剧出版社1990年版，第224页。

汤显祖评本《董西厢》

戏曲插图对内容的取舍与变化、文字的摘录与创作及画技的娴熟与多样，都饱含了画家的思想情感，这样，读者心中有了评判后，还能鉴赏到画家精彩的点评，以至多了一层感官体验和阅读感悟。看来，明清书坊聘请画家绘图，是一举多得的事情，既为刊本打了广告，又提高了插图的品质，还体现了戏曲批评的功能。

七 描绘舞台场景，指导戏曲演出

周亮先生曾将明代戏曲插图的风格概括为："由最初的曲本的图解式抑或舞台式的粗简造型和构图样式向精工、典雅、华丽之风且注重内心世界的刻画转变，再由精工、典雅、华丽等特色向注重诗、书、画相结合的境地推进。"① 也就是说，明代戏曲插图由俗到雅，由粗至精。而最初的所谓"图解式"应指插图描写剧情，"舞台式"则指插图对舞台表演场景的描绘。明代较

---

① 周亮：《明刊本〈琵琶记〉版画插图风格研究》，《艺术探索》2009 年第 1 期。

早从事戏曲刊刻的书坊，如富春堂、世德堂在"舞台式"插图方面表现得尤为显著：插图极力突出人物形象，剧中人物或站着或坐着对话，背景多是屏风，或者是简单描绘的房屋，类似插图比比皆是，像富春堂万历年间刊《新刻出像音注刘汉卿白蛇记》中《海龙王龙宫嘱子》一图，世德堂万历十七年刻《新刊重订出像附释标注拜月亭记》中"瑞兰自叙"一图，舞台布景和演员的装扮、动作应来自当时的表演情景。

《新刻出像音注刘汉卿白蛇记》

明万历三十四年刻《新镌全像蓝桥玉杵记·凡例》云："本传逐出绘像，以便照扮冠服。"① 意思是演员可根据"绘像"来穿戴戏服。郑振铎认为："盖戏曲脚本之插图，原具应用之意也。"② "应用之意"即插图为演员提供人

---

① 明万历间浣月轩刊《兰桥玉杵记·凡例》，吴毓华《中国古代戏曲序跋集》，中国戏剧出版社1990年版，第117页。

② 郑振铎：《中国版画史图录·自序》，《郑振铎全集》（第14卷），花山文艺出版社1998年版，第241页。

物造型、场景、服装道具等指导。周心慧先生亦指出："戏曲版画的功用，并不仅仅在于从审美角度，来提高图书的艺术欣赏价值，同时也是梨园搬演的图释指南。这样就更易理解不少早期的戏曲版画，在人物造型上为什么宛若舞台的写真，身段、动作无不毕肖了。书肆老板对戏曲本子插图的重视，总体来看超过其他题材版画的创制，这当也是原因之一。"① 早期的戏曲插图多展现舞台表演的实际情况，书坊特别重视这类插图的刊本，就是为了吸引演员读者去购买。的确，明清戏曲演员也是戏曲刊本的读者。如明万历四十四年刊《何璧校本北西厢记·凡例》云："《西厢》为士林一部奇文字，如市刻用点板者，便是俳优唱本。"② "俳优唱本"说明演员也需要阅读戏曲刊本。而且，演员读者为了扮相精益求精，要争相购买带有"图释指南"的戏曲刊本，这样一来，书坊便能从中获利。正如明天启四年刊《汤义仍先生还魂记·凡例》所云："曲争尚像，聊以写场上之色笑，亦坊中射利巧术也。"③ 指出图画与表演相呼应，是书坊的射利之术。

值得注意的是，晚清地方戏日益兴盛，不少书坊刊刻了地方戏曲，比如北京锦文堂等书坊刻有京剧单行本及《真正京调四十二种》《唱本一百九十册》等选本，安徽竹友斋刊刻皮黄选集《梨园集成》，四川多个书坊合刊《唱本六十四册》。在这些坊刻地方戏曲刊本中，有的就附有插图。比如北京致文堂刊有《新刻准词绘图乌盆记》《新刻龚处准词绘图游六殿》《新刻龚处准词绘图滑油山》《新刻梆子腔绣像铁冠图崇祯上煤山》《新刻准词绘图全本滚钉板》《新刻小穆子准调绘图探阴山》，这些刊本的插图多依据舞台的表演，能让读者了解京剧的服饰、化妆、身段等。晚清书坊将地方戏曲刊本的插图回到早期的"舞台式"，显然，这类插图是书坊促销的有效途径。

---

① 周心慧：《中国古代戏曲版画考略》，《中国古代版刻版画史论集》，学苑出版社 1998 年版，第 80 页。
② 明万历四十四年刻本《何璧校本北西厢记·凡例》，吴毓华《中国古代戏曲序跋集》，中国戏剧出版社 1990 年版，第 154 页。
③ 明天启四年张氏著坛刊《清晖阁批点玉茗堂还魂记·凡例》，俞为民、孙蓉蓉编《历代曲话汇编》（明代编第 3 集），黄山书社 2008 年版，第 53 页。

《新刻小穆子准调绘图探阴山》

留有表演痕迹的戏曲插图尽管不够细致秀丽，却别有一种古朴刚健之美，重要的是，既为当时的演员提供参考，也有助于后世读者了解明清戏曲的演出状况。

八　丰富插图种类，提高刊本价值

除了描写舞台场景外，明清坊刻戏曲插图的形式还有以下几种。

其一，肖像插图。明隆庆年间，苏州众芳书斋刊顾玄纬本《西厢记杂录》有两幅崔莺莺画像，开人物画像的风气之先，明末书坊或直接借用，或稍微加工，使这两幅莺莺像频频出现在《西厢记》卷首，像玩虎轩、继志斋、起凤馆、天章阁、存诚堂等坊刻本均有单面莺莺像。清代坊刻戏曲本的肖像插图也不少，如康熙年间梦园刊《吴吴三妇合评牡丹亭还魂记》有丽娘小照，清康熙年间文喜堂刊《秦楼月》有"二分明月女子"即剧中陈素素的小照，清同治年间友于堂刻仲振奎撰《绣像红楼梦传奇》有黛玉、晴雯的画像，清光绪三十四年刊《沧桑艳》有陈圆圆小像；还有的刊本附作者小像，如乾隆年间刊本《介山记》，卷首有作者宋廷魁的画像。这些刊刻作者或书中人物的插图，能够满足读者的好奇心理，引起读者购买刊本的欲望。

《介山记传奇》作者画像

其二，山水插图、花鸟插图。明代建阳书坊刘龙田刻本《西厢记》有多幅反映剧情的插图，书后又附有两幅十分醒目的"西湖景"图，此图与剧情并无直接联系，却能够帮助读者了解西湖美景，对某些读者来说具有一定的吸引力，这无疑是书商的售书伎俩之一。后来，这种山水图不再作为附录，而成为书中的主要插图，因为明代戏曲插图渐渐以景物为主，尤其是杭州插图、吴兴插图，注重环境渲染，人物比例越来越小，甚至没有人，完全是一幅风景画，正如周亮先生所指出，明代戏曲插图向"诗、书、画相结合的境地推进"①，越来越注重意境的表达。除了山水插图外，也有花鸟插图，常见于主图和副图的形式。主图是指与书中内容有关的插图，副图是与书中内容

---

① 周亮：《明刊本〈琵琶记〉版画插图风格研究》，《艺术探索》2009 年第 1 期。

不直接相关的花鸟鱼虫之类的插图。如崇祯年间天章阁所刊《李卓吾评本西厢记》，有 10 幅描写莺莺各种姿态的插图，每一幅后面又有花鸟陪衬的副图。山水、花鸟插图能让读者赏心悦目，很受书坊重视，成为晚明重要的戏曲插图种类。

其三，连环画插图。阿英《中国连环图画史话》指出，宣德十一年金陵书坊积德堂所刻《娇红记》，是现在能见到的戏曲连环图画最早的本子。前面提到的金台岳家本《西厢记》有一百多幅，也是属于连环画插图，而且比《娇红记》"更为成长"，"更具有连环图画的性质"，标志着戏曲连环图画"发展到接近完成了"。至于书坊富春堂刊刻的众多戏曲插图，大多标有图目，在阿英看来，"虽不能完全说是连环图画，但与连环图画的发展，是有重要关系的"①。笔者认为，书坊刊刻的这类插图在展示故事情节的同时，提供了极其丰富的信息，像亭台楼阁、庭院书斋、古道长堤、山村河桥，使我们能够欣赏到明清的建筑特色，甚至是城市的布局；而绚丽多彩的服饰、古香古色的家具，插图中的人物抚琴拨弦、下棋博弈、莺歌燕舞、泛湖行舟，以及插图呈现的拜月、闹元宵等祭祀庆典的场景，又让我们领略到最真实的家居娱乐生活与风俗礼仪。

为满足读者的求知欲，明清书坊使戏曲插图的形式多样化，既为刊本做了宣传，也表现了历史真实及社会风貌。对于当时的读者来说，阅读精彩故事和优美文笔之余，还能学到一些文化知识，那将是一次十分愉悦的阅读之旅。对于现代读者来说，观赏明清戏曲插图，像是穿越了时光隧道走进明清社会，了解到当时的历史环境、风土人情。

九　光芒万丈，为其他文化所借鉴

上述笔者论及明清书坊对戏曲插图的刊刻，影响了戏曲文学、舞台艺术，其实明清坊刻戏曲插图的光芒也照亮了其他文化，在传播中为很多艺术领域所借鉴，试举几个例子加以说明。

---

① 阿英：《中国连环图画史话》，人民美术出版社 1984 年版，第 8—10 页。

第一，明清戏曲插图为民间年画所借鉴。年画是中国绘画的一种形式，伴随着春节和除凶避邪的民间活动而产生。明清小说、戏曲插图的勃兴促进了年画的发展。比如，富春堂所刻戏曲的插图线条简朴有力，表现出庄整、雄健、放纵、生辣之趣，与木版年画的传统风格一脉相承，所以郑振铎先生指出，富春堂的版画风格"后来在'年画'作品里还保持下来"①。

第二，明清戏曲插图为娱乐文化所借鉴。酒令叶子是唐代出现的一种游戏，参与游戏的人需要按酒牌中的令约、酒约行令或饮酒。宋代的叶子酒牌已日渐完备，明代空前发展的版画则使酒令叶子更加兴盛，成为娱乐活动的流行用品。如明万历末年刊印的《元明戏曲叶子》，是著名的酒令叶子，上文下图，上栏的曲文对戏曲文学研究颇有价值；下栏的图画借鉴了戏曲插图艺术，如《琵琶记》中《对镜梳妆》一图，图版模仿了明代书坊世德堂刊本的插图。

《元明戏曲叶子》

世德堂本《对镜梳妆》

---

① 郑振铎：《中国古代木刻画史略》，《郑振铎全集》（第14卷），花山文艺出版社1998年版，第311页。

　　第三，明清戏曲插图为陶瓷艺术所借鉴。清代棒槌瓶、执壶、笔筒、盘、罐、碗等青花陶瓷的装饰，多绘有《西厢记》人物图，这些人物图中就有模仿戏曲刊本中的插图。比如越南金瓯沉船出水遗物有中国清代陶瓷五万多件，其中"青花《西厢记》张生跳粉墙图盘"，与明万历年间文秀堂所刻《新刊考正全像评释北西厢记》第十一幅《乘夜逾墙》十分相似。又如清代康熙年间的青花棒槌瓶，将《西厢记》的故事情节从瓶颈至底部全部描绘出来，布局精当，敷彩艳丽，其中"惠明投书"与明万历间富春堂所刻《新刻出像音注花栏南调西厢记》第八幅《飞虎阵前索莺莺》很是相像；《月下听琴》则借鉴了明万历二十年建阳书坊熊龙峰所刻《重刻元本题评音释西厢记》第八幅《琴心写怀》。

青花《西厢记》张生跳粉墙图盘

文秀堂刻《西厢记》之《乘夜逾墙》图

青花棒槌瓶

《飞虎阵前索莺莺》　　　　　　　　《琴心写怀》

以上仅仅举了年画、酒令叶子和陶瓷为例，而明清戏曲插图的影响远不只这些，像木雕艺术也从戏曲插图中汲取营养，如明末朱三松竹雕笔筒绘有《西厢记》侍女人物，借鉴了陈洪绶所绘《窥简》一图。可以说，明清戏曲插图常被建筑、染织、雕塑、舞蹈等艺术所借鉴，对于当时和后世的文化都产生了深远的影响。

明清书坊重视戏曲插图，本意是提高戏曲刊本的销量，然而这种主观愿望，却带来了很多客观上的积极意义和影响：为取悦读者而不断刊刻戏曲插图，为在竞争中脱颖而出，又不断提高插图的含金量，即一方面增强插图的实用性，包括辅助文本阅读、指导舞台演出、蕴含历史与社会信息；另一方面又不惜重金聘请名画绘画，提升插图的艺术性，这些举措促进了戏曲出目的形成，丰富了戏曲批评的形式，并推动了其他文化的发展。可见，明清书坊对戏曲插图的意义，不仅是插图本身的魅力，还有对多种文化的深远影响。郑振铎先生曾指出古代木刻插图"不是一种'附庸'的艺术，它不单单作为书籍的插图或名画的复制品而存在，它有独立性，它是中国造型艺术的一个重要部门"。① 笔者认

---

① 郑振铎：《中国古代木刻画史略》，《郑振铎全集》（第 14 卷），花山文艺出版社 1998 年版，第 289 页。

为，明清坊刻戏曲插图的"独立性"，更多地体现在它作为一个独立的个体，对其他文化产生了不可替代的作用，所以才能在中国乃至世界古代艺术殿堂中取得一席之地。

第五章 明清书坊与戏曲评点

评点，是中国古代文学批评的重要方式之一。所谓"评"包括序跋、凡例、读法、总批、眉批、旁批、夹批、出批、回批、尾批；"点"是一种符号，有圈、删、点、抹四种形式。可见，评点的范围很广泛，既有关于全文、段落的评论，也有对字句的赏析。中国戏曲评点始于明代万历前期，虽然起步较晚，但是参与戏曲评点的人员众多，涉及面广，仍大放光彩。本章主要论述明清两朝戏曲评点的发展脉络，并在此基础上探讨明清书坊与戏曲评点的关系。

第一节 明清坊刻戏曲评点的发展脉络

据笔者统计，明刊戏曲评点本近 160 种，其中以坊刻为主。除了徐士范、方诸馆、汪道昆、孟称舜等几位刻家的评点本，及少量不知刻家的评点本外，其余的坊刻本占评点本总数的 90% 以上。清刊戏曲评点本则有 300 多种，坊刻本也是占了绝大部分。下面将分别论述明代和清代的戏曲评点发展脉络。

一 明代坊刻戏曲评点的发展脉络

明代坊刻戏曲评点主要选取刊刻戏曲较多，且评点具有特色的书坊进行论述。并按照书坊活跃的时间为顺序，以世德堂、继志斋、容与堂、雕虫馆、师俭堂、柳浪馆，以及闵、凌两氏为代表，详细剖析坊刻戏曲评点在不同时期所呈现的面貌，以此勾勒明代坊刻戏曲评点的发展脉络。

（一）世德堂（明万历前中期）①

根据现存资料，明代戏曲刊本中不乏以"题评"命名的，如万历二十年建阳熊龙峰刻《重刻元本题评音释西厢记》及崇祯年间杭州朱仁斋刻《绨袍记》。其中最早以"题评"命名的戏曲是万历八年徐士范本《重刻元本题评音释西厢记》，而最早大量使用的是书坊世德堂，如《新镌重订出像附释标注惊鸿记题评》《新镌出像注释李十郎霍小玉紫箫记题评》《锲重订出像注释节孝记题评》。这说明世德堂的坊主已经开始意识到评点的作用，并且尝试在注释的同时进行评点。但是该坊所刻戏曲的评点并不多，且是随感式的鉴赏性质，缺乏系统与深度。

（二）继志斋（明万历中后期）

该书坊所刻戏曲中出现评点的有《西厢记》《琵琶记》《玉簪记》《题红记》《红蕖记》等。其中万历二十六年刻《重校北西厢记》五卷，附录《琵琶记》，皆为焦竑所评。继志斋刊刻戏曲以释义为主，间杂评语，仍处于"释义间评"式的形态。但是相对世德堂来说，评语多了一些，而且内涵丰富，包括鉴赏性批评、曲律音韵的订正和舞台表演的提示。

（三）容与堂（明万历后期）

容与堂的坊主很有创意，所刻戏曲率先打上"李贽"的名号。根据朱万曙《明代戏曲评点研究》统计，署名李贽评点的戏曲本有 16 种。② 可是，署名的真伪问题，一直是桩悬案。笔者比较认同朱万曙先生的观点，他从刊本形态、李贽思想、李评风格等方面着手，肯定《北西厢记》《琵琶记》《幽闺记》《红拂记》《玉合记》这五种戏曲为李贽评点。而这五种戏曲恰恰是由容与堂书坊所刻。李贽与容与堂的关系如何；是李贽被容与堂聘请，还是容与堂看到李贽在《焚书》及《续焚书》中提到他曾评点戏曲，所以整理出来加

---

① 括号内为书坊刊刻戏曲的大致时间，下同。
② 朱万曙：《明代戏曲评点研究》，安徽教育出版社 2002 年版，第 56 页。

以刊刻，以促进销售？鉴于资料有限，无法查证。但是无论何种情况，都不应忽视容与堂所起的积极作用。因为容与堂书坊主人独具眼光，首次出版李贽评点的戏曲，对后来的戏曲文学产生深远影响。

（四）雕虫馆（明万历后期）

雕虫馆为臧懋循开设的书坊，刊刻《元曲选》、汤显祖"四梦"及屠隆《昙花记》。朱万曙指出："对别人的剧本加以改编并评点批评，是从臧懋循开始的。"① 前文说到，李九我曾改写和评点《破窑记》，与臧氏评改孰先孰后，尚难定论。但是评改一系列作品的确始自臧懋循。臧氏改评的戏曲包括本人刊刻的《紫钗记》、《还魂记》、《南柯记》、《邯郸记》及《昙花记》，均有传本存世。凌濛初《南音三籁》在所选的《荆钗记·错音》注云："知律如吾湖臧晋叔新订《荆钗记》，亦不查明，良为缺事。"② 可知，臧懋循曾改订《荆钗记》，不知是否有批点，该本久已失传，无从考证。结合前人的研究基础，笔者认为雕虫馆所刻戏曲评点的特色可概括为：刊刻本人评点的戏曲；评点与改编相结合；强调音律；重视场上之曲；评点内容广泛，关目结构等方面均有涉及。

（五）师俭堂（明万历后期至崇祯年间）

与容与堂不同，师俭堂刊刻戏曲打上"陈继儒"的名号。根据朱万曙先生统计，署名为陈继儒评点的戏曲有 15 种。按照刊本形态，可将这 15 种戏曲分为两种类型。

一是《六合同春》本。师俭堂曾陆续刊刻《西厢记》《琵琶记》《幽闺记》《玉簪记》《绣襦记》《红拂记》，并都以"鼎镌陈眉公先生批评×××"命名。此套书还有另一版本，即以"鼎镌×××"命名。这两种版本的内容相同，区别在于《鼎镌陈眉公先生批评西厢记》卷首有一篇余文熙撰写的《六曲奇序》，眉批中有"王曰""李曰"的评语，卷末还有"释义"二卷；"鼎镌×××"则删除了原文中的序跋、附录、修改了正文卷端题署，挖去了

---

① 朱万曙：《明代戏曲评点研究》，安徽教育出版社 2002 年版，第 34 页。
② （明）凌濛初：《南音三籁》，清康熙七年重刊本《南音三籁》，俞为民、孙蓉蓉编《历代曲话汇编》（明代编第 3 集），黄山书社 2008 年版，第 281 页。

原版书口的"师俭堂板"四字，并以"六合同春"作为丛书名。于是这两种
戏曲本子孰先孰后，引起了学者注意，并有不同的意见。先不论刊本的先后，
《六合同春》出现两个版本，说明师俭堂刊刻的这个剧本选集是比较受欢
迎的。

二是《六合同春》以外的本子，包括《丹桂记》《麒麟罽》《李丹记》《异
梦记》《玉茗堂丹青记》《玉合记》《明珠记》《西楼记》《玉杵记》。《六合同
春》收录的戏曲均署"书林庆云萧腾鸿梓"，应为师俭堂刊刻。至于《六合同
春》以外的本子，除了《麒麟罽》和《李丹记》，其他七种刊本版面风格与师
俭堂一致，且均出现陈眉公手写评语，这七种刊本也应为师俭堂刊刻。需要指
出的是，《丹桂记》署"宝珠堂"，宝珠堂很有可能是师俭堂开设的分号，或者
是师俭堂的别号，正如郭英德所说，"宝珠堂或即师俭堂的别称"①。

关于"陈评"的真伪，也是学者较多关注的问题。笔者比较认同朱万曙
先生的观点，师俭堂所刻陈评本是为陈继儒所评。至于师俭堂所刻戏曲评点
的特色，笔者认为可以概括如下：以名家评点作为广告；评点形式丰富多样；
批语比较简短，但不乏真知灼见；出批为陈继儒的手体；在李评本的影响下，
继续走纯粹评点的路线，对人物塑造方面有精辟见解。

（六）柳浪馆（明万历后期至清初）

现存明清刊戏曲本中，有些是署"柳浪馆""剑啸阁"所刻。柳浪馆是
袁宏道家乡别墅，郑振铎先生认为，所谓"柳浪馆主"是袁于令的托名，②
郑志良在清初常州人薛案的诗文集《薛案诗文稿》中找到《再题袁凫公评点
牡丹亭》，这则材料证实了郑振铎先生的推测，"柳浪馆主"确是袁于令的
托名。③

袁氏是家族刻书，袁于令的曾伯祖、曾叔祖、祖父、叔祖、侄子等都有
刻书。其中刊刻小说戏曲比较有名的是曾伯祖袁裘的"嘉趣堂"刻《世说新
语注》；袁宏道门人袁无涯"书种堂"刻《李卓吾批评忠义水浒全传》；侄子

---

① 郭英德、王丽娟：《〈词林一枝〉、〈八能奏锦〉编纂年代考》，《文艺研究》2006 年第 8 期。
② 郑振铎：《西谛所藏善本戏曲题识》，《文学评论》1961 年第 5 期。
③ 郑志良：《袁于令与柳浪馆评点"临川四梦"》，《文献》2007 年第 3 期。

袁志学修订刊行凌濛初《南音三籁》。袁于令为什么在天启、崇祯年间要用袁宏道的名号刻书呢？很有可能是，在成名之前，袁于令想利用袁宏道的名气促进书籍销售，等积累一定人脉，打响知名度后，他便用自己的堂号，以"剑啸阁"为名刊刻小说戏曲。

袁于令不仅刊刻戏曲，还评点戏曲。现存署名"柳浪馆"评点的戏曲是汤显祖的"四梦"。明天启元年闵光瑜刻《邯郸梦》二卷，卷首《凡例》说"批评旧有柳浪馆刊本"①，可知《柳浪馆批评玉茗堂邯郸记》刊刻在天启元年之前，而且"旧有"两字，说明传播已久。天启四年张弘毅刻本《清晖阁批点玉茗堂还魂记·凡例》云："是刻悉遵玉茗堂原本，间有删改，非音旁，则标额，虽属山阴解牛，亦为临川存羊。凡时本或疏于校雠，如柳浪馆；或谬为增减，如臧吴兴、郁蓝生二种，皆临川之仇也。"②说明《柳浪馆批评玉茗堂还魂记》刊刻在天启四年之前。因此，笔者认为，柳浪馆评点的汤显祖"四梦"应该刻于万历后期，也就是说袁于令从事评点及刊刻戏曲是比较早的。

除了"四梦"以外，郑振铎、郑志良两位学者认为《玉茗堂批评锦笺记》和《玉茗堂批评红梅记》也是袁于令评点的。③《全明分省分县刻书考》也将《玉茗堂批评红梅记》列于"柳浪馆"名下。④ 但是，学界有不同意见。郭英德先生根据《玉茗堂批评红梅记》附刻《剑啸阁新改红梅记第十七折·鬼辩》，认为："新改《鬼辩》折，标称'剑啸阁新改红梅记'，剑啸阁为明季袁于令之书斋。《总评》既已言及袁于令改本，而汤显祖去世时（万历四十四年，1616），袁年方25岁，其改本汤似不应获见。故《总评》及各出评语，或不出于汤之手。"⑤ 可是，前文已分析，袁于令从事评点及刊刻戏曲的时间较早，所以汤显祖有可能看到袁于令改编的《红梅记》。而且，袁于令既然曾

① 明天启间刻朱墨套印本《邯郸梦记·凡例》，吴毓华《中国古代戏曲序跋集》，中国戏剧出版社 1990 年版，第 166 页。

② 明天启四年张氏著坛刊《清晖阁批点玉茗堂还魂记·凡例》，俞为民、孙蓉蓉编《历代曲话汇编》（明代编第 3 集），黄山书社 2008 年版，第 53 页。

③ 郑志良：《袁于令与柳浪馆评点"临川四梦"》，《文献》2007 年第 3 期。

④ 杜信孚、杜同书：《全明分省分县刻书考》，线装书局 2001 年版，第 24 页。

⑤ 郭英德：《明清传奇戏曲文体研究》，商务印书馆 2004 年版，第 285 页。

用袁宏道的名气评点戏曲，那么也极有可能伪托汤显祖评点《红梅记》和《锦笺记》。

（七）闵齐伋、闵光瑜（明天启、崇祯年间）

闵齐伋（1508—?），乌程（今浙江湖州）人。清闵宝梁《晟舍镇志·人物》载："字及武，号寓五，梦得弟。邑诸生，入太学，善读书，不乐仕进。"[①] 闵齐伋终身未仕，只是曾入太学为太学生，以刻书著称，世所传朱墨字版、五色套印为"闵本"者，多为他所刻。其中刊刻的戏曲有《明珠记》、《牡丹亭还魂记》和《会真六幻西厢》。

《会真六幻》刻于崇祯十三年，是闵齐伋编辑，为戏曲小说合集。卷首有《会真六幻·总序》；并附有闵齐伋撰写的《五剧笺疑》，是他为《会真六幻》本《西厢记》所写的评注，包括曲辞音律的校正，剧本体制的考证及句义注疏，多借鉴王骥德的评语，对《西厢记》研究有一定参考价值；另外还有闵齐伋撰写的《围棋闯局识语》，指出"王生"并非王实甫，"其为另一晚进无疑"[②]。《围棋闯局》，又名《补〈西厢〉弈棋》，杂剧剧本，系增补《西厢记》第一本之作。它的作者多题"晚进王生"。今人张人和论证"王生"为元末明初戏曲作家詹时雨。[③] 也许詹氏以王实甫为先辈，故自称"晚进王生"。

明代朱墨蓝三色套印本《西厢会真传》，署"汤若士批评沈伯英批订"。而蒋星煜认为这是闵寓五所刊刻和评点，因为评语与《五剧笺疑》有很多相同之处。[④] 张人和先生在《〈西厢会真传〉汤显祖沈璟评辨伪》一文中对闵遇五评说提出质疑。[⑤]《中外文化之谜》（中册）》一书则将"《西厢会真传》是谁的评本"作为千古疑案，并指出三种主要说法：一是沈璟、汤显祖评本说，代表人物是谭正璧、郑振铎、罗忼烈；二是闵遇五评本说，由蒋星煜提出；

① （清）闵宝梁：《晟舍镇志·人物》，《中国地方志集成：乡镇志专辑》（第24册），江苏古籍出版社1992年版。
② 明崇祯十三年闵寓五校注本《会真六幻·西厢记》卷末附《围棋闯局》之《围棋闯局识语》，伏涤修、伏蒙蒙辑校《西厢记资料汇编》（上），黄山书社2012年版，第112页。
③ 张人和：《〈西厢记〉论证》，东北师范大学出版社1995年版，第14页。
④ 蒋星煜：《论〈西厢会真传〉为闵刻闵评本——与罗忼烈、张人和两位先生商榷》，《社会科学战线》1981年第4期。
⑤ 张人和：《〈西厢会真传〉汤显祖沈璟评辨伪》，《社会科学战线》1981年第2期。

三是诸家评注杂烩说，由张人和提出。① 现代学者罗忼烈收藏原日本佐伯文库旧藏本《西厢会真传》（香港中文大学《罕传善本丛书初编》依原样影印出版），卷首闵振声《跋》云：

> 阅传奇多矣，乃《西厢》尤为脍炙人口，盖亦情文两绝。若崔娘遗照，则其所辨真赝也？予素有情癖，谭及辄复心醉。曾于数年前题莺莺像云："翠钿云髻内家妆，娇怯春风舞袖长。为说画眉人不远，莫将愁绪对儿郎。"又一绝云："修娥粉黛暗生香，泪眼盈盈向海棠。倚到月斜花影散，一番春思断人肠。"今观陈居中所（作）图，于当日崔娘肖乎？不肖乎？予复有情痴之感，因录其名人手笔于像之后，以见佳人艳质芳魂，千载如昨，而予之癖今昔不异云。花月郎闵振声为冯虚兄书并跋。②

罗忼烈《记明版〈西厢会真记〉》认为，"冯虚兄"或许是闵氏本人的化身，因此认为该书可能为闵振声所刻。③ 闵振声，字襄子，号梁公，浙江省乌程县人。曾参与校订陈继儒笺释本《唐诗选》。根据《全明分省分县刻书考》，闵振声刻有《兵垣四编》（三色套印本）、《吴子》、《九边图论》、《海防图论》、《日本考略》、《辽东军饷论》。④ 如果闵振声是《西厢会真传》的刻家，那么他是否也是评点者，尚有待考证。

闵光瑜，闵齐伋之子。天启元年刻朱墨本《邯郸梦》，卷首有汤显祖《邯郸梦记·题词》、刘志禅《邯郸梦记·题词》及闵光瑜撰《小引》《凡例》《总评》。该本的评点方式为圈点和眉批，集合了袁宏道、屠隆、臧懋循、柳浪馆、刘志禅和闵光瑜本人的批语。这些批语中还有对臧氏评语做出的评点，如此两相比较，便于读者鉴赏。

---

① 施宣圆、李春元主编：《中外文化之谜》（中册），文汇出版社 2000 年版，第 162—163 页。
② （明）闵振声：《崔娘遗照·跋》，明后期刻朱墨蓝三色套印本《西厢会真传》，伏涤修、伏蒙蒙辑校《西厢记资料汇编》（上），黄山书社 2012 年版，第 223 页。
③ 罗忼烈：《记明版〈西厢会真记〉》，转引自寒声等编《西厢记新论：西厢记研究文集》，中国戏剧出版社 1992 年版，第 209 页。
④ 杜信孚、杜同书：《全明分省分县刻书考》，线装书局 2001 年版，第 65 页。

（八）凌濛初、凌延喜、凌玄洲（明天启、崇祯年间）

明天启、崇祯年间，凌濛初刻有《西厢记五剧》《琵琶记》《南音三籁》。这三种刊本均有凌濛初本人的评点。《南音三籁》采用眉批、尾批及"加圈于佳句"的形式品评。卷首所附《谭曲杂札》涉及音律、宾白、尾声、结构等问题，同时评价了《荆》《刘》《拜》《杀》《琵琶》等代表性作品。学界对凌濛初的研究是比较关注的。在前人研究基础上，笔者认为凌濛初戏曲评点的特色体现为三个方面。第一，推崇元本。凌濛初治学严谨，校勘戏曲以古本、善本为底本，并尊重原本内容。因此他所刻《西厢记》是体例保存较好，改动较小的版本，谭帆先生高度评价说："尽可能地拨开这种历史的尘埃，而使《西厢记》恢复其固有的'原生之美'。"① 第二，辨析不同的版本。凌濛初在校勘时也参考众多版本，他对《西厢记》《琵琶记》的评语，很多是关于版本比较方面的说明。如《西厢记》第一本第二折【朝天子】眉批曰："'烦恼则么耶唐三藏'，旧本原自如此。盖元人'则么''子么''怎么'，皆一样解。今本不知其解，而改为'怎么'。"② 第三，注重考证。凌濛初批点《西厢记》意欲为"是曲洗冤"，参考了王骥德、徐文长的观点，并根据众多坊刻本，取长补短。除了眉批外，卷末还附有《解证》一卷进行补充，考证内容包括文辞和曲律，立论精辟、寓意深刻。

凌延喜，字三珠，号椒雨斋主人，凌濛初侄子。天启年间刻有朱墨本《幽闺怨佳人拜月亭记》。该本的评点者，学界有争议，认为是凌濛初，③ 或是凌延喜。④

凌玄洲，天启刻朱墨本《红拂记》，卷首附载《虬髯客传》署"唐张说撰，明汤若士评"，以及凌玄洲所作《识语》。该本有圈点和眉批，有的学者认为是凌玄洲所评。⑤

---

① 谭帆、陆炜：《中国古典戏剧理论史》，华东师范大学出版社 2005 年版，第 366 页。

② （明）凌濛初：《西厢记五剧》，《暖红室汇刻西厢记》，江苏广陵古籍刻印社 1982 年版。

③ 赵红娟：《凌濛初评点〈幽闺记〉及与沈璟交游考》，《浙江社会科学》2004 年第 6 期。

④ 江兴佑：《凌濛初不是〈幽闺记〉的评点者——兼与赵红娟先生商榷》，《浙江社会科学》2005 年第 4 期。

⑤ 张振铎：《古籍刻工名录》，上海书店出版社 1996 年版，第 192 页。

　　笔者认为，闵振声、凌延喜和凌玄洲完全有可能评点自己刊刻的戏曲。比如，凌延喜刊刻的《幽闺记》批语风格与凌濛初相似甚至有些评语相同，但并不代表就是凌濛初所评，因为极有可能是凌延喜模仿凌濛初的评语。闵遇五《五剧笺疑》就常常借鉴凌濛初的观点。张人和谈到闵遇五和凌濛初如何看待《西厢记》中【络丝娘煞尾】一曲时说："闵遇五不仅看法与凌濛初相同，甚而语言都极其相似。"① 凌濛初作为戏曲理论家，身边的姻亲朋友向他学习靠拢不足为怪。然而，他们毕竟名气不如凌濛初，戏曲造诣也不深，于是伪托名家，或者干脆不署评点者姓名。因此，闵振声、凌延喜、凌玄洲是有可能分别评点了《西相会真传》《幽闺记》《红拂记》。当然，这只是笔者的推测，尚待确实证据考之。

　　总的来说，凌氏和闵氏这两个家族以凌濛初为首，已形成自刻、自评戏曲的风气，所刻戏曲多为朱墨套印本，并集中于经典剧目《西厢记》、《琵琶记》、《牡丹亭》和《红拂记》。

　　通过以上分析，明代坊刻戏曲评点的发展脉络可概括如下。第一，从批评方式看，由眉批的单一模式至眉批、出批、总评、序跋等多种类型并存。第二，从批评形态看，由注音、释义夹杂评语，至边评边改或纯粹的学术性批语。第三，从批评内容看，由感发、鉴赏性的简单评语进入理论性层面，越来越有深度。第四，从评点者看，由聘请文人评点至更多文人型书坊主参与戏曲评点。世德堂、继志斋等书坊刊刻的戏曲较多，评语较为粗糙，应是书坊聘请下层文人评点，笔者在下一节中有详细论述。后来的书坊主人，像臧懋循、袁于令、闵齐伋、凌濛初等人，既是刻家，也是戏曲评点家。第五，从评点作品看，前期集中于《西厢记》与《琵琶记》、《拜月亭》等戏文，随着明传奇创作的繁荣，对于张凤翼《红拂记》、汤显祖"四梦"也开始密切关注。同时，臧懋循《元曲选》的改评，使评点的范围扩大到《西厢记》以外的元杂剧。

---

① 张人和：《〈西厢记〉论证》，东北师范大学出版社1995年版，第88页。

二 清代坊刻戏曲评点的发展脉络

清顺治年间坊刻戏曲本整体较少，但是仍有坊刻评点剧目，如朱寄林《闹乌江》、新都笔花斋刻《双龙坠》、邹式金《杂剧三集》、李玉《清忠谱》、浣霞子《雨蝶痕》、叶承宗《稷门四啸》、徐石麒《坦庵词曲》、丁耀亢《化人游》《赤松游》《蚺蛇胆》、贯华堂刻《贯华堂第六才子书》、含章馆刻《详校元本西厢记》。

清康熙至乾隆年间，几个戏曲评点本十分畅销，如金圣叹评点的《西厢记》、吴吴山三妇合评的《牡丹亭》、毛声山与毛宗岗评点的《琵琶记》、署"玄洲逸叟"等人评点的《笠翁十种曲》、署"张三礼"等人评点的《藏园九种》，不断被书商翻刻。此外，乾隆以来，清代创作的戏曲文本，伪托名家评点的逐渐减少，大多署上真实姓名。

清咸丰至宣统年间，同样有不少书坊选择刊刻《西厢记》《琵琶记》《牡丹亭》，尤其是《西厢记》在这个阶段的坊刻本很多，可参见本书附录《清刊戏曲评点目录》。但是，此阶段雕版印刷日益衰落，坊刻戏曲评点本也逐渐减少。石印技术给晚清戏曲评点带来新的变化，比如报刊刊载评点本戏曲，同时受到时势的影响，戏曲评点带有一定的社会政治倾向，评点方式也呈现多样化发展。

总体而言，清代坊刻戏曲评点可分为三个阶段，前期仍有明末书商型评点方式，像李渔作为书坊主，所撰戏曲邀请文人评点，本人也被其他书坊邀请撰写评语；乾隆以来，坊刻戏曲文本中的评点家大多署真实姓名，伪托名家评点的现象越来越少；晚清坊刻戏曲评点本减少，但是评点载体、评点方式、评点内容有了新的气象。而这三个阶段有一个共同点，就是受到读者欢迎的评点本常被翻刻。

第二节 明清书坊对戏曲评点的影响

明清戏曲评点的兴盛与创作繁荣、演出频繁有关，其实，刻书业的发展也起了举足轻重的作用。明代戏曲评点集中在万历至明末，这正是戏曲刊本兴盛的阶段。据笔者初步统计，明刻戏曲评点本约 160 种，除了徐士范、王骥德、汪道昆、孟称舜等几位的家刻评点本外，其余的坊刻本占评点本总数的 90% 以上；清刻戏曲评点本近 300 种，坊刻同样占有较大的比例。朱万曙先生在《明代戏曲评点研究》一书中曾指出书商促进了戏曲评点的发展。本节在此基础上，进一步阐述明清书商如何推动戏曲的评点，对戏曲评点有何具体影响。

一　书坊以评点作为促销手段，促进戏曲评点的兴盛

戏曲插图能够辅助文本阅读，戏曲评点亦有此功效。明清戏曲的评点主要在两个方面帮助读者阅读。

一方面，戏曲评点帮助读者理解文意。一是解释文本内容。凌濛初《西厢记·凡例》云："评语及解证，无非以疏疑滞、正讹谬为主。"① 即帮助读者疏通、纠正曲辞。二是体会作家思想。程羽文在《盛明杂剧三十种·序》中说："吾友沈林宗顾曲周郎，观乐吴子，遂先有此举，其点校评论，又一一传作者之面目，而溯之为作者之精神。"② 在程氏看来，沈泰校勘和评点戏曲选本，犹如春秋时吴公子季札观乐、评乐一般，很好地传达了作家的主观情感。三是指出作品精彩之处。凌濛初《琵琶记·凡例》云："今人选曲，但知赏'新篁池阁''长空万里'等，皆不识真面目。此本加丹铅处，必曲家胜场，知音自辨。"③ 告知读者哪些才是"锦心绣口"，这就能够帮助读者更好地鉴赏作品。

另一方面，与小说评点不同，戏曲评点具有指导演出的作用。比如提醒演员需要认真对待的关目，像《酒家佣》第十三折《文姬托孤》的眉批云：

---

① 明天启间凌氏刻本《西厢记·凡例》，吴毓华《中国古代戏曲序跋集》，中国戏剧出版社 1990 年版，第 175 页。

② （明）程羽文：《盛明杂剧三十种·序》，录自明本《盛明杂剧》，吴毓华《中国古代戏曲序跋集》，中国戏剧出版社 1990 年版，第 189 页。

③ 明凌濛初刻瞿仙本《琵琶记·凡例》，吴毓华《中国古代戏曲序跋集》，中国戏剧出版社 1990 年版，第 179 页。

"此出是通本得力处，演者要留心。"① 或是指导演员的表情与动作，像《玉茗堂批点异梦记》第二十出《投环》的出批云："此折乃好关目也，两下惊疑全在投环之际，演者须从曲白内寻出动人之处为妙。"指出演员要抓住情境做戏。② 此外，冷热场面的调剂，曲律声韵的提示，演员服装和舞台道具的说明，戏曲评点均有涉及。

评点有助于理解文本内容，也能给予演员一定的指导，这对于读者来说，具有莫大的吸引力。因此，书坊利用评点宣传，促销的手段层出不穷。明清戏曲评点本的促销方法如下。

第一，在书名、序跋、正文中指出刊本附有评点。书名位置显眼，书坊有意识地给书名添加"评点""批评"等字眼，如《玉茗堂批评种玉记》《新镌绣像评点玄雪谱》。序跋也能够引起读者的注意，成为刊本宣传的途径之一，如竹轩主人《歌林拾翠·题识》云："杂曲选本，流传甚繁，本坊博搜古今名剧，细加评选，腔介从新。"③ 另外，乾隆十六年刊本《芝龛记》的正文首页署"海内诸名家评"，作为书籍正文的第一页，过目率也很高，同样起到很好的宣传作用。

第二，在序跋、凡例中夸赞评点内容。或是间接肯定评语，如谢国《蝴蝶梦·凡例》云："是编评点原有数家，不敢不摘录以借文芜拙，亦不敢尽录以燔涸鉴观。"④ 意思是该本的评点不会混淆读者的审美感知，而是"借文芜拙"，使作品增色，暗示了所选都是优秀的评语。或是直接赞美评语，如《田水月山房藏本北西厢·序》云："实甫遇文长，庶几乎千载一知音哉！"⑤ 称赞徐渭能够深切理解《西厢记》的精神，是王实甫的知音。《徐文长先生批评

---

① （明）冯梦龙：《墨憨斋定本传奇》，中国戏剧出版社 1960 年版。
② （明）王元寿：《玉茗堂批点异梦记》，《古本戏曲丛刊二集》，商务印书馆 1955 年版。
③ （明）竹轩主人：《歌林拾翠·题识》，浙江图书馆藏明刻本。
④ 明崇祯间柱笏斋刻本《蝴蝶梦·凡例》，吴毓华《中国古代戏曲序跋集》，中国戏剧出版社 1990 年版，第 285 页。
⑤ （明）诸葛元声：《西厢记·序》，明万历三十九年刻本《重刻订正元本批点画意北西厢》，伏涤修、伏蒙蒙辑校《西厢记资料汇编》（上），黄山书社 2012 年版，第 170 页。

北西厢记·凡例》云："《西厢》之有徐评，犹《南华》之有郭注也。"① 郭象对《庄子》一书的诠释和流传贡献颇大，将徐渭的评点与之相提并论，可见评价之高。又如天章阁本《西厢记》署李贽所评，序跋指出李贽评点的《西厢》为"传神之祖"，而且提醒读者，"毋曰剧本也，当从李氏之书读之"②，这无疑抬高了刊本的价值，起到了促销的作用。

第三，将不同评点家的评语放在同一刊本中，并加以强调。集合多家评语的刊本，也能抓住读者的眼球，所以书坊并不吝啬评语的添设。如起凤馆《元本出相北西厢记》的评点者署王世贞和李卓吾。起凤馆主人在刊本的序言云："自来《西厢》富于才情见豪，一得二公评后，更令千古色飞，浮屠顶上，助之风铃一角，响不其远与！"③ 又在《凡例》中指出两位大家各自的评点特色，即王评是"扬扢风雅，声金振玉"，李评是"品骘古今，一字足为一史"。④ 金陵书坊汇锦堂刊刻的《三先生合评元本北西厢》则集合了三家评语，署名汤显祖、李贽和徐渭，还请来王思任作序，强调汤评、李评、徐评的特色分别为"立地证果"、"当下解颐"和"雅俗共赏"，将它们合刻能够陶冶性情，利于风化。⑤ 言下之意，这样的刊本弥足珍贵，值得阅读。

除了上述三种广告外，还有其他促销方式。比如，以名家评点打广告；或巧用评语字体，书坊师俭堂的出批就别出心裁，均用书写体；或是集中刊刻某种题材的剧本。郭英德先生曾分析明万历十一年到清顺治八年的传奇作品数量，其中风情剧最多，占45.6%；其次是历史剧，占19%，⑥ 可知这两种题材是最受读者欢迎的。而署名李贽评点的戏曲文本中，占大部分的是风情剧与历史

---

① 明崇祯间延阁刊本《徐文长先生批评北西厢记·凡例》，伏涤修、伏蒙蒙辑校《西厢记资料汇编》（上），黄山书社2012年版，第212页。

② （明）醉乡主人：《题卓老批点〈西厢记〉》，明崇祯间西陵天章阁本《李卓吾原评西厢记》，吴毓华《中国古代戏曲序跋集》，中国戏剧出版社1990年版，第226页。

③ （明）起凤馆主人：《刻李王二先生批评北西厢·序》，明万历三十八年起凤馆刊王李合评本《元本出相北西厢记》，伏涤修、伏蒙蒙辑校《西厢记资料汇编》（上），黄山书社2012年版，第152页。

④ 明万历三十八年起凤馆刊王李合评本《元本出相北西厢记·凡例》，伏涤修、伏蒙蒙辑校《西厢记资料汇编》（上），黄山书社2012年版，第154页。

⑤ （明）王思任：《三先生合评元本北西厢·序》，明崇祯年间汇锦堂刻本《三先生合评元本北西厢》，伏涤修、伏蒙蒙辑校《西厢记资料汇编》（上），黄山书社2012年版，第231页。

⑥ 郭英德：《明清传奇史》，江苏古籍出版社1999年版，第261页。

剧。显然，书商为了提高销量，连评点本也是以大众喜爱的题材居多。

简言之，明清书坊为了迎合读者的阅读需求，于刊本中增加评点，并以此作为促销手段，广告形式多样，从而极大地促进了戏曲评点的兴盛。

二 书坊组织下层文人评点戏曲，引领和推动戏曲评点的发展

书坊与文人关系密切，特别是在中上层文人加入戏曲行列之前，书坊往往需要下层文人撰写或编辑戏曲，下层文人为了得到经济利益也乐于受雇于书坊。在书坊的组织下，下层文人评点戏曲的意义主要表现在两个方面。

首先，早期的戏曲评点本以坊刻为主，一批下层文人在书坊的组织下成为较早从事戏曲评点的群体。据笔者统计，明初至明万历三十年间，具有明确刊刻时间的戏曲评点本有家刻本如万历八年徐士范本《重刻元本题评音释西厢记》、万历十年焦竑合刻《西厢记》与《琵琶记》（已佚）；其余全是坊刻本，如万历元年建阳种德堂《重订元本评林点板琵琶记》、万历五年金陵富春堂《校梓注释圈证蔡伯喈大全》、万历七年金陵少山堂《西厢记》、万历十三年金陵世德堂《荆钗记》、万历十七年金陵世德堂《拜月亭》、万历二十年建阳忠正堂《西厢记》、万历二十五年徽州玩虎轩《琵琶记》、万历二十六年金陵继志斋《西厢记》《琵琶记》。那么，刊刻时间不明确的早期戏曲评点本又有哪些呢？

朱万曙先生指出，明代戏曲评点本有五种形态：注音间评型、释义兼评型、考订兼评型、改评型和纯粹评点型，其中注音间评型和释义兼评型属于早期戏曲评点本的形态，前者在《古本戏曲丛刊》中仅发现《麒麟罽》《蝴蝶梦》《红蕖记》三种刊本，后者则集中于世德堂的刊本。① 《麒麟罽》为陈与郊家刻本，《蝴蝶梦》的刊刻书坊不详，《红蕖记》是继志斋所刻，世德堂为金陵著名的书坊。可知，早期的戏曲评点本主要是坊刻本。此外，据笔者考查，现存最早以"题评"命名的戏曲是徐士范本《重刻元本题评音释西厢记》，而最早大量使用的是世德堂，所刊戏曲的书名大多有"题评"两字，如

---

① 朱万曙：《明代戏曲评点研究》，安徽教育出版社 2002 年版，第 32—33 页。

《新镌重订出像附释标注惊鸿记题评》《新镌出像注释李十郎霍小玉紫箫记题评》《新锲重订出像注释节孝记题评》。其实这是商家惯用的广告手段，真正出现评点的现存刊本仅有《荆钗记》、《五伦全备记》、《拜月亭》和《惊鸿记》，且评语多是随感式的鉴赏性质，缺乏系统与深度。但是，世德堂较早有意识地注重评点的作用，对于戏曲评点发展所做的努力应值得肯定。

在中上层文人评点戏曲之前，下层文人为了生计或为了消遣而加入戏曲评点的队伍，他们甚少在评点本中留下姓名，所作评语也较为稚嫩，但是在戏曲评点的萌芽阶段，实属可贵。

其次，下层文人的戏曲评点也颇具特色与价值。不仅仅是初期阶段，在整个明清时期，均存在书坊组织下层文人评点戏曲的现象。下层文人由最初不留任何信息，至假托名人评点，或者署别号，如快活庵、醉竹居士、丽句亭、画隐先生、西园公子、澄道人、且居、西湖漫史、媚花香史、羊城平阳郡佑卿甫、苗兰居士、明道人。这批名不见经传的下层文人，评点戏曲的态度还是比较认真的。因为评点工作不得马虎，要是草率为之，令书商不满，稿费将大打折扣。对于失意文人来说，评点还可宣泄情感；对于戏曲爱好者来说，评点也是一大快事，如快活庵评点本《红梨花记》卷首有一篇序言云"余见《梨花》传奇两种，一为武林，一为琴川"，随之评价了这两种版本的差别，然后说："予以评章如此，不知两家以我为知音否也？"① 评点者非常自信，得意起来甚至将自己视为作者的知音。也就是说，评点既可赚钱，又可消遣娱乐，何乐而不为呢？所以在这种心态的驱使下，下层文人的评点并非毫无建树。如继志斋所刻戏曲评语十分丰富，像"旌节二句，元人杂剧俗作旌捷，非"，"此调今俱作锁寒窗，误矣"，"此后旦唱渐高，但以锦被兜身，只当坐定或靠桌上，不可行走"，对于曲辞宾白、曲律音韵、舞台表演等都有点评。又如徽州书坊玩虎轩所刻《琵琶记》的评点者不详，黄仕忠先生指出，晚明各种《琵琶记》评本均以此本为底本。② 如果将现存所有坊刻戏曲评语整理归纳，不难发现，他们的评语具有重要意义。正如谭帆、陆炜在

---

① （明）佚名：《红梨花记·序》，国图藏明刻快活庵评点本。
② 黄仕忠：《〈琵琶记〉研究》，广东高等教育出版社 2011 年版，第 201 页。

《中国古典戏剧理论史》中所说："晚明的戏曲评点还受着书坊的强烈控制，故书坊主及其周围的下层文人也是评点者中的一个重要组成部分。如果能对这一群体作广泛和细致的清理和研究，那不仅对中国戏曲评点史的研究颇多裨益，也能对中国戏曲史尤其是戏曲传播史研究提供许多珍贵的史料。"①

三　书坊聘请名家评点戏曲，提高戏曲评点的水平

根据现存戏曲刊本来看，最早借名家评点来宣传的，应该是杭州书坊容与堂。

这位书坊主人独具眼光，于万历三十八年率先出版署名李贽评点的戏曲，开启了名家评点戏曲的风潮。其他书坊纷纷效仿，涌现出一大批署名家评点的戏曲刊本。比如，起凤馆本《元本出相北西厢记》，正是刻于万历三十八年，评点内容几乎与容与堂本一致；同年，三槐堂本《重校北西厢记》也署李卓吾评点，但评语多为释义，与李评风格不同；紧接着又有两套五剧曲本，一是《荆钗》《明珠》《玉玦》《绣襦》《玉簪》，二是《浣纱》《金印》《绣襦》《香囊》《鸣凤》。除了李贽外，明清戏曲评点本中署名的名家还有汤显祖、陈继儒、徐渭、王世贞、梁辰鱼、王世懋、屠隆、沈璟、袁宏道、王思任、沈际飞、谭元春、钟惺、徐奋鹏、孙矿、李玉、李九我、周延儒、彭幼朔、李渔、金圣叹、毛声山、毛宗岗等，其中李九我和周延儒还是位列三公的宰相。

当然，所谓的名家，不排除有假托现象。但也不能否认，明清不乏实实在在参与戏曲评点的名家。比如师俭堂所刻戏曲打上"陈继儒"的名号，笔者认同朱万曙先生的观点，师俭堂所刻戏曲确实是陈继儒所评。而且，笔者认为，陈继儒是被师俭堂聘请而从事评点工作的。这可从陈氏的生平和思想观念来考察。

第一，名流身份得到商家青睐。陈继儒不贪图名利，虽屡受朝廷征召，皆以疾辞；对于穷困儒生则尽心资助，人称其为"山中宰相"；且多才多艺，在诗文、书画、古董等方面造诣颇深，是相当有品位的学者。《列朝诗集小

---

①　谭帆、陆炜：《中国古典戏剧理论史》，华东师范大学出版社 2005 年版，第 49 页。

传》云："眉公之名，倾动寰宇。远而夷酋土司，咸丐其词章，近而酒楼茶馆，悉悬其画像，甚至穷乡小邑，鬻粔籹市盐豉者，胥被以眉公之名，无得免焉。"① 陈继儒的人格和才华得到世人的普遍肯定，可谓名动朝野，远及酉夷。这样一位不耕不宦却声华浮动的大家，怎么可能不引起商家的注意呢？

第二，具有读者意识和市场观念。陈继儒非常重视读者的阅读心理，如《藏说小萃·序》云："经史子集譬诸粱肉，读者习为故常，而天厨禁脔、异方杂俎，咀之，使人有旁出之味，则说部是也。"② 指出读者对经史子集已产生审美疲劳，喜欢阅览千奇百怪的小说作品。又如《陈铜梁真稿·序》云："取古人所已言而袭之，读者憎其腐，则更取古人所未言而用之，读者又怪其凿空角险。"③ 指出读者讨厌阅读毫无新意或者情节过于荒唐的作品。出于对读者的关注，陈继儒对书籍市场也有较深的认识，如他曾指导许自昌次子许元恭的刻书事业，在给许元恭的信中说：

> 小孙经书已完，今读《化书》。字字皆灵，句句皆有益于身心家国。此学士大夫未尝教儿读者，节短转快，此举业之径路，容寄老亲家刻之。盖出于《道藏》，不甚流通也。
>
> 《国策选》觉是举业书，非好古者所贪购也。叙文亦同请政，惜此书并惜此序，一笑。
>
> 承惠《读书后》，又得闲仲重校跋之，妙甚。但目录须列在前，使读者一览，见所未见，生歆艳心，千万即易之。
>
> 久望《读书后》，得教，刻板极精，当走天下。第多刷数千，一日而发之，纸贵无疑。目录悉列于前，观者艳其多，寻者乐其易，跋语姑置后可也。有装订成书者，乞惠二十册，以便寄远，且长其声价耳。
>
> 《读书后》以校正差落数次者奉览，乞编前后刻之。……尚可抽其论

---

① （清）钱谦益：《列朝诗集小传》，上海古籍出版社1983年版，第637页。
② （明）陈继儒：《藏说小萃·序》，《陈眉公先生全集》（卷十），明崇祯间刊本。
③ （明）陈继儒：《陈铜梁真稿·序》，《陈眉公先生全集》（卷七），明崇祯间刊本。

经、论史者共为一部，则远可行、久可传，只恐翻版耳。①

陈继儒对许氏的建议涉及哪些书籍会畅销，版面安排如何才能吸引读者，甚至对于可能存在的翻版现象也给予了提醒。

第三，以卖文为生。陈继儒本人曾说他是"卖文为活"的，其《白石樵真稿》有篇尺牍《与萧象林户部》云："若不肖屏迹佘山，卖文为活，惟有白醉黑甜于茆茨篱落之间。"② 清人宋起凤在其所著《稗说》中提到陈继儒，亦云，"四方征其文者，束帛挺金造请无虚日"，"以润笔之资卜筑佘山……纵情山水数十载。"③ 可知，陈继儒常为人代笔撰稿，置身于出版业，润笔之资成为其主要经济来源。

从以上三个方面来看，我们完全有理由相信，师俭堂为提升刊本知名度，所以聘请陈继儒评点戏曲。由此可见，明清书坊虽然以营利为目的，但为了在激烈的竞争中脱颖而出，不惜花钱聘请名家评点，因此客观上提高了戏曲评点的质量。

四 书坊主亲自评点戏曲，丰富戏曲评点的形式与内容

据笔者统计，明清书坊主人评点的戏曲列表如下。

书坊主	所评剧目
臧懋循	《临川四梦》《昙花记》
袁于令	署"柳浪馆"批评的《临川四梦》《玉茗堂批评红梅记》
闵遇五	《会真六幻西厢》《西厢会真传》
闵光瑜	《邯郸梦》

---

① 明三叟斋藏本《甫里许氏家乘》，转引自黄裳《银鱼集》之《梅花墅》，生活·读书·新知三联书店 1985 年版，第 369 页。

② （明）陈继儒：《陈眉公尺牍》，上海杂志公司 1936 年版，第 138 页。

③ （清）宋起凤：《稗说》，中国社会科学院历史研究所明史研究室《明史资料丛刊》（第 2 辑），江苏人民出版社 1982 年版，第 37 页。

凌濛初	《西厢记五剧》《琵琶记》《南音三籁》
凌延喜	《幽闺怨佳人拜月亭记》
李渔	《香草吟》《秦楼月》
邹圣脉	《楼外楼订正妥注第六才子书》

尽管明清书坊主参与戏曲评点的不多，但是他们的态度是很积极的。臧懋循、凌濛初、袁于令、闵遇五、闵光瑜、凌延喜等所评剧本均是本人所刻，他们的评语在中国戏曲评点史上也具有重要作用，主要体现在两个方面。

一是丰富戏曲评点的模式，评语的学术含量高。明清书坊主中不乏戏曲专家，他们对戏曲评点有着独特的贡献，如臧懋循是"改评型"评点方式的开创者，凌濛初则是"考订兼评型"的佼佼者。值得注意的是，闵遇五等并非戏曲专家的书坊主，他们的评点也不乏真知灼见。如《会真六幻西厢》所附录的《围棋闯局》，其作者题"晚进王生"，但是闵遇五从剧本文辞出发，率先指出"王生"并非指王实甫，而是"另一晚进无疑"，这是很有创见的。①

二是将评点理论付诸实践，深化评点内容。晚明时期，臧懋循、袁于令等书坊主开始意识到舞台表演的重要性，如臧懋循在《玉茗堂传奇·引》中说："夫既谓之曲矣，而不可奏于筵上，则又安取彼哉！"② 认为不适合演出的戏曲不会是好的作品。重要的是，他们还能将戏曲理论融入剧作。比如臧懋循删订《临川四梦》，能结合舞台实际评点戏曲并删改剧本；又如书坊主李渔也重视舞台表演，认为"填词之设，专为登场"③，创作了不少场上流行的剧作。可见，明清书坊主既评点戏曲，又加以实践，丰富和深化了中国戏曲理论。

---

① 明崇祯十三年闵遇五校注本《会真六幻·西厢记》卷末附《围棋闯局》之《围棋闯局识语》，伏涤修、伏蒙蒙辑校《西厢记资料汇编》（上），黄山书社 2012 年版，第 112 页。

② （明）臧懋循：《玉茗堂传奇·引》，《负苞堂集》，古典文学出版社 1958 年版，第 62 页。

③ （清）李渔：《闲情偶寄》，中国戏曲研究院编《中国古典戏曲论著集成》（第 7 集），中国戏剧出版社 1959 年版，第 73 页。

五 书坊对戏曲评点的作伪有弊亦有利

诚然，明清戏曲评点的作伪现象十分严重。或假托名人评点，如郑振铎先生曾指出："颇疑李卓吾只评《琵琶》《玉合》《红拂》数种。其后初刻、二刻、三刻云云，皆为叶昼所伪作。"① 或直接抄袭他人的评语，像"李评"本第四折"巧辩"的出批，大都为"红娘是个牵头，一发是个大座主"。或直接摘抄名家言论，如继志斋《重校北西厢记总评》摘录王世贞《艺苑卮言》中有关《西厢记》的评论。书商鱼目混珠，大量伪作充斥市场。陈洪绶在《徐文长先生批评北西厢·题词》中指出："读赝本、原本不能辨，往往赝本行而原本没矣。如文长先生所评《北西厢》，赝本反先行于世。"② 天章阁醉香主人《题卓老批点〈西厢记〉》亦云："吾独怪夫世之耳食者，不辨真赝，但借名色，便尔称佳。如假卓老、假文长、假眉公，种种诸刻，盛行不讳。及睹真本，反生疑诧，掩我心灵，随人嗔喜，举世已尽然矣。"③ 的确，盗版猖獗，以假乱真，造成"赝本行而原本没"，以致读者"及睹真本，反生疑诧"，给当时的读者添了不少困惑，也给现在的戏曲研究带来不便。

然而，书坊对戏曲评点的作伪也有积极的一面。这是因为假托成名人的文人，他们对戏曲的评点也是有意义的。就像吴新雷先生所说："尽管明末的书商有假冒伪托的恶习，这些评本不一定全都出于李卓吾等人的亲笔，但作为理论批评的一种建设来看，确是别开生面、另辟蹊径的盛事。其影响所及，由明入清。"④

总而言之，明清戏曲的评点本以坊刻为主；在戏曲评点发展初期，书坊组织下层文人评点戏曲，带动了戏曲评点的发展；并且聘请名家评点，虽然有些评语并不是真正出自名家，但仍然有利于提升戏曲评点的整体水平；书

---

① 郑振铎：《劫中得书记》，《郑振铎全集》（第6卷），花山文艺出版社1998年版，第810页。
② （明）陈洪绶：《北西厢记·题词》，明崇祯延阁刊本《徐文长先生批评北西厢》，吴毓华《中国古代戏曲序跋集》，中国戏剧出版社1990年版，第225页。
③ （明）醉乡主人：《题卓老批点〈西厢记〉》，明崇祯间西陵天章阁本《李卓吾原评西厢记》，吴毓华《中国古代戏曲序跋集》，中国戏剧出版社1990年版，第225页。
④ 吴新雷：《中国戏曲史论》，江苏教育出版社1996年版，第65页。

坊主还亲自评点戏曲，甚至结合自己的戏曲理论进行创作，有效促进了戏曲的繁荣。从中可见书坊在明清戏曲评点史中的地位与作用。了解书坊与戏曲评点的关系，有助于加深我们对戏曲评点发展和传播的认识。

第六章　明清书坊与戏曲改编

本书第二章谈到明清书坊获取戏曲稿源后还要进行编辑工作，编辑的内容包括版面设计，增加注音、释义、插图、评点，以及修订文本内容。本章即探讨文本内容改编的具体情况，主要分析书坊刊刻与剧本体制、角色体制、曲词科白之间的内在联系，以及臧懋循等书坊主编改剧本对于戏曲发展的意义。

第一节　明清戏曲改编的原因及界定

"曲无定本"，戏曲被改编是常有的现象。笔者认为，明清时期人们热衷于改编戏曲的原因主要有四个方面。

首先，改编戏曲是一种促销手段。对于坊刻来说，将优秀作品略加改编，重新包装，可以丰富稿源，获取更多利益。如明护春楼主人作《远尘园》，今无传本，《曲海总目提要》有剧情介绍，郭英德云："观《提要》所叙情节，与《绾春园》毫无二致，仅改换人物姓名……疑当为改易《绾春园》而作者，借以售利。"[①] 有些坊刻本甚至照搬原文，只更换书名。如崇祯间三元堂刊《红梅记》，署"公安中郎宏道删润"，阿英《红梅记传奇叙录》云："名

---

① 郭英德：《明清传奇综录》（上册），河北教育出版社 1997 年版，第 437 页。

为删润，实与旧本无异。"①

其次，面对丰富的文化遗产——杂剧与南戏，明人的戏曲创作往往从改编起步。戏曲是明人娱乐生活的重要组成部分，戏曲表演兴盛，需要大量的舞台本。于是，文化层次较低的优伶艺人、书会才人便将宋元杂剧与南戏"改调歌之"。随着文人加入戏曲行列，南戏被改编的现象更加明显。如郭英德先生指出，宋元和明前期的戏文剧本分为三种样式，其中"戏文与传奇的过渡样式"与"传奇样式"都是经过文人整理改编的。② 尤以《琵琶记》等戏文被改编的频率最高。如凌濛初在《琵琶记·凡例》中云：

> 《琵琶》一记，世人推为南曲之祖。而特苦为妄庸人强作解事，大加改窜，至真面目竟蒙尘莫辨。大约起于昆本，上方所称依古本改定者，正其伪笔。所称时本作"云云"者非，则强半古本，颠倒讹谬，为罪之魁。厥后徽本盛行，则又取其本而以意更易一二处，然仍之者多。而世人遂不复睹元本矣。即今世所行古曲，如《荆钗》《拜月》，皆受改窜之冤。③

《琵琶记》因常被改编致"真面目竟蒙尘莫辨"。除了《琵琶记》外，还有不少南戏也是经过明人改编的。如《荆钗记》有"舟中相会"和"玄妙观相会"两种版本，清代文学家张大复谈到《拜月亭》时说："武林刻本已数改矣，世人几见真本哉！"④ 被改得"面目全非"的要数《白兔记》，又名《咬脐记》，祁彪佳《远山堂曲品·具品》云："《咬脐》，别设科目，绝不类《白兔记》。乃彼即口头俗语，自然雅致；此则通本调文，转觉不文。"⑤ 可知，《白兔记》经过明代文人改编后与原文大相径庭。

---

① 阿英：《雷峰塔传奇叙录》，中华书局1960年版，第104页。

② 郭英德：《明清传奇戏曲文体研究》，商务印书馆2004年版，第291页。

③ 明凌濛初刻臞仙本《琵琶记·凡例》，吴毓华《中国古代戏曲序跋集》，中国戏剧出版社1990年版，第178页。

④ 赵景深：《戏曲笔谈》，上海古籍出版社1980年版，第31页。

⑤ （明）祁彪佳：《远山堂曲品》，中国戏曲研究院编《中国古典戏曲论著集成》（第6集），中国戏剧出版社1959年版，第86页。

再次，戏曲文本走向案头化后，为了便于阅读，付梓前需要改订修饰。宋元时代的戏曲文本只是供演出用，如《张协状元》副末开场云："《状元张协》传，前回曾演，汝辈搬成。这番书会，要夺魁名。"① 九山书会的才人们为了演出才撰写这部戏。至明代，戏曲剧本成为案头读物，为了配合读者的阅读感受，较为粗疏的作品在刊刻前，一般要进行修润工作，比如将文本分出，增加出目，改编下场诗等。尤其是舞台本，有些是艺人自己创作的，艺术水准并不高，如暨廷熙的《绣衣记》，明代戏曲理论家祁彪佳认为其"袭《琵琶》之粗处，而略入己意，便荒谬不堪，此等词皆梨园子弟自制者"②。所以对于舞台本的刊刻，书坊需要组织文人编辑。本书第二章已论及，富春堂、世德堂、继志斋、师俭堂等书坊聘请文人对戏曲原本进行整理，所刻刊本往往打上"新订""重校"等名堂，从而招徕读者，扩大销路。

最后，文人出于对音律、科白的追求而改编戏曲。如陆采认为李日华创作的《南西厢记》是袭用王实甫的原词，"词源全剽窃，气脉欠相连"，因此本人重新创作《陆天池西厢记·序》，而且自命不凡，将自己改编之作称为"吴机新织锦，别生花样天然"③。又如李渔从剧情发展的逻辑出发，改写《明珠记·煎茶》和《琵琶记·寻夫》，杨恩寿、吴梅等人对于李渔的改编给予了充分肯定。

需要强调的是，本书主要从坊刻的视角探讨明清戏曲文学发展，因此这里所说的"改编"，是指经过书坊主聘请文人改订的作品。这些作品可分为两个层面。

第一，从刊本形态分，包括单行本和选本。明清书坊除了改订单行本，对戏曲选本也进行改编。如叶开沅指出："《八能奏锦》等明代戏曲选集是小书坊出版的。他们也可能请了一些文人进行选辑工作，选录一些当时场上流行的保留曲目，将主要唱词原封不动或略加修润，将宾白和关目稍加缩减，

① 钱南扬：《永乐大典戏文三种校注》，中华书局1979年版，第2页。
② （明）祁彪佳：《远山堂曲品》，中国戏曲研究院编《中国古典戏曲论著集成》（第6集），中国戏剧出版社1959年版，第121页。
③ （明）陆采：《新刊合并陆天池西厢记》，明万历二十八年周居易刻本，《古本戏曲丛刊初集》，商务印书馆1954年影印版。

即刻印出版。这些小书坊，向来资金少，设备简陋，为了在短时间内使资金变为商品，不容许选辑者用长时间进行改编或创作，且他们也聘不起薪水高的文人。因此，这些选集是十分接近场上演出原本的。"①

　　第二，从改编目的分，包括两种类型。一是为了剧本体制规范和情节合理，主要针对元杂剧及南戏而言。杂剧方面，分析臧懋循所编刊的《元曲选》；戏文方面，探讨富春堂、世德堂等书坊如何改编成化本《白兔记》、影钞本《荆钗记》、世德堂《拜月亭》及《元本琵琶记》等较接近宋元南戏面貌的刊本。论述的着眼点是书坊编刊文本时，为了增强可读性，在剧本体制、故事的完整性与剧情的曲折性等方面所做的更改。二是为了案头与场上兼顾，主要针对不适合舞台表演的传奇剧本。传奇创作在万历年间是繁盛期，但是能够奏之场上的作品并不多。作为综合艺术的戏曲，舞台表演是必不可少的环节。受众阅览剧本后，能够按照剧本表演，尤其对于演员或者喜欢演戏的读者来说，这是何等重要。也就是说，一个优秀的剧本，应该是活跃于舞台的表演本。于是，臧懋循、袁于令、高一苇等书坊主，从观赏者的审美倾向出发，改编了一系列戏曲文本，在脚色体制、音韵曲律、舞台提示等方面具有积极意义。

第二节　明代书坊对戏曲体制的影响

　　元杂剧和明清传奇是中国戏曲的重要形式。关于它们的体制特征，学界已有探讨。如邓绍基先生认为元杂剧的体制是"四折一楔子，合为一本。个别作品也有一本分五折、六折，还有一些作品用两个楔子。一折中可以写一场戏——一个场景，也可写一场以上的戏"②。郭英德先生从题目、分出标目、分卷、出数、开场、生旦家门、下场诗七个方面考察了传奇剧本的体制。③ 至于

---

①　叶开沅：《白兔记的版本问题（一）富本系统》，《兰州大学学报》1983 年第 1 期。

②　邓绍基：《元代文学史》，人民文学出版社 1991 年版，第 31 页。

③　郭英德：《明清传奇戏曲文体研究》，商务印书馆 2004 年版，第 62 页。

它们的体制是如何形成的，与出版的关系是什么，则论述不多。笔者以书坊刊刻为视角，全面系统地分析元杂剧和明清传奇的体制如何走向规范化。

一 臧懋循与元杂剧体制的规范

孙楷第先生指出，臧懋循《元曲选》"在明人所选元曲中自为一系。凡懋循所订与他一本不合者，校以其他诸本，皆不合。凡他一本所作与懋循本不合者，校以其他诸本，皆大致相合。故知明人选元曲之刻于万历中者，除《元曲选》外，皆同系"①。为什么《元曲选》能够自成一系呢？这是因为臧懋循在编选元曲时做了大量的改订工作，所以与《改定元贤传奇》《古名家杂剧》《杂剧选》《阳春奏》《元明杂剧》《脉望馆钞校本古今杂剧》等杂剧选本差异较大。关于《元曲选》在曲词宾白、关目结构方面的改编，孙楷第、徐朔方、邓绍基等学者已有详细论述。其实，书商臧懋循编刊《元曲选》时，对于元杂剧的剧本体制也是有意识地订正和规范。笔者试从分折、楔子、题目正名三个方面分析。

（一）分折

臧懋循《元曲选》对于杂剧分"折"所做的贡献主要有两个方面。

第一，"分折"的规范化。《元刊杂剧三十种》原不分"折"。为便于案头欣赏，明代杂剧刊本以"折"标示。但是明代杂剧剧本的分折与不分折并存。如金台岳家本《西厢记》每卷分四折；宣德正统年间《诚斋乐府》和宣德本刘东生《娇红记》则不分折。戏曲选本亦如此，如嘉靖本《杂剧十段锦》不分折；《改定元贤传奇》中《青衫泪》不分折，且第一折均不标明；明万历年间龙峰徐氏梓行《古名家杂剧》中《帝妃春游》不分折；《元曲选》的杂剧则全部分折。

第二，统一以"套曲"为分折标准。元人杂剧中的"折"主要是根据艺人表演、情节故事或歌曲舞曲来划分段落。《古名家杂剧》等明代杂剧选本仍存在按照情节故事划分段落的现象，而《元曲选》则基本满足以"套

---

① 孙楷第：《也是园古今杂剧考》，上杂出版社1953年版，第151—152页。

曲"划分的原则。

（二）楔子

楔子，原指插在木器的榫子缝里起固定作用的木片。元剧楔子是指在四折以外所增加的引子。臧懋循在楔子方面所做的改编如下。

第一，确立楔子包含科白。郑振铎认为元剧楔子乃是"折"之外的叙事结构单位，包括宾白。① 孙楷第先生论及元剧楔子则云："楔子属曲，与宾白无涉。"② 解玉峰《元剧"楔子"推考》认同孙楷第先生的观点，他指出，《元曲选》之外的明刊本常在【赏花时】或【端正好】曲之上标"楔子"二字，不包括【赏花时】或【端正好】前后的科白。③ 笔者认为解玉峰的推论是正确的。如《误入桃源》、《岳阳楼》、《青衫泪》、《金线池》和《梧桐雨》在《古名家杂剧》中均在曲之上标"楔子"。但是，到了《元曲选》，则全在开场念白之前标"楔子"，这样就包括了曲子和科白。可以说，《元曲选》的楔子基本包含科白。

第二，增加和修改楔子。据笔者初步统计，《元曲选》有楔子；而《元曲选》之外的刊本和抄本没有楔子的戏曲共有 4 种，分别是《张天师》《曲江池》《竹叶舟》《窦娥冤》；只存于《元曲选》且有楔子的戏曲共 13 种，分别是《陈州粜米》《谢金吾》《隔江斗智》《抱妆盒》《争报恩》《冻苏秦》《神奴儿》《虎头牌》《伍员吹箫》《救孝子》《灰栏记》《东坡梦》《来生债》。解玉峰指出："从总体来看，旦本则'正旦'唱楔子，末本则'正末'唱楔子，此为常例……唯 9 种例外，而其中出于《元曲选》者 8 种。……元剧楔子演唱违背常规的情况，多应出自臧懋循的改造。"④ 这 8 种杂剧包括《张天师》《曲江池》《窦娥冤》《陈州粜米》《谢金吾》《隔江斗智》《抱妆盒》《赵氏孤儿》。如关汉卿的《窦娥冤》是旦本剧，但楔子由窦天章唱。

第三，增加"楔子"的标示。《元曲选》之前的杂剧选本，并不是所有

① 郑振铎：《论北剧的楔子》，《郑振铎全集》（第 4 卷），花山文艺出版社 1998 年版，第 551—565 页。
② 孙楷第：《也是园古今杂剧考》，上杂出版社 1953 年版，第 377 页。
③ 解玉峰：《元剧"楔子"推考》，《戏剧艺术》2006 年第 4 期。
④ 同上。

"楔子"都有标示。经笔者统计,《元曲选》增加"楔子"标示情况如下。

《改定元贤传奇》	《古名家杂剧》	《元人杂剧选》	《元明杂剧四种》
2 篇	13 篇	1 篇	3 篇

除去重复的篇目,共有 14 篇,分别是《扬州梦》《两世姻缘》《谢天香》《荐福碑》《蝴蝶梦》《勘头巾》《倩女离魂》《黄粱梦》《鲁斋郎女》《酷寒亭》《城南柳》《魔合罗》《罗李郎》《梧桐雨》。

(三)题目正名

"题目正名"是元杂剧概括全剧情节和主题思想的对句,通常在剧本的结尾处。解玉峰在《元曲杂剧"题目正名"推考》中指出,"题目正名"是"后来的杂剧传播过程中——演出、传抄和刊刻——杂剧艺人(书坊商也有可能参与)逐步为其添加的题目正名,所以同一种杂剧在不同的杂剧班社或书坊商可以编造出不同的题目正名,后来的杂剧选家们也曾为题目正名做过一些润饰的工作(如《元曲选》的编者臧懋循)"①。所言甚是,那么,臧氏如何改编"题目正名"呢?笔者认为主要在于两个方面。

首先,增加"题目正名"。《元曲选》所收的 100 个作品均有题目正名。据笔者初步统计,除了只存于《元曲选》的 13 种戏曲有"题目正名"外,还有 9 种戏曲是《元曲选》之外的刊本和抄本没有"题目正名"的,分别是《李逵负荆》《箫淑兰》《柳毅传书》《张生煮海》《冯玉兰》《双献功》《秋胡戏妻》《昊天塔》《儿女团圆》。

其次,使"题目正名"更加雅化。试举几例加以说明。

《单鞭夺槊》:

> 单雄信割袍断义,本尉迟恭单鞭夺槊。(《古名家杂剧》)
> 单雄信断袖割袍,尉迟恭单鞭夺槊。(《元曲选》)

---

① 解玉峰:《元曲杂剧"题目正名"推考》,南京大学戏剧影视研究所编《南大戏剧论丛》,中华书局 2005 年版,第 142 页。

《诳范叔》：

> 须大夫轻诳范叔，张相君大报冤仇。（息机子《古今杂剧选》）
> 须贾大夫诳范叔，张禄丞相报魏齐。（《元曲选》）

《桃花女》：

> 老筴铿夜祭北斗星，讲阴阳八卦桃花女。（《脉望馆钞本》）
> 七星官增寿延彭祖，桃花女破法嫁周公。（《元曲选》）

《杀狗劝夫》：

> 杨氏女劝兄弟和睦，王倏然断杀狗劝夫。（《脉望馆钞本》）
> 孙虫儿挺身认罪，杨氏女杀狗劝夫。（《元曲选》）

比较这些"题目正名"不难发现，臧懋循改编的功劳至少有两个。一是对仗更为工整和雅致；二是情节概括更为精准。如《桃花女》的剧情大意为：

> 算命人周公开业三十年，从无差错，某日有石婆婆来算命，周公断定她的儿子石留住在外必遭横死，石婆婆回家时遇着桃花女，她教给石婆婆禳解之法，救了石留住，石婆婆因此找到周公处，说他占卜不灵，要他退还卦礼（楔子）。周公给仆人彭祖算命，又断定他必死，彭祖在路上遇到桃花女，她又教给他禳解之法（第一折）。彭祖依桃花女指教，祭拜北斗七星，得以延长寿命。他去见周公，周公知其不死原因，顿生妒意，请彭祖为媒，娶桃花女为儿媳（第二折）。桃花女过门后，周公用尽心机要害死她，都被她避过，反而几乎害死周公的女儿（第三折）。周公再次谋害桃花女，又被她破了法，使周公一家死而复生，于是周公息了害人之念，转而以"一代胜过一代"而自慰（第四折）。①

---

① 赵景深主编，邵曾祺编著：《元明北杂剧总目考略》，中州古籍出版社 1985 年版，第 388 页。

根据故事情节，桃花女、彭祖、周公为该剧的核心人物；彭祖增寿是导火线，周公施法与桃花女破法是主要矛盾，桃花女嫁到周家则引起全剧高潮。这些关键人物和关目在《元曲选》的"题目正名"均有提到。可见，臧懋循是花了不少心思在元杂剧改编上的。

徐朔方先生曾高度评价臧懋循《元曲选》，认为它"在文学选本中所占的崇高地位，只有南朝萧统的《文选》可以比美"①。只是《文选》侧重于"选"，《元曲选》则主要是"改"。臧懋循大刀阔斧地改编元剧，使现在意义上的"四折一楔子"的元杂剧体制确立下来。

二　明代书坊对传奇体制的影响

王国维《宋元戏曲史》云："传奇之名，实始于唐。唐裴铏作《传奇》六卷，本小说家言……至宋则以诸宫调为传奇……元人则以杂剧为传奇……至明则以戏曲之长者为传奇，以与北杂剧相别。乾隆间，黄文旸编《曲海目》，遂分戏曲为杂剧传奇二种……盖传奇之名，至明凡四变矣。"② 这段话是说，"传奇"这一概念在唐、宋、元、明时期的含义是不同的。这里所讨论的"传奇"是指明清传奇，与杂剧有别，具有自己的体制特点。

（一）书坊是促进传奇体制规范的重要因素

郭英德先生说："在传奇戏曲剧本体制的形成和发展过程中，既与南曲戏文有着'斩不断，理还乱'的因缘关系，也从北曲杂剧那里汲取了宝贵的艺术滋养，并且自身也发生着复杂的变化。"③ 其实，书坊在传奇体制的形成中也起到了积极的作用。

据笔者统计分析，明代戏曲的刊刻是从明万历二十年始大幅度增加，而之前的戏曲刊本则寥寥可数：现存明初至嘉靖时期的戏曲刊本有选本《盛世新声》《雍熙乐府》《词林摘艳》《风月锦囊》《杂剧十段锦》《改定元贤传奇》，杂剧《奇妙全相注释西厢记》（弘治十一年金台岳家刻）、《古本董解元

---

① 徐朔方：《元曲选家臧懋循》，中国戏剧出版社 1985 年版，第 36 页。
② 王国维：《宋元戏曲史》，上海古籍出版社 2008 年版，第 116—117 页。
③ 郭英德：《明清传奇戏曲文体研究》，商务印书馆 2004 年版，第 56 页。

西厢记》（嘉靖三十六年张羽刻），戏文与传奇《新编金童玉女娇红记》（宣德十一年金陵积德堂刻）、《新编刘知远还乡白兔记》（北京永顺堂刻）、《新刊巾箱蔡伯喈琵琶记》（苏州坊刻）、《重刊五色湖插科增入诗词北曲勾栏荔镜记戏文全集》（建阳余新安刻）、《新编林冲宝剑记》（李开先家刻本）。另外有两种戏曲的底本来自明初至明嘉靖间，即清人影抄本《新刻原本王状元荆钗记》（底本为明嘉靖间姑苏叶氏刻本）、清代陆贻典抄校的《新刊元本蔡伯喈琵琶记》（底本刊于明弘治年间）。① 明万历元年至万历二十年之间，已知刊刻年代的戏曲列表如下。

时间	刻家	刊本
万历元年	种德堂	《重订元本评林点板琵琶记》
万历五年	富春堂	《校梓注释圈证蔡伯喈大全》
万历七年	少山堂	《新刻考正古本出像注释北西厢记》
万历八年	徐士范	《重刻元本题评音释西厢记》
万历九年	与耕堂	《新刻增补全像乡谈荔枝记》
万历十年	高石山房	《新编目连救母劝善戏文》
万历十四年	世德堂	《新刊重订出相附释标注裴淑英断发记》
万历十四年	自新斋	《新刊韩朋十义记》
万历十七年	世德堂	《新刊重订出像附释标注拜月亭记》
万历十七年	陈与郊	《古名家杂剧》
万历十八年	世德堂	《新刊重订出相附释标注水浒记》
万历十八年	文林阁	《新刻惊鸿记》
万历二十年	熊龙峰	《重刻元本题评音释西厢记》

　　在上述所列明初至明万历二十年间的戏曲刊本中，大部分是坊刻本，且

---

① 黄仕忠：《〈琵琶记〉研究》，广东高等教育出版社 2011 年版，第 158 页。

多是宋元、明初的戏文。这些戏文刊本的书名往往被添加了"新编""新刊""新刻""重订"等字眼,无疑,这是书商打广告的手段之一。然而除了宣传以外,书坊确实改编了文本。如北京永顺堂本《白兔记》保留较多舞台表演的痕迹,但张庚、郭汉城认为它"还不能说完全保留元代《白兔记》的原貌"①,即永顺堂对曲文进行了编辑。至富春堂本的《新刻出像音注增补刘智远白兔记》,书坊改编的幅度增大。叶开沅在《〈白兔记〉的版本问题(一)富本系统》一文中指出,富春堂"或删削一些曲辞宾白以减低梓印成本;或逞一己才华,新填或更换一些较'典雅'的曲辞,使原来本色的场上本变为骈绮之作;或去芜存菁,将场上本的庸俗、迷信之处删除,变不合情理为合理,或将情节、人物性格改动,使符合自己的阶级观点"②。富春堂于万历五年刻有《琵琶记》,可知该书坊成立较早,估计万历初年或之前就开始从事戏文的改编工作,包括编辑《白兔记》,对它有了更多的增饰和删减,使之更加案头化。

不仅是永顺堂、富春堂,还有积德堂、余新安、种德堂、与耕堂、世德堂、自新斋、文林阁等书坊,都对《琵琶记》《拜月亭》《荆钗记》《荔枝记》等戏文进行了改编。所以,孙崇涛先生认为南戏与传奇之间有一个"南戏(向传奇)的演进期",他把这一时期的戏文作品称为"明人改本戏文"。这种"明人改本戏文"既不同于宋元南戏,又有异于后来的传奇,但它们在本质上没有区别,"就好似一个人的青年和壮年"③。需要指出的是,明人对戏文的改编不只是词曲音律,还包括文学体制,正如郭英德先生所强调:"文人传奇作家最初是从整理、改编宋元和明初的戏文入手,吸取北杂剧的优点,探索、总结和建立规范化的传奇文学体制的。现存元代和明初戏文的万历年间刊本大多标有'重校''重订''新刻''新刊''新镌'等字样,它们大多具有规整谨严的文学体制,与元刊本《蔡伯喈琵琶记》、明初抄写本《张协

① 张庚、郭汉城:《中国戏曲通史》(上册),中国戏剧出版社2006年版,第226页。
② 叶开沅:《〈白兔记〉的版本问题(一)富本系统》,《兰州大学学报》1983年第1期。
③ 孙崇涛:《南戏论丛》,中华书局2001年版,第124页。

状元》等三种戏文杂乱无章的体制迥然不同，显非旧貌。"① 那么，最初整理、改编宋元和明初戏文的传奇作家主要是哪些人呢？

黄镇伟在《坊刻本》一书中谈到明代坊刻特色时说："书商与文人的合作，早已成为出版业经营的趋势，各种科举用书、名家选本、通俗戏曲小说读物等畅销书籍，就是这种合作的产物。"② 明代戏曲以坊刻为主，书坊主人为了使刊本便于阅读，提升销售量，往往请来文人创编戏曲。尤其是下层文人，为了赚取稿费，得到经济保障，是很愿意与书坊主合作的。所以，叶开沅先生认为，富春堂改写的《白兔记》是"聘请文人学士进行改编工作，目的当然是获得更大的利润"③。许饮流在《刘智远白兔记·序》一文中介绍富春堂刊本时也说道："疑明代书贾专延人编刻传奇，借以弋利者，犹今日街头所售小说唱本也。故富春堂所刻本，多不著撰人名氏。"④ 的确，富春堂所刻戏曲大多不署作者姓名，如《白兔记》《荆钗记》《白袍记》《金貂记》《东窗记》《和戎记》《玉环记》《草庐记》《十义记》《鹦鹉记》《绨袍记》《赵氏孤儿记》。作为不登大雅之堂的戏曲，中上层文人是不屑于创作的，到明万历年间才大有改观，出现传奇创作的高峰。因此，笔者认为，富春堂书坊聘请的应多是下层文人，所以并没有在刊本中留下姓名。

富春堂是明代南京甚至是全国刊刻戏曲最多的书坊之一，留存至今的刊本不过四五十种，但吴梅曾说："富春刻传奇，共有百种，分甲、乙、丙、丁字样，每集十种，藏家目录，罕有书此者。余前家居，坊友江君，持富春残剧五十余种求售，有《牧羊》《绨袍》等古曲。余杖头乏钱，还之，至今犹耿耿也。"⑤ 如此看来，富春堂刊刻的戏曲应有上百种。值得注意的是，在这上百种戏曲刊本中，除了改编本外，还有文人自创的戏曲。也就是说，富春堂除了组织文人改编旧本戏文外，还聘请文人创作戏曲，如心一山人《玉钗

① 郭英德：《明清文人传奇研究》，北京师范大学出版社1992年，第8页。
② 黄镇伟：《坊刻本》，江苏古籍出版社2002年版，第68页。
③ 叶开沅：《〈白兔记〉的版本问题（一）富本系统》，《兰州大学学报》1983年第1期。
④ 许饮流：《刘智远白兔记·序》，蔡毅《中国古典戏曲序跋汇编》，齐鲁书社1989年版，第1332—1333页。
⑤ 吴梅：《瞿安读曲记》，王卫民编《吴梅戏曲论文集》，中国戏剧出版社1983年版，第435—436页。

记》、罗懋登《香山记》、叶良表《分金记》、陈罴斋《跃鲤记》、郑国轩《刘汉卿白蛇记》。可以说，金陵作为明代戏曲刊刻中心，涌现了一大批为书坊编写戏曲的下层文人。如纪振伦为书坊广庆堂编了不少戏曲和小说，所以袁世硕先生说："疑纪振伦为（金陵）唐氏书坊之编书先生。"① 此外，罗懋登、谢天佑、郑国轩等下层文人均曾活跃于富春堂、广庆堂、文林阁等金陵书坊。这些下层文人创作的戏文基本上已分出（折），大部分有出目，对分卷、开场白、下场诗等传奇体制也有所规范。

当然，传奇体制的规范并不是一蹴而就的。无论是文人改编还是创作戏文，传奇的体制都是一步步走向成熟的。从明刊戏文的演变，比如《白兔记》的变化，即可发现，书坊对传奇体制的影响是逐渐加深的。并不是说，到了明万历时期，传奇体制就完全形成了；应该说，明代书坊从明初开始，就有意识地为了适应读者的阅读习惯，而将宋元的舞台本改编为案头读本，在这个改编的过程中，传奇体制渐渐得到规范。

（二）明代书坊对传奇体制的具体影响

以上笔者分析了富春堂等明代书坊从读者阅读的角度出发，组织下层文人改编和创作戏文，促进传奇体制的规范。接下来就看看书坊刊刻戏曲对传奇体制的具体影响。

第一，分卷的固定。戏曲剧本的分卷经历了不分卷、分卷的卷数不固定，至基本分为两卷的过程。宋元戏文不分卷，一气呵成。嘉靖时期的刊本开始出现分卷，如《荔镜记戏文全集》《宝剑记》《新刊巾箱蔡伯喈琵琶记》均分两卷。万历前期的刊本则两卷、三卷、四卷并存，如万历元年种德堂《琵琶记》、万历七年和万历八年刻《北西厢记》、万历十四年刻《韩朋十义记》、万历十八年文林阁《惊鸿记》等刊本分为两卷；万历五年刻《校梓注释圈证蔡伯喈大全》、万历十五年刻《目连救母劝善戏文》分为三卷；万历九年刻《荔枝记》、万历十八年刻《水浒记》、万历十三年世德堂《节义荆钗记》、万历十八年刻《水浒记》则分为四卷。万历中后期以来，戏曲刊本分两卷成为

---

① 袁世硕：《杨家府世代忠勇演义志传前言》，《古本小说集成》，上海古籍出版社1990年版。

通例，比如《千金记》，万历前期的书坊富春堂本和世德堂本分为四卷，万历中后期的书坊继志斋和崇祯年间的书坊崇文堂则分为两卷。

第二，分出的形成。现存元代的戏曲刊本仅有《元刊杂剧三十种》，此刊本中的杂剧是不分折的。保留较多元本面貌的陆抄本《琵琶记》，也无明显分出的痕迹。现存明初至嘉靖时期的戏文与传奇不多，除了前文所述的《娇红记》等刊本外，尚有抄本"永乐大典戏文三种"（《张协状元》《宦门子弟错立身》《小孙屠》）、《刘希必金钗记》（潮州出土的明宣德六、七年间写本）、《蔡伯喈》（嘉靖写本）。这些文本大多是不分出的，但也有例外，比如《刘希必金钗记》是现在所能见到最早的分出剧本，分67出，每出明确标示"第×出"的字样。可见，早期的南戏剧本体制是分出与不分出并存。明万历年间的戏曲刊本基本上是分"折"或分"出"的。

早期对"出"的称呼有多种，包括"折""节""段""道""回"等。随着戏曲剧本的案头化倾向，刊本的分出越来越规范。以金陵书坊刊刻戏曲为例说明。万历前期的书坊富春堂所刻大部分戏曲以"折"为单位，少数分"出"；世德堂则主要分"出"，少数分"折"，但同一个刊本中既有"出"也有"折"，如《赵氏孤儿》以"出"为主，而第四出写成"折"；稍后的文林阁书坊则基本上是以"出"为单位，格式较为统一。

如何分出也体现了案头化倾向。关于"出"的来历，钱南扬先生是这样解释的："疑由演员的出场、进场而来。……盖脚色由出场到进场，演戏一段，故称'一出'。"[1] 周贻白先生也认为，舞台表演的实际情况，应该是"角色的上下，是一本戏或一出戏一个场子的起迄"[2]。可知，早期南戏、杂剧通过脚色上下场来划分场次。明代书坊在开始尝试对南戏分出时，往往直接按照表演场次来分。如世德堂本《拜月亭》虽然已经分折，但第16折"兰母惊散"、第17折"兄妹失散"、第18折"夫人寻兰"，仍然是按照人物上场的方式划分的。这种划分方式显得不甚合理，存在一"出"中包含多个剧

---

① 钱南扬：《戏文概论》，上海古籍出版社1981年版，第168页。
② 周贻白：《中国戏剧的上下场》，李恕基编《周贻白戏剧论文选》，湖南人民出版社1982年版，第187页。

情或几"出"中只说一个剧情的现象。于是，明代书坊将"分出"逐渐案头化，如容与堂、师俭堂等书坊将三折压缩成一出《违离兵火》，集中表现世隆兄妹、瑞兰母女失散这一关目。

第三，出目的规范。早期的剧本并无出目，如宣德本《金钗记》、嘉靖本《宝剑记》、巾箱本《琵琶记》等文本皆分出，但尚无出目。嘉靖四十五年刻本《荔镜记》分 55 出，每出有整齐的四字目，这是现存最早的分出标目的完整剧本。① 明代戏曲家凌濛初曾指出："历查诸古曲，从无标目，其有标目者，如'末上开场''伯喈庆寿'之类，皆后人伪增也。"② 显然，增加出目是为了方便阅读。所以，明万历年间，戏曲刊本的出目大量出现，分出标目渐成风气。

至于出目的字数，也有一个演变过程，大致从字数不等到整齐的四字目或两字目。如陆抄本与锦囊本《琵琶记》均不分出，也无标目；巾箱本《琵琶记》始分 43 出，无出目；万历元年种德堂和万历五年富春堂的《琵琶记》均分出（折），并有整齐的四字标目，但标目内容不一；万历二十五年玩虎轩书坊所刻《琵琶记》的出目成为典范，影响后来的继志斋本、环翠堂本、集义堂本、尊生馆本、起凤馆本、师俭堂本、汇锦堂本、汲古阁本等。黄仕忠先生说："《琵琶记》从不明确分出到分'折'或'出'而无标目，又由分出、出目各别而复归于统一，是一个渐进的过程。"③ 所言甚是，从中可见书坊对传奇体制的规范不是短时时间内形成的。

书坊对传奇出目的规范实际也是对出目的雅化。明万历四十二年香雪居刻《新校注古本西厢记》，卷首王骥德作《凡例》云："今本每折有标目四字，如'佛殿奇逢'之类，殊非大雅。今削二字，稍为更易，疏折下，以便省检。"④ 在王骥德看来，两字目更加简明和雅驯。文人士大夫是明代庞大且重要的读者群体，书坊刻书时自然要迎合他们的阅读品位。如刊于明万历时期的选本

---

① 郭英德：《明清传奇史》，江苏古籍出版社 1999 年版，第 54 页。
② 明凌濛初刻朧仙本《琵琶记·凡例》，吴毓华《中国古代戏曲序跋集》，中国戏剧出版社 1990 年版，第 179 页。
③ 黄仕忠：《〈琵琶记〉研究》，广东高等教育出版社 2011 年版，第 195 页。
④ 明万历间香雪居刊《新校注古本西厢记·凡例》，吴毓华《中国古代戏曲序跋集》，中国戏剧出版社 1990 年版，第 130 页。

《群音类选》《大明天下春》《乐府玉树英》《乐府万象新》《乐府菁华》《乐府红珊》《词林一枝》《八能奏锦》《玉谷新簧》《大明春》《赛徵歌集》《徵歌集》《摘锦奇音》，出目以四字为主，偶尔出现五字、六字或七字；至明万历四十四年到天启、崇祯时期刊刻的大部分戏曲选本，如《吴歈萃雅》《月露音》《南音三籁》《词林逸响》《怡春锦》《缠头百练二集》《玄雪谱》《歌林拾翠》《乐府珊珊集》《乐府遏云编》，则基本用两字目。梁廷楠《曲话》卷三云："明曲出目多四字，国朝多二字。"① 到了清朝，戏曲出目以两字目为主。

第四，开场的简化。宋元戏文在正戏之前，由副末上场说白，称为"开场"或"家门"。一般由副末念诵两阕词，作用是静场和宣传即将上演的戏曲。明刊剧本的开场是日益简化的，以现存《白兔记》刊本为例说明。成化本《白兔记》开场包括三首【满庭芳】词、一首【红芍药】词，以及一段说白：

> ……今日利（戾）家子弟，搬演一本传奇。不插科，不打问（诨），不为之传奇。倘或中间字藉（迹）差讹，马音等（夺）字，香（乡）谈别字，其腔列调中，间有同名同字，万望众位做一床锦被遮盖。天色非早，而即晚了。也不须多道撒说，借问后行子弟，戏文搬下不曾？（搬下多时了也。）既然搬下，搬的哪本传奇，何家故事？（搬的是李三娘麻地捧印，刘智远衣锦还乡白兔记。）好本传奇！这本传奇亏了谁？亏了永嘉书会才人，在此灯窗之下，磨得笔浓，斩（蘸）得墨饱，编成此一本上等孝义故事，果然是千度看来千度好，一番搬演一番新。不须多道撒说，我将正传家门，念过一遍，便见戏文大义。②

"倘或中间字藉（迹）差讹，马音等（夺）字，香（乡）谈别字，其腔列调中，间有同名同字，万望众位做一床锦被遮盖"，意思是，如某人与剧中人物同名同字，望观众多多包涵。不禁令人想起当代影视片头上的"本故事纯属虚

---

① （清）梁廷楠：《曲话》，中国戏曲研究院《中国古典戏曲论著集成》（第 3 集），中国戏剧出版社 1959 年版，第 276 页。

② 明成化八年刻《新编刘知远还乡白兔记》，上海博物馆影印《明成化说唱词话丛刊》（第 12 册），文物出版社 1979 年版，第 3 页。

构，如有雷同纯属巧合"，其实是用谦虚之词，故作悬念，以吸引观众注意。接下来的几句则开始吹嘘了，"编成此一本上等孝义故事，果为千度看来千度好，一番搬演一番新"，先抑后扬的广告宣传是当时演出开场惯用的方式。

富春堂本《白兔记》的开场先后有【鹧鸪天】与【临江仙】词，中间部分是副末与后台人员问答：

> （问内）且问后房子弟，搬演谁家故事，哪本传奇？（内应）搬演李太公招赘刘智远，琉璃井上子母相逢《白兔记》。（末云）原来是此本传奇，看官听吾道其终始。①

在舞台上，为了吸引观众，演员开场时说些客套话，是很有必要的。但是作为阅读的文本，则显得十分累赘。于是，与成化本相比，富本省略了一大串的客套话。汲古阁本《白兔记》的开场则只有介绍剧情大意的【满庭芳】词：

> （末上）五代残唐，汉刘知远，生时紫雾红光。李家庄上，招赘做东床。二舅不容完聚，生巧计拆散鸳鸯。三娘受苦，产下咬脐郎。知远投军，卒发迹到边疆。得遇绣英岳氏，愿配与鸾凰。一十六岁，咬脐生长，因出猎识认亲娘。知远加官进职，九州安抚，衣锦还乡。②

汲本《白兔记》连问答的具体内容也删去，已完全没有宋元舞台表演的痕迹，更加简单明了。由此可见，为照顾读者的阅读感受，明代戏曲刊本简化开场，越来越适合人们案头阅读。

第五，下场诗的调整。每出戏结束后，一般由脚色念四句诗，方才下场，曰"下场诗"，或称"落场诗"。明代戏曲刊本对宋元戏文的下场诗作了以下调整。

一是将"题目正名"改成下场诗。宋元时期，"题目正名"多写在招子

---

① 明富春堂刻《白兔记》，《古本戏曲丛刊初集》，商务印书馆 1954 年版。
② 明汲古堂刻《白兔记》，毛晋编《六十种曲》，中华书局 1958 年版，第 1 页。

（今天的海报）上，被挂在勾栏门口，以招徕观众。这种广告形式在剧本成为案头读物后不再起作用，所以明刊本将"题目正名"放到副末念完开场白之后的位置。如陆抄本《琵琶记》的题目是"极富极贵牛丞相，施仁施义张广才。有贞有烈赵贞女，全忠全孝蔡伯喈"，这在明刊本中是作为下场诗的形式出现的。

二是增加下场诗。如陆抄本《琵琶记》（按照汲古阁本分出）没有下场诗的是第 5 出"南浦嘱别"、第 8 出"文场选士"、第 15 出"金闺愁配"、第 29 出"乞丐寻夫"、第 34 出"寺中遗像"、第 39 出"散发归林"及第 41 出"风木余恨"，明刊本则给上述出目增添了下场诗。

三是雅化下场诗。如成化本《白兔记》的下场诗云："剪烛生光彩，开筵列绮罗。来是刘知远，哑静看如何。"这种引脚色上场的下场诗被富本改写为"好赌倾家刘知远，剪发受苦李三娘。投军偶遇岳元帅，汲水幸会咬脐郎"。除改写保留舞台痕迹的下场诗外，明刊本的下场诗与标目一样，也是越改越雅致，如明刊本《荆钗记》中最后一出的落场诗为：

> 荆钗一股遇良媒，聘定贞坚贤孝妻。
>
> 义夫节妇传今古，亏着诗人灯下题。　　《新刻原本王状元荆钗记》
>
> 荆钗一记古来传，妆点难看作寓言。
>
> 义尽贤夫甘达谪，佳名千古在梨园。　　（《新刻王状元荆钗记》)
>
> 参商骨肉喜团圆，且喜丹书下九天。
>
> 深恨诈书分凤侣，痛连渡口溺婵娟。
>
> 潮阳一擢三山恨，赣北相逢两意悬。
>
> 宿世夫妻今再合，吉安相会旧时缘。　　（《屠赤水批评荆钗记》)
>
> 夫妇节义再团圆，母子重逢感上天。
>
> 深恨诈书分凤侣，痛怜渡口溺婵娟。
>
> 潮阳隔别三山恨，玄妙相逢两意传。
>
> 凤世姻缘今再会，佳名千古二仪间。
>
> 　　　　　　　　　　　　　　　（《李卓吾先生批评古本荆钗记》)

《新刻原本王状元荆钗记》为明嘉靖姑苏叶氏刊本，文词质朴，较接近古本。《新刻王状元荆钗记》为明代茂林叶氏所刊，下场诗稍有文采，应该是经过文人进一步加工改编的。屠评本和李评本为后出的坊刻本，据笔者考察，这两种版本很相近，落场诗均比前两个刊本典雅很多，其中李评本的"痛怜"比屠评本的"痛连"更贴切，李评本的"夙世姻缘今再会，佳名千古二仪间"也比屠本更为文雅。不难发现，传奇的下场诗被明代书坊不断修改和雅化。

第六，戏曲术语的规范。剧中关于动作、表情等舞台提示，元杂剧一般称为"科"，而传奇则是"介"。徐渭《南词叙录》云："今戏文于科处皆作'介'，盖书坊省文，以科字作介字，非科、介有异也。"① 关于此种说法，学界有不同意见。有的学者就认为，"介"是"科"的省文说不通，对"介"的由来提出了不同的看法，如近代戏曲理论家许之衡认为"介"为"界"的省文，② 周贻白先生指出"介"为简写的"形"字之讹，③ 钱南扬先生则将"科"和"介"的差异理解为南北方言不同。④ 先不论"科"如何省作"介"，作为明代著名的剧作家，徐渭提出此说法，应该有一定的道理。

从现存的戏曲刊本来看，至明代中期，"科""介"仍存在混用的情况。但是据笔者考察，有一个趋势变化：宣德十一年的《娇红记》和成化八年的《白兔记》用"科"；底本刊于弘治年间的陆抄本《琵琶记》用"介"；到了嘉靖年间，《风月锦囊》、《荔镜记戏文全集》、姑苏叶氏本《荆钗记》均用"介"比较多；至明万历间，成立较早的富春堂书坊，所刻戏曲绝大多数是用"介"；到了明万历后期，坊刻传奇剧本则基本使用"介"。也就是说，随着戏曲刊刻的兴盛，"介"的使用频率越来越高。书坊或因"介"的书写较为方便，或因"介"为南戏的书写习惯，渐渐统一使用"介"而不是"科"。

其实，书坊刻书对某些戏曲术语的形成有一定的推动作用。明万历时期，折子戏兴起，书坊刻了不少戏曲选本，并以"摘锦"命名折子戏。如万历二

---

① （明）徐渭：《南词叙录》，中国戏曲研究院《中国古典戏曲论著集成》（第 8 集），中国戏剧出版社 1959 年版，第 246 页。

② 许之衡：《论传奇之结构》，秦学人、侯作卿《中国古典编剧理论资料汇辑》，中国戏剧出版社 1984 年版，第 436 页。

③ 周贻白：《中国戏剧史长编》，上海书店出版社 2007 年版，第 153 页。

④ 钱南扬：《永乐大典戏文三种校注》，中华书局 1979 年版，第 11 页。

十八年建阳书坊三槐堂刻刘君锡辑《新镌梨园摘锦乐府菁华》、万历三十九年安徽书坊敦睦堂刻龚正我辑《新刊徽版滚调乐府官腔摘锦奇音》，还有《词林一枝》卷首的识语云："千家摘锦，坊刻颇多。选者俱用古套，悉未见其妙耳。"明代书坊使用"摘锦"一词，也许原本是表达摘录剧本的精华，但是频繁使用之后，则直接代指"折子戏"。就如陆萼庭先生指出："'摘锦'一名的初起，似指'摘'一本传奇之'锦'，发展到后来，凡演各种杂出都可称为'摘锦'。"① 像"千家摘锦，坊刻颇多"，意思是坊刻折子戏众多。可见，书坊对于戏曲术语的规范有一定的积极意义。传奇中的术语"介"被普遍使用也不排除书坊所起到的作用。

综上所述，传奇作家是从改编宋元和明初戏文开始的，而这批作家正是明代富春堂等书坊聘请的下层文人。他们为了生计或消遣，乐于与书坊合作，形成一个团队，成为规模较大的早期传奇作家群体。重要的是，他们以读者的需求为标准改编戏曲，使剧本适合案头阅读，分卷、分出、出目、开场、下场诗、戏曲术语等传奇体制由此得到规范。因此，戏曲体制的形成与成熟在很大程度上受到刊刻出版这一因素的影响。

第三节 明代书坊对戏曲脚色、曲词的改编

除了戏曲体制外，明代书坊对戏曲的关目、脚色、曲词都有改编。其中，关目改编有合并关目、删除关目、增加关目、改写关目等，这在学界中有较多探讨，比如陆抄本《琵琶记》与明刊本《琵琶记》的关目比较研究。有鉴于此，本节主要探讨明代书坊对于戏曲脚色和曲词的改编。

一 对脚色体制的改编

《中国曲学大辞典》指出"脚色"的含义，"原为古代生活用语，指仕宦

---

① 陆萼庭：《昆剧演出史稿》，上海文艺出版社 1980 年版，第 182 页。

之乡贯、户头、三代名衔、家口、年龄、出身等，意同履历。戏曲中用以指扮演人物的类别"①。书坊对戏曲脚色体制的改编包括三个方面。

首先是规范脚色名称。现将部分戏文的脚色名目在明刊本中的变化列一表格。

剧目	剧中人物	脚色名目	早期明刊本的脚色名目	汲古阁本的脚色名目
《原本王状元荆钗记》	张氏	占（有时作"贴"）	世德堂本：占	老旦
	钱太守	官外	锦囊本：外 世德堂本：外	外
	周璧	小生（有一处作"小外"）	世德堂本：小外（有一处作"小生"）	小生
	吉天祥	小外	世德堂本：末	小外
	考生	末	世德堂本：小生	末
	阴阳生	小外	世德堂本：外	丑
成化本《白兔记》	岳绣英	贴	锦囊本：贴 富春堂本：贴	小旦
	李母	贴	富春堂本：贴	老旦
	咬脐郎	小外	锦囊本：外 富春堂本：小生	小生
锦囊本《拜月亭》	王瑞莲	占（有时作"贴"）	世德堂本：贴	小旦
	王夫人	夫	世德堂本：贴	老旦
	陀满兴福	外	世德堂本：外	小生
锦囊本《杀狗记》	迎春	占（有时作"贴"）	无	贴
	孙荣	外	无	小生

---

① 齐森华、陈多、叶长海主编：《中国曲学大辞典》，浙江教育出版社 1997 年版，第 821 页。

锦囊本《寻亲记》	周瑞隆	外	富春堂本：小生	小生
陆抄本《琵琶记》	牛小姐	占旦	锦囊本：占 富春堂本：贴	贴
锦囊本《香囊记》	崔氏	占	世德堂本：贴	贴
	张九思	外	世德堂本：小生	外
锦囊本《五伦全备记》	五伦备妻	占	世德堂本：小旦	
锦囊本《金印记》	王氏	占	罗懋登注释本：贴	
	苏厉	外	罗懋登注释本：小生（有时作"小"和"外"）	
	苏父	丑	罗懋登注释本：老外（有时作"外"）	

　　宋元南戏的表演本多是艺人的手抄本，在脚色称呼上比较粗糙。这是因为南戏的脚色体制还不完善，而且舞台本随着表演的实际情况而更改。明万历之前，戏曲刊本多依据舞台本，在脚色名称方面没有多大改动。随着戏曲刊本成为案头读物后，脚色名称也开始规范化。

　　一是将简写的脚色名称书面化。如表格所列，锦囊本的"贴"一般写成"占"。"占"是抄写剧本时对"贴旦"之"贴"字的简笔。《永乐大典》的《张协状元》中"王胜花"就写作"占"。锦囊本《拜月亭》中"王夫人"的脚色名目是"夫"，笔者颇疑这个也是简写的。因为从现存明刊本来看，"夫"所扮演的脚色都是已婚的年长妇女，估计"夫"是"老夫人"的简称。后来的戏曲刊本中则很少出现"占"或"夫"的名目。

　　二是将直接标人物姓名、身份的脚色改注脚色名目。早期的剧本大多不以脚色应工，直接标明人物的姓名或身份。如《永乐大典戏文三种》就是这种情况。明初的刊本仍然存在此种现象，如明弘治本《西厢记》，标注夫人、琴童、小二、孙飞虎、郑恒。随着剧本案头化，脚色名目逐渐得到规范。万历中后期的戏曲刊本基本能够以脚色应工。

其次，根据脚色行当的发展更定脚色名目。中国戏剧的脚色经历了由简到繁的过程。唐代参军戏只有两个固定脚色，即"参军"和"苍鹘"；至明末，则有了"江湖十二脚色"的格局。从上述内容可知，明刊戏曲的脚色名目紧跟脚色行当的发展而变化。如生之外增加的小外和小生在晚明合并为小生一门；贴衍生出小旦和老旦，小旦充当配角扮演年轻女子，老旦主要扮演年老的妇女。对于净角的演化，书坊在改编戏曲时也注意到了。如明屠隆《昙花记》中的严武本由净扮演，臧懋循评点本则改为副净。净又称正净或大面，多扮演地位较高、性格勇猛的人物形象；副净又称副丑或二面，多扮演喜剧性人物，或者社会地位较高且阴险狡诈的反面脚色。历史上的严武是唐朝将领，威武雄壮，曾大败吐蕃；剧本却将他改为贪生怕死的负心汉，是反面人物，与副净的脚色相符。可见，臧氏是按照当时流行的表演体制更定脚色名目的。

最后，根据脚色行当的特征更定脚色名目。不同的人物形象必须配备相应的脚色。臧懋循在改编戏曲时，就常改换剧中的脚色名目。如臧氏认为汤显祖《牡丹亭》中苗舜宾这个人物"非净角也，改小生扮之"。作为主考官的苗舜宾并没有体现净角英武神勇的特征，反而比较适合斯文儒雅的"小生"，后来的舞台本大都袭用臧氏的改法。又如臧氏将《昙花记》的关真君由外角改为净角。外为生、末中的副角，分化为"小外"与"老外"，后逐渐成为扮演老年男子的独立行当。关真君用外角未尝不可，但是剧中说他带领天兵天将大战魔王，使木清泰方免于难，如果用净角则更能突出他的气势。

二 对曲词的改编

对曲词的改编体现在两个方面。一是使语言符合人物性格或故事情境。如将陆抄本《琵琶记》中伯喈与五娘分别之际说的台词"卑人如何是得"被明刊本改为"教卑人如何舍得"，使伯喈形象有血有肉，也表现了夫妻间的深厚感情。二是雅化语言。如《荆钗记》的影抄本、茂林叶氏本、屠隆评本、李贽评本中最后一出【尾声】分别为：

荆钗传奇今编巧，新旧双全忠孝高，须劝诸人行孝道。（影抄本）

新编此传真奇巧，仿古依今教尔曹，劝取诸人行孝道。（茂林叶氏本）

新编传奇真奇妙，留与人间教尔曹，奉劝诸人行孝道。（屠隆评本）

移宫换羽虽非巧，仿古依今教尔曹，奉劝诸君行孝道。（李贽评本）

如果说前三种刊本还带有表演说唱的痕迹，那么李贽评本则完全案头化，被后来的汲古阁本所借鉴。

改编关目和曲词后，读者阅读起来更加顺畅和惬意。当然，有些改编内容并不可取。如《琵琶记》和"四大南戏"的明改本，在主题思想上都突出封建礼教；情节上亦有处理不当之处，像《荆钗记》的结局由"舟中相会"改为"妙观相会"，改编者却没有交代钱玉莲与钱载和为什么突然出现在吉安，情节发展不甚合理。但是总体来说，这些从表演本转向案头读物的改本还是比较成功的。

另外，有的戏曲改编本存在弄虚作假的现象。如师俭堂聘请的下层文人徐肃颖改编的戏曲有 6 种，其中《明珠记》、《丹青记》、《异梦记》和《玉合记》署"古闽徐肃颖敷庄删润"；《丹桂记》和《西楼记》署"拓浦敷庄徐肃颖删润"。郭英德先生指出，徐肃颖改编的《异梦记》《玉合记》《丹桂记》与原本比较，基本是没有改动的。[1] 徐肃颖通过这种以新瓶装旧酒的形式来促销书籍，完全是为了帮助书坊射利。但是徐氏的改编并不是毫无价值可言。正如日本学者根ヶ山彻所指出，徐改本是"探索《牡丹亭还魂记》流传史时，不可忽视的一个侧面"[2]。的确，徐改本在探索戏曲的版本流变史上具有一定意义。比如，学者李复波在梳理《西楼记》的版本时，对比了徐改本和剑啸阁本后，指出这两种版本之前，尚有一种现已佚失的明刊本，即原刊本流行后，经徐"删润"，后来袁于令自订再刻。[3]

---

① 郭英德：《明清传奇综录》（上册），河北教育出版社 1997 年版，第 453 页。

② ［日］根ヶ山彻：《徐肃颖删润〈玉茗堂丹青记〉新探》，华玮主编《汤显祖与牡丹亭》，中国台北"中央研究院"中国文哲研究所 2005 年版，第 367—392 页。

③ 李复波：《〈西楼记〉版本初录》，《戏曲研究》，文化艺术出版社 1987 年版，第 22 辑，第 228—233 页。

总而言之，书坊主组织文人改编戏曲，使剧本更具文学性，拥有更多的受众群，不仅使戏曲文本广泛流传，也进一步推动了戏曲文学的发展。

第四节　明清书坊主对戏曲的改编

本书第三章"明清书坊与戏曲选本"，已探讨毛晋对《六十种曲》的改编，是比较侧重舞台表演效果的。本书第五章"明清书坊与戏曲评点"也讨论了臧懋循、李渔等书坊主结合自己的理论改编、创作戏曲。下面再以袁于令的《红梅记·鬼辩》为例说明，此折与原本相比，修改之处有六个方面。

第一，增加关目，表现戏剧冲突。这出戏的开头写到，贾似道得知裴生逃走后大发雷霆，殴打侍妾，势必要找出擅自放走裴生的妇人。原本为：

（众惊介）此语从何说起？贱妾们都不知。望老爷详察。（贾）与我一个个拶起来，各敲一百！（拶介）（众哎哟介）（魂贴上）[1]

袁改本为：

（净）众姬们那裏？（旦，小旦、老旦、丑上）笙歌归院落，灯火下楼台。众侍妾叩头。（净），都跪下了！你这班贱人，是那个放了裴秀才去？从实招来！（众惊介）呀，十院都在房裏听老爷呼唤，那里敢到外边去做这样大胆的事？……（婆作拶介）（众）其实没有放裴生出去的。（叫痛介）望老爷详察。（净）（南吕过曲）【琐窗郎】恨无知泼妇淫娃，胆如天不畏法。私通秀士，放走官衙。把咱凤恨，弄成虚话。（众）贱妾那敢做这样歹事。（净）咦，看他每巴巴铁嘴还奸诈。老婆子，与我着实拶，下力打！（婆打众叫痛介）【香柳娘】望雷霆暂息，望雷霆暂息，少

---

[1]　（明）周朝俊：《红梅记》，王星琦校注，上海古籍出版社1985年版，第81页。

停敲打。（净）顷刻间死在头上了！（众）命悬顷刻谁不怕。（净）既怕死，为何开了园门放裴生出去？（众）有谁行见来？有谁行见来？（净）怎的没有人见？（众）老爷竟唤那见的人来，若是认得咱，当堂辨真假。（净）还要胡说！再不招，有杀李慧娘的剑在此！（唤小净取剑）（众）便浑身碎剐，便浑身碎剐。（净）难道碎剐也不招么？（众）没甚争差，如何招下？（贴扮李慧娘阴魂，红纱兜头，立鬼门道）……①

显然，原本中贾似道拷打侍妾这一关目显得简单粗糙，改本则使贾氏与众人处于激烈的争辩中。改后的情节紧张而热闹，集中突出矛盾，达到一开场就吸引眼球的目的。

第二，改写关目，调整冷热场面。《玉茗堂批评红梅记总评》云："上卷末折《拷伎》，平章诸妾，跪立满前。而鬼旦出场，一人独唱长曲，使合场皆冷。及似道与众妾，直到后来才知是慧娘阴魂，苦无意味。毕竟依新改一折名《鬼辩》者方是，演者皆从之矣。"②原本中慧娘的鬼魂一上场便自我说唱，完全不理会众人，贾似道和众妾竟然也不闻不问，这是不合生活常理的，慧娘的"独角戏"也使台上其他人冷场。改本的慧娘一上场就是疾恶如仇、威严霸气的厉鬼，不断控诉贾似道，将之前的矛盾升华，进一步推向戏剧高潮。

第三，润饰文辞，展现人物形象。原本中的慧娘反抗意识不强烈，当贾似道想要再次杀她的时候，她表现得非常害怕，不敢违抗命令：

（贾）我自动手到便宜了你，我与你一剑，要你好好自己割下头来！（贴）承命了！③

在袁改本中，惠娘是笑对生死，无所畏惧，并对贾似道的威逼极力讽刺，她说"人只有一死，那有两死"，"待杀咱无头鬼直甚逞豪强？似凤儿踪迹在

---

①　（明）周朝俊：《红梅记》，王星琦校注，上海古籍出版社1985年版，第88页。

②　（明）周朝俊：《玉茗堂批评红梅记》，蔡毅《中国古典戏曲序跋汇编》，齐鲁书社1989年版，第1200页。

③　（明）周朝俊：《红梅记》，王星琦校注，上海古籍出版社1985年版，第83页。

那边厢"，"好教你手提着三尺剑，只在空中晃。早知是这般的伎俩，休再把威怪逗，势虚张"①。如此改后，慧娘的形象更加鲜明。贾似道欺压百姓、无恶不作的形象也在改本中充分体现：

> （净怒介）唗，贱人！这等无状！（贴）在生时贱，死后也不分贵贱了。【北油葫芦】咱是你，守死冤魂狠无常。（净）我有朝廷威命在身，不知杀了千万官民，害了多少男女，那在你么膺小鬼，辄敢作怪，你不怕我么？（贴）甚不足怕。你则道秉威权将生杀掌，你则凭着五行八字吃尽宰官粮。却不道前因后果，有部轮回账。（净）我身为宰相，死去料不落莫。（贴笑介）黄泉路，伶仃苦，与我只一样，贾似道怎跳出别伎俩？（净怒）唗，料想你这样孤魂，也不敢见我。（贴）那时节撞李慧娘，这的是相逢狭路难轻放。紧些儿的相扭，看哪个强？②

原本中并无"害了多少男女""吃尽宰官粮"等曲文，在改本中添加后，使人们对于这位"宰相"深恶痛绝，更能引起读者的共鸣。

第四，增加舞台提示，活跃场上气氛。改本中，贾似道见识了慧娘的厉害后，变得惊慌失措，袁于令在多处标有科介，如"净四顾介""净惊怒介""叫痛介""净怒喝赶贴介""贴作鬼叫，舞起旋风介""净作欲前复却介"。一阵慌乱后，贾似道急忙寻求帮助：

> （向内叫）管家婆、十院歌姬那里？快些来，有鬼！有鬼！（内）十院歌姬都拶打坏了，睡倒爬不起来。（净）婆子自来罢！（内）有鬼，阵头风推住，一步也走不上。③

最后，他被慧娘的厉鬼吓得失魂落魄，袁氏给他的动作提示是"作慌避摇手介""在地发谵语介"。一连串的舞台说明，使现场的表演更具戏剧性。

---

① （明）周朝俊：《红梅记》，王星琦校注，上海古籍出版社 1985 年版，第 90 页。

② 同上书，第 89—90 页。

③ （明）周朝俊：《玉茗堂批评红梅记》，蔡毅《中国古典戏曲序跋汇编》，齐鲁书社 1989 年版，第 90—91 页。

　　第五，增加脚色，使情节更加合理和连贯。改本中增加了"管家婆子"一角，主要负责拷打侍妾：

　　　　（净）皆家婆子那里？快取刑具出来！（小净）拶子和夹棍、竹片共荆条，都在此了。（净）你与我一个个都先拶起来！①

　　作为丞相，在惩罚下人时，应不用亲自动手吧？况且侍妾众多，也应有一位管家的妇人，以打理日常事务。因此，这一脚色的存在还是有合理之处的。在后来的关目中，"管家婆"也发挥了作用，即当贾似道向她求援时，她告知"十院歌姬都拶打坏了，睡倒爬不起来"，这句话不仅交代了众妾的伤势，使剧情"密针线"；而且描绘了贾似道自作自受、罪有应得，可怜又可恨的模样。

　　第六，更换曲牌，以贴合故事情境。原本中慧娘的唱曲是用【北曲南吕宫·一枝花】，这套曲表达感叹伤悲之情，为这折戏的悲剧气氛定下了基调。改本则用【仙吕宫·点绛唇】，这套曲的特点是慢曲在前，急曲在后，更加配合贾、李在争辩中越来越激烈的情节发展。

　　显然，袁于令改后的《鬼辩》更具有舞台效果。总而言之，明清书坊不仅请文人改编戏曲的体制、曲词，本人也参与戏曲改编，促进戏曲文学的发展。

---

　　①（明）周朝俊：《玉茗堂批评红梅记》，蔡毅《中国古典戏曲序跋汇编》，齐鲁书社1989年版，第88页。

第七章　明清书坊与戏曲演出

前面章节论述明清书坊对戏曲体制、选本、评点、插图、文本编辑等方面的影响。其实，明清书坊对戏曲演出也有着积极影响，主要有三个方面，详论如下。

第一节　明清书坊刊刻戏曲演出有关的书籍

明清书坊刊刻了不少戏曲书籍，其中与戏曲演出有关的，主要有以下几类。

一　刊刻舞台流行的戏曲剧本

明朝是昆曲表演的黄金时期，书商便刊刻了众多昆剧。明万历时期，折子戏表演十分兴盛。廖奔、刘彦君在《中国戏曲发展简史》中说："折子戏演变并形成的时间，历史有些迹象遗留下来，大约明嘉靖时期是盛行将整本南戏简省演出的时期，万历时期则是折子戏演出占了重要比重的时期。"[①] 而据笔者统计分析，的确如此：现存明刊折子戏选本有《乐府玉树英》《乐府万象新》《大明天下春》《乐府菁华》《乐府红珊》《满天春》《词林一枝》《八能

---

① 廖奔、刘彦君：《中国戏曲发展简史》，山西教育出版社 2006 年版，第 158 页。

奏锦》《玉谷新簧》《摘锦奇音》《大明春》《尧天乐》《徽池雅调》《徽歌集》《赛徽歌集》《万锦娇丽》《小说传奇合刊》《万壑清音》《怡春锦曲》（即《缠头百练初集》）《缠头百练二集》《歌林拾翠》《玄雪谱》，其中前 17 种据刊本提供的刻印时间及刊本风格来判断，均刊刻于明万历时期；而且声腔种类繁多，徽调、昆腔、青阳腔、海盐腔、弋阳腔均有涉及，甚至还有《满天春》等方言类的选本，以此满足不同读者的需求。到了晚清，昆曲逐渐衰落，舞台开始流行地方戏曲，书坊又将出版重心转向京剧、川剧等地方戏，争先恐后刊刻了《四郎探母》《柳荫记》等地方戏剧本；《缀白裘》《梨园集成》《新镌楚曲十种》《真正京调四十二种》《唱本六十四册》《唱本一百九十册》等地方戏曲选本也是层出不穷。书坊以营利为目的，舞台流行什么样的戏曲表演，书坊便刊刻什么样的剧本。

二　刊刻指导戏曲表演的书籍

明清书坊刊刻了不少戏曲评点本，而有些评点本的批语与演出有关。如墨憨斋本《梦磊记》第十七折眉批道："演者须预制篾竹纸轿一乘，下用转轴推之，方妙。浙班用枪架以裙遮之，毕竟不妙。"① 冯梦龙从剧场效果出发，对道具制作和使用提出切实、新颖的见解。可以说，明清戏曲刊本的评点涉及曲律声韵、服饰道具、表情动作等内容，受到艺人关注，以及喜欢串戏的读者的青睐，以至于这类评点本常被书商刊刻。如《墨憨斋定本传奇》在明清时期被蒸文馆、志邺堂、铁瓶书屋等多家书坊翻刻。有的书坊主人还亲自撰写指导戏曲表演的评语，如臧懋循改评《临川四梦》、凌濛初考评《西厢记五剧》。除了评点本外，也有关于戏曲表演的论著，即李渔《闲情偶寄》，书中"词曲部""演习部"教导读者如何编剧、表演、导演。李渔早年屡试不第，家境败落，组建戏班及"芥子园"书坊以维持生计。《闲情偶寄》由李渔本人编写、刊刻，对后来的《梨园原》《审音鉴古录》等表演学、导演学著作影响深远。指导戏曲表演的评点本、论著由书坊主亲自撰刻或不断被翻

---

① （明）史槃撰，冯梦龙改订：《墨憨斋重订梦磊传奇》，《古本戏曲丛刊二集》，商务印书馆影印，1955 年版。

刻，可见，这类书籍也如描写戏曲演出的插图般，得到书商的重视。

三　刊刻评论伶人、戏曲演出的书籍

成书于乾隆六十年的《消寒新咏》对乾隆末年北京名伶和剧本演出给予点评，由铁桥山人、向津渔者、石坪居士合著。刚开始作者认为此书"藉娱寂寞，岂堪冒昧问世耶"，但最终还是出版了，因为他们听从了宏文阁书坊主人的建议："借梨园以遣兴，亦犹浑语足解颐，天下事皆戏耳，何不编作剧本观?"① 原来，此书之所以能够面世，不能不说是书坊的功劳。书坊宏文阁独具慧眼，抓住商机，于成书当年刊刻《消寒新咏》，卷首的《凡例》还称："京师，首善之区，人文渊薮。题赠伶人诗词，谅属不少。倘有同志者，鸿章下贲，只将原稿付宏文阁，随到随刊。"② 意思是说，如果收到诗词较多的话，宏文阁仍会继续刊刻。后来，这种评论艺人表演的书籍越来越多，作于道光三年的《燕台集艳》的作者播花居士称："都中伶人之盛，由来久矣，而文人学士为之作花谱、花榜者，亦复汗牛充栋。"③ 至道光年间，评论剧目、艺人的书籍数不胜数，而且大多以刊本流传，如《燕兰小谱》《评花》《众香国》《日下看花记》《听春新咏》《评花软语》《昙波》《撷华小录》《莲湖花榜》《鞠台集秀录》《鞠部明僮选胜录》。特别是《鞠台集秀录》，被收录于《朝市丛载》一书中，光绪年间有群经堂、松竹斋、秀文斋、懿文斋、鸿宝斋、广兴堂等书坊刊刻，版本众多。

四　刊刻伶人生平、逸事或梨园现状、发展的书籍

北京书坊荣禄堂于清同治三年刊刻《都门纪略》一书。此书类似于《朝市丛载》，可谓当时北京观光的旅游手册，内容包罗万象，其中就包含了京城梨园戏班的情况，能够指导游客如何看戏，深受读者欢迎。畅销的书籍往往

---

① （清）石坪居士：《消寒新咏·自跋》，清乾隆间三益山房刊本，谷曙光、吴新苗：《京剧历史文献汇编》（清代卷1），凤凰出版社2011年版，第106页。
② 同上书，第71页。
③ （清）播花居士：《燕台集艳》，谷曙光、吴新苗《京剧历史文献汇编》（清代卷1），凤凰出版社2011年版，第416页。

会有续编，这是书商惯用技俩。《都门纪略》也不例外，《增补都门纪略》于清光绪四年由北京二酉堂书坊出版，并且还附录优伶名录，命名为"菊部群英"。这份名录对于了解那个时期上演的剧目及各堂号主要艺人情况，"可说是提供了详尽的史料"。①尤其是，"花谱"的流行，导致观众开始"追星"，对艺人的事迹、戏班的逸闻产生浓厚的兴趣，迫切希望进一步了解他们的生活。有了读者，便有了市场，书坊对这类书籍的刊刻肯定是积极的，如清同治年间，北京琉璃厂富文斋、西山堂等书坊单独出版《菊部群英》与《增补菊部群英》。此外，《法婴秘笈》《燕台鸿爪集》《明僮合录》《金台残泪记》等记录优伶情况的书籍也不断被刊刻，迎合了读者的阅读趣味。

五　刊刻带有点板的戏曲文本

点板即在工尺旁加注板眼，方便读者演唱。明万历元年建阳书坊种德堂刊刻的《琵琶记·凡例》云："刻本多未有点板，今照昆山腔调，逐句逐字批点。"②随着坊刻戏曲兴盛，读者群体扩大，明代书坊日益重视点板的添加。如金陵书坊广庆堂刊刻的戏曲大多在标题增加"点板"两字：《新编出像点板宵光记》《新编全相点板西湖记》《新刻出像点板八义双杯记》《新刻出相音释点板东方朔偷桃记》《新刊出相点板红梅记》《新刻出相音释点板留伯仁八黑收精剑丹记》《新编全相点板窦禹钧全德记》。明万历四十四年的刊本《北西厢记·凡例》云："《西厢》为士林一部奇文字，如市刻用点板者，便是俳优唱本。"③"俳优唱本"即艺人演唱的本子，点板有助于艺人演唱以便登台演出。明代家班繁荣，清代戏班繁盛，艺人数量应该不在少数，书坊便刊刻了大量的"俳优唱本"，而且板眼的标注越来越细。叶堂在《纳书楹曲谱·自序》中说，"余谱《西厢记》问世……迄今已阅十有二年，而购者寥寥，心窃自疑，岂其中尚有未尽者耶？或谓余曰：'世之号能为歌者，非能谙谱，乃

① 顾乐真：《甘苦集》，广西人民出版社1990年版，第150页。
② 转引自黄仕忠：《〈琵琶记〉研究》，广东高等教育出版社2011年版，第193-194页。
③ 明万历四十四年刻本《何璧校本北西厢记·凡例》，吴毓华《中国古代戏曲序跋集》，中国戏剧出版社1990年版，第154页。

趁谱者也。作谱者必点定小眼，始有绳尺可依。今子之谱有板而无眼，此购者之所以裹足而不前也'……复加校订，于可用小眼处，一一增入，以付剞劂"。[1] 为提高销量，叶堂增加"小眼"以满足读者的需求。

六　刊刻描写戏曲演出的插图

明清戏曲插图能帮助读者理解剧情，也有艺术鉴赏价值。纵观明清坊刻戏曲刊本，配有插图的占了很大比例。插图的内容也很多样，有描写山水风景、故事情节、剧中人物，还有一种就是描绘表演的插图。此类插图将当时的演出情形记录下来，演员是如何穿戴的，舞台布景和道具又是什么，这些插图也许比不上其他插图那么精致和诗情画意，但是却具有特殊的功用，即指导演员舞台表演。明清艺人能从"表演插图"中受益，学到一些服饰、舞台布局等知识，书坊为了抓住演员这一庞大的读者群，自然也热衷于从事这类插图的刊刻，戏曲插图的数量也由此多了起来。关于此类插图与书坊的关系，在本书第四章节已有详论，此不赘述。

明清书坊根据舞台流行的戏曲样式刊刻剧本，可为舞台增加许多新鲜剧目；在戏曲刊本中插入点板及描绘表演的图像，可为戏曲演出提供参考；刊刻戏曲演出有关的评点本、论著，能够指导舞台表演；刊刻戏评之类的书籍，戏曲艺人阅读了对自己演出的评论后，可取长补短，更好地发挥技艺；刊刻伶人事迹，戏班现状的书籍，能够扩大艺人名气，也有助于戏班之间相互了解，知己知彼，有效竞争。总之，明清书坊出版戏曲演出的相关书籍，能够丰富当时的舞台表演艺术。

第二节　明清书坊编写戏曲演出范本

冯梦龙《永团圆·叙》说："（李玉）初编《人兽关》盛行，优人每获异

---

[1]　（清）叶堂：《纳书楹曲谱·自序》，清乾隆六十年纳书楹刊本《纳书楹重订西厢记曲谱》，伏涤修、伏蒙蒙辑校《西厢记资料汇编》（上），黄山书社 2012 年版，第 356 页。

稿，竞购新剧，甫属草，便攘以去。"① 李渔《闲情偶记》亦云："今之梨园，购得一新本，则因其新而愈新之，饰怪妆奇，不遗余力。"② 明清戏曲演员读者对于新剧本乐此不疲，所以明清书坊刊刻了不少舞台本，还为戏班提供了演出范本。

　　进入明万历中后期，改编南戏的主潮让位于文人创作的传奇作品。不可否认，当时的剧坛涌现了不少优秀的传奇剧本，但是不足之处也是显而易见的。估计最大的问题是忽视了戏曲的表演功能。在独创传奇的起步阶段，文人还没有深刻意识到戏曲与小说的不同，对于戏曲是以歌舞演故事的本质了解不深；况且，他们对于适合舞台表演的写作手法并不熟悉。因此，一些剧本文学味过重，甚至有"掉书袋"的毛病。于是，晚明的书坊主开始积极改编戏曲，如臧懋循改编汤显祖的《临川四梦》；袁于令改编周朝俊的《红梅记》；高一苇改编苏复之《金印记》为《金印合纵记》；许自昌改订《种玉记》与《节侠记》。晚明书坊主对戏曲的改编，主要有以下几个方面：一是改写关目，梳理剧情（润饰文辞、调整出目顺序等）；二是调配场上表演（删改场次、调整演员出场顺序等）；三是对曲律、科介、服装、道具的增添和改写。不难发现，他们改编的初衷是让读者享受精彩故事之余，还能方便他们随时登上舞台表演，达到案头与场上兼顾的双重标准。重要的是，他们的努力应是颇有成效的。比如书坊主人许自昌拥有规模较大的家班，有着戏曲演出的经验，编创的戏曲文本适合艺人表演，所以一些戏码"至今仍流传于昆剧舞台"③。臧懋循改编的戏曲也多被当时和后来的舞台所袭用，并得到较高的评价，如吴梅认为臧氏在改本《牡丹亭》的"布置排场，分配角色，调匀曲白"方面是"玉茗之功臣"；④ 又云："临川宫调舛误，音韵乖方，不知凡几。《牡丹》《邯郸》《南柯》有纽、雷诸子为之订谱，而未能尽善。晋叔取

---

① （明）冯梦龙：《永团圆·叙》，明末墨憨斋刊本《永团圆》，吴毓华《中国古代戏曲序跋集》，中国戏剧出版社1990年版，第275页。

② （清）李渔：《闲情偶寄》，中国戏曲研究院《中国古典戏曲论著集成》（第7集），中国戏剧出版社1959年版，第78-79页。

③ 王永敬主编：《中国"昆曲学"研究课题系列：昆剧志》（下），上海文化出版社2015年版，第566页。

④ 吴梅：《顾曲麈谈》，《吴梅全集：理论卷》（上），河北教育出版社2002年版，第148页。

四种而尽酌之，则案头场上皆称便利。"①

　　除了改编戏曲外，书坊主也尝试自己编选戏曲，为梨园提供学习范本。试举两个例子加以说明，一是晚明书坊主凌濛初编写的戏曲选本《南音三籁》。凌濛初是明代有名的出版家，也是一位通俗文学家，著有短篇小说集《拍案惊奇》，对戏曲也颇有研究，写有曲学论著《谭曲杂札》、杂剧《北红拂》等。他之所以编选《南音三籁》，是有感于剧坛"乱正板"的现象。选本涉及板眼、宫调、平仄、韵位等曲律的研究，还常常出现"学者当从之""学者勿以北曲视之"等字眼。可见，凌濛初是有意识地指导艺人演唱，可谓煞费苦心。袁园客《南音三籁·题词》云："初既证其板眼，继又定其字句，由是而梨园子弟庶无承讹强合之诮。"② 功夫不负有心人，凌濛初亲自编辑的戏曲选本有效地规范了梨园子弟的演唱。

　　二是清代昆腔和乱弹戏选集《缀白裘》。钱德苍是乾隆年间苏州宝仁堂书坊主人，酷爱戏曲，编成戏曲选本《缀白裘》，共十二集。所选戏曲均是场上流行之曲，既有高雅的昆曲也有通俗的地方诸腔，正如序言所说"雅俗兼收，浓淡相配，音韵谐畅"，③ "雅艳豪雄，靡不悉备，南弦北板，各擅所长"。④序言还指出："其中大排场，褒忠扬孝，实勉人为善去恶，济世之良剂也；小结构梆子秧腔，乃一味插科打浑（诨），警愚之木铎也。"⑤ 也就是说，选本中的戏曲既能在义正言辞中劝化人心，适合文人雅士观赏；也能在插科打诨中警醒人世，迎合普通百姓的审美趣味。可见，钱德苍编选戏曲的标准充分体现了舞台艺术价值。也正因为如此，该选本受到了梨园子弟的热爱和追捧，《缀白裘四集·序》称其被"梨园乐部奉为指南"，⑥《缀白裘七集·序》亦

---

① 吴梅：《紫钗记》，《吴梅全集：理论卷》（中），河北教育出版社2002年版，第849页。
② （清）袁园客：《南音三籁·题词》，清刊本《南音三籁》，吴毓华《中国古代戏曲序跋集》，中国戏剧出版社1990年版，第363页。
③ （清）朱禄建：《缀白裘七集·序》，清乾隆间宝仁堂刊《缀白裘》，吴毓华《中国古代戏曲序跋集》，中国戏剧出版社1990年版，第501页。
④ （清）程大衡：《缀白裘合集·序》，清乾隆间宝仁堂刊《缀白裘》，吴毓华《中国古代戏曲序跋集》，中国戏剧出版社1990年版，第497页。
⑤ 同上。
⑥ （清）陆伯焜：《缀白裘四集·序》，清乾隆间宝仁堂刊《缀白裘》，吴毓华《中国古代戏曲序跋集》，中国戏剧出版社1990年版，第499页。

云："每一集出，梨园中无不奉为指南。"①

值得注意的是，书坊主对戏曲选编的同时，多少会对文本进行编辑，甚至还请来文人润饰。笔者在本书第三章提出"明代书坊组织文人改写曲文，使选本趋于案头与场上兼擅"，像毛晋请文人修订《六十种曲》，② 金陵书坊广庆堂请纪振伦校正《乐府红珊》，并论述书商如何针对舞台效果进行剧本改编。这里需要指出的是，这两个选本也是舞台范本。先说《六十种曲》，所选戏曲"大都是舞台演出本"，"由明代到清代，仍长期销行，直到今天，还重板数次"。毛晋着眼于舞台效果，又与众多文人一起校对曲文，使《六十种曲》成为明代流行最广，影响最大的戏曲选集，对当代的戏曲剧目"也有值得借鉴的地方"③。再来说一下《乐府红珊》，此选本将折子戏分成16类，即庆寿、伉俪、诞育、训诲、激励、分别、思忆、捷报、访询、游赏、宴会、邂逅、风情、忠孝节义、阴德、荣会，这样的分类方法，显然是为了迎合观众点戏的要求。目前关于"点戏"的史料多是明末清初的，《乐府红珊》刻于明万历三十年，对"点戏"与"戏单"的发展应该具有指导意义，起到了范本的作用。

另外，曲谱是艺人登台演唱的重要指南，明清坊刻亦不乏优秀的曲谱刊本。如叶堂《纳书楹曲谱》，他在自序中云："俗伶登场，既无老教师为之按拍，袭缪沿讹，所在多有，余心弗善也。瑕日，搜择讨论，准古今而通雅俗，文之舛淆者订之，律之未谐者协之。"④ 叶堂指出昆班艺人的演唱多有不合律之处，平日便注意收集梨园流传的俗谱，严格按照文人标准加以订正，并注上比较详细的工尺、板眼，对昆曲唱腔整理创作颇有贡献，深受曲坛推崇。

由以上分析可知，明清书坊编写的舞台范本既有曲谱，也有剧本；既有单篇剧本也有选本，选本中既有清唱类选本《南音三籁》，也有折子戏选本

---

① （清）朱禄建：《缀白裘七集·序》，清乾隆间宝仁堂刊《缀白裘》，吴毓华《中国古代戏曲序跋集》，中国戏剧出版社1990年版，第501页。

② 徐扶明：《毛晋与〈六十种曲〉》，《中国文学研究》1987年第2期。

③ 同上。

④ （清）叶堂：《纳书楹曲谱·自序》，清乾隆间刊本《纳书楹曲谱》，吴毓华《中国古代戏曲序跋集》，中国戏剧出版社1990年版，第525页。

《乐府红珊》；既有传奇选本《六十种曲》，也有地方戏选本《缀白裘》。总之，明清书坊不仅编刊戏曲选本，还仔细订正曲文，使之更符合舞台表演，为艺人提供不少优良的演出本。

上述探讨的是明清书坊刊刻的戏曲，其中不少成为梨园演出的剧本，因为这些剧本经过书坊改订后品质提升，得到艺人青睐，所以才能成为表演本。但有一种情况，似乎无论书坊刊刻了怎样的剧本，梨园都必须以此为范本。清乾隆四十五年查饬剧本的奏折与朱批中有一条是这么说的：

> 奴才伏思苏城地方唱戏者最多，而售卖曲本者亦复不少，若查办不密，一有声张，愚民无知疑畏，并生便尔藏匿，转致不能查收尽净。是以奴才现在不事张皇，密为各处访购，无论刻本抄本，概行收买逐细校勘，凡有明季国初之事，有关涉本朝字句，并南宋与金朝关涉词曲及扮演过当，应删应改及应行抽掣者，俱一一粘签，陆续恭呈御览，敬候钦定后，凡无关禁令，各戏仍令照常演唱，其应删应改者，逐一更正妥当，再谕令书坊照更定之本刊卖，并令各戏班照新本演唱。
>
> 朱批：览①

戏曲是明清最为普及的娱乐方式之一，朝廷担心民众观戏、读戏有伤风化，不断颁布各种禁令，甚至销毁剧本。但是戏曲的受众并没有减少，戏曲仍然蓬勃发展。当朝者意识到彻底禁止戏曲是不现实的，所以改变思路，将剧本改编，改到符合封建伦理思想为止，然后让书坊重新刊刻售卖，戏班必须按照书坊新刊的剧本进行表演。这种政府强压的手段，恐怕戏班不想接受，也不得不服从。

以上简言之，明清书坊组织文人改编戏曲，使之更适合艺人表演；有些书坊主还亲自编创戏曲，为戏班演出提供优秀的范本；某种情况下，戏班又必须按照书坊的改本进行演出。明清书坊对于戏曲演出的意义可见一斑。

---

① （清）《乾隆四十五年十一月二十二日查饬剧本的奏折与朱批》，谷曙光、吴新苗《京剧历史文献汇编》（清代卷3），引自中国第一历史档案馆档案文教类音乐戏曲项胶片第9卷，凤凰出版社2011年版，第48页。

第三节　明清书坊与戏班合作

梨园原是唐代宫廷训练乐工的机构之一，后来泛指戏曲班子，戏曲演员也被称为"梨园子弟"。明代戏曲刊本中不少书名带有"梨园"两字，如明代已佚刊本《梨园雅调》、明万历二十八年建阳书坊三槐堂刻《新镌梨园摘锦乐府菁华》、明万历年间建阳书坊刘龄甫刻《梨园会选古今滚调新词乐府万象新》。清末，戏班渐趋兴盛。很多坊刻戏曲刊本的名称打上"名班"两字，如清末义堂刊《新刻名班天门走雪二簧段》、宝文堂《新抄名班御果园》、文声堂《汉调名班曲本貂蝉》、富文堂《龙凤阁名班抄出徐杨二进宫真本》、占元堂等书坊所刻《名班戏文》。还有一些坊刻戏曲刊本的书名带有艺人、票友的名字，如九龄堂《燕京第一名角德建棠曲本》、宝文堂《谭鑫培真本打棍出箱》与《票友宋耀轩真词当铜卖马》。另外有些戏曲刊本则署上戏班名称，并强调是戏班的原本，如清末潮州"李万利春记"等书坊刊刻潮剧剧本，封面多署"潮音班本""元和兴班""手抄原班本""正原班本"。[1] 不可否认，书坊在书名或封面等处打上"梨园""名班""原班"等字眼，具有一定广告宣传的意味。但也不排除书坊与戏班存在着合作的关系。像明崇祯年间刊刻的《新刻浙江新编出像题评范睢绨袍记》，封面题"建邑梨园子弟顾觉宇编集，书林同仁书舍朱仁斋梓行"，[2] 很有可能就是书坊主人朱仁斋邀请艺人顾觉宇编辑的剧本。其实，书坊与戏班合作是完全有可能的，这可从以下两个方面进行分析。

一方面，戏班希望借助文本流传提高身价。清末，太平军降将李世忠在安徽安庆办起了戏班，同时将戏班演出本编成皮黄选集《梨园集成》。李世忠

---

① 林淳钧：《岁月如歌：潮剧百年图录》，汕头大学出版社 2004 年版，第 19 页。
② （明）顾觉宇：《绨袍记》，国家图书馆藏明刻本。

在选本的自序中云："为一孔之谈，窃欲镌梨刊枣。"① 他希望自己戏班经常上演的剧本，能够经过加工整理付梓。于是，安徽书坊竹友斋便与之合作，于清光绪六年出版《梨园集成》。可见，戏班有刊刻演出本的愿望。对于伶人来说，他们也希望通过刊本宣传自己。如《日下看花记》云："张郎者，色艺岂必人所绝无，而一经品题，顿增声价。"② 显然，"花谱"可为伶人打广告。尤其是，"花谱"刊刻出版后，流传速度快，读者阅读量大，能够让大众在较短的时间内认识、熟悉某位伶人。幺书仪在《晚清戏曲的变革》中指出："嘉庆、道光年间，伶人致力于名列花谱、文人写作花谱、书坊出版花谱，对于伶人、文人、商人三方来说，几乎都已经可以算是一件商业行为了。"③ 声价高的伶人能为戏班带来更大利润，戏班自然愿意推销伶人，所以这样的"商业行为"应该包含了戏班请来文人为艺人撰写"花谱"，然后再找书坊出版；或者戏班直接找书坊商议"花谱"的出版计划，然后书坊再组织文人编写。无论是何种形式，都体现了戏班是乐于与书坊合作的。

另一方面，书坊需要刊刻梨园相关的书籍以营利。观众除了欣赏到精彩的演出外，也希望能阅读原汁原味的梨园稿本。如晚清京剧表演艺术家龚云甫的唱段很受欢迎，北京书坊致文堂便刊刻了《新刻龚处准词绘图滑油山》《新刻龚处准词绘图游六殿》等唱本，将他的唱词"记录下来刊行于世，以此作为标准，来满足当时'追星族'们的需要"。④ 所以，对于那些舞台流行剧本，书坊是积极求稿的，如清代戏曲家李渔就常被书坊索稿。出于戏班演出的实践，李渔对舞台表演艺术较为熟悉，创作的剧本非常受欢迎，范文白称："予自吴阊过丹阳道中，旅食凤凰台下，凡遇芳筵雅集，多唱吾友李笠翁传奇，如《怜香伴》《风筝误》诸曲，而梨园子弟，凡声容隽逸、举止便雅者，辄能歌《意中缘》，为董、陈二公复开生面。……当事诸公购得之，如见异

---

① （清）李世忠：《梨园集成·自序》，清光绪六年刊本《梨园集成》，顾廷龙主编：《续修四库全书》（第1782册），上海古籍出版社2002年版，第148页。
② （清）小铁笛道人：《日下看花记》，《清代燕都梨园史料正续编》所收本，俞为民、孙蓉蓉《历代曲话汇编》（清代编第5集），黄山书社2008年版，第269页。
③ 幺书仪：《晚清戏曲的变革》，人民文学出版社2006年版，第335页。
④ 戴云：《京剧目连戏研究》，中国戏曲学院：《京剧的历史、现状与未来》（上册），中国戏剧出版社2006年版，第251页。

书，所至无不虚左前席。"① 李渔的剧本是梨园常演的剧目，书坊为了吸引更多的读者，尤其是演员读者，便向李渔求稿。《闲情偶寄》云："每成一剧，才落毫端，即为坊人攫去；下半犹未脱稿，上半业已灾梨。"② 精明的书商高度关注戏班主人李渔的戏曲创作，一旦对方完稿，便急着刊印发行，通过畅销书籍获利。后来，李渔发现售书也是不错的生财之道，便自己开了书坊，就是前文所说的"芥子园"书坊，除刻有《闲情偶寄》外，还刊刻《西厢记》《琵琶记》《牡丹亭》《绣刻传奇八种》《博山堂三种曲》等戏曲作品。

又如百本张所抄《二簧戏目录》首页有广告云：

> 本堂专抄各班昆弋、二簧、梆子、西皮、子弟岔曲、赶板、翠岔、代牌子、琴腔、小曲、马头调、大鼓书词、莲花落、工尺字、东西两韵子弟书、石派大本书词，真不二价，不误主顾。逢七逢八在护国寺东碑亭，逢九逢十在隆福寺西角门祖师殿。本堂寓北京西直门内大街高井儿胡同东小胡同路北门，世传四代，起首第一，四远驰名。③

百本张是清代北京一家有名的书铺，雇人专门抄写民间戏班的戏曲、曲艺，抄售的唱本达一千多种，经营时间长达百年之久。这说明书坊出版戏班剧本是有利可图的，这样才能"世传四代"。同时，也说明书坊应与戏班有合作，不然如何争取到如此数量大又曲种丰富的稿源。所以，通过以上的分析，我们大致可以得出结论，明清书坊与戏班存在着合作伙伴的关系。

戏曲文本是明清书坊与戏班合作的重要载体。明清书坊刊刻戏曲演出本，一来可以增加稿源，二来可以吸引读者；对于戏班来说，也从书坊那里获利颇多，至少有四个方面。一是扩大戏班受众群，提高影响力。明清时期戏班竞争激烈，为了招徕观众花招百出。选择与书坊合作，无疑可以打响戏班的

---

① （清）范文白：《意中缘·序》，王学奇、霍现俊等：《笠翁传奇十种校注》（上），天津古籍出版社 2009 年版，第 389 页。

② 李渔《闲情偶寄》，中国戏曲研究院《中国古典戏曲论著集成》（第 7 集），中国戏剧出版社 1959 年版，第 58 页。

③ 转引自傅惜华《百本张戏曲书籍考略》，《傅惜华戏曲论丛》，文化艺术出版社 2007 年版，第 348、347 页。

知名度，让更多的读者了解并观看本戏班的演出。二是保留戏班演出脚本。戏班演出本多是艺人手抄本，存本不多，也不易保存，而且可能字迹潦草，甚至模糊不清，而书坊的刊刻本能够避免这些问题。有了戏曲刊本，戏班艺人可以人手一本，随时揣摩剧本，更好地表演戏曲。三是获得稿酬。明清书坊是否付给戏班稿酬，虽然没有资料明确记载，但是，明清坊刻戏曲稿源的获取就有购买这种方式，见本书第二章内容。而且，作为商人，戏班不可能错过赚钱的机会。比如清代戏班主人李渔，他的剧本十分畅销，书坊向他要稿，他索求一定的稿费，书坊也不得不答应。又如百本张抄本的封面往往出现"童叟无欺""别还价""少钱不卖""言无二价""真不二价"等图章或木记①，估计是因为付给戏班的稿酬已是一笔不小的开支，为确保利润只能谢绝还价。可见，戏班将稿本提供给书商，是能获得一定稿酬的。这些稿酬可以增加艺人收入，或者拿来添置舞台装备。四是提高表演本的文本质量，主要体现在以下两个方面。

首先，明清书坊与戏班合作编辑戏曲文本，提高戏曲的文学性和舞台性。书坊争取到戏班的稿源后，还要对稿本进行编辑。因为舞台脚本比较粗糙，为迎合读者的阅读感受，书坊需要组织文人修改。李世忠在《梨园集成·自序》中说道，他有感于当时梨园文本因传抄、口授之故多有错误，于是"频约善才，删除赝本"②。而他所请之人可能就是安徽书坊竹友斋雇用的文人。明万历间戏曲选本《鼎镌徽池雅调南北官腔乐府点板曲响大明春》署"教坊掌教司扶摇程万里选，后学庠生冲怀朱鼎臣集，闽建书林拱唐金魁绣"。③坊刻本《大明春》由戏曲艺人选录，文人朱鼎臣编辑。朱鼎臣还编有《三国志演义》《西游记》《新锲全像南海观音菩萨出身修行传》等书，是"受雇于建阳书坊的文人"④。可见，书坊为了提高刊本销量，是乐于编辑稿源的，由此

---

① 转引自傅惜华《百本张戏曲书籍考略》，《傅惜华戏曲论丛》，文化艺术出版社 2007 年版，第 347 页。

② （清）李世忠：《梨园集成·自序》，清光绪六年刊本《梨园集成》，顾廷龙主编：《续修四库全书》（第 1782 册），上海古籍出版社 2002 年版，第 146—147 页。

③ （明）程万里：《大明春》，《善本戏曲丛刊》（第 1 辑 06 册），中国台湾学生书局 1984 年版，第 10 页。

④ 齐裕焜：《明代建阳坊刻通俗小说评析》，《福建师范大学学报（哲社版）》，2006 年第 1 期。

提高了戏曲文本的规范性和文学性，从而更好地服务于舞台表演。

其次，明清书坊与戏班合作编辑戏曲文本，提高戏曲的舞台性。文人编创的戏曲文本，有时候要请艺人帮助。陆采的《明珠记》，"曲既成，集吴门老教师精音律者，逐腔改定，然后妙选梨园子弟登场教演，期尽善而后出"①。曹寅请洪昇看戏，"置《长生殿》本于其席，又自置一本于席。每优人演出一折，公与防思雠对其本，以合节奏，凡三昼夜始阕"②。文人创作的戏曲未必适合登台演出，所以请来艺人演出以完善剧本。前文论及袁于令、臧懋循等书坊亲自改编戏曲使之适合舞台表演，那是因为他们不仅是出版家，还是出色的戏曲家。然而，大部分书坊主由于学识有限，为了增加"俳优唱本"，不排除请艺人润色曲文的可能性。黄仕忠《琵琶记研究》指出："锦本（《琵琶记》）又有标'新增'字样的曲文，则是锦本摘汇的当时由艺人或文士增入并且已被搬上舞台的文字，其中有些'新增'的内容后来为晚明刊本列入正文而成为定本中的文字。（在锦本《荆钗》《拜月》等戏有较多的例证）。"③选本《全家锦囊》由嘉靖三十二年建安书林詹氏进贤堂所刻，全称"摘汇奇妙戏式全家锦囊"，摘录当时舞台演出的片段。锦本《琵琶记》增加了一些曲文并标"新增"两字，这些新增曲文出现在明万历年间金陵书坊富春堂本《琵琶记》及《乐府红珊》、《词林一枝》、《大明春》等坊刻戏曲选集中，但是曲辞有所不同。书坊进贤堂为吸引读者注意增加"已被搬上舞台的文字"，后来的书坊又对新增内容进行编辑，正如黄仕忠所说："这类'新增'和改动，在当时也是一种'创新'，因而为其他戏班所仿效，为后出的刊本所采纳。"④可以想见，戏曲舞台刊本中每一次"新增"的内容，如果没有艺人参与校对，恐怕难以被其他戏班仿效。正是书坊与戏班共同努力，才使戏曲文本更具舞台性。

戏曲舞台本经过书坊的改编进入戏班，在戏班的演出中仍被修改，书坊

---

① （清）钱谦益：《列朝诗集小传》丁集上"陆秀才采"条，上海古籍出版社1983年版，第396页。

② （清）金埴撰，王湜华点校：《巾箱说》，中华书局1982年版，第136页。

③ 黄仕忠：《〈琵琶记〉研究》，广东高等教育出版社1996年版，第179页。

④ 同上。

再次请来文人或艺人修订。所以，明清书坊刊刻的戏曲标题往往有"新订""重校"等字眼，而且版本繁多。可以说，一个戏曲通行本的诞生，是由观众、读者与作者、艺人相互影响而来，也是书坊与戏班不断合作的结果。相互修改戏曲文本应是明清书坊与戏班合作的主要方式。此外，晚清还出现书坊与艺人出版"花谱"的合作方式。总之，书坊与戏班合作，是互惠互利，既给书坊带来销量，也推进了戏班发展壮大。明清是戏曲表演尤为盛行的时期，也是中国古代戏曲出版最为重要的阶段，书坊与戏班在长达五百多年时间里，一直有着相辅相成的关系。本章主要从书坊刊刻戏曲书籍的类型、书坊对戏曲文本的编创、书坊与戏班的合作三个方面，探讨明清书坊对戏曲演出的影响，即丰富舞台艺术、指导戏曲演出、促进戏班发展。了解书坊与戏曲演出的关系，有助于我们加深对明清戏曲文学与传播的认识。

第八章　明清书坊与戏曲读者

赵山林先生的《中国戏曲观众学》是较为系统研究中国古代戏曲观众的著作。该书主要从早期市民观众、村镇观众、商人、军士、士大夫，后期城市观众、妇女观众、皇室成员这几类人群探讨古代戏曲观众，为中国戏曲传播研究提供了新颖的视角和许多宝贵的资料。诚然，戏曲是综合艺术，可以在舞台上表演，供人观赏。而戏曲也可如小说般，刊印出来供人阅读，所以明清书坊刊刻了众多的戏曲文本。本章主要探讨明清书坊与读者的关系。

第一节　明清时期戏曲读者的构成、特点与影响

面对案头读物的戏曲文本，明清时期的观众是否都是戏曲的读者？戏曲读者的主体构成是否发生变化？既观看戏曲又阅读戏曲的读者有什么特点？与小说读者又有什么不同？小说读者的研究成果丰富，特别是蔡亚平著作《读者与明清时期通俗小说创作、传播的关系研究》，系统分析了明清小说读者的构成、特点与影响。然而，目前尚未有相关文章具体探讨明清时期的戏曲读者。为更好地论述明清书坊与读者的关系，本章首先分析明清时期的戏曲读者。

一　明清时期戏曲读者的构成

蔡亚平《读者与明清时期通俗小说创作、传播的关系研究》认为明清小

说读者包括帝王与皇室成员、宗室、贵族、官员与文人士大夫、学校及书院的学生、市井百姓等下层读者、女性读者、少儿读者、商人、域外小说读者。① 明清时期戏曲读者的构成也是多元化的，笔者将之分成十类读者群，需要指出的是，为了突出某一读者群，分类上难免有所交叉。这十类读者群具体如下。

第一，帝王丞相、藩王宗室。

为了维护封建统治，明代帝王颁布了很多戏曲禁令，但帝王本身却是戏曲的忠实读者。成书于明成祖永乐六年的《永乐大典》，收录评话、杂剧和戏文，可见明成祖朱棣对戏曲的态度。李开先《张小山小令·后序》云："人言宪朝好听杂剧及散词，搜罗海内词本殆尽；又武宗亦好之，有进者即蒙厚赏。"② 明宪宗、武宗广搜曲本，也表现出对戏曲的喜爱。另外，藩王和丞相也是戏曲的读者。如朱权和朱有燉直接参与戏曲创作；明建阳刻本《破窑记》，署明神宗宰相李九我评点；明万历年间刻本《奇梦记》，署明思宗宰相周延儒评点。

第二，文人士大夫。

出于社会教化与文化控制，明代统治者广建官学，导致"士"群体的扩大。出身于庶民家庭的子弟也晋身到"士"的阶层，至明代中叶以后成为活跃于社会舞台的庞大团队。这批文化层次较高的群体热衷戏曲，达到"举国如狂"的地步。③ 作为读者，他们阅读、创作戏曲，为戏曲本文评点、绘画，还亲自刊刻戏曲书籍，如臧懋循、冯梦龙、周居易、张弘毅、毛晋、李渔、周昂、石韫玉、王文治、叶堂、刘世珩、董康等文人刊刻了不少戏曲文本。④

第三，女性读者。

明清女性对戏曲的痴迷不亚于文人士大夫，如汝文淑、汝文媛为《西厢记》描绘插图；"吴吴山三妇"（陈同、谈则、钱宜）评点《牡丹亭》；马湘

---

① 蔡亚平：《读者与明清时期通俗小说创作、传播的关系研究》，暨南大学出版社 2013 年版，第 36—106 页。

② （明）李开先《张小山小令·后序》，《李开先集》（上册），中华书局 1959 年版，第 370 页。

③ 郭英德：《明清传奇史》，江苏古籍出版社 1999 年版，第 133 页。

④ 瞿冕良：《中国古籍版刻辞典》，齐鲁书社 1999 年版。

兰、叶小纨、梁小玉等女性创作戏曲文本；"三妇"中的钱宜更是"愿卖金钏为锓板资"①。除了大家闺秀外，下层女性也阅读戏曲，"凡上衮名流、冶儿游女"均抄写传诵《西楼记》②，"即幽阁之贞，倚门之冶"皆能熟读《西厢记》③，可见明清戏曲拥有不同身份地位、文化阶层的女性读者。

第四，商人。

明代商品经济发展与资本主义萌芽，使商人的贸易活动越来越频繁。明代文学家钟惺说："货殖非小道也，经权取舍，择人任时，管、商之才，黄、老之学于是乎在。"④ 文人开始肯定商人的价值，愿意与商人交往。商人与文人一起看戏、读戏，而且有经济条件购买戏曲书籍，学识日渐增长，有的还创作了戏曲，如晚明盐商汪廷讷创作了《狮吼记》等脍炙人口的戏曲作品。

第五，军士。

明清时期的禁令涉及军人看戏、唱戏，如朱元璋曾亲自下令："在京但有军官军人学唱的割了舌头。"⑤ 但严厉的军规并没有阻止军人阅读戏曲，如明代王廷瑞将军欲为周德清《中原音韵》加以点板；⑥ 明代将领李应祥聘请张凤翼撰写传奇《平播记》，为自己歌功颂德；⑦ 太平军降将李世忠不仅办戏班，还编了一本皮黄选集《梨园集成》。可见，明清时期的戏曲读者包括军人群体。

第六，学生读者。

明朝延续科举考试制度，大兴学校，"无地而不设之学，无人而不纳之教"，以至于史书上称"明代学校之盛，唐宋以来所不及也"。⑧ 学校生源扩大，学生人数激增。书商为抓住这一读者群，还特别在戏曲刊本中打广告，

---

① （清）陈同、谈则、钱宜：《还魂记·序》，清乾隆间梦园刊本《吴吴山三妇合评〈牡丹亭〉还魂记》，吴毓华《中国古代戏曲序跋集》，中国戏剧出版社1990年版，第411页。

② （明）陈继儒：《题西楼记》，明剑啸阁刊《西楼记》，吴毓华《中国古代戏曲序跋集》，中国戏剧出版社1990年版，第160页。

③ （明）诸葛元声：《西厢记·序》，伏涤修、伏蒙蒙辑校《西厢记资料汇编》（上），黄山书社2012年版，第170页。

④ （明）钟惺：《隐秀轩集》，上海古籍出版社1992年版，第517页。

⑤ （明）顾起元：《客座赘语》，中华书局1987年版，第346页。

⑥ （明）祝允明：《怀星堂集》，西泠印社2012年版，第529页。

⑦ （明）沈德符：《顾曲杂言》，中国戏曲研究院《中国古典戏曲论著集成》（第4集），中国戏剧出版社1959年版，第208页。

⑧ （清）张廷玉：《明史》，中华书局1974年版，第1686页。

周之标就在其选本《吴歈萃雅》的题词中说："学士家虽谓读烂时文，不如读真时曲"，① 劝导学生阅读戏曲而不是八股文。然而，学生阅读戏曲多被禁止。清代传奇作家张坚《玉狮坠·自叙》云："忆昔从父师受业时，偷看《西厢》《拜月》诸传奇，偶一游戏，背作《梦中缘》填词，惧见嗔责，藏之箧底。"② 学生在紧张的学习之余以戏曲为乐，不料被老师发现，只能将戏曲藏之箱底。

第七，戏曲艺人。

刻于万历四十四年的《北西厢记》，卷首有何璧撰写的《凡例》云："《西厢》为士林一部奇文字，如市刻用点板者，便是俳优唱本。"③ 所谓"俳优唱本"，就是给演员演唱的本子，即明清戏曲刊本面向众多的演员读者。倪倬《二奇缘·小引》云："今将付诸剞劂，使优伶习之矣，但得如记曲娘子，为我歌之。"④ 倪倬将剧本刊印给优伶学习，希望像"记曲娘子"那般才艺出众的艺人为其演唱。艺人平时需要揣摩剧本、勤于练习，方可得到观众的青睐。为了吸引更多的观众，艺人们还争相购买新剧本，正如冯梦龙所云："（李玉）初编《人兽关》盛行，优人每获异稿，竞购新剧，甫属草，便攘以去。"⑤

第八，少儿读者。

明代戏曲家王骥德"自童年辄有声律之癖，每读其（《西厢记》）词，便能扗所纰缪"⑥；清代文人"快雨堂"在"童子时爱读此《记》（《还魂记》）"⑦；清代艺术家郑板桥忆其幼年"行匣中惟徐天池《四声猿》、方百川

---

① （明）周之标：《吴歈萃雅题辞》，明万历四十四年周氏刊本《吴歈萃雅》，俞为民、孙蓉蓉《历代曲话汇编》（明代编第 2 集），黄山书社 2008 年版，第 418 页。

② （清）张坚：《玉狮坠·自叙》，清乾隆间《玉燕堂四种曲》本《玉狮坠》，俞为民、孙蓉蓉《历代曲话汇编》（清代编第 1 集），黄山书社 2008 年版，第 743 页。

③ 明万历四十四年刻本《何璧校本北西厢记·凡例》，吴毓华《中国古代戏曲序跋集》，中国戏剧出版社 1990 年版，第 154 页。

④ （明）倪倬：《二奇缘·小引》，明崇祯间刻本《二奇缘》，吴毓华《中国古代戏曲序跋集》，中国戏剧出版社 1990 年版，第 232 页。

⑤ （明）冯梦龙：《永团圆·叙》，明末墨憨斋刊本《永团圆》，吴毓华《中国古代戏曲序跋集》，中国戏剧出版社 1990 年版，第 276 页。

⑥ （明）王骥德：《新校注古本西厢记·自序》，明万历间香雪居刊本《新校注古本西厢记》，吴毓华《中国古代戏曲序跋集》，中国戏剧出版社 1990 年版，第 126 页。

⑦ （明）快雨堂：《〈冰丝馆重刻还魂记〉叙》，清乾隆五十年冰丝馆刻《玉茗堂还魂记》，吴毓华《中国古代戏曲序跋集》，中国戏剧出版社 1990 年版，第 520 页。

《制艺》二种"①。可见，明清读者中有自幼就喜读戏曲的。此外，家班优童也是演员读者。童伎在十岁左右被家班主人买入，授以声乐，培养成为家乐成员。李开先的家乐中就有童伎。有人认为李开先有如此才情，却"不宅心经术，童子不使之读书，歌古诗，而乃编词作戏"②，因此建议他遣散优童。但是李开先醉心于戏曲，创作《一笑散》后，便"刻之以木，印之以楮"，并"命童子扮之，以代百尺扫愁之帚"③。这种赏曲之乐估计是他人不能体会的。以所蓄家班技艺高超而闻名的邹迪光也培养了优童，并对优童的演出赞不绝口，他说："《紫箫》《还魂》诸本，不佞率令童子习之，亦因是以见神情，想丰度。诸童搬演曲折，洗去格套，羌亦不俗。"④ 这些优童熟读剧本，演技了得，是戏曲读者群的成员之一。

第九，下层百姓。

书籍阅读的方式有很多种，比如购买、赠阅、借阅、抄阅、租赁。对于经济条件较差的下层百姓来说，没有能力购买书籍，可以通过抄写等形式阅读。如明代叶盛（1420—1474）《水东日记》卷二一《小说戏文》指出："今书坊相传射利之徒伪为小说杂书，南人喜谈如汉小王（光武）、蔡伯喈（邕）、杨六使（文广），北人喜谈如继母大贤等事甚多。农工商贩，抄写绘画，家畜而人有之，痴騃女妇，尤所酷好。"⑤ 明代前中期，戏曲已被"农工商贩"等市井百姓通过抄写的形式阅读。

第十，域外读者。

明清时期中国戏曲传入日本、朝鲜、越南、法国、德国、英国、意大利等国家。传入域外的戏曲作品既有《西厢记》等杂剧，也有《琵琶记》《牡丹亭》等南戏与传奇；既有《绣襦记》《红梨记》《昙花记》《明珠记》等单行刊本，也有《八能奏锦》《雍熙乐府》《摘锦奇音》《玄雪谱》《盛明杂剧》

---

① （清）郑板桥：《潍县署中与舍弟第五书》，《郑板桥集》，上海古籍出版社1962年版，第21页。

② （明）姜大成：《宝剑记·后序》，《李开先集》（下册），中华书局1959年版，第852页。

③ （明）李开先：《院本短·引》，《李开先集》（下册），中华书局1959年版，第857页。

④ （明）邹迪光：《与汤义仍》，明万历间刊本《调象菴稿》卷四十，俞为民、孙蓉蓉编《历代曲话汇编》（明代编第1集），黄山书社2008年版，第743页。

⑤ （明）叶盛：《水东日记》，中华书局1980年版，第213—214页。

等选本;① 既有戏剧作品，也有戏曲研究论著，如清光绪年间，越南国贡部正使裴文禩读了杨恩寿的《词余丛话》后为之作序，还表达了此书刊印后"以百本见寄"的愿望;② 既有戏曲原本流入，也有海外读者翻译、改编中国戏曲，如《赵氏孤儿》在明清时期有不少域外的翻译本、改编本。

戏曲观众不一定是戏曲读者，因为有些观众不识字，无法阅读文本。从受众的数量看，明清戏曲读者数量也许不如观众，但是从构成看，明清戏曲读者上至皇室下至百姓，与观众是一致的。阅读戏曲与观看戏曲一样，在明清时期受到大众的喜爱，成为重要的娱乐方式之一。

二 明清时期戏曲读者构成主体的变化

程师国赋的著作《明代书坊与小说研究》分析了明代小说读者的构成变化，指出"明代前期主要由中上层商人、士子构成读者主体"，"在明代后期的读者队伍中，随着下层读者的大量介入，市民群体、商人、士子共同构成小说读者群体，其中，以下层百姓的数量最多，最为引人注目，当为后期读者阶层的主体"。③ 明清时期的戏曲读者构成主体也曾发生变化，这可从以下三个方面进行分析。

第一，从戏曲刊本的序跋分析。明万历初及之前的戏曲刊本较多强调中上层读者。如建阳书坊种德堂刻于万历元年的《琵琶记·凡例》云："刻本多未有点板，今照昆山腔调，逐句逐字批点，皆已详校，名流知音者，当自得也。"④ 强调戏曲书籍是卖给"名流知音"的。万历二十六年金陵书坊继志斋刻《琵琶记·凡例》中有一条是"点板黜浙从昆，审经名校"句，应是袭用种德堂的，⑤ 但是已无"名流"等字眼。可以说，明万历中后期以来，戏曲刊本多强调读者的广泛性，特别是下层百姓。如毛晋在崇祯年间刊刻《六十

---

① 黄仕忠:《日藏中国戏曲文献综录》，广西师范大学出版社2010年版，第5—12页。
② [越南]裴文禩:《词余丛话·序》，清光绪间刻本《坦园丛稿》所收《词余丛话》，吴毓华《中国古代戏曲序跋集》，中国戏剧出版社1990年版，第601页。
③ 程国赋:《明代书坊与小说研究》，中华书局2008年版，第333—334页。
④ 黄仕忠:《〈琵琶记〉研究》，广东高等教育出版社2011年版，第193—194页。
⑤ 黄仕忠:《〈琵琶记〉研究》，广东高等教育出版社2011年版，第201页。

种曲》并认为所选戏曲"上自高人韵士，下至马卒牛童，以迄鸡林象胥之属，对之无不刮须眉，无不醒肝脾"①；书坊主闵遇五于崇祯年间编刊《会真六幻》，认为该选本"黄童白叟朝夕把玩，都无不可也"②；崇祯年间刊刻的《磨忠记》写魏忠贤勾结奸党、谋害忠良之事，书中序言指出要通过此书"令天下村夫蓥妇、白叟黄童，睹其事"③。

第二，从读者的购买能力分析。缪咏禾《中国出版通史》指出："明代实行银本位，明初时一两银子可买米三四石，明末时一两银子买米一二石。据此，则一部《列国志》要一二石白米的价钱，一部小曲唱词要四五斗白米的价钱，书价还是比较贵的。"④ 所以有的学者认为，明清时期通俗小说的读者是"商贾、官宦包括其子弟，以及具备一定经济能力的知识分子"⑤。那么，戏曲的读者也是这样吗？据现有戏曲刊本来看，明清戏曲刊本从明万历中后期才兴盛起来。明万历初及之前的戏曲刊本比较少，所谓物以稀为贵，大概这个阶段只有富裕之人才买得起戏曲刊本。至于晚明的情况应该有所变化。黄卉在《明代通俗小说的书价与读者群》一文中指出，明代中晚期的人们"文化娱乐兴趣增长"，热衷于通俗文学，愿意花钱购买小说，"使通俗小说的读者包括社会各个阶层，既有缙绅士大夫，也有农工商贩"⑥。宋莉华在《明清时期说部书价述略》一文中也认为，百姓对通俗文艺有浓厚兴趣，"即使是收入中等的市民，风气使然，可能也会有限度地购买小说"⑦。其实，戏曲亦如此。明代中叶以来，由于对戏曲的热爱，以及奢靡之风的兴起，人们的消费观念开始发生变化，愿意花更多的钱追求声色娱乐。富庶的江南之地就更不用说了，

---

① （明）得闲主人：《题演剧二套》，明汲古阁刊本《六十种曲》，吴毓华《中国古代戏曲序跋集》，中国戏剧出版社1990年版，第293页。

② （明）闵遇五：《会真六幻·序》，蔡毅《中国古典戏曲序跋汇编》，齐鲁书社1989年版，第160页。

③ （明）范世彦：《磨忠记·序》，明崇祯间刻本《磨忠记》，吴毓华《中国古代戏曲序跋集》，中国戏剧出版社1990年版，第257页。

④ 缪咏禾：《中国出版通史》（五），中国书籍出版社2008年版，第286页。

⑤ 潘建国：《明清时期通俗小说的读者与传播方式》，《复旦学报》2001年第1期。

⑥ 黄卉：《明代通俗小说的书价与读者群》，朱诚如、王天有《明清论丛》（第6辑），紫禁城出版社2005年版，第222—233页。

⑦ 宋莉华：《明清时期说部书价述略》，《复旦学报》2002年第3期。

尽管书籍价格高，但是人们舍得花钱去购买。关键是，百姓也有一定的购买能力。以伶人、娼妓的收入为例。据明末小说《梼杌闲评》记载，请戏班唱戏"连酒水将近要十两银子"，除了戏钱外，演员往往还能得到额外的赏钱，如第二回写道："二公叫家人赏众戏子每名一两，那小旦分外又是一两。"①娼妓的收入也不低，虽然要上交给鸨母，但是私自收藏不少金银珠宝，像《卖油郎独占花魁》中王美娘攒下的首饰达四千多两银子；杜十娘的就更多了，可装一箱子，称为"百宝箱"。伶人、娼妓在晚明的人数扩大，收入高涨，应该是可以购买小说戏曲的。正如宋莉华指出，要将"部分市井如伶人、娼妓"纳入明清小说读者的考察范围，因为"他们占据城市人口的一定比例，不乏收入可观者"②。更为关键的是，比起小说，戏曲书籍的价格更能让读者接受。先来看晚明小说的价格，如明万历苏州龚绍山刊本《新镌陈眉公先生批评春秋列国志传》12卷，约40万字，"每部纹银一两"；万历天启间苏州舒载阳刊本《新刻钟伯敬先生评封神演义》20卷，约70万字，"每部定价纹银二两"。现存明代戏曲中标明书价的有三种：明万历闵县金魁刻程万里编戏曲选本《大明春》（《善本戏曲丛刊》收录）"每部价银一钱二分"；明万历四十三年徽州百岁堂刊《新刻出像点板吕真人梦境记》（日本宫崎氏藏）"每部价二钱"；明万历四十四年杭州书坊静常斋刻戏曲选本《月露音》（《善本戏曲丛刊》收录）"每部纹银八钱"。可将上述小说、戏曲刊本的价目列一表格，加以说明。

时间	地点	书名	价格
万历年间	苏州	《列国志传》	一两
万历年间	苏州	《封神演义》	二两
万历四十三年	徽州	《梦境记》	二钱
万历四十四年	杭州	《月露音》	八钱
万历年间	闵县	《大明春》	一钱二分

① （明）佚名：《梼杌闲评》，人民文学出版社1983年版，第41、20页。
② 宋莉华：《明清时期说部书价述略》，《复旦学报》2002年第3期。

从表格可知，一两银子买不到一本《封神演义》，却能买到两本戏曲，福建刻本《大明春》的价格则更低。演员仅靠一次赏钱就可买到一两本戏曲。可见，晚明的普通百姓应该有一定的经济能力购买戏曲书籍。

第三，从戏曲刊本的内容与读者的阅读水平分析。明初的戏曲刊本特别注重字音和释义。如明弘治十一年刊本《西厢记》解释"秋波""比目鱼"等并不生僻的词语；成立较早的金陵大型书坊富春堂，其所刻戏曲大多在正文旁边加以音释，如对"龄""跟""嘴"等比较简单的词语进行注音和解释。明初戏曲刊本价格昂贵，所增加的音释估计是为了照顾文化层次较低但有能力购买书籍的商人群体。明万历中后期的戏曲刊本有以下几个变化。一是较少添加音释。二是图目与出目的字数不再是五、六、七、八字等没有规律，而多为统一的四字目或两字目，甚至没有图目。三是插图中图目以外的"题字"越来越简洁，如嘉靖三十二年刻《全家锦囊》、嘉靖四十五年刻《荔镜记》等早期戏曲刊本，插图除图目外，两侧还有联语，合起来是一首七言诗，有概括剧情的功效，能帮助读者理解文意；但是到了明万历中后期，像万历三十八年容与堂刻《李卓吾先生批评北西厢记》、万历四十四年刻《橘浦记》、万历四十六年刻《玉茗堂批评异梦记》，这些刊本的插图没有图目，题字也只是短短数字。明万历四十二年香雪居刻《新校注古本西厢记》卷首有王骥德作《凡例》云："今本每折有标目四字，如'佛殿奇逢'之类，殊非大雅。今削二字，稍为更易，疏折下，以便省检。"① 在文人看来，两字目更加简明和雅驯。明万历以来，大量下层文人受雇于书坊编写戏曲，中上层文人也积极投入戏曲创作，文人群体数量扩大，文人阅读戏曲形成一种普遍现象。晚明戏曲刊本逐渐走向规范、典雅和精致，正适合文人的审美情趣，体现了文人是晚明重要的读者群。值得注意的是，渐趋文雅的戏曲刊本也是普通百姓成为戏曲读者主体的表现。15 世纪末，途经江南的朝鲜人崔溥曾这样描述："江南人以读书为业，虽里闾童稚及津夫、水夫皆识字。"② 明末文学

---

① 明万历间香雪居刊《新校注古本西厢记·凡例》，吴毓华《中国古代戏曲序跋集》，中国戏剧出版社 1990 年版，第 130 页。

② （朝鲜）崔溥：《崔溥漂海录校注》，朴元熇校注，上海书店出版社 2013 年版，第 165 页。

家张岱谈到余姚的风俗说："后生小子无不读书，及至二十无成，然后习为手艺。"① 不仅是男性，晚明识字的女性也不少。明代沈德符《万历野获编》云"凡女七岁以上入学习《女训》"，② 说明晚明女性较早接受教育，下层女性也如此。《金瓶梅》写到潘金莲"七岁儿上女学，上了三年，字仿也曾写过，甚么诗词歌赋、唱本上字不认的！"③ 可见，晚明的文化教育相当普及，市民识字水平大幅提升，整个社会文化层次上升，雅致的刊本正好符合他们的阅读需求。特别是，明清时期戏曲刊本主要集中于江浙地区，在富庶的江南之地，对于识字水平大幅提升的市民来说，购买并阅读戏曲应该不难。

从以上分析可知，明前期的戏曲读者主要是贵族、富商及经济能力较强的文人士子；明万历中后期以后，伴随经济能力和文化水平的提升，市井百姓构成戏曲读者的主体部分，大批文人学士则成为重要读者群。

三　明清时期戏曲读者的特点

与戏曲观众相同，明清时期读者也有以下几个特点：一是成员广泛。上述笔者探讨了明清时期戏曲的读者，包括帝王丞相与藩王宗室、文人士大夫、商人、军士、女性读者、学生读者、少儿读者、戏曲艺人、下层百姓和域外读者。从中可见这一群体十分庞大，不分阶层、年龄、身份，甚至跨越国界。二是看戏、读戏常被禁止。明清戏曲禁令众多，从王利器《元明清三代禁毁小说戏曲史料》可窥见一斑，所以学生、女性、少儿等类型读者往往偷偷阅读戏曲。三是喜爱《西厢记》《牡丹亭》《桃花扇》《长生殿》等经典作品。王实甫《西厢记》受到读者的热烈追捧，在明代是"王公贵人，逮闺秀里孺，世无不知"④；汤显祖《牡丹亭》"初出时，文人学士，案头无不置一本"⑤。

---

① （明）张岱：《夜航船》，中华书局 2012 年版，第 1 页。
② （明）沈德符：《万历野获编》（上），中华书局 1959 年版，第 88 页。
③ （明）兰陵笑笑生著，秦修容整理：《金瓶梅：会评会校本》（中），中华书局 1998 年版，第1162 页。
④ （明）王骥德：《新校注古西厢记·自序》，明万历间香雪居刻本，吴毓华《中国古代戏曲序跋集》，中国戏剧出版社 1990 年版；第 126 页。
⑤ （清）林以宁：《还魂记·题序》，清乾隆间梦园刊本《吴吴山三妇合评〈牡丹亭〉还魂记》，吴毓华《中国古代戏曲序跋集》，中国戏剧出版社 1990 年版，第 413 页。

"南洪北孔"的作品亦大受欢迎，如清人方廷熹云："孔东塘、洪昉思诸乐府出，学士大夫争相购读。"① 所谓"十部传奇九相思"，这些作品描写了生动曲折、感人肺腑的爱情故事，满足了读者的阅读趣味，所以得到普遍认可。

梁实秋指出："读剧本，与看舞台上演，其感受大不相同。舞台上演，不过是两三小时的工夫，其间动作语言曾不少停，观众直接立即获得印象。有许多问题来不及思考，有许多词句来不及品赏。读剧本则可从容玩味，发现许多问题与意义。"② 的确，阅读戏曲与观赏戏曲是两种不同的行为。观众看戏可获得直观、形象的感知，但往往是瞬间、即时的感受。阅读戏曲就不同了，可以细细品味。尤其是读者评点戏曲，对语言关目、曲词音律进行鉴赏，或圈点，或考评，或改评，倾注了满腔情感。师俭堂《鼎镌陈眉公先生批评西厢记》卷首余文熙《六曲奇·序》云："余口口情痴于口口（诸传），时为婆娑，暇取而品评之。"③ 文人闲情之际批点戏曲文本，应是十分惬意之事，与看戏的心境完全不同，这也是读者与观众的重要区别。

与诗文读者、小说读者不同，戏曲读者有着独特的阅读体验。看戏后再阅读文本，或阅读文本后再看戏，其中的阅读感受是其他读者无法体会的。而且，"都中伶人之盛，由来久矣，而文人学士为之作花谱、花榜者，亦复汗牛充栋，名作如林，续貂匪易"④，清末出现了很多像《燕台集艳》等评论戏曲演出、伶人的作品，这是读者看戏后的感受，可供其他读者消遣，其他读者读了"花谱""花榜"再去观赏戏曲，恐怕又是另外一番滋味。这种读戏与看戏的互动，给戏曲读者带来别样的审美愉悦。此外，明清戏曲读者喜串戏。戏曲读者除了观赏戏曲，还可以扮演戏中角色，又多了一层娱乐体验，这也是与小说读者不同的地方。余怀在《板桥杂记》中说："（金陵）妓家各

①（清）方廷熹：《杨状元进谏谪滇南·序》，蔡毅《中国古典戏曲序跋汇编》，齐鲁书社1989年版，第981页。

②梁实秋：《听戏、看戏、读戏》，《雅舍杂文》，文化艺术出版社1998年版，第63页。

③（明）余文熙：《六曲奇·序》，师俭堂刊《鼎镌陈眉公先生批评西厢记》，陈旭耀《现存明刊〈西厢记〉版本综录》，上海古籍出版社2007年版，第149页。

④（清）播花居士：《燕台集艳》，谷曙光、吴新苗《京剧历史文献汇编》（清代卷1），凤凰出版社2011年版，第416页。

分门户，争妍献媚，斗胜夸奇……入夜而撮笛撷筝，梨园搬演，声彻九霄。"①明末妓女为迎合文人的喜好，多能搬演戏曲，并且"以串戏为韵事，性命以之"。② 上层读者也可以放下身段，过过戏瘾，如明熹宗在德胜门外回龙观六角亭与太监高永寿等同演《雪夜访赵普》。文人演戏更是屡见不鲜，如徐复祚《曲论》云："（张凤翼）常与仲郎演《琵琶记》，父为中郎，子赵氏，观者填门，夷然不屑意也。"③ 明刊朱墨本《邯郸记》眉批云："如今理学先生不独说白，且肯唱曲，并肯上场矣。"④ 连理学先生也乐于上场演戏，可见文人对串戏的喜爱。阅读戏曲后再演戏，演戏后再读戏曲，这种读戏与演戏的互动，同样也能给读者带来不同的阅读享受。

四　明清时期戏曲读者的影响

以上分析的是明清戏曲读者的特点，至于影响，可以从两个方面进行探讨。首先，戏曲读者与戏曲演出相互影响。先来看一下戏曲读者对戏曲演出的影响。明清读者在戏曲刊本中增加方便演唱的点板；插入反映当时戏曲舞台的图画；冯梦龙、臧懋循、毛晋、袁于令等人的戏曲评点本不乏指导艺人如何演出的评语；李渔等人编写《闲情偶寄》《梨园原》《审音鉴古录》等有关表演、导演的论著，这些都为戏曲演出提供了有益的参考。此外，张岱《陶庵梦忆》记载："五夜，夜在庙演剧……唱《伯喈》《荆钗》，一老者坐台下对院本，一字脱落，群起噪之，又开场重做。"⑤ 作为普通观众的"老者"竟然在场上对着剧本，字字必究，这就迫使演员必须对宾白与科介了如指掌，看来戏曲读者还能督促演员的表演。反过来，戏曲演出对读者也有着积极影响，比如读者创作戏曲会请来艺人表演文本，然后与艺人商讨后再定稿，也就是说，戏曲艺人的表演有助于戏曲文本的完善。⑥ 特别是，对于戏曲作家兼

① （明）余怀：《板桥杂记》，上海古籍出版社2000年版，第8页。
② （明）张岱：《陶庵梦忆》，中华书局1985年版，第64页。
③ （明）徐复祚：《曲论》，中国戏曲研究院《中国古典戏曲论著集成》（第4集），中国戏剧出版社1959年版，第246页。
④ （明）汤显祖：《邯郸记》，《古本戏曲丛刊初集》，商务印书馆1954年版。
⑤ （明）张岱：《陶庵梦忆》，中华书局1985年版，第30页。
⑥ 在本书第七章"明清书坊与戏曲演出"有所探讨，此不赘述。

家班主人的读者来说，如李开先、梅鼎祚、龙膺、顾大典、沈璟、屠隆、许自昌、祁彪佳、祁豸佳、吴炳、阮大铖、查继佐、尤侗、李渔、李书云、乔莱、曹寅、唐英、王文治、黄振、李调元①，他们编写、阅读剧本的同时，还组织家班演出，在读戏与看戏的互动中，既提高了剧本的舞台性，又增强了戏曲的表演魅力。

其次，戏曲读者与戏曲文本相互影响。一是戏曲文本对读者产生影响。在大部分读者看来，闲暇之余阅度戏曲是一种消遣方式，如地理学家徐霞客闲来无事便翻阅《还魂记》，"竟日而尽"②。在某些读者看来，阅读戏曲则有着特殊的功用。对帝王来说，戏曲文本成了政治手段之一。明代开国皇帝朱元璋曾赞赏《琵琶记》是"山珍海错，贵富家不可无"③，因为《琵琶记》的主题能够教化人心。而康熙皇帝阅读《桃花扇》后，不过半年，孔尚任便被罢官，很多学者认为与孔尚任创作《桃花扇》有关。可见，帝王对戏曲的态度与政治相连。李开先《张小山小令·后序》云："洪武初，亲王之国必以词曲一千七百本赐之。"④ 朱元璋将大量词曲剧本赏赐亲王，就是为了通过戏曲宣扬伦理道德，巩固封建统治。对于学生读者来说，优秀的戏曲文本有助于文学创作，乃至科举之业。清代小说《歧路灯》第十一回写到，塾师侯冠玉认为《西厢记》文法"各色俱备，莺莺是题神，忽而寺内见面，忽而白马解围，忽而传书，忽而赖简，这个反正开合，虚实浅深之法，离奇变化不测"⑤，为此要求学生阅读《西厢记》。被称为举业八大家之一的汤显祖教育学生，也是非常重视戏曲，学生黄君辅向他讨教，他说："汝能焚所为文，看吾填词（戏曲）乎？"君辅谨遵师教，"遂捷秋场，称吉州名士"。⑥ 对于女性读者来

---

① 王永敬主编：《中国"昆曲学"研究课题系列：昆剧志》（下），上海文化出版社 2015 年版，第 560—579 页。

② （明）徐弘祖：《徐霞客游记》，上海古籍出版社 2010 年版，第 362 页。

③ （明）徐渭：《南词叙录》，中国戏曲研究院《中国古典戏曲论著集成》（第 3 集），中国戏剧出版社 1959 年版，第 243 页。

④ （明）李开先：《李中麓闲居集·张小山小令·后序》，《李开先集》（上册），中华书局 1959 年版，第 370 页。

⑤ （清）李绿园：《歧路灯》，齐鲁书社 1998 年版，第 71 页。

⑥ （明）董其昌：《容台集·文集》卷二《俞彦直文稿·序》，转引自钱锺书《谈艺录》补订本，中华书局 1984 年版，第 360 页。

说，阅读戏曲是情感洗礼。明崇祯年间，文盛堂刊刻澄道人评《四声猿》卷首载《读〈四声猿〉调寄〈沁园春〉》：

> 才子祢衡，骂武雄词，锦绣心肠。恨老瞒开宴，视同俳史，掺挝骂座，声变渔阳。豪杰名高，奸雄胆裂，地府重翻姓字香。玉禅老，叹失身歌妓，何足联芳。木兰代父沙场，更崇嘏名登天子堂。真武堪陷阵，雌英雄将；文堪华国，女状元郎。豹贼成擒，鹗表新赋，谁识闺中窈窕娘。须眉汉，就石榴裙底，俯伏何妨。①

这是明代才女顾若璞所作之词，表达了对花木兰、黄崇嘏两位女性英雄的钦佩，具有反传统意识。明清戏曲对女性影响是多方面的，邱炜萲《五百洞天挥麈》云："天下最足移易人心者，其惟传奇小说乎。自有《西厢记》出，而世慕为偷情苟合之才子佳人者多。"② 有的读者甚至沉浸在缠绵悱恻的戏曲故事中不能自拔，乃至"断肠而死"。③ 阅读戏曲对女性的影响可谓大矣。阅读戏曲对少儿读者的影响也不小。丁日昌《山阳县禀遵饬查禁淫书并呈示稿及收买书目由》云："淫词小说，最为蛊惑人心，童年天真为漓，偶得《水浒》《西厢》等书，遂致纵情放胆，因而丧身亡家者多矣。"④ 少年儿童行为约束力低下，容易模仿书中情节，导致现实生活发生悲剧。由以上分析可知，阅读戏曲对明清读者影响深远，但是影响不尽相同。二是戏曲读者对戏曲文本产生影响。上述论及明清戏曲十个类型的读者，其中绝大多数类型的读者创作了戏曲。如朱权、朱有燉、汪廷讷、叶小纨、李世忠编创戏曲；国家图书馆藏明刊本《绨袍记》封面题"建邑梨园子弟顾觉宇编集"；明隆庆三年，右金都御史庞尚鹏指出"生员毁

---

① （明）顾若璞：《读〈四声猿〉调寄〈沁园春〉》，明崇祯间刻澄道人评本《四声猿》，上海古籍出版社1984年版，第205页。

② 邱炜萲：《五百洞天挥麈》，俞为民、孙蓉蓉《历代曲话汇编》（近代编第1集），黄山书社2008年版，第654页。

③ （明）朱彝尊：《静志居诗话》（下册），人民文学出版社1990年版，第461页。

④ （清）丁日昌：《抚吴公牍》卷七《山阳县禀遵饬查禁淫书并呈示稿及收买书目由》，王利器《元明清三代禁毁小说戏曲史料》，上海古籍出版社1981年版，第150页。

提学而编戏文"①；明陆梦龙《蝴蝶梦·叙》指出武将谢寤云创作传奇《蝴蝶梦》②，可见藩王宗室、商人、女性读者、戏曲艺人、学生、军士均撰写了戏曲文本。读者阅读文本后积极创作戏曲，极大丰富了戏曲文本。另外，从明清戏曲序跋、凡例、识语看，明清戏曲读者促进戏曲刻本的产生；丰富刊本的形态，如插图、评点、序跋、附录、音释、点板、句读、字体、字号、朱墨套印技术、合刊本、袖珍本；影响戏曲题材、内容取舍，戏曲续集、改本的创作，以及经典剧本的塑造，由于涉及内容较多，将在本章第二节详论。

第二节　读者心理与戏曲刊刻

明清读者在长期阅读或观看戏曲的过程中，肯定形成了一定的心理模式，比如喜欢才子佳人的故事、跌宕起伏的情节、简洁明白的语言、皆大欢喜的结局。这就使作者在创作时需要照顾读者心理。如《李丹记·凡例》云："悲欢离合之处，力脱蹊径，中间变幻百出，脉络自贯，令观者不厌。"③《蝴蝶梦》的本事源于《庄子》，谢国在《凡例》中指出："编中多用《南华》事实，则说白不得不引用《南华》语。然《南华》文辞玄奥，观者尚未了然于目，听者安能了然于耳？屡欲易以家常浅近语而不能，抑且不敢。稍微芟繁就简，使听者即不尽解，或不甚厌而已。"④

那么，读者的心理对于刻家来说，又有怎样的影响呢？一方面，满足读者对作品的期待视野，如读者看到精彩表演后，希望得到案头之曲；或为了阅读起来更舒适，而渴求刊刻形态发生变化；或看完作品后潜意识里开始幻想续集的情节。另一方面，超越读者的期待视野。新事物使读者产生新鲜感，

---

① （清）庞尚鹏：《百可亭摘稿》（卷二），《四库全书存目丛书》（第 129 册），齐鲁书社 1997 年版，第 149 页。

② （明）陆梦龙：《蝴蝶梦·叙》，明崇祯间柱笏斋刻本《蝴蝶梦》，吴毓华《中国古代戏曲序跋集》，中国戏剧出版社 1990 年版，第 283 页。

③ （明）刘还初：《李丹记》，《古本戏曲丛刊五集》，上海古籍出版社 1986 年版。

④ 明崇祯间柱笏斋刻本《蝴蝶梦·凡例》，吴毓华《中国古代戏曲序跋集》，中国戏剧出版社 1990 年版，第 284 页。

刊本出现与众不同的内容，给读者带来惊喜之余拓宽了他们的审美标准。可见，读者心理对于戏曲刊刻非常重要。对于家刻来说，质量高的刊本更利于亲戚朋友间流传。至于坊刻，读者是他们的"衣食父母"，所以更加关注读者的心理需求，以增强刊本的吸引力和感染力。针对读者这些心理，刻家从多方面努力，在很大程度上促进了戏曲刊刻事业的发展。

一 影响戏曲刻本的产生

读者心理影响了戏曲刻本的产生，这主要体现在三个方面。

首先，读者的喜读心理使作品以刻本的形式流传。如胡天禄《〈劝善记〉跋》指出："好事者不惮千里求其稿，赡写不给。乃绣梓，以应求者。"[1] 在词曲仍受鄙视的明代，一些文人的写作只求自娱自乐，而不是广传天下。这种秘而不传的创作心理使读者无缘目睹他们的作品。有幸被刊刻的，大多是作者友人或书商根据读者的需求拿去付梓的。所以《劝善记》得以刊刻，正是因为读者看到珍贵的抄本，或是看到戏班的表演，对作品产生浓厚的兴趣。又如李开先介绍《打哑禅》《园林午梦》的刊刻缘由时说："借观者众，从而失之。失者无及，其存者恐久而亦如失者矣。遂刻之以木，印之以楮，装数十本，藏之巾笥。"[2] 戏曲受欢迎是好事，但是如果仅以抄本的形式流传，则很容易丢失。因此，读者喜读的心理有时也给作者带来麻烦，为了保存作品，又让读者广泛阅读，只好求助刻板。

其次，读者的阅读欲望促使戏曲刻本被翻刻、重刻，从而产生众多版本。这种阅读欲望源于刻本被抢购而空，如起凤馆刊《刻李王二先生批评北西厢》序认为，《西厢记》得到李贽等名家的评点后更加畅销，以致"鸡林购求，千金不得，慕者遗憾"，所以"顷余挟箧吴越之间，谒掌故，得二先生家藏遗草，归以付之杀青，为自叹王、关功臣"[3]；或者源于对刻本的不满，如少山

---

[1] （明）胡天禄：《〈劝善记〉跋》，蔡毅《中国古典戏曲序跋汇编》，齐鲁书社1989年版，第621页。
[2] （明）李开先：《院本短·引》，《李开先集》（下册），中华书局1959年版，第857页。
[3] （明）起凤馆主人：《刻李王二先生批评北西厢·序》，明万历三十八年起凤馆刊王李合评本《元本出相北西厢记》，伏涤修、伏蒙蒙辑校《西厢记资料汇编》（上），黄山书社2012年版，第152页。

堂刊刻的《刻出像释义西厢记》引云：

> 盖此传刻不厌烦，词难革故，梓者已类数种，而货者似不惬心。胡
> 氏少山，深痛此弊，因恳余校录。不佞构求原本，并诸刻之复校阅，订
> 为三帙。《蒲东杂录》录于首焉，补图像于各折之前，附释义于各折之
> 末，是梓诚与诸刻迥异耳。①

　　这些说辞似乎有打广告的嫌疑，但是从读者的角度考虑，未尝不是如此。
《西厢记》刻本众多，但是伪托本、拼凑本也不少，所以读者仍然"不惬
心"，盼望更加精良的版本出现。

　　最后，读者心理促进戏曲刻本提前产生。有的是因为读者"慕名"心理
而将刻本提前发行。虎耕山人《蓝桥玉杵记·凡例》云："本传兹因海内名公
闻多渴慕，故急刊布，未遑音释，重订有待。"② 书坊为了抓住商机，连注音
和释义也顾不得了。汤显祖"四梦"在明代甚是流行，张弘毅本想出一套
《玉茗堂四梦》，但最终是将"几令西厢减价"的《牡丹亭》先行发刊。他在
《牡丹亭·凡例》中说："本坛原拟并行四梦，乃《牡丹亭》甫就本，而识者
已口贵其纸，人人腾沸，因以此本先行。"③ 考虑到读者对刊本的热切期待，
张弘毅只好临时更改出版计划。有的则是因为读者解读作品时的猜测心理，
而将未完成的作品付梓。《紫箫记》是汤显祖的处女作，以唐人蒋防的传奇小
说《霍小玉传》为题材而创作的，但写到三十四出就搁笔。他在《紫钗记·
题词》中说："往余所游谢九紫、吴拾芝、曾粤祥诸君，度新词与戏，未成，
而是非蜂起，讹言四方。诸君子有危心，略取所草具词梓之，明无所与于时
也。记初名《紫箫》，实未成。"④ 读者没有看到完整的剧本时，就开始猜测

---

① （明）谢世吉：《刻出像释义西厢记引》，明万历七年少山堂刻《新刻考正古本出像释义北西
厢》，伏涤修、伏蒙蒙辑校《西厢记资料汇编》（上），黄山书社 2012 年版，第 119 页。

② 明万历间浣月轩刊《蓝桥玉杵记·凡例》，吴毓华《中国古代戏曲序跋集》，中国戏剧出版社
1990 年版，第 117 页。

③ 明天启四年张氏著坛刊《清晖阁批点玉茗堂还魂记·凡例》，俞为民、孙蓉蓉编《历代曲话
汇编》（明代编第 3 集），黄山书社 2008 年版，第 53 页。

④ （明）汤显祖：《紫钗记·题词》，清初竹林堂刻本《汤义仍先生紫钗记》，吴毓华《中国古
代戏曲序跋集》，中国戏剧出版社 1990 年版，第 87 页。

作者的创作意图是什么，总喜欢将虚幻的剧情与现实人生相联系，就像现在的索隐派解读《红楼梦》，于是得出的结论是《紫箫记》讥讽时政，剧中宰相杜黄裳影射当时首辅张居正。在舆论压力下，汤显祖不得不提前刊刻作品，在世人面前证明自己"明无所与于时"。这对汤显祖来说，也许有些遗憾；但对于我们来说，正因为读者这一心理，使我们可以窥探作者早期的创作思想，这对于全面了解汤显祖及其作品不无裨益。

二 影响戏曲的刊刻形态

在仔细阅读文本内容前，读者往往会注意书籍的刊刻形态，包括插图、评点、序跋、附录、音释、字体、字号、版式、是否朱墨套印本等。因为，这些文本以外的形式有助于阅读。所以，自有刻书以来，刻家尤其是书商也会花心思设计版面，使读者获得更多的审美愉悦。如书眉、书耳在宋代刻本中就已出现。明代戏曲刊本的形态呈现多样化，正是成功剖析读者心理的佳绩。

一是插图、评点的兴盛。随着明代版画技术的提高，戏曲的刊本也插入图画。左图右文、上图下文逐渐成为读者的阅读心理定式。正如凌氏刻本《西厢记·凡例》云："是刻实供博雅之助，当作文章观，不当作戏曲相也，自可不必图画，但世人重脂粉，恐反有嫌无像之为缺事者，故以每本题目正名四句，句绘一幅，亦猎较之意云尔。"[①] 在凌濛初看来，纯粹是文字的刻本显得庄重高雅，插入图画反而俗气，但是为了满足大众口味，不得不随波逐流。评点方面，除了眉批、尾批、夹批外，符号也被用来诠释文本。如《玄雪谱·凡例》云："选剧近百，虽色香声脆，各吐慧心，然寸长尺短，不能不微分甲乙，聊于篇首用'○''△''、'别之，以见珍重之意。词胜于情用'、'，情胜于词用'△'，情词双美用'○'。"[②] 虽然面对同一部作品，仁者见仁，智者见智，但是符号仍然起到很好的提示和帮助鉴赏的作用。

---

① 明天启间凌氏刻本《西厢记·凡例》，吴毓华《中国古代戏曲序跋集》，中国戏剧出版社 1990 年版，第 177 页。

② 明崇祯间刊《玄雪谱·凡例》，吴毓华《中国古代戏曲序跋集》，中国戏剧出版社 1990 年版，第 297 页。

　　二是序跋、附录的丰富。请名家作跋，无疑有利于提高书籍的品位，所以明刊戏曲大部分有序跋。当然，有的序跋仅供读者娱乐而已，如凌濛初刊刻的《琵琶记》卷首有白云散仙的序言。他在《凡例》中解释说："弘治间有白云散仙者，以东嘉见梦，谓蔡伯喈乃慕容喈之误，改之行世，以为东嘉洗垢，亦一奇也。兹附载其序，以发好事者一笑。"[①] 而戏曲刊本的附录，不仅提供了丰富的知识，开拓了读者视野，而且能够兼顾不同读者的阅读心理。如《阳春奏·凡例》云："卷内俱是北调，末乃附以南音，盖北音峻劲，恐为世俗所憎，特附新声以快时眼，博雅君子其尚鉴焉。"[②] 在戏文、传奇红遍大江南北之际，书商黄正位独树一帜，编刊了以杂剧为主的戏曲选本，但又担心销路问题，于是附录了"南音"。又如《邯郸梦记·凡例》云："新刻臧本，止载晋叔所窜，原词过半削焉，是有臧竟无汤也。兹以汤本为主，而臧改附傍，使作者本意与改者精工一览并呈。"[③] 书商闵光瑜很精明，"一览并呈"可谓一箭双雕，使读者大饱眼福。

　　三是音释、点板、句读的增加。注音和释义对于下层百姓来说是必要的。尤其是注音，不仅利于阅读，而且便于歌唱，正如《吴歈萃雅》选例所云："至声分平仄，字别阴阳，用韵不同之处，细查《中原》注出，不惟歌者得便稽查，抑使学者庶无别字。"[④] 因此，大部分书坊在刊刻戏曲时有音释。有的甚至在书名标出，以吸引眼球。对于场上之曲，点板显得尤为重要。富春堂、文林阁、长春堂、世德堂、读书坊、百岁堂、凝瑞堂、忠贤堂、种德堂、崇文堂等书坊刊刻的戏曲大多有点板。戏曲选本则有《新刻点板乐府南音》《新镌汇选辨真崑山点板乐府名词》《新刻出像点板增订乐府珊珊集》《新镌出像点板缠头百练二集》《鼎锲徽池雅调南北宫腔乐府点板曲听

---

　　① 明凌濛初刻朱墨套印本《琵琶记·凡例》，吴毓华《中国古代戏曲序跋集》，中国戏剧出版社1990年版，第179页。

　　② 明万历间刊本《阳春奏·凡例》，吴毓华《中国古代戏曲序跋集》，中国戏剧出版社1990年版，第101页。

　　③ 明天启间刻朱墨套印本《邯郸梦记·凡例》，吴毓华《中国古代戏曲序跋集》，中国戏剧出版社1990年版，第166页。

　　④ （明）周之标：《吴歈萃雅》"选例"，明万历四十四年周氏刊本《吴歈萃雅》，俞为民、孙蓉蓉编《历代曲话汇编》（明代编第2集），黄山书社2008年版，第417页。

大明春》《新刻出像点板时尚昆腔杂曲醉怡情》等。而对于没有点板的，则根据词的韵律点定节拍，在词曲的旁边标上句读。如《蓝桥玉杵记·凡例》云："词曲不加点板者，缘浙板昆板，疾徐不同，难以胶于一定，故但旁分句读，以便观览。"①

四是字体、字号的变更。张弘毅刻《牡丹亭·凡例》云："凡刻书，序跋俱宽行大草，令览者目眩，纵饶名笔，亦非雅观，故诸序悉照本内行格。"②虽然序跋用草书的形式较为普遍，而且具有艺术鉴赏价值，但是读者阅读起来很吃力，所以张弘毅打破陈规，尝试改变。除了字体，字的大小也很有讲究。相信没有读者愿意阅览字号小又密密麻麻的书籍，因此弘治十一年刊刻的《奇妙全相注释西厢记》为"大字魁本"③。然而，对于既有宾白又有唱词，既有注释又有评点的戏曲刊本来说，仅仅放大字号是不够的。以不同的字号区别不同的内容，才能满足读者的需求。如书坊继志斋刻《题红记》例目云："各调流传既久，于声之平仄，字之增减，讹谬滋多。传中诸调，务穷原谱，以取宫徵谐和，阴阳调适，其衬觇抢代等处俱从中细书，以便歌者。"④

五是朱墨套印技术的运用。从史料可以得知，在书籍出版领域率先尝试先进技术的大多出现于坊刻体系中。明代中后期，书籍市场竞争激烈，为了抢到更多买家，双色或多色套印本逐渐增多。朱墨套印技术并不始于戏曲刊本，但是最早用这一技术刊刻戏曲的则是书坊。吴兴的闵氏和凌氏两姓的书坊刊刻的戏曲大多是朱墨本，他们喜用不同的颜色区分评点内容。如闵光瑜《邯郸梦记·凡例》云："批评旧有柳浪馆刊本，近为坊刻删窜，淫蛙杂响，兹择采其精要者，与刘评共用朱印，唯作字差，大以别之，若臧评则梓在墨

① 明万历间浣月轩刻本《蓝桥玉杵记·凡例》，吴毓华《中国古代戏曲序跋集》，中国戏剧出版社1990年版，第117页。
② 明天启四年张氏著坛刊《清晖阁批点玉茗堂还魂记·凡例》，俞为民、孙蓉蓉编《历代曲话汇编》（明代编第3集），黄山书社2008年版，第53页。
③ 明弘治间金台岳家刻本《奇妙全相注释西厢记》"牌记"，吴毓华《中国古代戏曲序跋集》，中国戏剧出版社1990年版，第40页。
④ 明万历间继志斋刻本《题红记》"例目"，吴毓华《中国古代戏曲序跋集》，中国戏剧出版社1990年版，第138页。

板，以便看也。"① 凌濛初《琵琶记·凡例》亦云："此本加丹铅处，必曲家胜场，知音自辨。"②

六是合刊本、袖珍本的出现。花较少的钱，读到更多的内容，是读者购书时的普遍心理。因此，有关戏曲不同方式的合刻本、日益精致的袖珍本在明代频频出现。这里所说的合刊本有五种类型。第一，将同一题材的作品，不同的版本合而刻之。如万历二十八年周居易刻《新刊合并西厢记》分别是董解元、王实甫、李日华、陆天池创作的《西厢记》；天启时期闵遇五刊刻《会真六幻西厢》，这套书包括《会真记》《西厢记诸宫调》，王实甫《西厢记》、关汉卿《续西厢记》、李日华《南西厢记》、陆天池《南西厢记》。第二，合刻同一个作家的不同作品。如吴之鲸《玉茗堂乐府·总序》云："余友德聚，耽奇嗜古，喜搜异书，帐无蓄伎，而雅慕洛咏，汇若士先后制，合刻之曰《玉茗堂乐府》，成以示余。"③ 第三，将同为经典的作品合刻。如黄仕忠先生指出，《西厢记》和《琵琶记》"两者实为各书坊刻印戏曲之首选"，"而明确将两者联袂出版者，据笔者所知，今尚存有继志斋万历二十六年刻《重校北西厢记》五卷及《重校琵琶记》四卷；徐奋鹏天启初改刊其改本《西厢定本》与《伯喈定本》两种，合称《词坛清玩》"④。第四，将不同名家的评点合刻在同一刊本中。如起风馆刊刻的《元本出像西厢记》有王世贞和李卓吾的评点；《西厢记三先生合评本》则集合了徐渭、李贽、汤显祖三位大家的评点。第五，在戏曲选本中，合刻不同体裁的文学作品。如万历时期《小说戏曲合刊》就是小说与戏曲合刻的选本，只可惜已佚。大部分戏曲选本则是同时收录散曲、时调、酒令、灯谜等。版式多为一版三栏，上下栏为戏曲，中栏为散曲、酒令、灯谜等，如《玉树英》《词林一枝》《八能奏锦》《玉谷新簧》《乐府万象新》《大明春》《时调青昆》《冰壶玉屑》等。也有分

① 明天启间刻朱墨套印本《邯郸梦记·凡例》，吴毓华《中国古代戏曲序跋集》，中国戏剧出版社 1990 年版，第 166 页。
② 明凌濛初刻瞿仙本《琵琶记·凡例》，吴毓华《中国古代戏曲序跋集》，中国戏剧出版社 1990 年版，第 179 页。
③ 吴书荫：《"玉茗堂四梦"最早的合刻本探索》，《戏曲研究》2007 年第 1 期。
④ 黄仕忠：《〈西厢记〉〈琵琶记〉合刊本》，黄仕忠《日本所藏稀见中国戏曲文献丛刊》（第 1 辑），广西师范大学出版社 2006 年版，第 2—3 页。

两栏的，均为戏曲，其间附有民歌等，如《摘锦奇音》《彩云乘新镌乐府遏云编》《尧天乐》《徽池雅调》。

戏曲选本《赛徽歌集·序》指出袖珍本的作用："遵之付剞劂氏，镌为袖珍小书，以便观览。然敢故谓纤巧以悦人也。"① 现存最早的袖珍本戏曲是嘉靖时苏州书坊所刻《新刊巾箱蔡伯喈琵琶记》。此外，还有万历三十三年茅彦徽刻《齐世子灌园记》等。

三 影响戏曲题材、内容的选择

在经济条件有限的情况下，面对浩如烟海的戏曲作品，该选择什么题材进行刊刻？此时读者心理起了关键性作用。李渔说"传奇十部九相思"，爱情题材的作品是明清文学的常青树，自然也成为明代家刻和坊刻的主要稿源。陈继儒在《红拂记·跋》中说："《西厢》风流，《琵琶》离忧，大抵都作儿（女）子态耳。"② 常被刊刻的两部经典戏曲，也正是对人间永恒主题的谱写。

由于社会思潮的影响，爱情剧中出现了不同的主题倾向，其中一种则是强调情感的伦理化。明中后期的"主情"风尚，使妇女的婚姻观念有所改变。她们要求男女平等，与丈夫争夺话语权，甚至将"三从四德"抛到九霄云外。在男尊女卑的社会，这当然引起了男性的不满。书商汪廷讷大概深切体会到他们的苦衷，于是亲自创作了《狮吼记》，希望通过这部戏曲告诫善妒的妇人。他在《狮吼记·小引》中云："余窃慨夫之于妇三纲之一倒坏至此，后将何极？乃采狮子吼故事，编为杂剧七出，欲使天下之强妇悍婢尽归顺于所夫。"③ 因为"对症下药"，该曲反响不错，他在《狮吼记·又叙》中云："往余编《狮吼》杂剧，刻布宇内，人人喜诵，而乐歌之，

---

① （明）无名氏：《赛征歌集·序》，明万历间巾箱本《赛征歌集》，俞为民、孙蓉蓉编《历代曲话汇编》（明代编第3集），黄山书社2008年版，第474页。

② （明）陈继儒：《〈陈眉公批评红佛记〉全剧总评》，伏涤修、伏蒙蒙辑校《西厢记资料汇编》（下），黄山书社2012年版，第401页。

③ 黄仕忠：《日本所藏稀见中国戏曲文献丛刊》（第11辑），广西师范大学出版社2006年版，第208—209页。

盖因时之病，对症之剂也。"① 如果说《狮吼记》是对妇女思想解放的一个反拨，那么显然力度是不够的。大胆宣泄情欲的戏曲热闹登场后，一些试图调和情理矛盾的作品涌现剧坛，如周履靖《锦笺记》、孟称舜《节义鸳鸯冢娇红记》，都是在风花雪月中宣扬"从一而终""一夫两妇"等封建礼教。书商陈大来于万历三十六年刊刻了《锦笺记》。他在《引言》中说：

> 抱真先生愤世破情，特为是以垂闺范耳。其曰世谊亲昵，惩结义也；曰词笺召衅，禁工文也；曰慕德耀，感乞儿，谓内言外言，毋出入也。游观当戒，何论僧尼寺庵，即家园难免窥觇；眼色易牵，宁独淫僧狂客，即性女亦自垂情。兼以三姑六婆，奸诡万状，捷如姚江，严如帅府，且为笼络透漏，况其他乎？若夫励操全盟，割爱忘妒，捐躯代选，安分辞荣，节义两全，讵不称美。而自衔自售之妇，徒取杀身辱名，观者莫不惕然哉。此先生作记意也。②

这是对妇女提出种种规劝的言论，不仅道出了作者的创作主旨，也喊出了当时男性同胞的心声。正是看到有广泛的读者群存在，所以陈大来选择刊刻这部戏曲。

程师国赋在《明代书坊与小说研究》中指出："读者阶层对奸臣的痛恨以及铲除阉党之后的畅快心理引发了明末诸如《魏忠贤小说斥奸书》《皇明中兴圣烈传》《警世阴阳梦》等一批以魏阉为题材的小说刊刻热潮。"③ 戏曲也不例外。读者心理与对明末时事剧的刊刻有着紧密联系。范世彦《磨忠记·序》云：

> 是编也，举忠贤之恶，一一暴白，岂能尽罄其概，不过欲令天下村夫蒸妇白叟黄童睹其事，极口痛骂忠贤，愈以显扬圣德如日。为善究

---

① 黄仕忠：《日本所藏稀见中国戏曲文献丛刊》（第 11 辑），广西师范大学出版 2006 年版，第 210 页。

② （明）陈大来：《锦笺记引言》，明万历间继志斋刊本《锦笺记》，吴毓华《中国古代戏曲序跋集》，中国戏剧出版社 1990 年版，第 120 页。

③ 程国赋：《明代书坊与小说研究》，中华书局 2008 年版，第 231 页。

竟得芳，为恶究竟得臭。一言一动，皆有鬼神纠察，借以防范人心，又其剩意，则是编未必无益于世云。①

晚明政局动荡，社会黑暗，最令人发指的是魏忠贤的专权。《鸣凤记》《磨忠记》《冰山记》等剧本揭露了魏阉的暴行，受到大众欢迎。张岱《陶庵梦忆》云：

> 魏珰败，好事者作传奇十数本，多失实，余为删改之，仍名《冰山》。城隍庙扬台，观者数万人，台址鳞比，挤至大门外。一人上，白曰："某杨涟。"□□诤谳曰："杨涟！杨涟！"声达外，如潮涌，人人皆如之。杖范元白，逼死裕妃，怒气忿涌，噤断嘤喳。至颜佩韦击杀缇骑，嗥呼跳蹴，汹汹崩屋。②

时事剧不仅满足读者了解政治事件真相的欲望，而且帮助他们抒发阉党倒台后的痛快心理，所以这类题材的作品不断被刊刻。

在确定所要刊刻的作品后，对文本内容进行修订与取舍也非常重要。《元刊杂剧三十种》有曲无白的原因，众说纷纭。王国维在《宋元戏曲考》中认为："恐坊间刊刻时，删去其白，如今日坊刊脚本然。盖白则人人皆知，而曲则听者不能尽解。此种刊本，当为供观剧者之便故也。"③ 此说未必准确，但是反映了当时读者的心理状态。因为营利是书坊的终极目标，只有摸清顾客需要什么，才能保证销量。戏曲读者心理并不是一成不变的，每个时代都有各自的特点，它与明代刊本的关系主要表现在两个方面。

一是字词的校对。凌濛初刻《西厢记·凡例》云：

> 北曲衬字每多于正文，与南曲衬字少者不同。而元之老作家，盖喜多用衬字，且偏于衬字中著神作俊语，极为难辨。时本多混刻之，使

---

① （明）范世彦：《磨忠记·序》，明崇祯间刻本《磨忠记》，吴毓华《中国古代戏曲序跋集》，中国戏剧出版社 1990 年版，第 257 页。
② （明）张岱：《陶庵梦忆》卷七《冰山记》，中华书局 1985 年版，第 65 页。
③ 王国维：《宋元戏曲考》，上海古籍出版社 2008 年版，第 84 页。

观者不知本调实字。徐、王本亦分别出，然间有误处。兹以《太和正音谱》细核之，而衬字、实字了然矣。①

除了衬字以外，方言、俚语、点板等都是需要编刊者校对的。如《增订珊珊集·凡例》云："点板之讹，缘刻手信意。或错或少，疲于校雠，遂相因仍。此刻一一订正，具目者自辨。"②

二是内容的取舍。书坊在校稿时，难免会对作品内容做些调整，以更符合读者的阅读期待。有的书坊主甚至亲自操刀，他们编刊的作品更能迎合读者心理。以戏曲选本为例。静常斋主人《月露音·凡例》云："古曲脍炙者，人尽熟闻，集都首载。卷未开而闭目可数，选可取焉。兹于最佳者，略录于各集之末。"③ 读者对于耳熟能详的作品容易产生审美疲劳，所以该选本对于老生常谈的戏曲择优取录，而腾出版面刊登较为新颖的内容。另外，读者喜欢南曲的倾向也导致了明刊传奇类选本远远超过杂剧类选本。《吴歈萃雅》选例云："词无论乎今古，总之期于时好。……南词虽由北曲而变，然是编但取南调，不用北曲。故南则广收博取，北不过附其二一，以探时尚而已。"④《词林逸响·凡例》亦云："曲不分今古，期于共赏。……南词虽由北曲而变，然箫管独与南词合调，则广收博采，大半用南，间附北曲之最传者，亦云弦索不可变焉耳。"⑤ 可见，"期于时好"是编选的唯一标准，因为读者才是他们的指挥棒。

四　影响戏曲续作、改作的刊刻

一些作品受到追捧后，它们的续集因为读者的关注，也往往被刊刻。如

---

① 明天启间凌氏刻本《西厢记·凡例》，吴毓华《中国古代戏曲序跋集》，中国戏剧出版社1990 年版，第 176—177 页。

② 明万历间刊本《新刻出像点板增订珊珊集·凡例》，俞为民、孙蓉蓉编《历代曲话汇编》（明代编第 2 集），黄山书社 2009 年版，第 420 页。

③ 明万历间杭州李氏刊本《月露音·凡例》，俞为民、孙蓉蓉编《历代曲话汇编》（明代编第 2 集），黄山书社 2009 年版，第 454 页。

④ （明）周之标：《吴歈萃雅选例》，明万历四十四年周氏刊本《吴歈萃雅》，俞为民、孙蓉蓉编《历代曲话汇编》（明代编第 2 集），黄山书社 2008 年版，第 417 页。

⑤ 明天启三年萃锦堂刊本《词林逸响·凡例》，俞为民、孙蓉蓉《历代曲话汇编》（明代编第 2 集），黄山书社 2008 年版，第 459 页。

周之标编刊的《吴歈萃雅》大受欢迎，"海内辄为嗜痴"，但是"此刻老矣"，已经过时了，所以又着手编刊《增订珊珊集》。① 《缠头百练初集》获得好评后，续集也被刊刻。瓠落生《乐府缠头百练二集·引》云：

> 清溪道人素为著作手，更邃于学，先我有心，尝简拔名曲为《缠头百练》，已自纸贵。今复精遴为选之二，个中网旧曲以立式，怀歌词以尽才，旁及弦索以存古，间采弋阳以志变，删棘口之音，为协耳之调。②

另外，读者心理影响了戏曲改编本的刊刻。如汪廷讷《狮吼记·又叙》云：

> 秣陵焦太史，当今博洽君子，以为不足尽苏、陈事迹。余复广搜远罗，就丘眉山当日之事，庶无渗漏矣。乃取杂剧而更编之，始以七出，今以三十出。闺阁之隐情，悍戾之恶态，模写殆尽，不待终场而观者无不抚掌也。③

男性读者看了《狮吼记》应该是拍手称快的，但是仍觉得意犹未尽，所以这位"博洽君子"提出扩大篇幅，汪廷讷欣然答应，于是作者与读者取得"双赢"。

又如独具慧眼、常为书坊编书的冯梦龙，改编了不少戏曲。不难想象，他的这一举动亦出于商业动机。因此，他编辑的戏曲大多是读者喜闻乐见的。他在《永团圆·叙》中说："笠庵颖资巧思，善于布景……初编《人兽关》盛行，优人每获异稿，竞购新剧，甫属稿，便攘以去。……余改窜独于此篇最多，诚乐与相成，不敢为佞。"④ 李玉的剧本能够联系现实，结合舞台实际，

---

① （明）周之标：《增订珊珊集·小引》，明万历间刊本《新刻出像点板增订珊珊集》，俞为民、孙蓉蓉编《历代曲话汇编》（明代编第 2 集），黄山书社 2008 年版，第 420 页。

② （明）瓠落生：《乐府缠头百练二集·引》，转引自郑振铎《一九三三年的古籍发见》，《郑振铎全集》（第 5 卷），花山文艺出版社 1998 年版，第 468 页。

③ （明）汪廷讷《狮吼记·又叙》，黄仕忠：《日本所藏稀见中国戏曲文献丛刊》（第 11 辑），广西师范大学出版社 2006 年版，第 210—211 页。

④ （明）冯梦龙：《永团圆·叙》，明末墨憨斋刊本《永团圆》，吴毓华《中国古代戏曲序跋集》，中国戏剧出版社 1990 年版，第 275 页。

深受群众的喜爱，钱谦益也说："元玉言词满天下，每一纸落，鸡林好事者争被管弦。"① 此外，他还改编了袁于令的《西楼记》，这是"海人达官文士、冶儿游女，以至京都戚里，旗亭邮驿之间，往往抄写传诵，演唱殆遍"的作品。② 汤显祖的《邯郸梦》《还魂记》等作品亦逃不过他的法眼。至于备受青睐的戏曲仍要修改的原因，冯梦龙在《精忠旗·序》中指出："旧有《精忠记》，俚而失实，识者恨之。"③ 此外，也有出于演出的目的。书商臧懋循改编汤显祖"四梦"，正是为了方便艺人表演。茅元仪在《牡丹亭·序》中说："雉城臧晋叔以其为案头之书，而非场中之剧，乃删其采，剉其锋，使其合于庸工俗耳。"④ 吴梅也说："《牡丹》《邯郸》《南柯》，有钮、雷诸子为之订谱，而未能尽善，晋叔取四种而尽酌之，则案头场上，皆称便利。"⑤ 可见，无论是改定情节还是变换唱曲，都是为了最大限度地满足读者的审美需求。

五　影响经典剧本的塑造

在中国古典戏曲史上，《西厢记》与《琵琶记》堪称双璧。臧懋循《荆钗记·引》云："今乐府盛行于世，皆知王大都《西厢》，高东嘉《琵琶》为元曲，无敢置左右祖。"⑥ 然而，《西厢记》在元代并非压卷之作，如李开先《改定元贤传奇·序》指出：

> 而元词鲜有见之者。见者多寻常之作，脂粉之余。如王实甫在元人，非其至者，《西厢记》在其平生所作，亦非首出者，今虽妇人女子皆能举其词，非人生有幸不幸耶？⑦

① （明）无名氏：《眉山秀·题词》，清顺治间刊本《眉山秀》，吴毓华《中国古代戏曲序跋集》，中国戏剧出版社1990年版，第324页。
② （明）陈继儒：《题西楼记》，明剑啸阁刊《西楼记》，吴毓华《中国古代戏曲序跋集》，中国戏剧出版社1990年版，第160页。
③ （明）冯梦龙：《精忠旗·序》，高洪钧编著《冯梦龙集笺注》，天津出版社2006年版，第203页。
④ （明）茅元仪：《牡丹亭·序》，明泰昌朱墨刻本《牡丹亭》，吴毓华《中国古代戏曲序跋集》，中国戏剧出版社1990年版，第163页。
⑤ 吴梅：《紫钗记》，《吴梅全集：理论卷》（中），河北教育出版社2002年版，第849页。
⑥ （明）臧懋循：《荆钗记·引》，《负苞堂集》，古典文学出版社1958年版，第63页。
⑦ （明）李开先：《改定元贤传奇·序》，明本《李中麓闲居集》，吴毓华《中国古代戏曲序跋集》，中国戏剧出版社1990年版，第51页。

无独有偶，诸葛元声在画意本《西厢记》序言中发出同样的感慨：

> 然实甫在元人词坛中未执牛耳，而《西厢》初出时亦不为实甫第一义，要于尝鼎一脔，仅供优弄耳。而迄今脍炙人口，户诵家传之，即幽阁之贞，倚门之冶，皆能举其词，若他人单词、小令、杂剧，往往芜没无闻，词固有幸不幸哉！①

为何在元代默默无闻的《西厢记》到了明代却是名满天下，甚至成为经典？这是一个引人深思的问题，即文学经典是如何形成的。樊宝英在《文学经典理论研究》中认为："文学经典化过程既是特定审美观念在文本中不断积淀的过程，又是时代精神在文学中的体现，还是一个不断展开不断超越的动态过程。审美特质、读者和话语权力可视为经典化的关键性因素。"② 诚然，经典是作家和读者共同创造的。能否成为经典不仅取决于作品的好坏，还要结合当时的文化背景。只有作品的内涵与时代精神相吻合，才能被大众所接受。《西厢记》雅俗兼备的语言张力、各具风采的人物形象、千回百转的爱情故事，令人拍案！它与明代中后期"尚奇"的审美追求、"个性解放"的思想观念相一致。而且，张生与莺莺的完美结局更是令痴男怨女向往、渴望。因此，几乎不同年龄、阶层的读者都乐于解读《西厢记》。值得注意的是，在这个过程中，戏曲的刊刻不能被忽视。以抄本流传的范围毕竟有限，要想被大众接受，必须存在大量的刻本。《西厢记》与《琵琶记》大受欢迎，不少文人尤其是书商便争先恐后将之刊刻。《旧题校本琵琶记后》云："《琵琶》为传奇鼻祖，刻者无虑千百家，几于一本一稿。"③ 如果不是刊者的功劳，这两部作品还会成为经典吗？何良俊《曲论》指出：

> 南人又不知北音，听者既不喜，则习者亦渐少。而《西厢》《琵琶

---

① （明）诸葛元声：《西厢记·序》，伏涤修、伏蒙蒙辑校《西厢记资料汇编》（上），黄山书社 2012 年版，第 170 页。

② 樊宝英：《文学经典理论研究》，山东画报出版社 2007 年版，第 36 页。

③ （清）陆贻典：《旧题校本琵琶记后》，陆贻典抄本《元本蔡伯喈琵琶记》，吴毓华《中国古代戏曲序跋集》，中国戏剧出版社 1990 年版，第 43 页。

记》传刻偶多，世皆快睹。故其所知者，独此二家。余家所藏杂剧本几三百种，旧戏文虽无刻本，然每见于词家之书，乃知今元人之词，往往有出于二家之上者。①

对于备受追捧的作品，何良俊提出质疑。在他看来，超越它们的元曲是有的，只是没有刻本，世人无以得见。显然，刊刻在文学经典化中起了至关重要的作用。它不像现代拥有网络，只要把戏曲放入互联网，就可以家喻户晓。在信息相对闭塞的古代，优秀的文学作品受到欢迎后被刊刻，读者在解读作品时提出宝贵意见，合理的信息将被放入新的刊本中，读者接受新版本后仍然会有新的见解，自然有些部分也会被刻家所采取。这就是一个"不断展开不断超越的动态过程"，经典也就逐渐产生了。

综上所述，戏曲刊本在数量、形态、内容上都积极迎合读者心理。不少刊本还兼顾读者的多种感受，甚至面面俱到。如香雪居刻的《新校注古本西厢记》，有图画、注释，多声字加圈提示，每折有四字标目，衬字字号较小，并且"每折首，总列各套宫调，并疏用某韵及某唱于下，亦使人一览而知作者之梗概也"②。该书的《凡例》多处出现"以便观者"的字眼。可见，刊本体现了较为强烈的读者意识。这就使戏曲文学更加通俗化、大众化。当然，刻家并不是一味迎合读者的阅读需求，而是在一定程度上改变着读者群的审美眼光。比如将上图下文改成双面连式、字体与字号的变化、文本内容的变化、续集的兴盛等显示出读者与刊者的互动。何璧校刊的《西厢记》更是标新立异，没有插图、评点、音释、点板，因为他觉得"会心者自有法眼"，摒弃这些可以"使开帙者更觉莹然"。③ 这是对读者的阅读心理的极大挑战。最后，需要强调的是，戏曲与小说一样，都以坊刻为主。书坊虽然利益至上，但客观地说，的确给戏曲文学带来了繁荣，在戏曲史上有着不可撼动的地位。

---

① （明）何良俊：《曲论》，中国戏曲研究院《中国古典戏曲论著集成》（第 4 集），中国戏剧出版社 1959 年版，第 6 页。

② 明万历间香雪居刊《新校注古本西厢记·凡例》，吴毓华《中国古代戏曲序跋集》，中国戏剧出版社 1990 年版，第 130 页。

③ 明万历四十四年刻本《何璧校本北西厢记·凡例》，吴毓华《中国古代戏曲序跋集》，中国戏剧出版社 1990 年版，第 154 页。

　　以上两节内容分析了明清时期戏曲的读者构成，可谓上至皇室下至百姓；还从刊本内容、读者的阅读水平、读者的购买能力以及序跋、凡例等相关史料分析明清戏曲读者构成主体的变化；最后总结了明清时期戏曲读者的特征及影响。可以说，读者在整个文学过程中起着关键的作用，考察明清戏曲读者，有助于我们进一步了解戏曲的传播现象，加深对戏曲文学的认识。

结　语

　　相对于小说，戏曲在明清是更为大众化的文学样式。它以读、唱、演相结合的艺术魅力走进当时人们的生活。作为娱乐方式，戏曲图像可使纸牌更加美观；曲辞可拿来打谜语或相互调侃；舞台表演可供观赏，成为交友结社的途径。所谓"以戏代药"，戏曲使人身心愉悦。重要的是，戏曲还可以揭露时政，甚至移风易俗，改变人们的思想观念。可以说，明清戏曲的兴盛是之前任何朝代都无法比拟的。

　　关于明清戏曲文学，以往的研究侧重于作家和作品本身。笔者试图跳出这个框架，将焦点转移到刻家和受众，以整个戏曲的出版活动为视野，从刊本的制作流程中观照戏曲文学。因此，本书讨论了以下三个问题。

　　第一，明清坊刻戏曲的统计与特点。成书于成化年间的戏曲何以到嘉靖、万历年间才有刊本？戏曲出版史不等同于戏曲史。为此，本书首先整理了明清哪些书坊、刻家刊刻了哪些戏曲作品，呈现什么特点，有何阶段性特征。

　　第二，从刊刻活动看戏曲文学的现象。以刊刻为视角可以加深对戏曲文学的理解，如从戏曲稿源和编辑工作可以发现书坊与文人的密切关系，即书坊周围，有一批为书坊服务的下层文人，他们之间甚至形成了社团。又如从选本的刊刻形态可以考察明人的戏曲观念、审美标准的变化。

　　第三，明清书坊对戏曲的影响研究。这是本书的重点。通过分析明清戏曲稿源、编辑、广告、选本、插图、评点、改本、读者等，挖掘明清书坊对戏曲的意义。一是促进戏曲刊本的繁荣。明清书坊以购求等多种渠道获取戏曲稿源，又在书名、序跋、识语、牌记、版心、正文卷首、附录等处做广告，极大地增加了戏曲刊本的销量。二是推动戏曲插图、评点、选本、续作、经典剧作的发展。明清戏曲以坊刻为主，为在激烈的竞争中脱颖而出，明清书坊聘请文人乃至画家为戏曲刊本增加插图，使插图风格紧随时代变化日益精美；或者增加评点，根据现存刊本来看，最早从事戏曲评点的群体应是书坊主聘请的下层文人，他们在戏曲评点中的先驱作用不容忽视；或者根据读者反响编撰选本、刊刻续集，对于大众喜爱的剧本则不断刊刻，从而在一定程度上促成经典剧本的形成。三是提高了剧本的规范性、文学性和舞台性。出于读者阅读的需求，书坊组织文人改编戏曲，使剧本体制和脚色体制更加规范，情节结构和曲词宾白也更加精彩。尤为重要的是，在稿源匮乏之际，书坊聘请下层文人改编宋元南戏，这批下层文人在传奇发展的崛起期扮演了重要角色；在剧本案头化倾向严重之际，臧懋循、许自昌、毛晋、袁于令等书坊主又率先改编传奇，追求案头与场上兼擅的美学标准，使一些剧本成为范本，比如毛晋在稿源选择和编辑上十分考究，从而使《六十种曲》成为传奇选集的通行本。值得注意的是，明清书坊除了聘请文人出版戏曲外，书坊主本人也积极参与戏曲的刊刻活动，比如萧腾鸿等书坊主人亲自为刊本绘图；汪廷讷、臧懋循、凌濛初、毛晋、袁于令、李渔等书坊主编撰戏曲，有的还评点戏曲，在很大程度上刺激了戏曲文学的发展。

当然，明清书坊对戏曲的影响也有消极之处，本书也给予了探讨，比如书坊在戏曲书名、插图、评点、文本内容上造假，作伪、盗版现象十分猖獗。然而，总体来说，明清书坊对戏曲的影响以积极的一面为主。特别是，书坊伪托名家评点戏曲，评语虽然出自下层文人，但仍然有重要的价值意义。

从出版文化的角度探讨明清戏曲文学，对于了解明清的文化思想和社会风气有一定帮助，同时能提高我们对于戏曲的认识。但由于时间和能力有限，本书存在许多不足之处，如关于戏曲刊刻与小说刊刻的差异，并未作深入和透彻的分析；对《梨花记》《牡丹亭》等戏曲的版本还未进行详细的梳理；坊刻戏曲本的评语并未系统归纳与分析；明清坊刻戏曲统计与整理难免有错漏之处。总之，本书需要改进的地方还有很多，留待日后加强完善。

参考文献

一、史志典籍

（宋）灌圃耐得翁：《都城纪胜》，收入文渊阁《四库全书》史部地理类杂记类。

（宋）罗烨：《醉翁谈录》，古典文学出版社1957年版。

（宋）司马光编：《资治通鉴》，中华书局1956年版。

（宋）吴自牧：《梦粱录》，《丛书集成初编》本据《学津讨原》本排印。

（宋）周密：《武林旧事》，西湖书社1981年版。

（明）陈继儒：《陈眉公尺牍》，上海杂志公司1936年版。

（明）陈继儒：《陈眉公先生全集》，明崇祯间刊本。

（明）高濂：《遵生八笺》，巴蜀书社1992年版。

（明）顾起元：《客座赘语》，中华书局1987年版。

（明）何良俊：《四友斋丛说》，中华书局1959年版。

（明）胡广等：《明太祖实录》，中国台湾"中央研究院"历史语言研究所影印本。

（明）胡广等：《英宗实录》，中国台湾"中央研究院"历史语言研究所影印本。

（明）胡应麟：《少室山房笔丛》，上海书店出版社2001年版。

（明）黄汴：《天下水陆路程》，山西人民出版社1992年版。

（明）柯九思等：《辽金元宫词》，北京古籍出版社 1988 年版。

（明）李开先：《李开先集》，路工辑，中华书局 1959 年版。

（明）李诩：《戒庵老人漫笔》，中华书局 1982 年版。

（明）李贽：《焚书》，中华书局 1975 年版。

（明）李贽：《李贽文集》，社会科学文献出版社 2000 年版。

（明）陆容：《菽园杂记》，中华书局 1985 年版。

（明）毛晋：《汲古阁书跋》，古典文学出版社 1958 年版。

（明）祁彪佳：《远山堂尺牍》，南京图书馆藏明抄本。

（明）钱谦益：《列朝诗集小传》，上海古籍出版社 1983 年版。

（明）沈德符：《万历野获编》，中华书局 1959 年版。

（明）宋应星：《天工开物》，科学出版社 1976 年版。

（明）王路清：《竹浪轩珠渊》，明万历间刊本。

（明）王守仁：《阳明先生集要》，中华书局 2008 年版。

（明）谢肇淛：《五杂俎》，上海书店出版社 2001 年版。

（明）叶盛：《水东日记》，中华书局 1980 年版。

（明）于慎行：《穀山笔麈》，中华书局 1984 年版。

（明）余怀：《板桥杂记》，上海古籍出版社 2000 年版。

（明）臧懋循：《负苞堂集》，古典文学出版社 1958 年版。

（明）张岱：《陶庵梦忆》，中华书局 1985 年版。

（明）张岱：《夜航船》，中华书局 2012 年版。

（明）张翰：《松窗梦语》，中华书局 1985 年版。

（明）钟惺：《隐秀轩集》，上海古籍出版社 1992 年版。

（明）朱权等：《明宫词》，北京古籍出版社 1987 年版。

（明）祝允明：《怀星堂集》，西泠印社 2012 年版。

（清）鲍廷博辑：《知不足斋丛书》（第 2 册），株式会社中文出版社 1980 年版。

（清）法式善：《陶庐杂录》，中华书局 1959 年版。

（清）黄丕烈：《荛圃藏书题识》，上海远东出版社 1999 年版。

（清）黄式权：《淞南梦影录》，上海古籍出版社 1989 年版。

（清）金埴：《巾箱说》，中华书局 1982 年版。

（清）龙文彬：《明会要》，中华书局 1956 年版。

（清）庞尚鹏：《百可亭摘稿》，《四库全书存目丛书》（第 129 册），齐鲁书社 1997 年版。

（清）叶德辉：《书林清话》，中华书局 1957 年版。

（清）叶德辉：《郋园读书志》，上海古籍出版社 2010 年版。

（清）张廷玉：《明史》，中华书局 1974 年版。

（清）郑板桥：《郑板桥集》，上海古籍出版社 1962 年版。

（清）周寿昌：《思益堂日札》，中华书局 2007 年版。

（清）朱彝尊：《静志居诗话》，人民文学出版社 1990 年版。

（朝鲜）崔溥：《崔溥漂海录校注》，朴元熇校注，上海书店出版社 2013 年版。

二　有关书目的著述

（明）高儒：《百川书志》，古典文学出版社 1957 年版。

（明）周弘祖：《古今书刻》，古典文学出版社 1957 年版。

（清）纪昀等：《四库全书总目》，中华书局 1997 年整理本。

（清）黄虞稷：《千顷堂书目》，上海古籍出版社 2001 年版。

阿英：《晚清戏曲小说目》，古典文学出版社 1957 年版。

陈旭耀：《明刊〈西厢记〉版本综录》，上海古籍出版社 2007 年版。

董康等：《曲海总目提要》，人民文学出版社 1959 年版。

杜信孚、杜同书：《全明分省分县刻书考》，线装书局 2001 年版。

杜信孚、杜同书：《全清分省分县刻书考》，线装书局 2009 年版。

杜信孚、漆身起：《江西历代刻书》，江西人民出版社 1994 年版。

杜信孚：《明代版刻综录》，江苏广陵古籍刻印社 1983 年版。

冯惠民、李万健选编：《明代书目题跋丛刊》，书目文献出版社 1994 年版。

傅惜华：《明代传奇全目》，人民文学出版社 1959 年版。

傅惜华：《明代杂剧全目》，作家出版社 1958 年版。

傅惜华：《清代杂剧全目》，人民文学出版社 1981 年版。

傅增湘：《藏园群书经眼录》，中华书局 1983 年版。

郭英德：《明清传奇综录》，河北教育出版社 1997 年版。

黄仕忠：《日藏中国戏曲文献综录》，广西师范大学出版社 2010 年版。

江澄波等编著：《江苏刻书》，江苏人民出版社 1993 年版。

江省出版志编纂委员会：《浙江历代版刻书目》，浙江人民出版社 2008 年版。

李锐清：《日本见藏中国丛书目初编》，杭州大学出版社 1999 年版。

李修生：《古本戏曲剧目提要》，文化艺术出版社 1997 年版。

李致忠：《历代刻书考述》，巴蜀书社 1990 年版。

路工：《访书见闻录》，上海古籍出版社 1985 年版。

南京师范大学古文献整理研究所：《江苏艺文志》，江苏人民出版社 1995 年版。

瞿冕良：《中国古籍版刻辞典》，齐鲁书社 1999 年版。

沈津：《美国哈佛大学哈佛燕京图书馆中文善本书志》，上海辞书出版社 1999 年版。

沈津：《书韵悠悠一脉香：沈津书目文献论集》，广西师范大学出版社 2006 年版。

苏州市地方志编纂委员会：《苏州市志》，江苏人民出版社 1995 年版。

陶湘：《书目丛刊》，辽宁教育出版社 2000 年版。

王澄：《扬州刻书考》，广陵书社 2003 年版。

王重民：《中国善本书提要》，上海古籍出版社 1983 年版 。

严绍璗：《日本藏汉籍珍本追踪纪实——严绍璗海外访书志》，上海古籍出版社 2005 年版。

杨讷、李晓明：《文渊阁四库全书补遗》，北京图书馆出版社 2005 年版。

杨守敬：《日本访书志》，辽宁教育出版社 2003 年版。

俞冰：《书海蟫踪》，学苑出版社 2008 年版。

张棣华：《善本戏曲经眼录》，文史哲出版社 1976 年版。

赵景深：《元明北杂剧总目考略》，中州古籍出版社 1985 年版。

郑振铎：《西谛书话》，生活·读书·新知三联书店 1983 年版。

庄一拂：《古典戏曲存目汇考》，上海古籍出版社 1982 年版。

《四库全书存目丛书》编纂委员会：《四库全书存目丛书》，齐鲁书社 1995 年版。

三　戏曲作品

（明）冯梦龙：《墨憨斋定本传奇》，中国戏剧出版社 1960 年版。

（明）毛晋：《六十种曲》，中华书局 1985 年版。

（明）沈泰编：《盛名杂剧》（初集、二集），中国戏剧出版社据董氏本 1958 年影印版。

（明）臧懋循编：《元曲选》，中华书局 1979 年版。

（清）刘世珩选辑：《暖红室汇刻传奇》，江苏广陵古籍刻印社 1982 年版。

陈志勇：《明清孤本戏曲选本丛刊》，国家图书馆出版社 2017 年版。

顾廷龙主编，《续修四库全书》编纂委员会编：《续修四库全书》，上海古籍出版社 2002 年版。

广东省潮剧发展与改革基金会编：《明本潮州戏文五种》，广东人民出版社 1985 年版。

国家图书馆出版社编：《国家图书馆藏〈牡丹亭〉珍本丛刊》，国家图书馆出版社 2018 年版。

国家图书馆出版社编：《国家图书馆藏〈西厢记〉善本丛刊》，国家图书馆出版社 2011 年版。

国家图书馆出版社编：《哈佛燕京图书馆藏齐如山小说戏曲文献汇刊》，国家图书馆出版社 2011 年版。

国家图书馆古籍馆编：《古本〈西厢记〉汇集》，国家图书馆出版社 2011 年版。

黄仕忠：《日本所藏稀见中国戏曲文献丛刊》，广西师范大学出版社 2006

年版。

黄竹三、冯俊杰编：《六十种曲评注》，吉林人民出版社 2001 年版。

廖可斌：《稀见明代戏曲丛刊》，东方出版中心 2018 年版。

刘祯程、鲁洁：《郑振铎藏珍本戏曲文献丛刊》，国家图书馆出版社 2017 年版。

龙彼得辑，泉州地方戏曲研究社编：《明刊闽南戏曲弦管选本三种》，中国戏剧出版 1995 年版。

马隅卿编：《不登大雅文库珍本戏曲丛刊》，学苑出版社 2003 年版。

孟繁树等编：《明清戏曲珍本辑选》，中国戏剧出版社 1985 年版。

钱南扬编：《永乐大典戏文三种校注》，中华书局 1979 年版。

上海博物馆影印：《明成化说唱词话丛刊》，文物出版社 1979 年版。

隋树森编：《元曲选外编》，中华书局 1979 年版。

王季烈：《孤本元明杂剧》，中国戏剧出版社 1957 年版。

王秋桂编：《善本戏曲丛刊》，学生书局 1984—1987 年版。

王文章：《傅惜华藏古典戏曲曲谱身段谱丛刊》，学苑出版社 2013 年版。

王文章：《傅惜华藏古典戏曲珍本丛刊》，学苑出版社 2010 年版。

王文章：《中国近代地方戏曲剧本丛刊》，学苑出版社 2017、2019 年版。

吴梅：《奢摩他室曲丛》（初集、二集），商务印书馆 1928 年版。

辛欣：《大连图书馆藏珍秘戏曲古籍丛刊》，广陵书社 2015 年版。

郑骞校订：《校订元刊杂剧三十种》，世界书局 1962 年版。

郑振铎：《清人杂剧》（初集、二集），长乐郑氏影印本 1931 年版。

中国社会科学院文学研究所编：《古本戏曲丛刊八集》，国家图书馆出版社 2019 年版。

中国社会科学院文学研究所编：《古本戏曲丛刊六集》，国家图书馆出版社 2016 年版。

中国社会科学院文学研究所编：《古本戏曲丛刊七集》，国家图书馆出版社 2018 年版。

中华书局编：《明刻古典戏曲六种》，中华书局 2017 年版。

朱恒夫：《后六十种曲》，复旦大学出版社 2013 年版。

［俄］李福清、李平编：《海外孤本晚明戏剧选集三种》，上海古籍出版社 1993 年版。

《古本戏曲丛刊》编辑委员会：《古本戏曲丛刊初集》，商务印书馆 1954 年影印版。

《古本戏曲丛刊》编辑委员会：《古本戏曲丛刊二集》，商务印书馆 1955 年影印版。

《古本戏曲丛刊》编辑委员会：《古本戏曲丛刊三集》，商务印书馆 1957 年影印版。

《古本戏曲丛刊》编辑委员会：《古本戏曲丛刊四集》，商务印书馆 1958 年影印版。

《古本戏曲丛刊》编辑委员会：《古本戏曲丛刊五集》，上海古籍出版社 1986 年版。

四 戏曲研究著述

卜键：《从祭赛到戏曲》，文化艺术出版社 2005 年版。

蔡毅编：《中国古典戏曲序跋汇编》，齐鲁书社 1989 年版。

曾永义：《论说戏曲》，中国台湾联经出版事业公司 1976 年版。

车文明：《20 世纪戏曲文物的发现与曲学研究》，文化艺术出版社 2001 年版。

陈旭耀：《明刊〈西厢记〉版本综录》，上海古籍出版社 2007 年版。

程华平：《明清传奇编年史稿》，齐鲁书社 2008 年版。

程芸：《汤显祖与晚明戏曲的嬗变》，中华书局 2006 年版。

邓长风：《明清戏曲家考略全编》，上海古籍出版社 2009 年版。

丁淑梅：《清代禁毁戏曲史料编年》，四川大学出版社 2010 年版。

董捷：《明清刊〈西厢记〉版画考析》，河北美术出版社 2006 年版。

杜桂萍：《清初杂剧研究》，人民文学出版社 2005 年版。

杜海军：《中国古典戏曲目录发展史》，广西师范大学出版社 2015 年版。

冯沅君：《古剧说汇》，作家出版社 1956 年版。

伏涤修、伏蒙蒙辑校：《西厢记资料汇编》，黄山书社 2012 年版。

傅谨主编：《京剧历史文献汇编》，凤凰出版社 2011、2013 年版。

郭英德：《明清传奇史》，江苏古籍出版社 1999 年版。

胡忌、刘致中：《昆剧发展史》，中国戏剧出版社 1989 年版。

黄仕忠：《〈琵琶记〉研究》，广东高等教育出版社 1996 年版。

黄仕忠：《日本所藏中国戏曲文献研究》，高等教育出版社 2011 年版。

黄天骥、康保成主编：《中国古代戏剧形态研究》，河南人民出版社 2009 年版。

贾志刚：《昆曲表演艺术论》，春风文艺出版社 2005 年版。

江巨荣：《明清戏曲 剧目、文本与演出研究》，上海古籍出版社 2014 年版。

蒋星煜：《〈西厢记〉的文献学研究》，上海古籍出版社 1997 年版。

黎国韬：《古代乐官与古代戏剧》，广东高等教育出版社 2004 年版。

李昌集：《中国古代曲学史》，华东师范大学出版社 1997 年版。

李玫：《明清之际苏州作家群研究》，中国社会科学出版社 2000 年版。

李舜华：《礼乐与明前中期演剧》，上海古籍出版社 2006 年版。

李志远：《明清戏曲序跋研究》，知识产权出版社 2011 年版。

廖奔、刘彦君：《中国戏曲发展简史》，山西教育出版社 2005 年版。

刘景亮、谭静波：《中国戏曲观众学》，中国戏剧出版社 2004 年版。

刘效民：《四川坊刻曲本考略》，中国戏剧出版社 2005 年版。

陆萼庭：《昆剧演出史稿》，上海文艺出版社 1980 年版。

陆萼庭：《清代戏曲家丛考》，学林出版社 1995 年版。

陆林：《元代戏剧学研究》，安徽文艺出版社 1999 年版。

路应昆：《中国戏曲与社会诸色》，吉林教育出版社 1992 年版。

马华祥：《明代弋阳腔传奇考》，中国社会科学出版社 2009 年版。

苗怀明：《二十世纪戏曲文献学述略》，中华书局 2005 年版。

齐森华等主编：《中国曲学大辞典》，浙江教育出版社 1997 年版。

钱南扬：《戏文概论》，上海古籍出版社 1981 年版。

孙崇涛：《南戏论丛》，中华书局 2001 年版。

孙歌等：《国外中国古典戏曲研究》，江苏教育出版社 2000 年版。

孙楷第：《也是园古今杂剧考》，上杂出版社 1953 年版。

孙书磊：《南京图书馆藏孤本戏曲丛考》，中华书局 2011 年版。

谭帆、陆炜：《中国古典戏剧理论史》，华东师范大学出版社 2005 年版。

王国维：《宋元戏曲史》，上海古籍出版社 2008 年版。

王汉民、刘奇玉编著：《清代戏曲史编年》，巴蜀书社 2008 年版。

王季思：《玉轮轩曲论三编》，中国戏剧出版社 1988 年版。

王丽娜：《中国古典小说戏曲名著在国外》，学林出版社 1988 年版。

王利器辑：《元明清三代禁毁小说戏曲史料》，上海古籍出版社 1981
年版。

王廷信：《昆曲与民俗文化》，春风文艺出版社 2005 年版。

王小岩：《冯梦龙曲学剧学研究》，中国社会科学出版社 2015 年版。

王永宽、王钢：《中国戏曲史编年》（元明卷），中州古籍出版社 1994
年版。

吴国钦：《中国戏曲史漫话》，上海文艺出版社 1980 年版。

吴书荫：《汤显祖及明代戏曲家研究》，复旦大学出版社 2018 年版。

吴新雷：《中国戏曲史论》，江苏教育出版社 1996 年版。

吴新苗：《清代京剧史料学》，中国文史出版社 2017 年版。

吴毓华编：《中国古代戏曲序跋集》，中国戏剧出版社 1990 年版。

谢柏梁：《中国悲剧史纲》，学林出版社 1993 年版。

徐扶明：《元明清戏曲探索》，浙江古籍出版社 1986 年版。

徐宏图：《南戏遗存考论》，光明日报出版社 2009 年版。

徐朔方：《晚明曲家年谱》，浙江古籍出版社 1993 年版。

徐永明：《中国古代戏曲考信与传播研究》，浙江大学出版社 2017 年版。

徐子方：《明杂剧史》，中华书局 2003 年版。

许建中：《明清传奇结构研究》，中州古籍出版社 1999 年版。

幺书仪：《中国文学通典·戏剧通典》，解放军文艺出版社 1999 年版。

叶德均：《戏曲小说丛考》，中华书局 1979 年版。

叶长海：《中国戏剧学史稿》，上海文艺出版社 1986 年版。

余秋雨：《戏剧审美心理学》，四川人民出版社 1985 年版。

俞为民、孙蓉蓉编：《历代曲话汇编》，黄山书社 2008 年版。

张次溪编纂：《清代燕都梨园史料正续编》，中国戏剧出版社 1988 年版。

张发颖：《中国戏班史》（增订本），学苑出版社 2004 年版。

张庚、郭汉城主编：《中国戏曲通史》，中国戏剧出版社 2006 年版。

赵春宁：《〈西厢记〉传播研究》，厦门大学出版社 2005 年版。

赵山林：《中国戏曲观众学》，华东师范大学出版社 1990 年版。

赵天为：《牡丹亭改本研究》，吉林人民出版社 2007 年版。

赵维国：《教化与惩戒：中国古代戏曲小说禁毁问题研究》，上海古籍出版社 2014 年版。

赵晓红：《朱有燉研究》，齐鲁书社 2012 年版。

赵兴勤：《清代散见戏曲史料研究》，复旦大学出版社 2018 年版。

郑传寅：《传统文化与古典戏曲》，湖北教育出版社 1990 年版。

中国戏曲研究院编：《中国古典戏曲论著集成》，中国戏剧出版社 1959 年版。

中国戏曲志南京分卷编辑室：《南京戏曲资料汇编》，南京戏曲志编辑室 1987 年版。

周德育：《汤显祖论稿》，文化艺术出版社 1991 年版。

周贻白：《中国戏剧史长编》，上海书店出版社 2007 年版。

朱崇志：《中国古代戏曲选本研究》，上海古籍出版社 2004 年版。

朱万曙：《明代戏曲评点研究》，安徽教育出版社 2002 年版。

左鹏军：《近代传奇杂剧研究》，广东教育出版社 2011 年版。

［日］青木正儿：《中国近世戏曲史》，王古鲁译著，作家出版社 1958 年版。

五　出版文化相关的研究著述

张静庐辑注：《中国出版史料补编》，中华书局 1957 年版。

北京图书馆编：《中国版刻图录》（增订本），文物出版社 1961 年版。

郑如斯、肖东发编撰：《中国书史》，书目文献出版社 1987 年版。

杨绳信编：《中国版刻综录》，陕西人民出版社 1987 年版。

瞿冕良：《版刻质疑》，齐鲁书社 1987 年版。

张秀民：《中国印刷史》，上海人民出版社 1989 年版。

曹之：《中国古籍版本学》，武汉大学出版社 1992 年版。

张振铎编：《古籍刻工名录》，上海书店出版社 1996 年版。

谢水顺、李珽：《福建古代刻书》，福建人民出版社 1997 年版。

李国庆编：《明代刊工姓名索引》，上海古籍出版社 1998 年版。

缪咏禾：《明代出版史稿》，江苏人民出版社 2000 年版。

叶树声、余敏辉：《明清江南私人刻书史略》，安徽大学出版社 2000 年版。

王清源、牟仁隆、韩锡铎编：《小说书坊录》，北京图书馆出版社 2002 年版。

钱存训：《中国古代书籍纸墨及印刷术》，北京图书馆出版社 2002 年版。

薛冰：《插图本》，江苏古籍出版社 2002 年版。

黄镇伟：《坊刻本》，江苏古籍出版社 2002 年版。

王桂平：《家刻本》，江苏古籍出版社 2002 年版。

赵前：《明本》，江苏古籍出版社 2003 年版。

王国维等：《闽蜀浙粤刻书丛考》，北京图书馆出版社 2003 年版。

刘尚恒：《徽州刻书与藏书》，广陵书社 2003 年版。

方彦寿：《建阳刻书史》，中国社会出版社 2003 年版。

宋原放主编：《中国出版史料》（古代部分），山东教育出版社 2004 年版。

徐学林：《徽州刻书》，安徽人民出版社 2005 年版。

戚福康：《中国古代书坊研究》，商务印书馆 2007 年版。

［日］大木康：《明末江南的出版文化》，周保雄译，上海古籍出版社

2014 年版。

杨绳信编:《增订中国版刻综录》,陕西人民出版社 2014 年版。

六　其他相关著述

(明)冯梦龙:《古今小说》,上海古籍出版社 1992 年版。

(明)佚名:《梼杌闲评》,人民文学出版社 1983 年版。

阿英:《中国连环图画史话》,人民美术出版社 1984 年版。

程国赋:《明代书坊与小说研究》,中华书局 2008 年版。

邓乔彬:《古代文艺的文化观照》,上海教育出版社 2003 年版。

丁锡根:《中国历代小说序跋集》,人民文学出版社 1996 年版。

樊宝英:《文学经典理论研究》,山东画报出版社 2007 年版。

郭味蕖:《中国版画史略》,朝花美术出版社 1962 年版。

黄裳:《银鱼集》,生活·读书·新知三联书店 1985 年版。

黄裳:《榆下说书》,生活·读书·新知三联书店 1982 年版。

梁战、郭群一:《历代藏书家辞典》,陕西人民出版社 1991 年版。

鲁迅:《鲁迅全集》,人民文学出版社 2005 年版。

钱钟书:《谈艺录》,中华书局 1984 年版。

尚学锋等撰:《中国古典文学接受史》,山东教育出版社 2000 年版。

王伯敏:《中国美术通史》,山东教育出版社 1988 年版。

吴承学、李光摩编:《晚明文学思潮研究》,湖北教育出版社 2002 年版。

吴梅:《吴梅全集》,河北教育出版社 2002 年版。

吴晓铃:《吴晓铃集》,河北教育出版社 2006 年版。

赵景深:《复旦中文先哲丛书:赵景深文存》,上海古籍出版社 2016 年版。

郑振铎:《郑振铎全集》,花山文艺出版社 1998 年版。

周芜:《徽派版画史论集》,安徽人民出版社 1984 年版。

周心慧:《中国古代版刻版画史论集》,学苑出版社 1998 年版。

朱诚如、王天有主编:《明清论丛》,紫禁城出版社 2005 年版。

祝重寿:《中国插图艺术史话》,清华大学出版社 2005 年版。

左东岭：《王学与中晚明士人心态》，人民文学出版社 2000 年版。

［美］伊佩霞：《剑桥插图中国史》，赵世瑜等译，山东画报出版社 2002 年版。

七　学位论文

陈昭珍：《明代书坊之研究》，硕士学位论文，中国台湾大学，1985 年。

董银芳：《戏曲剧本的刊刻流传与文本变异》，硕士学位论文，中山大学，2008 年。

郭姿吟：《明代书籍出版研究》，硕士学位论文，中国台湾成功大学，2002 年。

李慧：《折子戏研究》，博士学位论文，厦门大学，2008 年。

刘蕾：《明代单折戏研究》，硕士学位论文，河南大学，2006 年。

麦杰安：《明代苏常地区出版事业之研究》，硕士学位论文，中国台湾大学，1996 年。

王辉：《明代中后期福建建阳刊杂志型戏曲选本研究》，硕士学位论文，浙江师范大学，2012 年。

夏太娣：《晚明南京剧坛研究》，博士学位论文，华东师范大学，2007 年。

徐嫚鸿：《明代陈继儒戏曲评点本研究：以〈六合同春〉为讨论中心》，硕士学位论文，中国台湾国立中央大学，2009 年。

尤海燕：《明代折子戏研究》，博士学位论文，首都师范大学，2009 年。

张英：《明代南京剧坛研究》，博士学位论文，南京师范大学，2008 年。

张勇敢：《清代戏曲评点史论》，博士学位论文，华东师范大学，2014 年。

八　期刊论文

曹之：《明代三大著作群》，《图书情报论坛》1996 年第 4 期。

陈美林：《明嘉靖朝都察院和武定侯郭勋为什么刊刻〈水浒〉?》，《文史哲》1976 年第 1 期。

陈书录：《坚持与发展金陵特色文化》，《南京社会科学》2002 年第 4 期。

陈堂发：《略论明代三山街私刻书坊的大众文化经营》，《出版科学》2010 年第 1 期。

程有庆：《别本〈绣刻演剧〉六十种考辨》，《北京图书馆馆刊》1993 年第 3/4 期。

郭英德、王丽娟：《〈词林一枝〉、〈八能奏锦〉编纂年代考》，《文艺研究》2006 年第 8 期。

华玮：《〈才子牡丹亭〉作者考述——兼及笠阁批评旧戏目的作者问题》，《戏曲研究》2000 年 7 月 15 日，总第 55 辑。

黄霖：《最早的中国戏曲评点本》，《复旦学报》2004 年第 2 期。

黄仕忠：《"玉茗堂四梦"各剧题词的写作时间考》，《文学遗产》2011 年第 5 期。

黄仕忠：《日本大谷大学藏明刊孤本〈四太史杂剧〉考》，《复旦学报》2004 年第 2 期。

黄义枢：《〈味兰簃传奇〉作者考辨》，《戏曲研究》2010 年第 1 期，总第 80 辑。

黄中模：《试论谭元春"批点〈想当然〉传奇"》，《重庆师范大学学报（哲学社会科学版）》1986 年第 1 期。

江兴佑：《凌濛初不是〈幽闺记〉的评点者——兼与赵红娟先生商榷》，《浙江社会科学》2005 年第 4 期。

姜文川：《试述明代广告发展的原因》，《牡丹江师范学院学报》2008 年第 2 期。

蒋星煜：《论〈西厢会真传〉为闵刻闵评本——与罗杭烈、张人和两位先生商榷》，《社会科学战线》1981 年第 4 期。

解玉峰：《南戏本不必有"套"，北剧原不必分"折"》，《中华戏曲》2001 年第 4 期，总第 25 辑。

解玉峰：《元剧"楔子"推考》，《戏剧艺术》2006 年第 4 期。

康保成：《孤本明传〈盐梅记〉述略》，《文献》1999 年第 1 期。

李复波：《〈西楼记〉版本初录》，《戏曲研究》1987 年第 22 辑。

林鹤宜：《晚明戏曲刊行概况》，《戏剧艺术》1993 年第 3 期。

路善全：《论明代传播生态对建阳书坊盛衰的影响》，《集美大学学报（哲学社会科学版）》2009 年第 4 期。

罗金满：《明代建阳戏曲刻书发展及贡献》，《戏曲艺术》2015 年第 2 期。

吕立忠：《清代广西文人著述初探》，《广西社会科学》2009 年第 2 期。

倪莉、丁春华：《古代戏曲典籍刊刻及其私人戏曲收藏研究》，《图书馆理论与实践》2014 年第 4 期。

聂付生：《论晚明戏曲演出的传播体系》，《艺术百家》2005 年第 3 期。

潘建国：《明清时期通俗小说的读者与传播方式》，《复旦学报》2001 年第 1 期。

桑杰：《明代的图书告白》，《山东图书馆季刊》1991 年第 3 期。

宋莉华：《明清时期说部书价述略》，《复旦学报》2002 年第 3 期。

苏子裕：《明代江西人编选、出版的剧本》，《影剧新作》2005 年第 2 期。

苏子裕：《明代南京地区戏曲声腔述考》，《中华戏曲》2007 年第 2 期，总第 36 辑。

孙崇涛：《古代江浙戏曲刻本述考》，《浙江师范大学学报（社会科学版）》2009 年第 3 期。

孙崇涛：《中国戏曲刻家述略》，《戏曲艺术》2005 年第 2 期。

孙书磊：《陈继儒批评〈琵琶记〉版本流变及其真伪辨正》，《戏剧艺术》2008 年第 3 期。

谭帆：《论〈西厢记〉的评点系统》，《河北师院学报》1990 年第 2 期。

汪超、涂育珍：《论刘世珩〈暖红室汇刻传剧〉的刊刻出版》，《出版科学》2012 年第 1 期。

汪超宏：《明代曲作二考》，《文学遗产》2007 年第 4 期。

汪效倚：《关于〈词林一枝〉的成书年代——兼谈"滚调"盛行的时间》，《中华戏曲》1988 年第 4 期，总第 8 辑。

王裕明：《〈虞初志〉刻家吴仲虚生平考辨》，《明清小说研究》2008 年第

2 期。

王裕明：《〈月中人〉作者月鉴主人考》，《学海》2011 年第 5 期。

文革红：《袁于令"剑啸阁"及其所刊戏曲、小说考》，《明清小说研究》
2006 年第 1 期。

吴敢：《〈缀白裘〉叙考》，《中国矿业大学学报（社会科学版）》1999 年
第 1 期。

吴书荫：《玉茗堂四梦——最早的合刻本探索》，《戏曲研究》2007 年第
1 期。

吴小珊：《"山水邻"与冯梦龙》，《明清小说研究》2008 年第 3 期。

徐艳：《关于〈徐文长文集〉评点的真伪问题——兼及评点在晚明文学发
展中的作用》，《古籍整理研究学刊》2006 年第 2 期。

寻霖：《明清湖南戏曲作家和戏曲刻书》，《艺海》2004 年第 5 期。

严佐之：《论明代徽州刻书》，《社会科学战线》1986 年第 3 期。

杨军：《明代江南民间书坊兴盛的社会背景透析》，《图书与情报》2006
年第 5 期。

叶开沅：《〈白兔记〉的版本问题（一）富本系统》，《兰州大学学报》
1983 年第 1 期。

叶树声：《明代南直隶江南地区私人刻书概述》，《文献》1987 年第 2 期。

于建刚：《中国戏曲的广告传统》，《中国戏曲学院学报》2008 年第 1 期。

俞为民：《明代茂林叶氏刻本〈荆钗记〉考论》，《中华戏曲》2010 年第
2 期，总第 42 辑。

俞为民：《明代南京书坊刊刻戏曲考述》，《艺术百家》1997 年第 4 期。

俞为民：《南戏〈拜月亭〉考论》，《文学遗产》2003 年第 3 期。

袁逸：《中国古代的书业广告》，《编辑之友》1993 年第 1 期。

张传峰：《明代刻书广告述略》，《湖州师范学院学报》2000 年第 1 期。

张人和：《〈西厢会真传〉汤显祖沈璟评辨伪》，《社会科学战线》1981 年
第 2 期。

张增元：《明清罕见戏曲存目二十种》，《文献》1982 年第 4 期。

赵红娟：《凌初评点〈幽闺记〉及与沈璟交游考》，《浙江社会科学》2004 年第 6 期。

赵红娟：《晚明湖州四大望族的戏曲编刊活动及其特点》，《中国文学研究（辑刊）》2016 年第 2 期。

赵林平：《"剑啸阁"所刊戏曲年代考辨》，《兰台世界》2013 年第 20 期。

郑振铎：《西谛所藏善本戏曲题识》，《文学评论》1961 年第 5 期。

郑志良：《袁于令与柳浪馆评点"临川四梦"》，《文献》2007 年第 3 期。

周亮：《明刊本〈琵琶记〉版画插图风格研究》，《艺术探索》2009 年第 1 期。

［韩国］吴秀卿：《中国戏曲在韩国的传播与接受》，《戏曲研究》2009 年第 3 期。

附　　录

附录一　明代坊刻戏曲目录①

一　江苏地区

（一）南京

积德堂

宣德年间刻刘兑《新编金童玉女娇红记》（《古本戏曲丛刊初集》）

富春堂

万历五年刻《校梓注释圈证蔡伯喈大全》（保定图书馆）

万历刻《新刻出像音注唐韦皋玉环记》（《日本所藏稀见中国戏曲文献丛刊》）

万历刻姚茂良《新刻出像音注唐朝张巡许远双忠记》（《古本戏曲丛刊初集》）

万历刻沈采《新刻出像音注花栏韩信千金记》（《古本戏曲丛刊初集》）

万历刻沈采《新刻出像音注花栏裴度香山还带记》（中国国家图书馆）

---

① 本书附录一至附录四，凡刊本被总集或选集影印收录的，标注影印本的书名，未被影印收录的则注明藏处；刻家刊刻的某部书中收录戏曲文本，则在戏曲书名后加括号，并在括号内注明某部书的名字。

万历刻沈寿先《新刻出像音注商辂三元记》(《古本戏曲丛刊初集》)

万历刻崔时佩、李日华《新刻出像音注花栏南调西厢记》(《古本戏曲丛刊初集》)

万历刻郑若庸《新刻出像音注释义王商忠节癸灵庙玉玦记》(《古本戏曲丛刊初集》)

万历刻陈罴斋《新刻出像音注姜诗跃鲤记》(《古本戏曲丛刊初集》)

万历刻郑之珍《新刻出像音注目连救母》(中国国家图书馆)

万历刻张凤翼《新刻出像音注点板徐孝克孝义祝发记》《新刻出像音注花将军虎符记》《新刻音注出像齐世子灌园记》(《古本戏曲丛刊初集》)

万历刻梁辰鱼《新刻全像音释点板浣纱记》(日本京都大学)

万历刻郑国轩《新刻出像音注刘汉卿白蛇记》(《古本戏曲丛刊初集》)

万历刻孙柚《新刻出像音注司马相如琴心记》(《不登大雅文库珍本戏曲丛刊》)

万历刻汤显祖《新刻出像点板音注李十郎紫箫记》(《古本戏曲丛刊初集》)

万历刻罗懋登《新刻出像音注观世音修行香山记》(《古本戏曲丛刊二集》)

万历刻叶良表《新刻出像音注管鲍分金记》(《古本戏曲丛刊初集》)

万历刻心一山人《新刻出像音注何文秀玉钗记》(《古本戏曲丛刊初集》)

万历刻柯丹邱《新刻出像音注节义荆钗记》(《傅惜华藏古典戏曲珍本丛刊》)

万历刻《新刻出像音注增补刘智远白兔记》《新刻出像岳飞破虏东窗记》《新刻出像音注薛仁贵跨海征东白袍记》《新刻出像音注韩湘子九度文公升仙记》《新刻出像音注刘玄德三顾草庐记》《新刊音注出像韩朋十义记》《新镌图像音注周羽教子寻亲记》《新刻出像音注苏皇后鹦鹉记》《新刻出像音注薛平辽金貂记》(《古本戏曲丛刊初集》)

万历刻《新刻出像音注王昭君出塞和戎记》《新刻出像音注范睢绨袍记》(《古本戏曲丛刊二集》)

万历刻佚名《新刻出像音注赵氏孤儿记》(《日本所藏稀见中国戏曲文献丛刊》)

万历刻张凤翼《红拂记》、梅鼎祚《玉合记》、沈璟《义侠记》、王錂《彩楼记》、姚茂良《精忠记》、汤显祖《新刻牡丹亭还魂记》、《吕蒙正风雪破窑记》《新刻全像鱼篮记》（不详）

富春堂等书坊刊刻《绣刻演剧十本》①

少山堂

万历七年刻《新刻考正古本出像注释北西厢记》（日本成篑堂文库）

世德堂

万历十四年刻《新刊重订出相附释标注裴淑英断发记》（《古本戏曲丛刊五集》）

万历十七年刻施惠《新刊重订出像附释标注拜月亭记》（《古本戏曲丛刊初集》）

万历十八年刻佚名《水浒记》（日本成篑堂文库）

万历二十四年刻汤显祖《新镌出像李十郎霍小玉紫箫记》（《大连图书馆藏珍秘戏曲古籍丛刊》）

万历刻柯丹邱《节义荆钗记》（《日本所藏稀见中国戏曲文献丛刊》）

万历刻邱濬《新刊重订附释标注出相伍伦全备忠孝记》（《古本戏曲丛刊初集》）

万历刻邵灿《新刊重订出相附释标注香囊记》（中国国家图书馆）

万历刻沈采《新刊重订出相附释标注千金记》（中国国家图书馆）

万历刻沈采《新刊重订出相附释标注裴度香山还带记》（《古本戏曲丛刊初集》）

万历刻高濂《新刊重订出相附释标注节孝记》（《古本戏曲丛刊初集》）

万历刻高濂《玉簪记》（日本京都大学）

万历刻梅鼎祚《玉合记》（中国国家图书馆）

万历刻陆华甫《新刊出相双凤齐鸣记》（《古本戏曲丛刊二集》）

万历刻吴世美《新锲重订出像附释标注惊鸿记》（《古本戏曲丛刊二集》）

---

① 参见程有庆《别本〈绣刻演剧〉六十种曲考辨》，北京图书馆刊，1993 年第 2 期。

万历刻张凤翼《红拂记》（日本京都大学文学部）

万历刻佚名《新刊重订出像附释标注音释赵氏孤儿记》（《古本戏曲丛刊初集》）

文林阁

万历十八年刻吴世美《新刻惊鸿记》（日本大谷大学）

万历刻施惠《重校拜月亭记》（中国国家图书馆）

万历刻梁辰鱼《重校出像浣纱记》（中国国家图书馆）

万历刻张凤翼《重校注释红拂记》（不详）

万历刻高濂《重校玉簪记》（中国国家图书馆）

万历刻《新刻全像胭脂记》（《古本戏曲丛刊初集》）

万历刻邱濬《重校投笔记》（中国国家图书馆）

万历刻周履靖《重校锦笺记》（中国国家图书馆）

万历刻汤显祖《新刻牡丹亭还魂记》（《郑振铎藏珍本戏曲文献丛刊》）

万历刻单本《新刻五闹蕉帕记》（《古本戏曲丛刊二集》）

万历刻金怀玉《新刻狄梁公返周望云忠孝记》（《古本戏曲丛刊二集》）

万历刻沈鲸《新刻全像易鞋记》（《古本戏曲丛刊初集》）

万历刻蒲俊卿《新刻全像汉刘秀云台记》（《古本戏曲丛刊二集》）

万历刻更生子《重校剑侠传双红记》（《古本戏曲丛刊二集》）

万历刻欣欣客《新刻全像包龙图公案袁文正还魂记》（《古本戏曲丛刊二集》）

万历刻薛近兖《重校绣襦记》（上海图书馆）

万历刻沈璟《新刻全像点板武松义侠记》（中国国家图书馆）

万历刻《新刻全像点板张子房赤松记》《新刻全像点板高文举珍珠记》《新刻全像观音鱼篮记》《新刊校正全相音释青袍记》《重校四美记》（《古本戏曲丛刊二集》）

万历刻《新刻全像古城记》（中国国家图书馆）

文林阁辑郁郁堂藏板《绣像传奇十种》（首都图书馆）

继志斋

万历二十六年刻高明《新刊河间长君校本琵琶记》（《日本所藏稀见中国戏曲文献丛刊》）

万历二十六年刻王实甫《重校北西厢记》（《日本所藏稀见中国戏曲文献丛刊》）

万历二十九年刻张凤翼《重校红拂记》（《傅惜华藏古典戏曲珍本丛刊》）

万历三十年刻汤显祖《重校紫钗记》（中国国家图书馆）

万历三十六年刻周履靖《重校锦笺记》（《古本戏曲丛刊二集》）

万历刻沈璟《重校义侠记》（《古本戏曲丛刊初集》）

万历刻高濂《重校玉簪记》（《古本戏曲丛刊初集》）

万历年刻佘翘《新镌量江记》（《古本戏曲丛刊二集》）

万历刻郑之文《重校旗亭记》（《古本戏曲丛刊二集》）

万历刻柯丹邱《重校古荆钗记》（不详）

万历刻邵灿《重校伍伦传香囊记》（《古本戏曲丛刊初集》）

万历刻张凤翼《出像点板徐博士孝义祝发记》（中国国家图书馆）

万历刻沈璟《重校十无端巧合红蕖记》（《古本戏曲丛刊三集》）

万历刻沈璟《重校埋剑记》《重校双鱼记》（《古本戏曲丛刊初集》）

万历刻王骥德《重校韩夫人题红记》（《古本戏曲丛刊二集》）

万历刻吴德修《新刻出像音释点板东方朔偷桃记》（不详）

万历刻苏汉英《重校吕真人黄粱梦境记》（《古本戏曲丛刊初集》）

万历刻陈所闻辑《新镌古今大雅北宫词纪》《南宫词纪》（《续修四库全书》）

万历刻沈采《重校千金记》（不详）

万历刻郑之文《水帘馆新编芍药记》（青岛市博物馆）

万历刻梁辰鱼《重校浣纱记》（中国国家图书馆）

万历刻白朴《唐明皇秋夜梧桐雨》（不详）

万历刻苏复之《重校苏季子金印记》（《郑振铎藏珍本戏曲文献丛刊》）

万历刻梅鼎祚《重校玉合记》（《日本所藏稀见中国戏曲文献丛刊》）

万历刻张凤翼《窃符记》（日本大谷大学藏，日本刊《中国善本戏曲三种》据之影印）

万历刻乔吉《杜牧之诗酒扬州梦》（不详）

万历刻邱濬《重校班仲升投笔记》（中国国家图书馆）

万历刻《元明杂剧四种》（中国国家图书馆）

柯丹邱《新刻原本王状元荆钗记》（《古本戏曲丛刊初集》）

马致远《破幽梦孤雁汉宫秋》（不详）

王济《连环记》（不详）

怀德堂

万历刻汤显祖《牡丹亭还魂记》（中山图书馆）

汤显祖撰臧懋循改订《牡丹亭还魂记》（日本京都大学）

广庆堂

万历三十年刻纪振伦辑《新刊分类出像陶真选粹乐府红珊》（《善本戏曲丛刊》）

万历刻徐复祚《新编出像点板宵光记》（《古本戏曲丛刊初集》）

万历刻吴德修《新刻出相音释点板东方朔偷桃记》（《古本戏曲丛刊二集》）

万历刻周朝俊《新刊出相点板红梅记》（中国国家图书馆）

万历刻谢天瑞《新刻出相音释点板留伯仁八黑收精剑丹记》（上海图书馆）

万历刻王稚登《新编全相点板窦禹钧全德记》（《古本戏曲丛刊二集》）

万历刻高濂《玉簪记》（不详）

万历刻周大赉校汤显祖《镌新编出像南柯梦记》（日本大谷大学）

万历刻周大赉校汤显祖《镌新编全像邯郸梦记》（日本立命馆大学）

万历刻纪振伦校正《新镌武侯七胜记》《新编全相点板西湖记》《新刻出像点板八义双杯记》（《古本戏曲丛刊二集》）

万历刻纪振伦校正《新刊校正全像音释折桂记》（《日本所藏稀见中国戏曲文献丛刊》）

万历刻《新刻出像葵花记》《镌新编全像霞笺记》（中国国家图书馆）

环翠堂

万历刻汪廷讷《三祝记》《天书记》《投桃记》《彩舟记》《义烈记》（《古本戏曲丛刊二集》）

万历刻汪廷讷《狮吼记》（《日本所藏稀见中国戏曲文献丛刊》）

万历刻汪廷讷校《袁了凡先生释义琵琶记》（《日本所藏稀见中国戏曲文献丛刊》）

万历刻汪廷讷校《袁了凡先生释义西厢记》（上海图书馆）

万历刻陈铎《纳锦郎》（《坐隐先生精订陈大声乐府》本）（《傅惜华藏古典戏曲珍本丛刊》）

万历刻陈铎《太平乐事》（《坐隐先生精订陈大声乐府》本）（《明刻坐隐先生精订陈大声乐府全集》中华书局 2017 年版）

万历刻沈璟《义侠记》（《郑振铎藏珍本戏曲文献丛刊》）

万历刻汪廷讷《环翠堂精订五种曲》（《真傀儡》《一文钱》《再生缘》《齐东绝倒》《男王后》）（北京大学）

万历刻张凤翼《窃符记》（不详）

博古堂

万历四十四年序刻臧懋循编《元曲选一百种》（日本东京大学）

唐晟

万历刻高明《新刻重订出像附释标注琵琶记》（中国国家图书馆）

德寿堂

万历刻纪振伦校正《镌新编全像三桂联芳记》（《古本戏曲丛刊二集》）

施惠撰罗懋登注释《重校拜月亭记》（中国国家图书馆）

文秀堂

王实甫《新刊考正全像评释北西厢记》（《国家图书馆藏〈西厢记〉善本丛刊》）

长春堂

明末刻高濂《新镌女贞观重会玉簪记》（《日本所藏稀见中国戏曲文献丛刊》）

师俭堂

明末刻王实甫《鼎镌陈眉公先生批评西厢记》（《古本〈西厢记〉汇集》）

明末刻高明《鼎镌陈眉公先生批评琵琶记》（中国国家图书馆）

明末刻施惠《鼎镌陈眉公先生批评幽闺记》（中国国家图书馆）

明末刻张凤翼《鼎镌陈眉公先生批红拂记》（中国国家图书馆）

明末刻高濂《鼎镌陈眉公先生批评玉簪记》（《大连图书馆藏珍秘戏曲古籍丛刊》）

明末刻薛近兖《鼎镌陈眉公先生批评绣襦记》（中国台湾"国家图书馆"）

明末刻佚名辑《六合同春》（《鼎镌西厢记》《鼎镌琵琶记》《鼎镌幽闺记》《鼎镌红拂记》《鼎镌玉簪记》《鼎镌绣襦记》）（《不登大雅文库珍本戏曲丛刊》）

明末刻《汤海若先生批评西厢记》（上海图书馆）

明末刻陆采《明珠记》（中国社会科学院）

明末刻陈与郊《鹦鹉洲》（上海图书馆）

明末刻陈与郊《麒麟罽》（不详）

明末刻王元寿《异梦记》（中国国家图书馆）

明末刻袁于令《西楼记》（中国艺术研究院）

明末刻云水道人《玉杵记》（美国国会图书馆，《明代稀见戏曲丛刊》排印本）

明末刻汤显祖《玉茗堂丹青记》（《国家图书馆藏〈牡丹亭〉珍本丛刊》

明末刻梅鼎祚《玉合记》（中国国家图书馆）

明末刻佚名辑《二刻六合同春》（不详）

必自堂

崇祯七年序刊孙其沧《三社记》（《古本戏曲丛刊三集》）

天章阁

崇祯刻王实甫《李卓吾先生批点西厢记真本》（《郑振铎藏珍本戏曲文献丛刊》）

汇锦堂

明末刻王实甫《三先生合评元本北西厢记》（《国家图书馆藏〈西厢记〉善本丛刊》）

明末刻高明《三先生合评元本琵琶记》（中国国家图书馆）

两衡堂

明末刻吴炳《绿牡丹》《画中人》《疗妒羹》《西园记》（《古本戏曲丛刊三集》）

三元堂

明末刻周朝俊《新刻袁中郎先生批评红梅记》（《不登大雅文库珍本戏曲丛刊》）

石渠阁

崇祯刻孟称舜《张玉娘闺房三清鹦鹉墓贞文记》（中国"国立"台湾大学）

文盛堂

崇祯刻徐渭撰澄道人评《四声猿》（不详）

乌衣巷

明末刻范文若《丽句亭评点花筵赚乐府》（《原国立北平图书馆甲库善本丛书》）

三美堂

明末刻吴炳《粲花斋新乐府》（中国社会科学院）

明末刻高明《绣像第七才子书琵琶记》（大连图书馆）

春语堂

明末刻《《青楼访妓》《秦楼箫引凤》《唐苑鼓催花》《见雁忆征人》《折梅逢驿使》《孟山人踏雪寻梅》《幽王举烽火》《龙阳君泣鱼固宠》（《七种争奇》本）（中国国家图书馆）

（二）苏州

叶戊廿

万历刻温泉子编《古本荆钗记》（《古本戏曲丛刊初集》）

起凤馆（曹以杜）

万历三十八年刻王实甫《元本出相西厢记》（《国家图书馆藏〈西厢记〉善本丛刊》）

高明《元本出相南琵琶记》（不详）

周之标

万历四十四年刻周之标辑《吴歈萃雅》（《善本戏曲丛刊》）

崇祯刻周之标辑《新刻出像点板增订乐府珊珊集》（《善本戏曲丛刊》）

许自昌

明末刻许自昌《橘浦记》（《古本戏曲丛刊初集》）

明末刻许自昌《水浒记》（不详）

明末刻许三阶撰许自昌改定《玉茗堂批评节侠记》（《古本戏曲丛刊初集》）

明末刻汪廷讷撰许自昌改定《玉茗堂批评种玉记》（《古本戏曲丛刊二集》）

书业堂

万历刻汤显祖《邯郸记》（北京师范大学）

德聚堂

万历刻更生子《双红记》（不详）

明末刻朱京藩《小青娘风流院》（《古本戏曲丛刊二集》）

陈长卿

崇祯刻《新刻魏仲雪先生批点琵琶记》《新刻魏仲雪先生批点西厢记》（国家图书馆藏〈西厢记〉善本丛刊》）

崇祯刻周朝俊《新刻袁中郎先生批评红梅记》（《美国哈佛燕京图书馆藏中文善本汇刊》）

萃锦堂

天启三年刻许宇编《词林逸响》（《善本戏曲丛刊》）

柳浪馆

明末刻汤显祖《柳浪馆批评玉茗堂紫钗记》（《古本戏曲丛刊初集》）

明末刻汤显祖《柳浪馆批评玉茗堂还魂记》（中国台湾"国家图书馆"）

明末刻袁于令《剑啸阁鹣鹣衩记》《剑啸阁自订西楼梦传奇》（《古本戏曲丛刊二集》）

明末刻周朝俊《玉茗堂批评红梅记》（《古本戏曲丛刊初集》）

明末刻汤显祖《柳浪馆批评玉茗堂邯郸记》（日本大谷大学）

明末刻汤显祖《柳浪馆批评玉茗堂南柯梦记》（中国国家图书馆）

尚友堂

崇祯五年刻《宋公明闹元宵杂剧》（《二刻拍案惊奇》本）（《续修四库全书》）

毛恒

崇祯刻阮大铖《石巢传奇四种》（《春灯谜》《燕子笺》《双金榜》《牟尼合》）（《古本戏曲丛刊二集》）

嘉会堂

崇祯九年刻汤显祖《临川四梦》（《独深居点定玉茗堂集》本）（中国国家图书馆）

蒸文馆

崇祯刻梅孝己撰冯梦龙改订《墨憨斋新定洒雪堂传奇》（中国国家图书馆）

螂麟斋

崇祯刻沈嵊《谭友夏钟伯敬先生批评绾春园传奇》（《古本戏曲丛刊二集》）

宁致堂

崇祯刻高濂《一笠庵批评玉簪记》（日本宫内省图书馆）

志邺堂

冯梦龙辑《墨憨斋重定传奇五种》（《新灌园》《酒家佣》《梦磊记》《洒雪堂》《人兽关》）（日本京都大学文学部）

宝珠堂

徐肃颍删润《丹桂记》（《古本戏曲丛刊初集》）

汲古阁

明末刻毛晋编《六十种曲》（中国国家图书馆）

二　北京地区

北京金台岳家

弘治十一年刊《奇妙全相注释西厢记》（《古本戏曲丛刊初集》）

永顺堂

成化八年刻《新编刘知远还乡白兔记》（《明成化说唱词话丛刊》）

三　福建地区

进贤堂

嘉靖三十二年刻徐文昭辑《全家锦囊》（《善本戏曲丛刊》）

余新安

《明本潮州戏文五种》）

种德堂

万历元年刻《重订元本评林点板琵琶记》（上海图书馆）

与耕堂

万历九年刻李东月编《新刻增补全像乡谈荔枝记》（《明本潮州戏文五种》）

崇祯刻顾觉宇《新刻浙江新编出像题评范睢绨袍记》（中国国家图书馆）

自新斋

万历十四年刻佚名《韩朋十义记》（法国巴黎图书馆）

万历刻黄文华辑《新镌精选古今乐府滚调新词玉树英》（《海外孤本晚明戏剧选集三种》）

忠正堂

万历二十年刻王实甫《重刻元本题评音释西厢记》（《日本所藏稀见中国戏曲文献丛刊》）

三槐堂

万历刻刘君锡辑《新镌梨园摘锦乐府菁华》（《善本戏曲丛刊》）

万历刻王实甫《重校北西厢记》（日本天理图书馆）

万历刻邱濬《新镌徽板音释评林全像班超投笔记》（中国"国立"台湾

大学）

明末刻陈与郊《鹦鹉洲》（日本大谷大学）

李碧峰、陈我含

万历三十二年刻《新刻增补戏对锦曲大全满天春》（《明刊闽南戏曲弦管选本三种》）

余少江

万历刻高明《新刻魏仲雪先生批评琵琶记》（上海图书馆）

金魁

万历刻程万里编《鼎锲徽池雅调南北官腔乐府点板曲响大明春》（《善本戏曲丛刊》）

乔山堂

万历刻王实甫《重刻元本题评音释西厢记》（《古本戏曲丛刊初集》）

忠贤堂

万历刻史槃《新刻出相点板唾红记》（中国艺术研究院）

游敬泉

万历刻王实甫《李卓吾批评合像北西厢记》（日本天理图书馆）

万历刻张凤翼《李卓吾先生批评红拂记》（上海图书馆）

杨素卿

万历刻《红梨花记》（中国国家图书馆）

万历刻史槃《新刻宋璟鹣钗记》（《古本戏曲丛刊三集》）

叶志元

万历刻黄文华辑《新刻京板青阳时调词林一枝》（《善本戏曲丛刊》）

长庚馆

万历刻寰宇显圣公《孔夫子周游列国大成麒麟记》（《古本戏曲丛刊二集》）

刘龄甫

万历刻阮详宇辑《梨园会选古今传奇滚调新词乐府万象新》（《海外孤本晚明戏剧选集三种》）

爱日堂

万历刻黄文华辑《鼎雕昆池新调乐府八能奏锦》（《善本戏曲丛刊》）

陈含初

万历刻《李九我先生批评破窑记》（《古本戏曲丛刊初集》）

燕石居

万历刻熊稔寰编《新锓天下时尚南北徽池雅调》（《善本戏曲丛刊》）

万历刻殷启圣编《新锓天下时尚南北新调尧天乐》（《善本戏曲丛刊》）

集义堂

万历刻高明《重校琵琶记》（日本蓬左文库）

刘应袭

万历刻王实甫《李卓吾先生批评西厢记》（美国伯克莱加州大学东亚图书馆）

萃庆堂

万历刻《青楼访妓》等①（《七种争奇》本）（《明清善本小说丛刊初编》）

文立堂

崇祯刻郑国轩校《新镌绣像批评音释王实甫北西厢真本》（不详）

崇文堂

崇祯刻沈采《镌鼎出相点板千金记》（中国国家图书馆）

岁寒友

明末刻王实甫《新刻徐文长公参订西厢记》（《郑振铎藏珍本戏曲文献丛刊》）

清白堂

陈与郊《麒麟罽》（中国国家图书馆）

四　陕西地区

凤毛馆

万历刻顾大典《重校白傅青衫记》（不详）

---

① 详见本目录"春语堂"条。

五　浙江地区

（一）杭州

天绘楼

万历二十六年序刻屠隆《昙花记》（《古本戏曲丛刊初集》）

西爽堂

约万历三十五、六年间刻汤显祖《玉茗堂四梦》（不详）

天启四年刻止云居士《新镌出相点板北调万壑清音》（中国国家图书馆）

阳春堂

万历三十六年刻梁辰鱼《重刻吴越春秋浣纱记》（中国台湾"国家图书馆"）

容与堂

万历三十八年刻王实甫《李卓吾先生批评北西厢记》（《国家图书馆藏〈西厢记〉善本丛刊》）

万历刻高明《李卓吾先生批评琵琶记》（《古本戏曲丛刊初集》）

万历刻施惠《李卓吾先生批评幽闺记》（《古本戏曲丛刊初集》）

万历刻梅鼎祚《李卓吾先生批评玉合记》（《古本戏曲丛刊初集》）

万历刻张凤翼《李卓吾先生批评红拂记》（中国国家图书馆）

钟人杰

万历刻徐渭《四声猿》（《徐文长三集》本）（《郑振铎藏珍本戏曲文献丛刊》）

静常斋

万历四十四年序刻《月露音》（《善本戏曲丛刊》）

文会堂

万历刻胡文焕辑《群音类选》（《善本戏曲丛刊》）

翁文源

万历刻屠隆《新镌全像昙花记》（中国国家图书馆）

凝瑞堂

万历刻王异《弄珠楼》(《古本戏曲丛刊三集》)

读书坊

明末刻苏复之《怡云阁金印记》(《美国哈佛燕京图书馆藏中文善本汇刊》)

明末刻梁辰鱼《怡云阁浣纱记》(《古本戏曲丛刊初集》)

明末刻《宝晋斋明珠记》《宝晋斋鸣凤记》《宝晋斋绣襦记》《新镌点板金雀记》《鼎镌出相点板千金记》《怡云阁西楼记》(中国国家图书馆)

明末刻陆采《汤海若先生批评无双传明珠记》(上海图书馆)

明末刻徐渭《四声猿》(《徐文长文集》本)(中国国家图书馆)

峥霄馆 (陆云龙)

崇祯刻冲和居士编《新镌出像点板缠头百练二集》(《明清孤本戏曲选本丛刊》)

安雅堂

崇祯刻汤显祖《还魂记传奇》(北京大学)

山水邻

崇祯刻佚名《山水邻新镌四大痴》(《酒懂》《蝴蝶梦》《一文钱》《残唐再创》)(《傅惜华藏古典戏曲珍本丛刊》)

崇祯刻范文若《花筵赚》(中国国家图书馆)

崇祯刻梅鼎祚《长命缕》(不详)

崇祯刻马佶人《荷花荡》(不详)

高一苇

明末刻《孟日红葵花记》(不详)

(二) 浙江其他地区

泥蟠斋

万历十七年刻陈与郊《古名家杂剧》(不详)

半野堂

万历二十八年刻徐渭《四声猿》(《徐文长三集》本)(中国国家图书馆)

万历刻佚名《唐韦状元自制筌篌记》(《古本戏曲丛刊二集》)

茅彦徵

万历三十三年刻张凤翼撰茅茹序《齐世子灌园记》（《美国哈佛燕京图书馆藏中文善本汇刊》）

雕虫馆（臧懋循）

万历刻臧懋循编《元曲选》（中国国家图书馆）

万历刻汤显祖《玉茗堂新词四种》（美国伯克莱加州大学东亚图书馆）

明末刻屠隆《昙花记》（《日本所藏稀见中国戏曲文献丛刊》）

闵光瑜

天启元年刻汤显祖《邯郸梦》（《古本戏曲丛刊初集》）

闵齐伋

天启刻陆采《明珠记》（日本内阁文库）

天启刻《红拂记》《邯郸梦记》《绣襦记》《琵琶记》（不详）

明末刻闵齐伋辑《会真六幻西厢》（中国国家图书馆）

明末刻王实甫《西厢会真传》（《古本〈西厢记〉汇集》）

凌濛初

天启刻高明《琵琶记》（中国国家图书馆）

天启刻凌濛初《西厢记五剧》（《暖红室汇刻传奇》）

崇祯刻凌濛初《南音三籁》（《续修四库全书》）

明末刻《红梨花记传奇》（不详）

明末刻凌濛初《红拂三传》（《蓦忽姻缘》已佚，《虬髯翁》有《盛明杂剧》本，《北红佛》有民国间影印本）

凌玄洲

天启刻张凤翼《红拂记》（《古本戏曲丛刊初集》）

凌延喜

天启刻施惠《幽闺怨佳人拜月亭记》（上海图书馆）

李廷谟

崇祯四年刻王实甫《北西厢记》（《国家图书馆藏〈西厢记〉善本丛刊》）

崇祯刻徐渭《四声猿》（中国国家图书馆）

六、安徽地区

玩虎轩

万历二十五年刻高明《琵琶记》(《明刻古典戏曲六种》)

万历刻张凤翼《重校孝义祝发记》（不详）

万历刻王实甫《北西厢记》(《国家图书馆藏〈西厢记〉善本丛刊》)

万历刻张凤翼《新镌红拂记》(《郑振铎藏珍本戏曲文献丛刊》)

万历刻佚名辑《赛徽歌集》(《善本戏曲丛刊》)

观化轩

万历二十六年序刊高濂《新镌女贞观重会玉簪记》(上海图书馆)

尊生馆

万历三十七年序刊黄正位辑《阳春奏》(《古本戏曲丛刊四集》)

万历刻高明《琵琶记》（中国台北故宫博物院）

王实甫《西厢记》（不详）

敦睦堂

万历三十九年刻龚正我辑《新刊徽版滚调乐府官腔摘锦奇音》(《善本戏曲丛刊》)

百岁堂

万历四十三年刻苏汉英《新刻出像点板吕真人梦境记》（日本京都大学人文科学研究所）

刘次泉

万历刻景居士辑《鼎刻时兴滚调歌令玉谷新簧》(《善本戏曲丛刊》)

高明《汤海若先生批评琵琶记》（不详）

四有堂

万历刻《新镌汇选辨真昆山点板乐府名词》(《明清孤本戏曲选本丛刊》)

还雅斋

万历刻高濂《新编女贞观重会玉簪记》(《郑振铎藏珍本戏曲文献丛刊》)

青藜馆

万历刻高濂《李卓吾先生批评玉簪记》（上海图书馆）

四知馆

天启刻黄儒卿辑《选辑南北乐府时调青昆》（《善本戏曲丛刊》）

存诚堂

崇祯刻邱濬《新刻魏仲雪先生批评投笔记》（《古本戏曲丛刊初集》）

崇祯刻《新刻魏仲雪先生批点西厢记》《鼎镌郑道圭先生评点红杏记》

（中国国家图书馆）

黄嘉惠

崇祯刻《董解元西厢记》（山东图书馆）

茂林叶氏

柯丹邱《荆钗记》（《日本所藏稀见中国戏曲文献丛刊》）

七　刊刻地区及刻家不详者

洪武间刻朱权《太和正音谱》（《涵芬楼秘笈》）

正德十二年刻臧贤辑《盛世新声》（中国国家图书馆）

明初刻《古今杂剧残存十种》（不详）

嘉靖二十二年刻《碧筠斋古本北西厢》（已佚）

嘉靖间苏州坊刻《新刊巾箱蔡伯喈琵琶记》（南戏博物馆）

嘉靖刻冯惟敏《梁状元不伏老》《僧尼共犯》（《海浮山堂词稿》本）

（北京大学）

万历四年刻边三岗《芙蓉屏记》（《日本所藏稀见中国戏曲文献丛刊》）

万历二十六年序刊息机子编《元人杂剧选三十种》（《古本戏曲丛刊四集》）

万历三十四年序刊窦彦斌辑《新镌出像词林白雪》（《日本所藏稀见中国戏曲文献丛刊》）

万历四十八年林于阁刻《鹦鹉洲》（不详）

万历间七峰草堂刻《牡丹亭还魂记》（重庆图书馆）

万历间崇义堂刻汪公亮校梓《新镌乐府遴奇》（中国国家图书馆）

万历间清远斋刻徐渭辑《选古今南北剧》（《郑振铎藏珍本戏曲文献丛刊》）

万历间陈晓隆刻《重校元本大板释义全像音释北西厢记》（不详）

万历间槐堂九我堂刻《牡丹亭还魂记》（安徽图书馆）

万历间慎馀馆刻《韦凤翔古玉环记》（《古本戏曲丛刊初集》）

万历刻王元寿《玉茗堂批评异梦记》（《古本戏曲丛刊二集》）

万历刻《新镌乐府争奇》（《明清孤本戏曲选本丛刊》）

万历刻《小说传奇合刊》（残本，不详）

万历刻崔时佩、李日华《仇池洞天李西厢藏本》（南京图书馆）

万历刻汤显祖评本《董解元西厢记》（中国国家图书馆）

万历刻罗懋登注释《重校北西厢记》（《国家图书馆藏〈西厢记〉善本丛刊》）

万历刻王实甫《田水月山房北西厢藏本》（《郑振铎藏珍本戏曲文献丛刊》）

万历刻《元明杂剧四种》（《古本戏曲丛刊四集》）

万历刻洞庭萧士辑湖南主人校点《新刻点板乐府南音》（《善本戏曲丛刊》）

万历刻《重补摘锦潮调金花女大全》（《明本潮州戏文五种》）

万历刻罗懋登释义《重校金印记》（《古本戏曲丛刊初集》）

万历刻沈采撰仇英绘像《重校千金记》（《傅惜华藏古典戏曲珍本丛刊》）

万历刻《新刻全像古城记》（《古本戏曲丛刊初集》）

万历刻屠隆《修文记》（《古本戏曲丛刊初集》）

万历刻屠隆《玉茗堂重校音释昙花记》（南京图书馆）

万历刻朱期《玉丸记》（《古本戏曲丛刊初集》）

万历刻汤显祖《南柯梦》（《古本戏曲丛刊初集》）

万历刻高濂《三会贞文庵玉簪记》（不详）

万历刻叶宪祖《壮荆卿易水离情》《三义成姻》《渭塘梦》《琴心雅调》（《日本所藏稀见中国戏曲文献丛刊》）

万历刻王衡《王摩诘拍碎郁轮袍》《没奈何哭倒长安街》《杜祁公藏身真傀儡》（《日本所藏稀见中国戏曲文献丛刊》）

万历刻高明《蔡中郎忠孝传》（中国国家图书馆）

万历刻徐渭《四声猿》（《古本戏曲丛刊初集》）

万历刻金怀玉《桃花记》（《郑振铎藏珍本戏曲文献丛刊》）

万历刻卜世臣《冬青记》（《古本戏曲丛刊二集》）

万历刻季世儒《奇梦记》（不详）

万历刻玩花主人《妆楼记》（《古本戏曲丛刊二集》）

万历刻杨讷《杨东来先生批评西游记》（《古本戏曲丛刊初集》）

万历刻王玉峰《李卓吾评焚香记》（首都图书馆）

万历刻汤显祖撰臧懋循改订《紫钗记》（日本京都大学文学部）

万历刻吴奕《空门游戏》《燕市悲歌》（《观复庵集》本）（中国国家图书馆）

天启刻沈璟《新刻博笑记》（《古本戏曲丛刊初集》）

天启五年刻梁台卿《词林双艳》（《国家图书馆藏〈牡丹亭〉珍本丛刊》）

天启刻王应遴《衍庄新调》（日本内阁文库）

天启刻《杂剧三种合刊》（《没奈何哭倒长安街》《杜祁公藏身真傀儡》《王摩诘拍碎郁轮袍》（不详）

崇祯四年序刻刘方《天马媒》（《古本戏曲丛刊三集》据暖红室刊本影印）

崇祯刻路迪《鸳鸯绦》（《古本戏曲丛刊二集》）

崇祯刻吴长公辑《古今奏雅》（中国国家图书馆）

崇祯刻王实甫《张深之先生正北西厢秘本》（《古本戏曲丛刊初集》）

崇祯十五年序刻本毕魏撰冯梦龙改定《滑稽馆新编三报恩传奇》（《古本戏曲丛刊二集》）

崇祯十六年序刻许恒《二奇缘》（《古本戏曲丛刊三集》）

崇祯十六年序刻研雪子《翻西厢》（《古本戏曲丛刊三集》）

崇祯十七年序刻朱葵心《回春记》（《古本戏曲丛刊三集》）

崇祯间来仪山房刻黄粹吾《玉茗堂批评新著续西厢升仙记》（《古本戏曲丛刊初集》）

崇祯刻孙钟龄《东郭记》《醉乡记》（《古本戏曲丛刊二集》）

崇祯刻范世彦《磨忠记》（《古本戏曲丛刊二集》）

崇祯刻孟称舜《娇红记》《贞文记》（《古本戏曲丛刊二集》）

崇祯刻孟称舜《新镌二胥记》（《古本戏曲丛刊三集》）

崇祯刻卢楠《谭友夏批点想当然传奇》（《古本戏曲丛刊初集》）

崇祯刻西泠长《芙蓉影》(《古本戏曲丛刊二集》)

崇祯刻清啸生《喜逢春》(《古本戏曲丛刊二集》)

崇祯刻澹慧居士《凤求凰》(《古本戏曲丛刊二集》)

崇祯刻锄兰忍人辑《新镌绣像评点玄雪谱》(《善本戏曲丛刊》)

崇祯刻冲和居士辑《新镌出像点板怡春锦曲》(《善本戏曲丛刊》)

崇祯刻粲花主人辑《新镌歌林拾翠》(《明清孤本戏曲选本丛刊》)

崇祯间柱笏斋刻谢国《蝴蝶梦》(《古本戏曲丛刊三集》)

崇祯刻叶宪祖《四艳记》(《古本戏曲丛刊二集》)

崇祯原刻本李玉《一笠庵四种曲》(《一捧雪》《人兽关》《永团圆》《占花魁》)(《古本戏曲丛刊三集》)

崇祯刻苏复之撰高一苇改订《金印合纵记》(《暖红室汇刻传奇》)

崇祯刻叶小纨《鸳鸯梦》(《午梦堂集》本)(《东京大学东洋文化研究所所藏双红堂文库全文影像资料库》)

崇祯刻王实甫《新订徐文长先生批点音释北西厢》(《郑振铎藏珍本戏曲文献丛刊》)

明末金陵书肆刻李氏辑《词珍雅调》(《明清孤本戏曲选本丛刊》)

明末映旭斋刻孙钟龄《东郭记》(中国社会科学院)

明末刻佚名辑《精刻汇编新声雅杂乐府大明天下春》(《海外孤本晚明戏剧选集三种》)

明末刻童云野辑《童云野刻杂剧》(已佚)

明末刻佚名辑《梨园雅调》(已佚)

明末刻槐鼎、吴之俊辑《乐府遏云编》(《续修四库全书》)

明末刻槃薖硕人改定《西厢定本》(《国家图书馆藏〈西厢记〉善本丛刊》)

明末刻朱墨套印本《硃订西厢记》(《国家图书馆藏〈西厢记〉善本丛刊》)

明末刻阮大铖《雪韵堂批点燕子笺》(《郑振铎藏珍本戏曲文献丛刊》)

明末刻史槃《新刻出相点板樱桃记》(《古本戏曲丛刊二集》)

明末刻徐日曦删定《还魂记定本》(《国家图书馆藏〈牡丹亭〉珍本丛刊》)

明末逵羽亭刻孙仁孺《东郭记》(不详)

明末刻梅鼎祚《长命缕》(《古本戏曲丛刊初集》)

明末刻薛近兖《绣襦记》(《古本戏曲丛刊初集》)

明末杨龄生刻陆采《明珠记》(上海图书馆)

明末刻玉茗堂主人点辑《万锦娇丽》(《善本戏曲丛刊》)

明末刻马佶人《荷花荡》(《古本戏曲丛刊二集》)

明末刻周履靖《玉茗堂批评锦笺记》(不详)

明末刻周履靖《李卓吾先生批评锦笺记》(中国国家图书馆)

明末刻《李卓吾先生批评浣纱记》《临川玉茗堂批评西楼记》(中国国家图书馆)

明末刻沈自晋《望湖亭记》(《古本戏曲丛刊二集》)

明末刻王玉峰《新刻玉茗堂批评焚香记》(《古本戏曲丛刊初集》)

明末刻徐复祚《校正原本红梨记》附张寿卿《红梨花》(《古本戏曲丛刊初集》)

明末纫椒兰馆刻陆采《明珠记》(不详)

明末会泉余氏刻高明《三订琵琶记》(日本蓬左文库)

明末漱玉山房刊青山高士《盐梅记》(北京图书馆出版社《孤本明传奇〈盐梅记〉》)

明末九思堂刻周德清《中原音韵》(中国国家图书馆)

明末三乐斋刻沈璟《增定南九宫谱》(首都图书馆)

明末云林别墅刻高明《元本大板释义全像音释琵琶记》(中国国家图书馆)

明末岑德亨刻汤显祖《玉茗堂传奇》(日本内阁文库)

明末刻邱濬《伍伦全备记》(韩国奎章阁图书馆,《明代稀见戏曲丛刊》排印)

明末刻杨朝英《朝野新声太平乐府》附卓从之《中州乐府音韵类编》(中国国家图书馆)

明末刻崔时佩、李日华《南西厢记》(《郑振铎藏珍本戏曲文献丛刊》)

明末刻汤显祖撰陈眉公评点《南柯记》(不详)

明末刻王九思《杜子美沽酒游春记》(中国国家图书馆)

明末刻高明撰陆贻典抄校《新刊元本蔡伯喈琵琶记》（《古本戏曲丛刊初集》）

明末刻高明撰孙鑛批订《硃订琵琶记》（《日本所藏稀见中国戏曲文献丛刊》）

明末刻梁辰鱼《新刻吴越春秋乐府》（《郑振铎藏珍本戏曲文献丛刊》）

明末刻刘还初《李丹记》（《古本戏曲丛刊五集》）

明末刻徐渭撰澄道人评《四声猿》（中国国家图书馆）

明末刻林章《观灯记》《青虬记》（《日本所藏稀见中国戏曲文献丛刊》）

明末刻柯丹邱《李卓吾先生批评古本荆钗记》（《日本所藏稀见中国戏曲文献丛刊》）

明末刻陆采《李卓吾先生批评无双传明珠记》（《大连图书馆藏珍秘戏曲古籍丛刊》）

明末刻李开先《李卓吾先生批评宝剑记》（中国台湾“国家图书馆”）

明末刻邵灿《李卓吾先生批评香囊记》（中国台湾“国家图书馆”）

明末刻苏复之《李卓吾先生批评金印记》（上海图书馆）

明末刻李卓吾批评本薛近兖《绣襦记》（《日本所藏稀见中国戏曲文献丛刊》）

明末刻徐复祚《新刻赵状元三错认红梨记》（《郑振铎藏珍本戏曲文献丛刊》）

明末刻王世贞《李卓吾先生批评鸣凤记》（不详）

明末刻华亭鹤史《紫芝缘》《鸳鸯史》（中国国家图书馆）

明末刻王錂辑《新镌精选梨园杂剧万家锦绣海内曲魁》（《日本关西大学长泽规矩也文库藏稀见中国戏曲俗曲汇刊》）

明末刻《快活庵批评红梨花记》（中国国家图书馆）

明末刻《二刻京本出像音释高彦真葵花记全传》（中国国家图书馆）

明末刻《绿袍记》（《明代稀见戏曲丛刊》排印）

明末刻《传奇四十种》（日本宫内厅书陵部）

明末刻《冰壶玉屑》（《明清孤本戏曲选本丛刊》）

附录二　明代家刻戏曲目录

一　江苏地区

张禄

嘉靖刻张禄辑《词林摘艳》（《续修四库全书》）

三径草堂

嘉靖刻蒋孝编《旧编南九宫谱》（《善本戏曲丛刊》）

徐士范

万历八年刻王实甫《重刻元本题评音释西厢记》（《国家图书馆藏〈西厢记〉善本丛刊》）

何钫

万历二十二年刻朱权《太和正音谱》（不详）

周居易

万历二十八年刻《新刊合并董解元西厢记》（中国国家图书馆）

万历二十八年刻《新刊合并王实甫西厢记》（《国家图书馆藏〈西厢记〉善本丛刊》）

万历二十八年刻陆采《新刊合并陆天池西厢记》（《古本戏曲丛刊初集》）

万历二十八年刻崔时佩、李日华《新刊合并李日华西厢记》（不详）

晔晔斋

万历三十年刻王实甫《北西厢记》（上海图书馆）

范律之

万历刻徐复祚《新刻赵状元三错认红梨记》（中国艺术研究院）

范善溱

崇祯四年刻范善溱《中州全韵》（中国国家图书馆）

沈宠绥

崇祯十二年刻沈宠绥《度曲须知》《弦索辨讹》（《四库全书存目丛书》）

唐云客

崇祯十二年刻娄梁散人《校正北西厢谱》(《郑振铎藏珍本戏曲文献丛刊》)

绣霞堂（薛旦）

崇祯十六年刻薛旦《醉月缘传奇》《续情灯》(上海图书馆)

墨憨斋（冯梦龙）

崇祯刻冯梦龙改定《风流梦》(《古本戏曲丛刊初集》)

崇祯刻冯梦龙改定《酒家佣》《双雄会》《精忠旗》《梦磊记》《洒雪堂》《万事足》《量江记》(《古本戏曲丛刊二集》)

崇祯刻冯梦龙改定《邯郸梦》《人兽关》《永团圆》(中国国家图书馆)

崇祯刻冯梦龙改定《灌园记》《女丈夫》《楚江情》(上海图书馆)

崇祯刻苏复之《金印合纵记》(不详)

二　山东地区

李开先

嘉靖刻李开先《新编林冲宝剑记》(《古本戏曲丛刊初集》)

嘉靖刻李开先《改定元贤传奇》(南京图书馆)

嘉靖刻李开先《一笑散》(已佚)

三　陕西地区

张羽

嘉靖三十六年序刻《古本董解元西厢记》(《续修四库全书》)

四　河北地区

荆聚

嘉靖四十五年刻郭勋辑《雍熙乐府》(《四部丛刊续编》)

五　江西地区

笔峒山房（徐奋鹏）

万历刻王实甫《新刻徐笔峒先生批点西厢记》（《国家图书馆藏〈西厢记〉善本丛刊》）

玉茗堂（汤显祖）

万历刻高明《汤海若先生批评琵琶记》《临川四梦》（不详）

刘云龙

万历四十三年刻梅鼎祚《昆仑奴》（中国国家图书馆）

龙骧

沈璟《增定南九宫谱》（《善本戏曲丛刊》）

六　浙江地区

张罍

弘治十七年刻王文璧校《中州音韵》（上海图书馆）

文霞阁（茅一相）

万历刻王世贞《曲藻》（《欣赏编》本）（中国国家图书馆）

屠隆

万历二十六年刻《董西厢》（不详）

函三馆（陈汝元）

万历三十四年刻陈汝元《金莲记》（中国国家图书馆）

浣月轩（杨之炯）

万历三十四年刻云水道人《新镌全像蓝桥玉杵记》（《古本戏曲丛刊初集》）

方诸馆（王骥德）

万历三十九年刻王实甫《重刻订正元本批点画意北西厢记》（《郑振铎藏珍本戏曲文献丛刊》）

万历四十三年刻梅鼎祚《徐文长改本昆仑奴杂剧》（中国国家图书馆）

万历刻王骥德辑《古杂剧》（《古本戏曲丛刊四集》）

香雪居（朱朝鼎）

万历四十二年刻王实甫《新刊校注古本西厢记》（《续修四库全书》）

赐绯堂（陈与郊）

万历刻陈与郊《樱桃梦》《灵宝刀》《麒麟罽》《鹦鹉洲》（《古本戏曲丛刊二集》）

万历刻陈与郊编《古名家杂剧》（中国国家图书馆）

著坛（张弘毅）

明末刻汤显祖《玉茗堂四梦》（中国国家图书馆）

天启四年刻汤显祖《清晖阁批点玉茗堂还魂记》（《郑振铎藏珍本戏曲文献丛刊》）

茅暎

天启刻汤显祖《牡丹亭》（《古本戏曲丛刊初集》）

沈泰

崇祯二年刻沈泰编《盛明杂剧初集》《盛明杂剧二集》（《续修四库全书》）

孟称舜

崇祯六年序刊孟称舜编《古今名剧合选》（《古本戏曲丛刊四集》）

白雪斋

崇祯十年刻张琦《衡曲麈谭》、魏良辅《曲律》（《白雪斋选订乐府吴骚合编》本）（中国国家图书馆）

崇祯刻张琦《白雪斋五种曲》（《明月环》《诗赋盟》《灵犀锦》《郁轮袍》《金钿盒》）（《古本戏曲丛刊二集》）

据两衡堂刊本修板印本《粲花斋新乐府四种》（苏州市图书馆）

七　安徽地区

高石山房（郑之珍）

万历十年刻郑之珍《新编目连救母劝善戏文》（《古本戏曲丛刊初集》）

朱元镇

万历刻汤显祖《牡丹亭还魂记》（《国家图书馆藏〈牡丹亭〉珍本丛刊》）

流云馆（程明善）

万历刻程明善《啸余谱》（《四库全书存目丛书》）

蔡汝左

万历刻徐肃颖《丹桂记》（不详）

孙学礼

万历刻孙学礼编校《四太史杂剧》（日本大谷大学）

汪道昆

万历刻汪道昆《大雅堂杂剧四种》（《高唐记》《五湖记》《京兆记》《洛神记》）（中国国家图书馆）

适适子

《古本董解元西厢记》（《国家图书馆藏〈西厢记〉善本丛刊》）

阮大铖（咏怀堂）

崇祯刻阮大铖《春灯谜》《燕子笺》（中国国家图书馆）

蒲水斋

崇祯刻汤显祖《批点牡丹亭》（中国国家图书馆）

八 广东地区

黛玉轩（张萱）

万历三十年刻朱权《北雅》（不详）

九 福建地区

何璧

万历四十四年刻王实甫《北西厢记》（《古本〈西厢记〉汇集》）

十 山西地区

张宗孟

崇祯十三年刻王九思《中山狼》（中国国家图书馆）

十一　上海地区

博山堂（范文若）

崇祯刻范文若辑《博山堂北曲谱》（不详）

崇祯刻范文若《梦花酏》《花筵赚》《鸳鸯棒》（《古本戏曲丛刊二集》）

十二　家刻地区不详者

绍陶室

嘉靖三十七年刻佚名辑《杂剧十段锦》（中国国家图书馆）

敲月斋

崇祯十五年刻傅一臣《苏门啸》（《买笑局金》《卖情扎囤》《没头疑案》《截舌公招》《智赚还珠》《错调合璧》《贤翁激婿》《死生冤报》《义妾存孤》《人鬼夫妻》《蟾蜍佳偶》《钿盒奇姻》）（《傅惜华藏古典戏曲珍本丛刊》）

且居

崇祯刻沈嵊《且居批评息宰河传奇》（南京师范大学）

附录三　清代坊刻戏曲目录

一　江苏地区

（一）苏州

树滋堂

顺治刻李玉《清忠谱》（《古本戏曲丛刊三集》）

振古斋

顺治刻吴伟业《秣陵春》（《古本戏曲丛刊三集》）

顺治刻吴伟业《通天台》《临春阁》（《清人杂剧初集》）

致和堂

康熙八年刻王实甫《增补笺注绘像第六才子西厢释解》（中国国家图书馆）

清初刻菰芦钓叟编《新刻出像点板时尚昆腔杂曲醉怡情》（《善本戏曲丛刊》）

据大美堂刊本修版印本《合订西厢记文机活趣全解》（陕西师范大学）

孙钟龄《东郭记》（《郑振铎藏珍本戏曲文献丛刊》）

聚秀堂

康熙间刊尤侗《西堂乐府六种》（《读离骚》《吊琵琶》《桃花源》《黑白卫》《清平调》《钧天乐》）（《傅惜华藏古典戏曲珍本丛刊》）

绿荫堂

康熙二十八年刻王骥德《曲律》（不详）

清初刻查继佐、鸳湖散人《九宫谱定》（《郑振铎藏珍本戏曲文献丛刊》）

博雅堂

康熙四十七年刻王实甫《贯华堂绣像第六才子西厢记》（《不登大雅文库珍本戏曲丛刊》）

学余堂

康熙五十九年刊王实甫《第六才子书西厢记》（北京大学）

芥子园

康熙五十九年刊王实甫《芥子园绘像第六才子书》（首都师范大学）

雍正八年刊李渔《笠翁偶集》（《笠翁一家言全集》本）（《续修四库全书》）

雍正十三年刻高明《芥子园绘像第七才子书》（上海图书馆）

清初刊范文若《范氏博山堂三种》（《鸳鸯棒》《花筵赚》《梦花酣》）附《博山堂北曲谱》（中国国家图书馆）

汤显祖《牡丹亭还魂记》（上海图书馆）

《绣刻传奇八种》（《万全记》《十醋记》《补天记》《双瑞记》《偷甲记》《四元记》《双锤记》《鱼篮记》）（上海图书馆）

霜英堂

康熙刻李玉《清忠谱》（中国国家图书馆）

文喜堂

康熙刊朱素臣《秦楼月》(《古本戏曲丛刊三集》)

郁郁堂

康熙刻王实甫《笺注第六才子书释解》(首都图书馆)

三槐堂

雍正四年序刊王实甫《绣像第六才子书》(日本天理图书馆)

嘉庆二十一年刻王实甫《绣像第六才子书》(北京大学)

课花书屋

雍正十三年刻高明《成裕堂绘像第七才子书琵琶记》(中国国家图书馆)

玉夏斋

明末清初刻《玉夏斋传奇十种》(《喜逢春》《咏怀堂新编十错认春灯谜》《鸳鸯棒》《望湖亭记》《荷花荡》《山水邻新镌花筵赚》《长命缕》《金印合纵记》《评点凤水凰》《山水邻新镌出像四大痴传奇》)(《郑振铎藏珍本戏曲文献丛刊》)

载道堂

清初刻介石逸叟《宣和谱》(《古本戏曲丛刊五集》)

映雪堂

乾隆六年重修汤显祖《玉茗堂四种传奇》(上海图书馆)

三乐斋

乾隆十五年刊王实甫《贯华堂第六才子书》(首都图书馆)

咏春堂

乾隆二十年重修明刻本傅一臣《槐春堂八种传奇》(河南省图书馆)

书业堂

乾隆二十六年重修明刻本汤显祖撰臧懋循订《玉茗堂四种》(中国国家图书馆)

乾隆五十六年刊王实甫《绣像第六才子书》(北京师范大学)

高明《成裕堂绘像第七才子书》(北京师范大学)

宝仁堂

乾隆二十八年至乾隆三十九年陆续刊印玩花主人初辑钱德苍增辑《缀白

裘》(《善本戏曲丛刊》《明清孤本戏曲选本丛刊》《大连图书馆藏珍秘戏曲古籍丛刊》等)

琴香堂

乾隆三十二年序刊高明《琴香堂绘像第七才子书琵琶记》(中国国家图书馆)

清素堂

乾隆间刊石琰《石恂斋传奇四种》(《古本戏曲丛刊六集》收《忠烈传》《锦香亭》),《古本戏曲丛刊八集》收《天灯记》《酒家佣》)

学耕堂

乾隆四十七年刻钱德苍《缀白裘新集合编》(《明清孤本戏曲选本丛刊》)

咸德堂

乾隆四十九年刻王鵕《中州音韵辑要》(《中国国家图书馆》)

纳书楹

乾隆五十七年至五十九年刻叶堂《纳书楹曲谱》(《善本戏曲丛刊》)

宝研斋

乾隆五十九年刻李玉《一笠庵四种曲》(中国国家图书馆)

裕文堂

嘉庆二十二年刊王实甫《绘像第六才子书》(厦门大学)

经义堂

道光十年刊梁廷楠《小四梦》(《江梅梦》《昙花梦》《圆香梦》《断缘梦》)、《曲话》(《藤花亭十种》本)(中山大学)

吴青霞斋

道光十九年刊严保庸《盂兰梦》(《珊影杂识》本)(《傅惜华藏古典戏曲珍本丛刊》)

元妙观得见斋

光绪六年刊余治《庶几堂今乐》(《东京大学东洋文化研究所所藏双红堂文库全文影像资料库》)

步月楼

李渔《笠翁十种曲》(中国艺术研究院)

据槐荫堂刻本刊高明《绘像第七才子书》（日本关西大学）

益智堂

王实甫《益智堂增补注典释义第六才子书西厢》（中国国家图书馆）

雅言堂

王实甫《贯华堂第六才子书西厢记》（山西省图书馆）

陈长卿

菰庐钓叟辑《新刻出像点板时尚昆腔杂曲醉怡情》（日本天理图书馆）

欣赏斋

洪昇《长生殿》（中国国家图书馆）

王君甫

《新编时尚乐府新声》《新镌时尚乐府千家合锦》（《善本戏曲丛刊》）

艺林斋

宣统二年刻吴伟业《通天台》《临春阁》、吴梅《煖香楼》（《奢摩他室曲丛第一集》本）（《东京大学东洋文化研究所所藏双红堂文库全文影像资料库》）

恒志书社

清末刊《活捉》《借茶》等（中国国家图书馆）

（二）南京地区

两衡堂

顺治刻袁于令《西楼记传奇》（上海图书馆）

文会堂

康熙刻王实甫《笺注绘像第六才子西厢释解》（中国国家图书馆）

文盛堂

高明《成裕堂绘像第七才子书》（日本东京大学）

王实甫《文盛堂绘像第六才子书笺注》（山西省图书馆）

嘉庆五年刊王实甫《绣像第六才子书》》（北京大学）

大业堂

康熙刻王实甫《笺注第六才子书释解》（清华大学）

翼圣堂

康熙刻李渔《笠翁十种曲》(《怜香伴》《风筝误》《意中缘》《蜃中楼》《奈何天》《玉搔头》《比目鱼》《凰求凤》《巧团圆》《慎鸾交》)(《古本戏曲丛刊六集》)

康熙刻李渔《闲情偶寄》(中国国家图书馆)

康熙刻郁冈樵隐、积金山人辑《新镌缀白裘合选》(北京大学)

映秀堂

雍正元年刻高明《绘风亭评第七才子书琵琶记》(中国国家图书馆)

奎壁斋

清初刻《新镌乐府清音歌林拾翠》《新镌南北时尚青昆合选乐府歌舞台》(《善本戏曲丛刊》)

清初刻《新镌乐府名时曲万家锦》(中国艺术研究院)

刘文奎

嘉庆二十五年刻赵对澂《酬红记》(《傅惜华藏古典戏曲珍本丛刊》)

怀德堂

道光五年刻李渔《笠翁十种曲》(内蒙古大学)

高明《成裕堂绘像第七才子书》(日本静嘉堂文库)

汤显祖《吴吴山三妇合评牡丹亭还魂记》(北京师范大学)

敦化堂

道光二十八年刊王实甫《绣像第六才子书》(北京师范大学)

三美堂

高明《镜香园毛声山评第七才子书》(内蒙古图书馆)

聚锦堂

高明《镜香园毛声山评第七才子书》(北京市文物局)

三益堂

高明《镜香园毛声山评第七才子书》(上海图书馆)

三多斋

据映秀堂印高明《绘风亭评第七才子书琵琶记》(中国国家图书馆)

据汲古阁刊本修板印毛晋《六十种曲》（日本天理图书馆）

据梦园刊本改题印本《吴吴山三妇合评牡丹亭还魂记》（日本早稻田大学）

五车楼

王实甫《绣像第六才子书》（暨南大学）

金谷园

王实甫《贯华堂第六才子书》（中国国家图书馆）

（三）江苏其他地区

昆山载德堂

乾隆四十六年刊王鵙《中州音韵辑要》（《续修四库全书》）

扬州友于堂

道光二十九年刻王实甫《云林别墅绘像妥注第六才子书》（吉林大学）

抱芳阁

同治十二年刻仲振奎《红楼梦》（华东师范大学）

光绪八年刊仲振奎《红楼梦》（南开大学）

二　湖南地区

三让堂

康熙八年刊王实甫《西厢记》（不详）

经绘堂

雍正十三年刻高明《成裕堂绘像第七才子书》（湖南图书馆）

益元局

光绪三十一年刊王实甫《云林别墅绘像妥注第六才子书》（大连图书馆）

余太华

清末刊孔尚任《桃花扇》（不详）

三　安徽地区

饴清堂

康熙三十六年刻黄周星《制曲枝语》、毛先舒《南曲入声客问》（《昭代

丛书》本）（中国国家图书馆）

贵德堂

光绪五年重刻王墅《拜针楼》（《傅惜华藏古典戏曲珍本丛刊》）

琼笏山馆

光绪六年刻黄燮清《玉台秋》（中国国家图书馆）

竹友斋

光绪六年刊李世忠编《梨园集成》（《续修四库全书》）

四 北京地区

文盛堂

康熙四十九年序刊《满汉西厢记》（首都图书馆）

永魁斋

康熙四十九年序刊《满汉西厢记》（北京师范大学）

文茂堂

清初刻孙钟龄《东郭记》（不详）

宏文阁

乾隆六十年刻三益山房编《消寒新咏》（清华大学）

集贤堂

乾隆六十年序刊《万寿庆典》（王廷绍辑订《霓裳续谱》本）（中国国家图书馆）

文茂斋

乾隆六十年序刊《万寿庆典》（王廷绍辑订《霓裳续谱》本）（不详）

积秀堂

嘉庆五年刻纪振伦辑《乐府红珊》（《善本戏曲丛刊》）

五柳居

嘉庆十五年刊玩花主人初辑钱德苍增辑《缀白裘新集合编》（《明清孤本戏曲选本丛刊》）

篆云斋

咸丰元年刻王德晖、徐沅澂《顾误录》（《续修四库全书》）

永顺书堂

王实甫《怀永堂绘像第六才子书西厢记》（不详）

来薰阁书庄

汤显祖《玉茗堂四梦》（日本大东文化大学）

荣宝斋

光绪二十四年刻李毓如《鞠部明僮选胜录》（中国国家图书馆）

群经堂、松竹斋、懿文斋、鸿宝斋、秀文斋、广兴堂

光绪间均刻有《鞠台集秀录》（《朝市丛载》本）（中国国家图书馆）

致文堂、宝文堂、得月书坊、锦文堂、经义堂、第一书局、泰山堂、文和堂、老二酉堂、青云书屋、槐荫堂、义兴堂、聚魁堂、泰山堂、文盛堂、秀文堂、文翰斋、文秀堂、锦春堂等

清末刊《四郎探母》等地方戏（中国国家图书馆）

清末民国间刊《唱本一百九十册》（《东京大学东洋文化研究所所藏双红堂文库全文影像资料库》）

五　四川地区

舟山堂

雍正十一年刊王实甫《舟山堂绘像第六才子书》（中国国家图书馆）

两仪堂

雍正十三年刊高明《翻刻第七才子书》（北京师范大学）

成裕堂

雍正十三年刻高明《成裕堂绘像第七才子书》（上海图书馆）

善成堂

雍正十三年刻高明《成裕堂绘像第七才子书》（宁波市天一阁博物馆）

同治三年刻徐大椿《乐府传声》（《徐灵胎十二种全集》本）（北京师范大学）

光绪三十二年刊王实甫《绘图第六才子书》（四川省图书馆）

鸿发堂等

咸丰光绪间刊《唱本六十四册》（《东京大学东洋文化研究所所藏双红堂

文库全文影像资料库》)

成都龚氏

光绪十年刊汪叙畴《梅花梦传奇》(《傅惜华藏古典戏曲珍本丛刊》)

成都戏曲改良公会

光绪三十四年刻黄茂编《大审吉平》《郫水投巫》(成都图书馆)

宣统二年刻《活捉王魁》(中国国家图书馆)

宏道堂

高明《成裕堂绘像第七才子书》(上海图书馆)

大文堂、万卷阁、曹洪兴、崇□楼、崇兴楼、东麟阁、二酉山房、复兴楼、会文堂、汇文堂、金山堂、金玉堂、开卷楼、李万山、李长兴、凌云阁、凌云堂、明德堂、培文堂、起凤堂、卿云堂、仁昌书庄、荣桂堂、荣盛堂、三和堂、三兴堂、森隆堂、双发堂、松柏堂、松林堂、松廷书庄、同兴楼、万诚堂、万发堂、万卷楼、万卷堂、万顺堂、王光洞、文华堂、文集书林、文茂堂、文明书社、文明堂、文盛堂、文元堂、文运堂、熙南书社、兴发堂、永兴堂、玉和堂、源盛堂、源兴堂、张金山书铺、忠恕堂、忠信堂、志古堂等①

清至民国间刊《柳荫记》《金精戏窦仪》等地方戏

六 福建地区

广平堂

清初刊江湖知音者编选《新刻精选南北时尚昆弋雅调》(《明清孤本戏曲选本丛刊》)

如是山房

光绪二年据此宜阁本重刊朱墨套印本《如是山房增订金批西厢》(中国国家图书馆)

---

① 参见刘效民《四川坊刻曲本考略》,中国戏剧出版社 2005 年版。

七　浙江地区

（一）杭州

鸿文堂

乾隆四十二年刻玩花主人初辑钱德苍增辑《缀白裘》（《善本戏曲丛刊》）

三雅堂

乾隆四十七年共赏斋刊本与嘉庆九年三雅堂刊本合缀《新镌缀白裘合编十二集》（日本大东文化大学）

田翠舍

乾隆间刻吴震生《太平乐府》（《人难赛》《三多全》《天降福》《生平足》《世外欢》《成双谱》《地行仙》《秦州乐》《换身荣》《万年希》《闹华州》《安乐春》《临濠喜》）（《古本戏曲丛刊六集》）

陈云衢

嘉庆间刊《韩湘子十二度韩文公蓝关记》《新镌韩湘子度文公叹骷髅传》（《东京大学东洋文化研究所所藏双红堂文库全文影像资料库》）

卧游草堂

光绪间刻黄燮清《倚晴楼七种曲》（《茂陵弦》《帝女花》《脊令原》《鸳鸯镜》《凌波影》《桃溪雪》《居官鉴》）（《傅惜华藏古典戏曲珍本丛刊》）

实文斋

光绪二十九年木活字印贺良朴《叹老》、饮冰子《独啸》（《天花乱坠》本）（不详）

崇实斋

光绪三十一年刊云侠《钱叹》（寅半生选辑《天花乱坠二集》本）（北京师范大学）

李慈铭《桃花圣解盦乐府》（《秋梦》《舟靓》）（《傅惜华藏古典戏曲珍本丛刊》）

文业堂

洪昇《长生殿》（上海图书馆）

宝善堂

《捉放曹操》等地方戏（民国间《醉白集》本）（复旦大学）

（二）浙江其他地区

浙江学者堂

康熙十五年刊王实甫《毛西河论定西厢记》（《郑振铎藏珍本戏曲文献丛刊》）

文治堂

康熙刻苍山子《广寒香》（《古本戏曲丛刊五集》）

博雅堂

乾隆五十二年刊玩花主人初辑钱德苍增辑《重订缀白裘全集十二集》（中国国家图书馆）

增利堂

乾隆五十二年刊玩花主人初辑钱德苍增辑《缀白裘新集六编》（中国国家图书馆）

群玉山房

咸丰十一年刊洪昇《长生殿传奇》（大兴安岭地区图书馆）

照水堂

光绪二年刻韩锡胙《渔村记》（中国国家图书馆）

鸳湖盛阜昌

光绪六年刻陆继辂《洞庭缘》（中国国家图书馆）

聚宝堂

《回西川》等地方戏（民国间《醉白集》本）（复旦大学）

新市文翰斋

《一捧雪》等（中国国家图书馆）

八　天津地区

穿柳亭

乾隆四十三年刻胡业宏《珊瑚鞭》（《古本戏曲丛刊七集》）

九　贵州地区

正文堂

嘉庆七年刊任璇《梅花缘》（贵州省图书馆）

十　湖北地区

三元堂、文升堂、文雅堂等

约嘉庆、道光间刊刻楚曲剧本《新镌楚曲十种》（《续修四库全书》）

十一　广东地区

简书斋

道光二年刻王实甫《西厢记》（《古本〈西厢记〉汇集》）

汗青斋

道光十五年刻陈钟麟《红楼梦》（上海图书馆）

萃古堂

道光十五年刻黄璞《天上有传奇》（《傅惜华藏古典戏曲珍本丛刊》）

登云阁

光绪十年刊王实甫《绘像第六才子书》（内蒙古师范大学）

维经堂

王实甫《合订西厢记文机活趣全解》（日本东北大学）

十二　陕西地区

西安树德堂

同治光绪间刻《古城聚义》等（中国艺术研究院）

大荔三元堂

光绪三年刻《司马懋断阴》（陕西省艺术研究所）

光绪间刻《下河东》（陕西省艺术研究所）

咸林永庆堂

光绪三年刻《人之初借钱》（陕西省艺术研究所）

光绪间刻《秦琼起解》（陕西省艺术研究所）

大荔广兴德

光绪六年刻《三字经讨账》（陕西省艺术研究所）

咸阳永盛堂

光绪十五年刻《李彦贵卖水》（中国艺术研究院）

光绪间刻《秀才听房》（中国艺术研究院）

西安裕兴堂

光绪二十一年刻《诸葛观星》（陕西省艺术研究所）

光绪间刻《双玉镯全本》（陕西省艺术研究所）

西安泉省堂

光绪二十一年刻《诸葛观星》（中国艺术研究院）

光绪间刻《雪梅上坟》《大报仇》（中国艺术研究院）

西安聚和堂

光绪二十二年刻《火烧绵山》（中国艺术研究院）

光绪二十三年刻《老鼠告猫》（中国艺术研究院）

西安澍信堂

宣统二年刻《二度梅》（中国艺术研究院）

宣统间刻《柴桑关哭灵》（中国艺术研究院）

大荔□□堂

宣统三年刻《铁角坟十张纸》（陕西省艺术研究所）

十三　上海地区

顾文善斋

光绪十八年刊沈乘麟《韵学骊珠》（中国国家图书馆）

待鹤斋

余治《庶几堂今乐》（《不登大雅文库珍本戏曲丛刊》）

十四　云南地区

涤绮池馆

光绪二十五年涤绮池馆刻昆明尚友堂藏板龙湖诗隐《莲湖花榜》（中国国家图书馆）

十五　江西地区

文德堂

光绪刻许善长《碧声吟馆丛书》（《瘗云岩》《风云会》《神山引》《胭脂狱》《茯苓仙》《灵娲石》）（武汉大学）

十六　广西地区

三经堂

光绪刻唐景崧编《看棋亭杂剧》（佚失）

桂林杨文茂堂、沈荣记、占元堂、杨大元等

约于光绪末年木刻戏曲剧本集《名班戏文》（中国艺术研究院、桂林图书馆）

十七　山西地区

太原华美工厂

清末刻《捡柴》《胡迪骂阎》《杀府》《清风亭》《芦花》（中国艺术研究院）

十八　书坊所在地不详

顺治五年野鹤斋刻丁耀亢《化人游》（《古本戏曲丛刊五集》）

顺治八年人文居刊《新刊时兴泉潮雅调陈伯卿荔枝记大全》（《明清闽南戏曲四种》）

顺治十年亦园刊昭亭有情痴《花萼楼传奇》（《日本所藏稀见中国戏曲文献丛刊》）

顺治十八年方来馆刻《方来馆合选古今传奇万锦清音》（《明清孤本戏曲

选本丛刊》）

顺治间朗润斋刊浣霞子《雨蝶痕》（上海图书馆）

顺治间南湖享书堂刻徐石麒《买花钱》《大转轮》《拈花笑》《浮西施》（《坦庵词曲六种》本）（《清人杂剧二集》）

顺治间贯华堂刻王实甫《贯华堂第六才子书西厢记》（中国国家图书馆）

康熙元年序刊圣雨斋印本程明善《啸余谱》（首都图书馆）

康熙五年龙文堂刊高明《绘风亭评第七才子书琵琶记》（首都师范大学）

康熙八年文苑堂刊王实甫《贯华堂第六才子书》（山西省文物局）

康熙二十九年孝经堂刊李书云、朱素臣合编《音韵须知》（《续修四库全书》）

康熙三十二年饮醇堂刊越雪山人《双南记》（《古本戏曲丛刊五集》）

康熙三十三年刻玩玉楼主人重辑《新刻校正点板昆腔杂剧缀白裘全集》（不详）

康熙四十二年序四德堂刊朱墨套印本钱书《雅趣藏书》（天津图书馆）

康熙四十二年序崇文堂刊朱墨套印本钱书《雅趣藏书》（吉林省图书馆）

康熙四十七年楼外楼刻王实甫《楼外楼订正妥注第六才子书》（中国国家图书馆）

康熙四十八年杨氏研露斋刻王墅《拜针楼》（《古本戏曲丛刊六集》）

康熙五十九年芸香阁刊吕士雄《新编南词定律》（《续修四库全书》）

康熙五十九年□业堂刊王实甫《第六才子书西厢记》（华东师范大学）

康熙间书带草堂刻苍山子《广寒香》（不详）

康熙间书带草堂刻周稚廉《容居堂三种曲》（《双忠庙》《珊瑚玦》《元宝媒》）（《古本戏曲丛刊五集》）

康熙间世德堂刻李渔《笠翁十种曲》（四川大学）

康熙间九经堂刻姜鸿儒《赤壁记》（《古本戏曲丛刊五集》）

康熙间煮茗堂刻丁耀亢《化人游》《西湖扇》《赤松游》《蚺蛇胆》《表忠记》（中国国家图书馆）

康熙间西园刻孔尚任《桃花扇传奇》（上海图书馆）

康熙间四美堂刊王实甫《贯华堂第六才子书西厢记》（北京大学）

康熙间宝淳堂刻王实甫《贯华堂第六才子书西厢记》（清华大学）

康熙间梦园刻汤显祖《吴吴三妇合评牡丹亭还魂记》（《不登大雅文库珍本戏曲丛刊》）

康熙间竹林堂刻《玉茗堂四种》（中国国家图书馆）

康熙间上寿堂刊程端《虞山碑》、陆曜《岘山碑》（《遗爱集》本）（中国国家图书馆）

康熙间瑞凝堂刻程明善《啸余谱》（中山大学）

康熙间叩钵斋刻双溪荐山《芙蓉楼》（《古本戏曲丛刊五集》）

雍正二年序文明阁刊王实甫《绣像第六才子书》（呼和浩特市图书馆）

雍正九年序聚古堂刻远来斋印王实甫《贯华堂第六才子书》（北京师范大学）

雍正十一年槐荫堂刊《西厢记》（上海图书馆）

雍正最乐堂刻友聚堂藏板石渠阁主人辑《续缀白裘》（《明清孤本戏曲选本丛刊》）

清初棒奁原刻单行初印本范希哲《偷甲记》（中国艺术研究院）

清初同德堂刻遗民外史《虎口余生传奇》（中国社会科学院）

清初耐闲堂刻袁于令《西楼梦》（中国国家图书馆）

清初维新堂刻高明《新刻魏仲雪先生批评琵琶记》（南京图书馆）

清初介寿堂刻採芝客《鸳鸯梦》（《古本戏曲丛刊三集》）

清初品香阁刊曹岩《风前月下》（《古本戏曲丛刊五集》）

清初爱日堂刻张三异《五伦镜》（《古本戏曲丛刊六集》）

乾隆三年灵雀轩刻云深主人藏板张雍敬《醉高歌》（《古本戏曲丛刊六集》）

乾隆十年叠翠书堂刻夏纶《南阳乐》（中国国家图书馆）

乾隆十二年修文堂重刻明刊本《六合同春》（中国国家图书馆）

乾隆十三年丰草亭精写刻本徐大椿《乐府传声》（《续修四库全书》）

乾隆十四年承恩堂刊黄图珌《双痣记》（《古本戏曲丛刊六集》）

乾隆十七年新德堂刊邓温书编《静轩合订评释第六才子书西厢记文机合趣》（《傅惜华藏古典戏曲珍本丛刊》）

乾隆十八年涵经堂刻李本宣《玉剑缘》（《古本戏曲丛刊六集》）

乾隆二十一年五亩园刻曹锡黼《颐情阁五种曲》（《桃花吟》《雀罗庭》《曲水宴》《滕王阁》《同谷歌》）（中国国家图书馆）

乾隆二十五年博文堂刻周书《鱼水缘》（《古本戏曲丛刊八集》）

乾隆三十二年宁拙斋刊汾上谁庵《画图缘》（《古本戏曲丛刊八集》）

乾隆三十四年芸经堂刊王实甫《贯华堂第六才子书》（《大连图书馆藏珍秘戏曲古籍丛刊》）

乾隆三十五年桂月楼刊《重订缀白裘全编》（苏州大学）

乾隆四十三年锄月山房刻吴恒宣《义贞记》（《古本戏曲丛刊七集》）

乾隆四十四年知稼堂刊周书《鱼水缘》（北京师范大学）

乾隆四十五年文德堂刊王实甫《第六才子书西厢记》（首都图书馆）

乾隆四十六年四教堂刊玩花主人初辑钱德苍增辑《新镌缀白裘合编》（中国国家图书馆）

乾隆四十六年集古堂刻玩花主人初辑钱德苍增辑《重订缀白裘新集合编》（《续修四库全书》）

乾隆四十六年共赏斋刻玩花主人初辑钱德苍增辑《重订缀白裘新集合编》（石家庄市图书馆）

乾隆四十八年敏修堂刻《清音小集》（首都图书馆）

乾隆五十五年多文堂藏板玉锦楼发兑方成培《雷峰塔》（《傅惜华藏古典戏曲珍本丛刊》）

乾隆五十五年序爱竹山房刻休休居士《凤栖亭》（不详）

乾隆五十六年晋祁书业堂刻《第六才子书西厢记》（辽宁省图书馆）

乾隆五十八年正气楼刻杨宗岱《离骚影》（《古本戏曲丛刊七集》）

乾隆六十年尚友堂刻王实甫《绣像妥注第六才子书》（不详）

乾隆间贮书山房刊张锦《新西厢》（《古本戏曲丛刊八集》）

乾隆间荫槐堂刻周皑《黄鹤楼》《滕王阁》（《古本戏曲丛刊八集》）

乾隆间怀古堂刊巾箱本李凯《寒香亭》（《古本戏曲丛刊七集》）

乾隆间天枢阁刻胡士瞻《后一捧雪》（《古本戏曲丛刊六集》）

乾隆间渔古堂刻蒋士铨《藏园九种曲》）（首都图书馆）

乾隆间焕乎堂刻蒋士铨《藏园九种曲》（陕西省图书馆）

乾隆间琴鹤轩刊赵式曾《琵琶行》（浙江图书馆）

乾隆间冰鹤堂刻周埙《广陵胜迹传奇》（《古本戏曲丛刊七集》）

乾隆间松月轩刊汪柱《砥石斋二种曲》（《诗扇记》《梦里缘》）（《古本戏曲丛刊八集》）

乾隆间经纶堂刻蒋士铨《藏园九种曲》（中国国家图书馆）

乾隆间九如堂刻《楼外楼订正妥注第六才子书》（《古本〈西厢记〉汇集》）

乾隆间耕读堂刻遗民外史《虎口余生》（湖南图书馆）

乾隆间绿野山房据康熙刻本印《吴吴三妇合评牡丹亭还魂记》（武汉大学）

乾隆间妙有山房刊韩锡胙《渔村记》（《古本戏曲丛刊八集》）

嘉庆元年枕流居刊沈乘麟《韵学骊珠》（《续修四库全书》）

嘉庆二年令德堂刊方成培《雷峰塔传奇》（日本大谷大学）

嘉庆二年友益斋据怀古堂刻本复刻李凯《寒香亭》（中国国家图书馆）

嘉庆三年敦美堂刻刘熙堂《游仙梦》（《郑振铎藏珍本戏曲文献丛刊》）

嘉庆四年拥书楼重刻黄振《石榴记》（中国国家图书馆）

嘉庆七年藤花书舫刻左潢《兰桂仙》（《古本戏曲丛刊八集》）

嘉庆八年市隐庄刻张新梅《百花梦》（《古本戏曲丛刊八集》）

嘉庆八年青心书屋刻万荣恩《醒石缘》（《潇湘怨》《怡红乐》）（《古本戏曲丛刊八集》）

嘉庆十一年抚秋楼刻吴兰徵《绛蘅秋》（《红楼梦戏曲集》排印本）

嘉庆十二年书带草堂重刊周稚廉《容居堂三种曲》（日本东京大学）

嘉庆十三年耀紫轩刻裘艺圃《皇华记》（《古本戏曲丛刊八集》）

嘉庆十三年小仓山房刊《才子牡丹亭》（《国家图书馆藏〈牡丹亭〉珍本丛刊》）

嘉庆十五年大文堂刊蒋士铨《西江祝嘏》（巴黎图书馆）

嘉庆十六年有怀堂刊韩言《万紫园》（上海图书馆）

嘉庆十七年半野草堂刊董达章《琵琶侠》（浙江图书馆）

嘉庆十八年集古堂刊据共赏斋刊本修板重印《新镌缀白裘合编十二集》（日本东北大学）

嘉庆十九年从溪静深书屋刻洪昇《长生殿》（中国国家图书馆）

嘉庆间二十一年涛音书屋刻丁秉仁《锦绣台》（中国艺术研究院）

嘉庆二十四年乘楂亭刊吕星垣《康衢新乐府》（中国国家图书馆）

嘉庆二十五年屋外山房主人刊杨潮观《吟风阁杂剧》（中国国家图书馆）

嘉庆间同人堂刊李渔《笠翁十种曲》（日本天理图书馆）

嘉庆间五云楼刊王实甫《增补笺注绘像第六才子西厢释解》（不详）

嘉道间会贤堂刊王实甫《西厢记》（首都图书馆）

嘉道间四义堂刊王实甫《西厢记》（不详）

道光元年一枝山房刊雪樵居士《牡蛎园杂剧》（《青溪风雨录》本）（《傅惜华藏古典戏曲珍本丛刊》）

道光元年桐阴书屋刻鸥波亭长《梦华因》（中国戏曲学院）

道光元年同文堂刊王实甫《云林别墅绘像妥注第六才子书》（日本东京大学）

道光三年共赏斋刻玩花主人初辑钱德苍增辑《重订缀白裘新集合编》（天津图书馆）

道光七年丁学海等刻陈烺《花月痕》（《古本戏曲丛刊八集》）

道光八年水绘园刻彭剑南《影梅庵传奇》（《傅惜华藏古典戏曲珍本丛刊》）

道光九年怀清堂刊纪荫田《错中错》（北京师范大学）

道光九年芸香阁藏板仲振奎《红楼梦》（《东京大学东洋文化研究所所藏双红堂文库全文影像资料库》）

道光十年彩笔堂刊江义田《丹桂传》（《傅惜华藏古典戏曲珍本丛刊》）

道光十一年宛邻书屋刻王曦《东海记》（《傅惜华藏古典戏曲珍本丛刊》）

道光十二年文发堂刻《笠翁十二种曲》（青岛市图书馆）

道光十五年书有堂刊洪昇《长生殿传奇》（日本东北大学）

道光十七年中元堂刻仲振奎《红楼梦传奇》（内蒙古图书馆）

道光十九年广盛堂刻汤显祖《南柯记》《邯郸梦》(《笠翁十二种曲》本)
(《傅惜华藏古典戏曲珍本丛刊》)

道光二十一年梅花庵刊沈受宏《海烈妇》(《古本戏曲丛刊七集》)

道光二十三年朴存堂刻支丰宜《曲目新编》(中国国家图书馆)

道光二十五年同德堂修板印本毛晋辑《六十种曲》(首都师范大学)

道光二十六年长沙旅社刻陈钟麟《红楼梦传奇》(内蒙古大学)

道光二十六年达观堂刻孙钟龄《东郭记》(辽宁大学)

道光二十八年文德堂刊叶堂《纳书楹曲谱全集》(辽宁省图书馆)

道光二十九年味兰轩刊王实甫《第六才子书西厢记》(首都图书馆)

道光三十年三鳣堂刻顾森《回春梦》(《古本戏曲丛刊六集》)

道光间驯云阁刊黄燮清《桃溪雪》《帝女花》(北京师范大学)

道光间览辉堂刊何佩珠《梨花梦》(上海图书馆)

道光间红蕉馆刻徐朝彝《桃花缘》(《梦恬书屋诗钞》本)(南京大学)

道光间吴仪写刻本罗瀛《祷河冰传奇》(《傅惜华藏古典戏曲珍本丛刊》)

咸丰元年青莲堂刻刘赤江辑《续缀白裘新曲九种》(中国艺术研究院,
《傅惜华藏古典戏曲珍本丛刊》收《一片心》)

咸丰五年凌云仙馆藏板李文瀚《味尘轩曲谱》(浙江图书馆)

咸丰五年石门山房刻韩锡胙《渔村记》(中国国家图书馆)

咸丰六年聚盛堂刻方成培《雷峰塔传奇》(大连图书馆)

咸丰九年藻思堂刊李渔《笠翁十种曲》(日本天理图书馆)

咸丰九年经国堂据富春堂本重刊《新刻出像音注劝善目连救母行孝戏文》
(首都图书馆)

咸丰间镜亭书屋刻徐祥元《探骊记》(中国国家图书馆)

同治元年大娈堂刻《云林别墅绘像妥注第六才子书》(吉林大学)

同治六年撷芷馆刻余不钓徒、殿春生《明僮合录》(中国国家图书馆)

同治八年有成堂翻刻味兰轩本王实甫《怀永堂绘像第六才子书西厢记》
(不详)

同治九年清芬阁刊汤显祖《吴吴山三妇合评牡丹亭还魂记》(《国家图书

馆藏〈牡丹亭〉珍本丛刊》)

　　同治十一年经纶堂刻孙钟龄《东郭记》（北京师范大学）

　　同治十二年刻西山堂刷印麋月楼主《增补菊部群英》（中国国家图书馆）

　　同治十三年友于堂刻仲振奎《红楼梦》（中国社会科学院）

　　光绪五年文奎堂刻吴恒宣《义贞记》（中国国家图书馆）

　　光绪七年八杉斋刻谢嘉玉辑《顾曲录》（上海图书馆）

　　光绪九年映红仙馆刊王实甫《怀永堂绘像六才子书》（宁波市天一阁博物馆）

　　光绪十年辅仁堂刊李东月编《荔枝记传奇》（日本关西大学）

　　光绪十三年敦本堂刻空谷容川《还乡记》（成都市图书馆）

　　光绪十三年汲修山馆刊王实甫《怀人堂绘像第六才子书》（沈阳图书馆）

　　光绪十四年文林堂刻《笠翁十二种曲》（上海师范大学）

　　光绪十六年希切斋主人校刊蒋恩澂《青灯泪》（《竹林老屋外集》本）（《傅惜华藏古典戏曲珍本丛刊》）

　　光绪十八年印云水山人刻智达《异方便净土传灯归元镜三祖实录》（山西省图书馆）

　　光绪二十七年居易堂刻《居易堂三种》（《秦雪梅吊孝》《打灶神》《卖庙郎》）（复旦大学）

　　光绪间文德堂刊佚名《双断桥》（不详）

　　大成斋印明末刻本徐渭《四声猿》（清华大学）

　　梦园印明崇祯刻本孙钟龄《白雪楼二种》（《东郭记》《醉乡记》）（中国国家图书馆）

　　铁瓶书屋印明末刻本冯梦龙辑《墨憨斋定本传奇》（清华大学）

　　实获斋印明末汲古阁刻本毛晋辑《绣像演剧本六十种》（中国人民大学）

　　宝翰楼印明刻本周德清《中原音韵》（中国社会科学院）

　　三义堂刻王实甫《绣像第六才子书》（鲁迅美术学院）

　　文英堂刻王实甫《绣像第六才子书》（黑龙江大学）

　　兴文堂刻王实甫《增补第六才子书释解》（北京师范大学）

　　英德堂刻王实甫《英德堂绘像第七才子书》（辽宁省图书馆）

辛文堂刻王实甫《增补第六才子释解》（南开大学）

三亦斋刻王实甫《贯华堂第六才子书西厢记》（中国国家图书馆）

世德堂刻王实甫《贯华堂第六才子书西厢记》（黑龙江省社会主义学院图书馆）

经元堂重刻楼外楼本王实甫《云林别墅绘像妥注第六才子书》（新疆社会科学院历史研究所）

经纶堂刊王实甫《云林别墅绘像妥注第六才子书》（武汉大学）

右文堂刊王实甫《增补笺注绘像第六才子西厢释解》（日本京都产业大学）

江南承德堂书坊刊朱墨套印本钱书《雅趣藏书》（河南图书馆）

大中堂刊王实甫《贯华堂才子》（开封市图书馆）

谦益堂刻王实甫《云林别墅绘像妥注第六才子书》（日本天理图书馆）

尚德堂刻王实甫《云林别墅绘像妥注第六才子书》（陕西师范大学）

聚奎堂刻王实甫《云林别墅绘像妥注第六才子书》（日本九州大学）

经文堂刊王实甫《云林别墅绘像妥注第六才子书》（日本拓殖大学）

善美堂据大美堂刊本修版印本《合订西厢记文机活趣全解》（华东师范大学）

文苑堂刻《合订西厢记文机活趣全解》（中国国家图书馆）

尚伦堂刻王实甫《贯华堂第六才子书西厢记》（山西大学）

文咸堂刻王实甫《满汉西厢记》（不详）

大文堂刻高明《英德堂绘像第七才子书》（辽宁省图书馆）

天籁堂刻高明《镜香园传奇第七才子书》（中国社会科学院）

龙文堂刊高明《绘风亭评第七才子书琵琶记》（福建师范大学）

石室山房据雍正十三年刊本修板高明《成裕堂绘像第七才子书》（日本大阪大学）

经元堂刊高明《成裕堂绘像第七才子书》（湖南图书馆）

四美堂据芥子园刊本修板重印高明《芥子园绘像第七才子书》（日本大阪图书馆）

文玉轩据琴香堂雕板改板印刷高明《琴香堂绘像第七才子书琵琶记》（日本内阁文库）

右文堂藏板高明《绘像第七才子书》（辽宁省图书馆）

经纶堂刻高明《成裕堂绘像第七才子书》（嘉兴市图书馆）

会文堂刻郑之珍《目连救母劝善记》（不详）

友于堂刻郑之珍《新刻出相音注劝善目连救母行孝戏文》（中国国家图书馆）

种福堂据富春堂刊本重刻郑之珍《新刻出像音注劝善目连救母行孝戏文》（中国国家图书馆）

裕德堂据富春堂刊本重刻郑之珍《新刻出相音注劝善目连救母行孝戏文》（内蒙古师范大学）

玉振堂刊汤显祖《绣像牡丹亭还魂记》（首都师范大学）

带耕书屋刊汤显祖《玉茗堂四种》（绍兴图书馆）

文立堂刻汤显祖《玉茗堂四种传奇》（苏州大学）

大文堂刊李渔《笠翁十种曲》（中国国家图书馆）

文林堂刻李渔《笠翁十种曲》（中国艺术研究院）

金相堂刊李渔《笠翁十种曲》（北京师范大学）

藻文堂刊李渔《笠翁十种曲》（首都图书馆）

大知堂刊李渔《笠翁十种曲》（中国国家图书馆）

经本堂刊李渔《笠翁十种曲》（大庆市图书馆）

经术堂刊《笠翁十二种曲》（《怜香伴》《风筝误》《意中缘》《蜃中楼》《奈何天》《玉搔头》《比目鱼》《凰求凤》《巧团圆》《慎鸾交》《南柯记》《邯郸梦》）（中国国家图书馆）

大知堂刊《笠翁十二种曲》（清华大学）

敦仁堂刊李渔《笠翁十种曲》（平湖市图书馆）

翼德堂刻李渔《意中缘传奇》（辽宁大学）

立远堂刊蒋士铨《藏园九种曲》（日本早稻田大学）

大文堂刊蒋士铨《藏园九种曲》（日本大阪大学）

友益堂刊洪昇《长生殿传奇》（日本名古屋大学）

同人堂刊洪昇《绘像新传长生殿》（大兴安岭地区图书馆）

小琅环山馆校刊洪昇《长生殿传奇》（湖南图书馆）

世德堂刻毛奇龄《韵学要指》（《龙威秘书》本）（中国国家图书馆）

漱馀轩刊东山痴野《才貌缘》（《古本戏曲丛刊五集》）

一粟居刻瞿天赉《雨花台》（上海图书馆）

青莲书屋刻文靖书院藏板李玉更定《一笠庵北词广正谱》附《南戏北词正谬》（《善本戏曲丛刊》）

青萝书屋刻吴炳《情邮记》（中国国家图书馆）

漱芳斋刊姜兆翀《孔雀记》（南京图书馆）

福谦堂刻佚名《镜中明传奇》（中国国家图书馆）

松韵堂刻佚名《四喜记》（华东师范大学）

惜阴社刻俞樾《骊山传》《梓潼传》（《傅惜华藏古典戏曲珍本丛刊》）

锦春堂、文成堂、永兴堂、文秀堂、文德堂、益成堂、仁义堂、日光堂等书坊刻有《二进宫》等地方戏（中国国家图书馆）

十九　刻家不详

顺治二年刊黄方胤《陌花轩杂剧七种》（《倚门》《再醮》《淫僧》《偷期》《督妓》《娈童》《惧内》）（诵芬室据顺治原刻本覆刻）

顺治六年刊顾允升、张培道校梓沈宠绥《度曲须知》附《弦索辨讹》（中国国家图书馆）

顺治九年序刻丁耀亢《赤松游》（《古本戏曲丛刊五集》）

顺治十年序刊李玉《两须眉》（《古本戏曲丛刊三集》）

顺治十一年序刊李玉《眉山秀》（《古本戏曲丛刊三集》）

顺治十六年序刻丁耀亢《蚺蛇胆》（《古本戏曲丛刊五集》）

康熙五年刻徐士俊《小青娘情死春波影》（《雁楼集》本）（中国国家图书馆）

康熙七年袁志学增订重刻凌濛初编《南音三籁》（《善本戏曲丛刊》）

康熙十年序刊嵇永仁《扬州梦》（《古本戏曲丛刊五集》）

康熙三十八序刊吕履恒《洛神庙》（《古本戏曲丛刊五集》）

康熙四十年刻浣霞子《雨蝶痕》（《古本戏曲丛刊五集》）

康熙四十八年成悟刻智达《异方便净土传灯归元镜三祖实录》（青海省图书馆）

康熙四十九年序刊佚名译《满汉西厢记》（《日本所藏稀见中国戏曲文献丛刊》）

康熙刻沈玉亮《鸳鸯冢》（《课蒙余录》本）（中国国家图书馆）

康熙刻稽永仁《续离骚四种》（《稽留山殉难遗稿》本）（《东京大学东洋文化研究所所藏双红堂文库全文影像资料库》）

康熙刻稽永仁《双报应传奇》（《古本戏曲丛刊五集》）

康熙金陵坊刻题李渔阅定《绣刻传奇八种》附范希哲《三幻集》（《豆棚闲戏》《万古情》《万家春》）（中国国家图书馆）

康熙刻《笠翁传奇五种》《传奇六种》《传奇八种》《传奇十一种》（中国国家图书馆，《古本戏曲丛刊五集》收《十醋记》《鱼篮记》《万全记》《偷甲记》《补天记》《双瑞记》《四元记》《双锤记》））

康熙刻包燮《云石会》（《古本戏曲丛刊五集》）

康熙刻程鏞《蟾宫操》（《古本戏曲丛刊五集》）

康熙刻张潮《穆天子绝域快遨游》《阮嗣宗穷途伤痛哭》《柳子厚乞巧换冠裳》《米元章拜石具袍笏》（《笔歌》本）（宁波市天一阁博物馆）

康熙刻愈园主人《迎天榜》（《古本戏曲丛刊五集》）

康熙刻江楫《芙蓉记》（《古本戏曲丛刊五集》）

康熙刻曹寅《太平乐事》（中国国家图书馆）

康熙刻曹寅《北红拂记》（上海图书馆）

康熙刻宋琬《祭皋陶》（《安雅堂集》本）（《郑振铎藏珍本戏曲文献丛刊》）

康熙刻张韬《续四声猿》（《大云楼集》本）（《清人杂剧初集》）

康熙刻陈培脉《画眉记》（《兰堂乐府》本）（不详）

康熙刻赵进美《瑶台梦杂剧》《立地成佛杂剧》（《清止阁集》本）（不详）

康熙刻钱书《雅趣藏书》（《郑振铎藏珍本戏曲文献丛刊》）

康熙刻朱廷镠、朱廷璋考订《弦索调时剧新谱》（《郑振铎藏珍本戏曲文献丛刊》）

雍正刻车江英《四名家填词摘出》（杂剧《蓝关雪》《柳州烟》《醉翁亭》《游赤壁》）（《清人杂剧二集》）

雍正刻李漫翁《御炉香传奇》（《古本戏曲丛刊五集》）

清初刻吴炳《粲花斋乐府四种》（中国国家图书馆）

清初刻查慎行《阴阳判》（《古本戏曲丛刊五集》）

清初刻赵开夏《鹦鹉梦》（《郑振铎藏珍本戏曲文献丛刊》）

清初刻王翃《红情言》（《古本戏曲丛刊三集》）

清初刊王鑨《双蝶梦》《秋虎丘》（《古本戏曲丛刊三集》）

清初刊李荫桂《小河州》《梅花诗》（《古本戏曲丛刊五集》）

清初刻刘键邦《合剑记》（《古本戏曲丛刊五集》）

清初刻楚僧灰木《毗陵驿节义仙记》（《古本戏曲丛刊七集》）

清初刻邀月主人辑《来凤馆合选古今传奇》（《明清孤本戏曲选本丛刊》）

清初刻《咏怀堂新编九种曲》（即《玉夏斋传奇十种》缺一种）（日本京都大学）

清初据明板印吴炳《西园记》（《东京大学东洋文化研究所所藏双红堂文库全文影像资料库》）

清初刻半园删订汤显祖《还魂记定本》（《国家图书馆藏〈牡丹亭〉珍本丛刊》）

乾隆十一年重刻宋琬《祭皋陶》（日本内阁文库）

乾隆十五年序刊宋廷魁《介山记》（《古本戏曲丛刊八集》）

乾隆十六年刻本衙藏板董榕《芝龛记》（《古本戏曲丛刊七集》）

乾隆三十五年刻郑含成《富贵神仙》（《古本戏曲丛刊八集》）

乾隆四十九年刻智达《异方便净土传灯归元镜三祖实录》（《大连图书馆藏珍秘戏曲古籍丛刊》）

乾隆五十年刻吴长元《燕兰小谱》（中国国家图书馆）

乾隆五十四年刊瘦情庐主《一文钱》（不详）

乾隆五十七年据明末本重修《冯梦龙重订墨憨斋新曲十种》（《郑振铎藏珍本戏曲文献丛刊》）

乾隆五十九年据清初刻本重修吴伟业《秣陵春》（中国国家图书馆）

乾隆五十九年刊程枚《一斛珠》（《古本戏曲丛刊七集》）

乾隆刻黄周星《制曲枝语》、毛先舒《南曲入声客问》（《昭代丛书》本）（中国国家图书馆）

乾隆刻阮大铖《咏怀堂新编十错认春灯谜记》（中国国家图书馆）

乾隆刻龙燮《江花梦》（《古本戏曲丛刊五集》）

乾隆刻张坚《玉燕堂四种曲》（《怀沙记》《玉狮坠》《梅花簪》《梦中缘》）（《古本戏曲丛刊六集》）

乾隆刻蒋士铨《藏园十二种曲》（中国国家图书馆）

乾隆刻西泠词客《点金丹》（《古本戏曲丛刊八集》）

乾隆刻花邨居士《也春秋》（《古本戏曲丛刊六集》）

乾隆刻胡寯年《幻姻缘》）（《古本戏曲丛刊八集》）

乾隆刻黄金台《灵台记》（四川省图书馆）

乾隆刻范鹤年《桃花影》（《古本戏曲丛刊八集》）

乾隆刻蒋士铨《西江祝嘏》（《康衢乐》《忉利天》《长生箓》《升平瑞》）（《古本戏曲丛刊七集》）

乾隆刻佚名《紫玉花》（浙江图书馆）

乾隆刻蔡应龙《新制增补全琵琶重光记》《潜庄删订增补紫玉记》（《古本戏曲丛刊五集》）

乾隆刻梅窗主人《百宝箱》（《古本戏曲丛刊八集》）

乾隆刻永恩《漪园四种曲》（《五虎记》《四友记》《三世记》《双兔记》）附《度蓝关》（《古本戏曲丛刊七集》）

乾隆刻郭宗林《双忠节》（《古本戏曲丛刊八集》）

乾隆、嘉庆间刻佚名《金琬钗》（南开大学）

嘉庆元年刻范鹤年《桃花影》（《藐雪山房集》本）（山西省图书馆）

嘉庆三年序刊戴全德《红牙小谱》（《辋川乐事》《新调思春》）（《傅惜华藏古典戏曲珍本丛刊》）

嘉庆四年刻曹寅《续琵琶》（北京大学）

嘉庆五年刊桃源渔者《梦花影》（中国戏曲学院）

嘉庆八年刊小铁笛道人《日下看花记》（中国国家图书馆）

嘉庆九年原刻桂馥《后四声猿》（中国国家图书馆）

嘉庆十九年刻许鸿磐《守浚记》（《守浚日记》本）（中国国家图书馆）

嘉庆二十年刻王訢《宽大诏》（中国国家图书馆）

嘉庆二十一年刻吴穆撰花庭闲客辑注《桃花扇传奇后序详注》（中国国家图书馆）

嘉庆刻四中山客《六喻箴》（不详）

嘉庆刻陈宝《东海记》（中国国家图书馆）

嘉庆刻汪应培《驿亭槐影》（《皇华小咏》本）（中国国家图书馆）

嘉庆刻汪应培《香梦》《锦归》（《皇华小咏》本）（《傅惜华藏古典戏曲珍本丛刊》）

嘉庆刻四费轩主人《豫忠》《董孝》（《艺余耳语》本）（《傅惜华藏古典戏曲珍本丛刊》）

嘉庆刻静斋居士《四愁吟》（中国戏曲学院）

嘉庆刻邓祥麟《避债台》（《傅惜华藏古典戏曲珍本丛刊》）

嘉庆刻蓉鸥漫叟《青溪笑》《续青溪笑》（《古本戏曲丛刊八集》）

嘉庆刻汪应培《香谷四种曲》（《不垂杨》《帘外秋光》《催生帖》《南枝莺啭》）（中国国家图书馆，《傅惜华藏古典戏曲珍本丛刊》收前三种）

嘉庆刻汪应培《棠宴》（《傅惜华藏古典戏曲珍本丛刊》）

嘉庆刻众香主人《众香国》（中国国家图书馆）

嘉庆刻李斗《岁星记》（《傅惜华藏古典戏曲珍本丛刊》）

嘉庆刻胡重《海屋添筹》《嘉禾献瑞》（《寿萱集》本）（《傅惜华藏古典戏曲珍本丛刊》）

嘉庆、道光间刻青城山樵《玉门关》（中国国家图书馆）

道光元年刻徐渭《四声猿》（中国国家图书馆）

道光三年刻播花居士《燕台集艳》（中国国家图书馆）

道光三年刻杨维屏《燕台鸿爪集》（首都图书馆）

道光五年刊于有声《双帕缘》（不详）

道光六年刻吴恒宣《义贞记》（中国国家图书馆）

道光十年刻谢堃《黄河远》（《郑振铎藏珍本戏曲文献丛刊》）

道光十年刻玩花主人初辑钱德苍增辑《缀白裘新集合编》（中国国家图书馆）

道光十二年刻金莲凯《灵台小补》（中国国家图书馆）

道光十三年刻孔尚任《桃花扇》（中国国家图书馆）

道光十三年刻张际亮《金台残泪记》（中国国家图书馆）

道光十六年据道光十二年刻本删改重刻金莲凯《灵台小补》（中国国家图书馆）

道光十六年刊芙蓉山樵《合浦珠》（《郑振铎藏珍本戏曲文献丛刊》）

道光二十五年刻谢堃《春草堂四种曲》（《黄河远》《十二金钱》《绣帕记》《血梅记》）（《春草堂集》本）（中国国家图书馆）

道光二十六年刻许鸿磐《六观楼北曲六种》（《西辽记》《雁帛书》《女云台》《孝女存孤》《儒吏完城》《三钗梦》）（《古本戏曲丛刊八集》）

道光二十八年刻刘伯友《花里钟》（中国国家图书馆）

道光刻秋绿词人《桂香云影乐府》（《傅惜华藏古典戏曲珍本丛刊》）

道光刊吴藻《乔影》（《续修四库全书》）

道光刻王骥德《曲律》（《指海》本）（中国国家图书馆）

咸丰元年刻王增年《暗香媒》（中国国家图书馆）

咸丰元年刻张衢《贤贤堂芙蓉楼传奇》《贤贤堂玉节记传奇》（《古本戏曲丛刊八集》）

咸丰四年刻李文瀚《味尘轩四种曲》（中国国家图书馆）

咸丰四年刻严廷中《秋声谱》（《清人杂剧初集》）

咸丰五年刻双影盦生《法婴秘笈》（中国国家图书馆）

咸丰刻四不头陀《昙波》（中国国家图书馆）

同治元年刻嵇永仁《续离骚》（《抱犊山房集》本）（中国国家图书馆）

同治三年刻椿轩居士《椿轩六种曲》（《凤凰琴》《双龙珠》《金榜山》

《四贤配》《孝感天》《天感孝》)(《傅惜华藏古典戏曲珍本丛刊》)

同治七年刻何青耜《仙合曲谱》(上海图书馆)

同治九年刻黄云鹄《赏春歌》(中国艺术研究院)

同治九年重印本《谭友夏批点想当然传奇》(成都市图书馆)

同治十年刻梅溪逸订谱《韵谐塾瘦云岩缀白曲谱》(北京师范大学)

同治十一年重刻丁耀亢《蚺蛇胆》(中国国家图书馆)

同治十二年刻小游仙客编《菊部群英》(中国国家图书馆)

同治十三年刻许鸿磐《六观楼北曲六种》(中国国家图书馆)

同治十三年刊东仙词人《平济》《芋佛》《逼月》《赋棋》(《养怡草堂乐府》本)(中国国家图书馆)

同治间刊刘熙载《艺概》(《古桐书屋六种》本)(中国国家图书馆)

同治间刊醉吟乡里人《醉吟秋杂剧》(不详)

同治间刊陈学震《双旌记》《忠节记》(《傅惜华藏古典戏曲珍本丛刊》)

同治间刊陈学震《生佛碑》(中国国家图书馆)

光绪二年刊黄钧宰《比玉楼四种》(《十二红》《呼梦幺》《鸳鸯印》《双烈祠》)(中国国家图书馆)

光绪二年江苏刻万树《词律》(中国国家图书馆)

光绪五年刻小游仙客《菊部群英》(《增补都门纪略》本)(中国国家图书馆)

光绪八年刻吴镐《红楼梦散套》(《傅惜华藏古典戏曲珍本丛刊》)

光绪九年刻縻月楼主《增补菊部群英》(《增补都门纪略》本)(中国国家图书馆)

光绪十一年刊邯郸梦醒人《梦中缘》(中国国家图书馆)

光绪十一年刻智达《异方便净土传灯归元镜三祖实录》(吉林省图书馆)

光绪十四年刊徐大椿《乐府传声》(《徐灵胎先生杂著五种》本)(中国国家图书馆)

光绪二十二年刻吴宝镕《太守桑传奇》(首都图书馆)

光绪刻钟骏文《新缀白裘》(《明清孤本戏曲选本丛刊》　)

光绪刻丁传靖《霜天碧》(《合公杂著》本)(《东京大学东洋文化研究所所藏双红堂文库全文影像资料库》)

光绪刻刘龙恤《桃花源》(中国国家图书馆)

光绪刻支碧湖《春坡梦》(《傅惜华藏古典戏曲珍本丛刊》)

光绪至民国初刻胡薇元《壶庵五种曲》(《玉津阁丛书》本)(《傅惜华藏古典戏曲珍本丛刊》收《鹊华秋》《青霞梦》《樊川梦》)

石韫玉朱笔评校汲古阁原刻本《六十种曲》(复旦大学)

沈泰《盛明杂剧》(扬州大学)

藏懋循《元曲选》(广汉图书馆)

姜玉洁《鉴中天》(不详)

旦阳道人《小蓬莱》(不详)

卧园居士《梅花福》(《不登大雅文库珍本戏曲丛刊》)

蒙春园主人《立命说》(中国社会科学院)

董解元撰玉升外编《董子集西厢大成》(中国国家图书馆)

湖南坊刻洪昇《长生殿》(上海图书馆)

清写样待刻本佚名《财星照》(上海图书馆)

清印明刊本清啸生《喜逢春》(日本大谷大学)

清增修明刊本王九思《杜子美沽酒游春记》(中国国家图书馆)

清重修明末文林阁刊本邱濬《重校投笔记》(浙江图书馆)

清印明刊本许宇《词林逸响》(日本大阪图书馆)

刘咸荣《有情天传奇》(上海图书馆)

留春阁小史辑《听春新咏》(中国国家图书馆)

麋月楼主《群芳小集》(中国国家图书馆)

广东刊佚名《薄幸郎戏文四十六场》(不详)

成都坊刻《绣刻演剧十本》(成都市图书馆)

清末刊《真正京调全本》等地方戏(中国国家图书馆)

附录四　清代家刻戏曲目录

一　江苏地区

玉啸堂

顺治七年序刊朱英《倒鸳鸯》(《古本戏曲丛刊三集》)

顺治七年序刊朱英《闹乌江》(《日本所藏稀见中国戏曲文献丛刊》)

不殊堂（沈自晋）

顺治十二年刻沈自晋重定《南词新谱》(《善本戏曲丛刊》)

邹式金

顺治十八年刻邹式金《杂剧三集》(《续修四库全书》)

停云室（王正祥）

康熙刻王正祥《新定十二律京腔谱》《新定宗北归音》《新定考正音韵大全》《新定重校问奇一览》)(《续修四库全书》)

康熙刻王正祥《新定十二律昆腔谱》(北京师范大学)

粲花别墅（万树）

康熙二十五年刻万树《拥双艳三种》(《空青石》《念八翻》《风流棒》)(《古本戏曲丛刊六集》)

秘奇楼（朱瑞图）

康熙刻朱瑞图《封禅书》(中国国家图书馆)

海陵沈氏

康熙刻孔尚任《桃花扇》(中国国家图书馆)

秘园（李书云）

康熙刻朱素臣校订本《西厢记演剧》(上海图书馆)

来鹤堂（乔氏）

康熙来鹤堂原板光绪递修本《香雪亭新编耆英会记》(《古本戏曲丛刊五

集》)

道光十年序刊乔莱《香雪亭新编耆英会记》（中国国家图书馆）

夏为堂（黄周星）

清初刻黄周星《人天乐》（《古本戏曲丛刊三集》）

恰好处（杨潮观）

乾隆二十九年刊杨潮观《吟风阁杂剧》（《古本戏曲丛刊七集》）

吴江叶恒春

乾隆二十三年刊叶小纨《鸳鸯梦》（《午梦堂集》本）（《傅惜华藏古典戏曲珍本丛刊》）

水竹居（徐赞侯）

乾隆三十七年序刊方成培《雷峰塔》（《续修四库全书》）

柴湾村舍（黄振）

乾隆三十七年刊黄振《石榴记》（《古本戏曲丛刊七集》）

梦生堂（徐爔）

乾隆刻徐爔《镜光缘》《写心杂剧》（《古本戏曲丛刊七集》）

嘉庆刻徐爔《写心杂剧》《镜光缘》（《蝶梦庵词曲》本）（中国国家图书馆）

冰丝馆（王文治）

乾隆五十年刻汤显祖《玉茗堂还魂记》（《大连图书馆藏珍秘戏曲古籍丛刊》）

环翠山房（王高词）

乾隆五十年序刊徐复祚《红梨记》（《不登大雅文库珍本戏曲丛刊》）

乾隆刻徐霖《绣襦记》（吉林省图书馆）

长洲叶起元

乾隆五十一年序刊孔尚任《桃花扇传奇》（不详）

吟香堂（冯起凤）

乾隆五十四年序刊冯起凤《吟香堂曲谱》（中国国家图书馆）

宁我斋（沈冠群）①

乾隆五十五年刊袁于令《西楼记传奇》（中国国家图书馆）

秋水堂（夏秉衡）

乾隆刻夏秉衡《八宝箱》《双翠圆》《诗中圣》（《古本戏曲丛刊七集》）

此宜阁（周昂）

乾隆六十年刻王实甫《此宜阁增订金批西厢记》（《古本〈西厢记〉汇集》）

乾隆刻周昂《西江瑞》《玉环缘》（《古本戏曲丛刊七集》）

乾隆刻周昂《增订中州全韵》（中国国家图书馆）

小林栖（钱维乔）

乾隆刻钱维乔《乞食图》《鹦鹉媒》（《古本戏曲丛刊七集》）

叶奕苞

乾隆刻叶奕苞《锄经堂乐府》（《卢从史》《老客归》《长门赋》《燕子楼》）（复旦大学）

锄经楼（袁栋）

乾隆刻袁栋《玉田乐府》（《陶朱公》《赚兰亭》《江采苹》《姚平仲》《白玉楼》《郑虎臣》《鹅笼书生》《桃花源》）（《傅惜华藏古典戏曲珍本丛刊》）

花韵庵（石韫玉）

乾隆刻石韫玉《花间九奏》（《伏生授经》《罗敷采桑》《桃叶渡江》《桃源渔父》《梅妃作赋》《乐天开阁》《贾岛祭诗》《琴操参禅》《对山救友》）（《清人杂剧初集》）

嘉庆刻石韫玉《红楼梦》（《古本戏曲丛刊八集》）

道光刻沈起凤《沈赘渔四种曲》（《才人福》《文星榜》《伏虎韬》《报恩缘》）（《古本戏曲丛刊七集》）

惬心堂（廖景文）

乾隆刻廖景文《遗真记》（中国国家图书馆）

---

① 参见李复波《〈西楼记〉版本初录》，《戏曲研究》，文化艺术出版社1987年版，第22辑，第231页。

绿云红雨山房（仲振奎）

嘉庆四年刻仲振奎《红楼梦》（《古本戏曲丛刊八集》）

借月山房（张海鹏）

嘉庆十三年刊徐复祚《曲论》（《借月山房汇钞》本）（北京师范大学）

咬得菜根堂（仲振履）

嘉庆二十五年刊仲振履《双鸳祠》（中国国家图书馆）

潘炤

嘉庆刻潘炤《乌阑誓》（《小百尺楼丛刊》本》）（《古本戏曲丛刊八集》）

嘉庆刻潘炤《小沧桑》（《小百尺楼丛刊》本》）（《傅惜华藏古典戏曲珍本丛刊》）

自然庵（李斗）

嘉庆刻李斗《奇酸记》《岁星记》（《永报堂集》本）（中国国家图书馆）

蟾波阁（吴镐）

嘉庆刻吴镐《红楼梦散套》（《郑振铎藏珍本戏曲文献丛刊》）

秋水阁（瞿颉）

嘉庆间原刻瞿颉《鹤归来》（《古本戏曲丛刊八集》）

茗雪堂（彭剑南）

道光六年刊彭剑南《茗雪山房二种曲》（《香畹楼》《影梅庵》）（中国国家图书馆）

世楷堂（沈棽德）

道光刻毛先舒《南曲入声客问》、严长明《秦云撷英小谱》、黄周星《制曲枝语》（《昭代丛书》本）（中国国家图书馆）

王寿迈

咸丰六年刻叶小纨《鸳鸯梦》（《砚缘集录》本）（中国国家图书馆）

真州吴桂

咸丰九年重刻徐大椿《乐府传声》（不详）

半松斋

同治间刻徐大椿《乐府传声》（《徐灵胎十二种全集》本）（中国国家图

书馆）

泰州夏氏

光绪十一年刊汪宗沂《后缇萦》（中国国家图书馆）

豹隐庐（丁传靖）

光绪三十四年刻丁传靖《沧桑艳》（《豹隐庐杂著》本）（《傅惜华藏古典戏曲珍本丛刊》）

书联屋（虞镂）

李渔《笠翁传奇十种》（山西省图书馆）

诵芬室（董康）

宣统三年刊吴伟业《梅村先生乐府三种》（《秣陵春》《通天台》《临春阁》）（中国国家图书馆）

二　浙江地区

倘湖小筑（来集之）

顺治刻来集之《秋风三叠》（《蓝采和》《阮步兵》《铁氏女》）（《傅惜华藏古典戏曲珍本丛刊》）

清初刻来集之《两纱杂剧》（《红纱》《碧纱》）附《小青娘挑灯闲看牡丹亭》（《郑振铎藏珍本戏曲文献丛刊》）

苕城张府

康熙元年序刊程明善《啸余谱》（中国人民大学）

稗畦草堂（洪昇）

康熙刻洪昇《长生殿》（《古本戏曲丛刊五集》）

渚山堂（潘廷章）

康熙十九年序刊潘廷章《西来意》（《古本〈西厢记〉汇集》）

谷园（胡介祉）

康熙三十三年刻《钮少雅格正牡丹亭》（《国家图书馆藏〈牡丹亭〉珍本丛刊》）

绛云居（裘琏）

康熙刻裘琏《明翠湖亭四韵事》（《昆明池》《集翠裘》《鉴湖隐》《旗亭

馆》)(《郑振铎藏珍本戏曲文献丛刊》)

曲波园（徐沁）

康熙刻徐沁《曲波园传奇二种》(《香草吟》《载花舲》)(《古本戏曲丛刊六集》)

凝馥斋（张澜）

康熙刻张澜《万花台》(《古本戏曲丛刊五集》)

康熙刻刊张澜《忠孝福》(不详)

书留草堂（毛奇龄）

康熙刻毛奇龄《韵学要指》(《西河合集》本)(中国国家图书馆)

世光堂（夏纶）

乾隆十八年刊夏纶《惺斋新曲六种》(《无瑕璧》《杏花村》《瑞筠图》《广寒梯》《南阳乐》《花萼吟》)(《古本戏曲丛刊六集》)

萧山陆氏

嘉庆元年刻毛奇龄《韵学要指》(《西河合集》本)(中国国家图书馆)

太虚斋（蔡廷弼）

嘉庆五年刻蔡廷弼《晋春秋》(《古本戏曲丛刊八集》)

振绮堂（汪氏）

道光十三年刻舒位《瓶笙馆修箫谱》(《卓女当炉》《樊姬拥髻》《酉阳修月》《博望访星》)(《傅惜华藏古典戏曲珍本丛刊》)

光绪刻厉鹗、吴城《群仙祝寿》《百灵效瑞》(《樊榭山房集》本)(《四库丛书》)

守经堂（沈筠）

道光十四年刊沈筠《千金寿》(中国国家图书馆)

静远草堂（周乐清）

道光十年刻周乐清《补天石》(《傅惜华藏古典戏曲珍本丛刊》)

咸丰五年重刻周乐清《补天石》(浙江图书馆)

春在堂（德清俞氏）

光绪二十五年增修俞樾《春在堂传奇二种》(《骊山传》《梓潼传》)附

《老圆》（《春在堂全书》本）（中国国家图书馆）

碧声吟馆（许善长）

光绪刻许善长《碧声吟馆丛书》（《瘗云岩》《风云会》《神仙引》《胭脂狱》《茯苓仙》《灵娲石》）（《傅惜华藏古典戏曲珍本丛刊》）

嘉惠堂（丁氏）

光绪刻厉鹗、吴城《群仙祝寿》《百灵效瑞》（《武林掌故丛编》本）（《傅惜华藏古典戏曲珍本丛刊》）

玉玲珑馆（魏熙元）

光绪十年刊魏熙元《儒酸福》（《傅惜华藏古典戏曲珍本丛刊》）

钱塘张预

光绪二十年刻张道《梅花梦》（《傅惜华藏古典戏曲珍本丛刊》）

徐光莹

光绪刻陈烺《玉狮堂十种曲》（《仙缘记》《同亭宴》《海虬记》《海雪吟》《负薪记》《回流记》《梅喜缘》《蜀锦袍》《燕子楼》《错姻缘》）（《傅惜华藏古典戏曲珍本丛刊》）

三　河南地区

王鑨

顺治十年刻《拟寻梦曲》（《红药坛集》）（中国国家图书馆）

益清堂（泌阳杨氏）

光绪十八年刊汪应培《不垂杨传奇》（《东京大学东洋文化研究所所藏双红堂文库全文影像资料库》）

四　山东地区

友声堂（叶承宗）

顺治十七年刻叶承宗《稷门四啸》（《十三娘》《狗咬吕洞宾》《孔方兄》《贾阆仙》）（《泺函》本）（中国国家图书馆）

含章馆（封岳）

顺治刊《详校元本西厢记》（《郑振铎藏珍本戏曲文献丛刊》）

丁慎行

康熙十三年重刊丁耀亢《西湖扇传奇》(《古本戏曲丛刊五集》)

介安堂（孔尚任）

康熙四十七年刻孔尚任《桃花扇》(《古本戏曲丛刊五集》)

雅雨堂（卢见曾）

乾隆二十四年刻金兆燕《旗亭记》(《古本戏曲丛刊七集》)

乾隆间刻朱夰《玉尺楼》(《古本戏曲丛刊八集》)

五　上海地区

朱日荃、张燕孙

康熙二十七年刻黄周星《人天乐》《惜花报》《试官述怀》《制曲枝语》、毛先舒《南曲入声客问》(《夏为堂别集》本)(中国国家图书馆)

道光五年修板印本李调元《曲话》(都江堰市文管所)

痦堂（黄兆森）

康熙五十五年刻黄兆森《痦堂乐府五种》(《忠孝福》《饮中仙》《梦扬州》《蓝桥驿》《郁轮袍》)(《郑振铎藏珍本戏曲文献丛刊》)

看山阁（黄图珌）

康熙刻黄图珌《温柔乡》《解金貂》(中国"国立"台湾大学)

乾隆刻黄图珌《雷峰塔》(《古本戏曲丛刊七集》)

乾隆刻黄图珌《栖云石》(《古本戏曲丛刊八集》)

颐情阁（曹氏）

乾隆刻曹锡黼《《四色石》(《雀罗庭》《曲水宴》《滕王阁》《同谷歌》)、《桃花吟》(《郑振铎藏珍本戏曲文献丛刊》)

滬城李钟元

光绪元年刊洪昇《长生殿传奇》(河南省图书馆)

六　江西地区

怀永堂（吕世镛）

康熙五十九年序刊王实甫《怀永堂绣像第六才子书西厢记》(中国国家图

书馆）

乐余园（邹山）

康熙间刊邹山《双星图》（《古本戏曲丛刊五集》）

红雪楼（蒋士铨）

乾隆刻蒋士铨《蒋氏四种》（《忠雅堂诗文集》）本（中国国家图书馆）

乾隆刻蒋士铨《藏园九种曲》（《一片石》《雪中人》《空谷香》《临川梦》《香祖楼》《冬青树》《第二碑》《桂林霜》《四弦秋》）（华东师范大学）

乾隆四十六年序刻蒋士铨《红雪楼十二种填词》（《藏园九种曲》及《采石矶》《采樵图》《庐山会》）（《不登大雅文库珍本戏曲丛刊》）

秋竹山房（蒋知节）①

乾隆刊《秋竹山房二种曲》（《阿修罗》《背子崖》）（《古本戏曲丛刊八集》）

古柏堂（唐英）

乾隆、嘉庆间刻唐英《灯月闲情十七种》（《笳骚》《三元报》《芦花絮》《佣中人》《清忠谱正案》《女弹词》《虞兮梦》《长生殿补阙》《英雄报》《十字坡》《梅龙镇》《面缸笑》《转天心》《巧换缘》《天缘债》《双钉案》《梁上眼》）（《续修四库全书》）

徐培

道光四年重刻徐大椿《乐府传声》（不详）

王继善

道光十四年重修朱云从《儿孙福选本四出》（日本东洋文库）

道光十四年据乾隆间北京刻本重修《审音鉴古录正续集》（《善本戏曲丛刊》）

石溪舫（吴嵩梁）

道光二十三年刻陆继辂《碧桃记》（吴嵩梁《香苏山馆全集》本）（江西图书馆）

---

①　参见邓长风《明清戏曲家考略全编》，上海古籍出版社2009年版。

蒋立昂

咸丰同治间蒋立昂等补刊蒋士铨《蒋氏四种》（上海图书馆）

江西新建蔡希邠

光绪十七年刻蔡荣莲《支机石》（《傅惜华藏古典戏曲珍本丛刊》）

七　河北地区

兼济堂（魏荔彤）

雍正四年刻魏荔彤《归去来辞》（《怀舫集》本）（中国国家图书馆）

寓形斋（李崇恕）

光绪五年刊李崇恕《桃花源记词曲》（《傅惜华藏古典戏曲珍本丛刊》）

张云骧

光绪九年刻张云骧《芙蓉碣》（《郑振铎藏珍本戏曲文献丛刊》）

八　四川地区

笔花斋

清初刊新都笔花斋《双龙坠》（《古本戏曲丛刊六集》）

万卷楼（绵州李氏）

嘉庆十四年据乾隆间刻本重校李调元《雨村曲话》（《函海》本）（中国国家图书馆）

道光五年据嘉庆十四年重校版补刻《雨村曲话》（《函海》本）（中国国家图书馆）

剑南室（周之琦）

道光刻陈栋《芑萝梦》《紫姑神》《维扬梦》）（《清人杂剧二集》）

乐道斋（钟登甲）

光绪八年刻李调元《雨村曲话》（《函海》本）（中国国家图书馆）

石光熙

光绪十五年刊董榕《芝龛记》（中国国家图书馆）

四川綦江吴氏

钟祖芬《招隐居》（重庆图书馆，《鸦片战争文学集》排印本）

九　安徽地区

吴震生①

雍正刻汤显祖《才子牡丹亭》（中国国家图书馆）

乐真别墅（章传莲）②

乾隆刻月鉴主人《月中人》（《古本戏曲丛刊七集》）

宣城张其锦

嘉庆十六年刊凌廷堪《燕乐考原》（中国国家图书馆）

味尘轩（李文瀚）

道光刻李文瀚《味尘轩四种曲》（《胭脂鸟》《紫荆花》《凤飞楼》《银汉槎》）（傅惜华藏古典戏曲珍本丛刊》）

道光二十九年木活字印本桂馥《后四声猿》（《放杨枝》《题园壁》《谒府帅》《投溷中》）（《傅惜华藏古典戏曲珍本丛刊》）

云鹤仙馆（吴廷康）

光绪元年重刊黄燮清《桃溪雪》（中国国家图书馆）

暗香楼（郑由熙）

光绪十六年刻郑由熙《暗香楼乐府》（《木樨香》《雾中人》《雁鸣霜》）（《晚学斋集》本）（《傅惜华藏古典戏曲珍本丛刊》）

兰雪堂（合肥李国松）

光绪二十一年刻孔尚任《桃花扇》（1993 年上海古籍《四部精要》影印）

徐乃昌

宣统三年刻焦循《花部农谭》（《怀豳杂俎》本）（中国国家图书馆）

刘世珩

清末民初陆续印行《暖红室汇刻传奇》（中国国家图书馆）（《傅惜华藏

---

① 参见邓长风《〈笠阁批评旧戏目〉的文献价值及其作者吴震生》，上海：上海古籍出版社，1994，430—441，及华玮《〈才子牡丹亭〉作者考述——兼及〈笠阁批评旧戏目〉的作者问题》，《戏曲研究》2000 年第 1 期。

② 参见王裕明《〈月中人〉作者月鉴主人考》，《学海》2011 年第 5 期。

古典戏曲珍本丛刊》收《荷花荡》)

十 山西地区

贮书楼（徐昆）

乾隆刻徐昆《雨花台》《碧天霞》（（《古本戏曲丛刊七集》）

嘉庆四年刻张锦《新琵琶》（首都图书馆）

十一 湖北地区

香雪山房（崔应阶）

乾隆刊崔应阶《烟花债》（《郑振铎藏珍本戏曲文献丛刊》）

乾隆刊崔应阶《情中幻》（中国国家图书馆）

乾隆刊崔应阶《双仙记》（《古本戏曲丛刊六集》）

董象垚

道光二年据乾隆十六年原刊本补板印行董榕《芝龛记》（上海图书馆）

十二 陕西地区

槐庆堂（王元常）

乾隆刻王筠《全福记》《繁华梦》（《古本戏曲丛刊八集》）

十三 广东地区

蒋知白

蒋士铨《清容外集》（《忠雅堂全集》本）（中国社会科学院）

粤雅堂（伍崇曜）

咸丰元年刻伍崇曜《燕乐考原》（《粤雅堂丛书》本）（中国国家图书馆）

藤花亭（梁氏）

道光刻梁廷楠《曲话》（《藤花亭十种》本）（中国国家图书馆）

道光刻王文治《迎銮新曲》、梁廷楠《小四梦》（《傅惜华藏古典戏曲珍本丛刊》）

沈宗畸

宣统元年刻王国维《戏曲考原》《曲录》（《晨风阁丛书》本）（中国国家图书馆）

十四　湖南地区

长沙杨氏坦园（杨恩寿）

同治九年刻杨恩寿《杨氏曲三种》（《双清影》《桂枝香》《姽婳封》）（首都图书馆）

光绪刊杨恩寿《坦园传奇六种》（《再来人》《桂枝香》《桃花源》《姽婳封》《麻滩驿》《理灵坡》）（中国国家图书馆）

赐锦楼（湘潭张氏）

道光刊张九钺《六如亭》（《古本戏曲丛刊六集》）

道光刊张声玠《玉田春水轩杂剧》（《讯郃》《题肆》《琴别》《画隐》《碎胡琴》《安市》《看真》《游山》《寿甫》）（《清人杂剧二集》）

董耀焜

光绪十五年刻董榕《重刊芝龛记乐府》（吉林省图书馆）

湘乡谭芝林

光绪二十七年辑刊《钧天俪响》（《京剧历史文献汇编》排印本）

观古堂（叶德辉）

光绪三十四年刊金德瑛撰王先谦、叶德辉唱和《观剧绝句》（中国国家图书馆）

光绪至宣统间刊严长明《秦云撷英小谱》、吴长元《燕兰小谱》（《双梅景闇丛书》本）中国国家图书馆）

十五　福建地区

陈烺

嘉庆六年刊陈烺《紫霞巾》（《古本戏曲丛刊八集》）

寄傲山房

同治十三年刊阮大铖《雪韵堂批点燕子笺记》（上海图书馆）

十六　广西地区

味兰簃（龙继栋）①

光绪七年刊味兰簃主人《味兰簃传奇》（《侠女记》《烈女记》）（《傅惜华藏古典戏曲珍本丛刊》）

十七　贵州地区

傅达源

光绪刊傅玉书《鸳鸯镜传奇》（《古本戏曲丛刊七集》）

十八　北京地区

范履福

光绪十七年刻范元亨《空山梦》（中国国家图书馆）

启贤堂（岳端）

据康熙四十年序刊本影抄岳端《扬州梦传奇》（中国国家图书馆）

十九　刊刻地点不详

展谑斋

康熙刊路术淳《玉马珮》（《古本戏曲丛刊七集》）

佩兰堂

乾隆十六年刻张应楸《鸳鸯帕》（《古本戏曲丛刊六集》）

啸梦轩

乾隆三十六年序刻刘羿《杨状元进谏谪滇南》（中国国家图书馆）

种石山房

乾隆五十七年刻司马章《种石山房二种曲》（《花间乐》《双星会》）（《傅惜华藏古典戏曲珍本丛刊》）

---

① 参见吕立忠《清代广西文人著述初探》，《广西社会科学》2009 年第 2 期；黄义枢《〈味兰簃传奇〉作者考辨》，《戏曲研究》，文化艺术出版社 2010 年版，第 80 辑。

尺木堂

嘉庆十五年刻王懋昭《三星圆》(《郑振铎藏珍本戏曲文献丛刊》)

天香馆

嘉庆十七年刻左潢《桂花塔》(《古本戏曲丛刊八集》)

晴雪山房

嘉庆十九年至二十五年刻朱凤森等撰《韫山六种曲》(《才人福》《十二钗》《辋川图》《金石录》《平粜记》《守浚记》)(《傅惜华藏古典戏曲珍本丛刊》)

王世珍

咸丰五年重校刊本《审音鉴古录》(南京图书馆)

椿阴轩

道光二十七年刊黄治《味蔗轩春灯新曲二种》(《玉簪记》《雁书记》)
(《不登大雅文库珍本戏曲丛刊》)

倚玉堂

周树《冯骥市义》(首都图书馆)

附录五　明刊戏曲选本目录

书名	刊刻时间	编选者	出版者
《盛世新声》	正德十二年	臧贤	不详
《词林摘艳》	嘉靖年间	张禄	不详
《雍熙乐府》	嘉靖十年	郭勋	不详
《全家锦囊》	嘉靖三十二年	徐文昭	进贤堂
《杂剧十段锦》	嘉靖三十七年	不详	绍陶室
《改定元贤传奇》	嘉靖年间	李开先	李开先
《古名家杂剧》	万历年间	陈与郊	陈与郊

续　表

书名	刊刻时间	编选者	出版者
《元人杂剧选》	万历二十六年	息机子	不详
《乐府玉树英》	万历年间	黄文华	自新斋
《乐府菁华》	万历年间	刘君锡	三槐堂
《合并西厢记》	万历二十八年	周居易	周居易
《乐府红珊》	万历三十年	纪振伦	广庆堂
《满天春》	万历三十二年	不详	李碧峰、陈我含
《词林白雪》	万历三十四年	窦彦斌	不详
《阳春奏》	万历三十六年	黄正位	尊生馆
《玉谷新簧》	万历年间	景居士	刘次泉
《摘锦奇音》	万历三十九年	龚正我	敦睦堂
《元曲选》	万四十三年	臧懋循	雕虫馆
《吴歈萃雅》	万历四十四年	周之标	周之标
《月露音》	万历四十四年	李氏	静常斋
《古杂剧》	万历年间	王骥德	方诸馆
《词林一枝》	万历年间	黄文华	叶志元
《八能奏锦》	万历年间	黄文华	爱志堂
《乐府万象新》	万历年间	阮祥宇	刘龄甫
《尧天乐》	万历年间	殷启圣	燕石居
《徽池雅调》	万历年间	熊稔寰	燕石居

书名	刊刻时间	编选者	出版者
《大明春》	万历年间	程万里	金魁
《大明天下春》	万历年间	不详	不详
《乐府名词》	万历年间	不详	四有堂
《绣像传奇十种》	万历年间	文林阁	文林阁
《元明杂剧四种》	万历年间	不详	继志斋
《元明杂剧四种》	万历年间	不详	不详
《群音类选》	万历年间	胡文焕	文会堂
《赛徵歌集》	万历年间	不详	玩虎轩
《四太史杂剧》	万历年间	孙学礼	孙学礼
《乐府遴奇》	万历年间	不详	崇义堂
《乐府南音》	万历年间	洞庭箫士	不详
《选古今南北剧》	万历年间	徐渭	清远斋
《环翠堂精订五种曲》	万历年间	不详	环翠堂
《小说传奇合选》（已佚）	万历年间	不详	不详
《词林逸响》	天启三年	许宇	萃锦堂
《万壑清音》	天启四年	止云居士	西爽堂
《杂剧三种合刊》	天启年间	不详	不详
《南音三籁》	崇祯年间	凌濛初	凌濛初
《盛明杂剧》	崇祯二年	沈泰	沈泰

续　表

书名	刊刻时间	编选者	出版者
《缠头百练二集》	崇祯年间	冲和居士	峥霄馆
《古今名剧合选》	崇祯六年	孟称舜	孟称舜
《古今奏雅》	崇祯年间	吴长公	不详
《新镌出像点板怡春锦曲》	崇祯年间	冲和居士	不详
《山水邻新镌四大痴》	崇祯年间	不详	山水邻
《新刻出像点板增订乐府珊珊集》	崇祯年间	周之标	周之标
《玄雪谱》	崇祯年间	锄兰忍人	不详
《墨憨斋定本传奇》	崇祯年间	冯梦龙	冯梦龙
《墨憨斋重定传奇五种》	明末	冯梦龙	志郏堂
《歌林拾翠》	明末	粲花主人	不详
《六十种曲》	明末	毛晋	汲古阁
《会真六幻西厢》	明末	闵齐伋	闵齐伋
《绣刻演剧十种》	明末	文林阁等	富春堂等
《六合同春》	明末	不详	师俭堂
《二刻六合同春》	明末	不详	师俭堂
《童云野刻杂剧》（已佚）	明末	童云野	童云野
《新镌精选梨园杂剧万家锦绣海内曲魁》	明末	王錂	不详
《乐府遏云编》	明末	槐鼎、吴之俊	不详

书名	刊刻时间	编选者	出版者
《词珍雅调》	明末	李氏	不详
《梨园雅调》	明末	不详	不详
《冰壶玉屑》	明末	不详	不详
《传奇四十种》	明末	不详	不详
《玉谷金莺》（已佚）	明末	不详	不详

附录六　清刊戏曲选本目录

书名	刊刻时间	编选者	出版者
《南词新谱》	顺治十二年	沈璟	不殊堂
《万锦清音》	顺治十八年	方来馆主人	方来馆
《南音三籁》	康熙七年	凌濛初	不详
《新镌缀白裘合选》	康熙年间	郁冈樵隐、 积金山人	翼圣堂
《新刻校正点板昆腔 杂剧缀白裘全集》	康熙三十三年	玩玉楼主人	不详
《续缀白裘》	雍正年间	石渠阁主人	最乐堂
《玉夏斋传奇十种》	清初	佚名	玉夏斋
《新镌乐府清音歌林拾翠》	清初	佚名	奎壁斋
《乐府歌舞台》	清初	佚名	奎壁斋

续　表

书名	刊刻时间	编选者	出版者
《新镌乐府名时曲万家锦》	清初	佚名	奎璧斋
《新刻出像点板时尚昆腔杂曲醉怡情》	清初	菰芦钓叟	致和堂
《新刻精选南北时尚昆弋雅调》	清初	江湖知音者	广平堂
《来凤馆合选古今传奇》	清初	邀月主人	不详
《李笠翁评定传奇十种》	不详	不详	大文堂、文林堂、金相堂、藻文堂、大知堂、经本堂、敦仁堂等
《笠翁十二种曲》	不详	不详	大知堂、经术堂
《六合同春》	乾隆十二年重刻明刊本	佚名	修文堂
《缀白裘》	乾隆至道光年间	钱德苍	宝仁堂等①
《清音小集》	乾隆四十八年	佚名	敏修堂
《纳书楹曲谱》	乾隆五十七年至五十九年	叶堂	纳书楹

---

① 宝仁堂、桂月楼、共赏斋、鸿文堂、四教堂、集古堂、学耕堂、三雅堂、博雅堂、增利堂、五柳居等书坊均刻有《缀白裘》。

书名	刊刻时间	编选者	出版者
《千家合锦》	不详	佚名	王君甫
《乐府新声》	不详	佚名	王君甫
《墨憨斋定本传奇》	明刊清印本	冯梦龙	铁瓶书屋
《元曲选》	明刊清印本	臧懋循	不详
《咏怀堂新编九种曲》	明刊清印本	佚名	不详
《词林逸响》	明刊清印本	许宇	不详
《六十种曲》	明刊清印本	毛晋	实获斋、三多斋、同德堂等均刻有
《乐府红珊》	嘉庆五年	纪振伦	积秀堂
《新镌楚曲十种》	嘉庆、道光年间	佚名	三元堂、文升堂、文雅堂
《审音鉴古录》	道光十四年	佚名	王继善
《续缀白裘新曲九种》	咸丰元年	刘赤江	青莲堂
《唱本六十四册》	咸丰、光绪年间	佚名	太平堂等
《新缀白裘》	光绪年间	钟骏文	不详
《梨园集成》	光绪六年	李世忠	竹友斋
《居易堂三种》	光绪二十七年	居易堂	居易堂
《庶几堂今乐》	清末	余治	元妙观得见斋

书名	刊刻时间	编选者	出版者
《真正京调四十二种》	清末	佚名	不详
《唱本一百九十册》	清末民初	佚名	致文堂等
《暖红室汇刻传奇》	清末民初	刘世珩	刘世珩
《奢靡他室曲丛》	宣统二年	吴梅	吴梅

附录七　明刊戏曲评点本目录

书名	刊刻时间	评点者	出版者
《新刻考正古本出像注释北西厢记》	万历七年	谢世吉	少山堂
《重刻元本题评音释西厢记》	万历八年	徐士范	徐士范
《节义荆钗记》	万历年间	不详	世德堂
《重刻元本题评音释西厢记》	万历二十年	不详	忠正堂
《重校北西厢记》	万历二十六年	焦竑	继志斋
《李卓吾先生批评北西厢记》	万历三十八年	李贽	容与堂
《元本出相西厢记》	万历三十八年	李贽、王世贞	起凤馆
《重校北西厢记》	万历年间	李贽	三槐堂
《重刻订正元本批点画意北西厢记》	万历三十九年	徐渭	方诸馆
《新刊校注古本西厢记》	万历四十二年	王骥德、沈璟	香雪居

书名	刊刻时间	评点者	出版者
《李卓吾先生批评西厢记》	万历年间	李贽	刘应袭
《李卓吾批评合像北西厢记》	万历年间	李贽	游敬泉
《重刻元本题评音释西厢记》	万历年间	不详	乔山堂
《田水月山房北西厢藏本》	万历年间	徐渭	不详
《新刊考正全像评释北西厢记》	明末	不详	文秀堂
《仇池洞天李西厢藏本》	万历年间	梁辰鱼	不详
《董解元西厢记》	万历年间	汤显祖	不详
《西厢定本》	明末	徐奋鹏	不详
《西厢记五剧》	天启年间	凌濛初	凌濛初
《新镌绣像批评音释 王实甫北西厢真本》	崇祯年间	不详	文立堂
《北西厢记》	崇祯四年	徐渭	李廷谟
《张深之先生正北西厢秘本》	崇祯年间	不详	张深之
《会真六幻西厢》	明末	闵齐伋	闵齐伋
《西厢会真传》①	明末	闵齐伋	闵齐伋
《李卓吾先生批点西厢记真本》	崇祯年间	李贽	天章阁

① 《西厢会真传》署"汤若士批评沈伯英批订",笔者倾向于蒋星煜先生的观点,认为是闵齐伋刊刻并评点的。

书名	刊刻时间	评点者	出版者
《三先生合评元本北西厢记》	明末	徐渭、汤显祖、李贽	汇锦堂
《新刻魏仲雪先生批点西厢记》	崇祯年间	魏仲雪	存诚堂
《新订徐文长先生批点音释北西厢》	崇祯年间	徐渭	不详
《鼎镌陈眉公先生批评西厢记》《鼎镌西厢记》	明末	陈继儒	师俭堂
《汤海若先生批评西厢记》	明末	汤显祖	师俭堂
《新刻徐文长公参订西厢记》	明末	"羊城平阳郡佑卿甫"	岁寒友
《新刻徐笔峒先生批点西厢记》	万历年间	徐奋鹏	徐奋鹏
《硃订西厢记》	明末	孙鑛	不详
《重订元本评林点板琵琶记》	万历元年	不详	种德堂
《校梓注释圈证蔡伯喈大全》	万历五年	不详	富春堂
《琵琶记》	万历二十五年	不详	玩虎轩
《新刊河间长君校本琵琶记》	万历二十六年	不详	继志斋
《新刻魏仲雪先生批评琵琶记》	万历年间	魏仲雪	余少江
《新刻重订出像附释标注琵琶记》	万历年间	不详	唐晟
《元本出相南琵琶记》	明末	王世贞、李贽	起凤馆
《李卓吾先生批评琵琶记》	万历年间	李贽	容与堂

续　表

书名	刊刻时间	评点者	出版者
《新刻魏仲雪先生批点琵琶记》	崇祯年间	魏仲雪	陈长卿
《重校琵琶记》	万历年间	不详	集义堂
《汤海若先生批评琵琶记》	明末	汤显祖	刘次泉
《琵琶记》	天启年间	凌濛初	凌濛初
《鼎镌陈眉公先生批评琵琶记》《鼎镌琵琶记》	明末	陈继儒	师俭堂
《三先生合评元本琵琶记》	明末	李贽、汤显祖、徐渭	汇锦堂
《伯喈定本》	明末	徐奋鹏	不详
《硃订琵琶记》	明末	孙鑛	不详
《新刊重订出像附释标注拜月亭记》	万历十七年	不详	世德堂
《李卓吾先生批评幽闺记》	万历年间	李贽	容与堂
《鼎镌陈眉公先生批评幽闺记》《鼎镌幽闺记》	明末	陈继儒	师俭堂
《幽闺怨佳人拜月亭记》①	天启年间	凌延喜	凌延喜
《重校玉簪记》	万历年间	不详	继志斋
《李卓吾先生批评玉簪记》	万历年间	李贽	青藜馆

① 评语出自凌濛初、沈璟还是凌延喜本人，学界有所争议，笔者认同江兴佑先生的观点，即凌延喜是评点者之一。

续　表

书名	刊刻时间	评点者	出版者
《鼎镌陈眉公先生批评玉簪记》 《鼎镌玉簪记》	明末	陈继儒	师俭堂
《一笠庵批评玉簪记》	崇祯年间	李玉	宁致堂
《四声猿》	万历年间	钟人杰	钟人杰
《东郭记》	崇祯年间	不详	不详
《玉茗堂批评异梦记》	万历年间	汤显祖	不详
《异梦记》《玉杵记》	明末	陈继儒	师俭堂
《麒麟阁》	万历年间	陈继儒	陈与郊
《重校韩夫人题红记》 《重校双鱼记》 《重校双鱼记》 《元明杂剧四种》	万历年间	不详	继志斋
《新刊重订附释标注出 相五伦全备忠孝记》 《新锲重订出像附释标注惊鸿记》	万历年间	不详	世德堂
《李卓吾先生批评玉合记》	万历年间	李贽	容与堂
《奇梦记》	万历年间	周延儒	不详
《杨东来先生批评西游记》	万历年间	杨东来	不详
《大雅堂杂剧四种》	万历年间	王世懋	汪道昆
《李九我先生批评破窑记》	万历年间	李九我	陈含初
《李卓吾先生批评红拂记》	万历年间	李贽	容与堂

书名	刊刻时间	评点者	出版者
《鼎镌陈眉公先生批评红拂记》 《鼎镌红拂记》	明末	陈继儒	师俭堂
《新镌徽板音释评林全像班超投笔记》	万历年间	不详	三槐堂
《新刻魏仲雪先生投笔记》	崇祯年间	魏仲雪	存诚堂
《李卓吾评焚香记》	万历年间	李贽	不详
《新刻玉茗堂批评焚香记》	明末	汤显祖	不详
《新镌全像昙花记》	万历年间	汤显祖	翁文源
《玉茗堂重校音释昙花记》	万历年间	汤显祖	不详
《昙花记》	明末	臧懋循	臧懋循
《柳浪馆批评玉茗堂紫钗记》 《柳浪馆批评玉茗堂邯郸记》 《玉茗堂批评红梅记》①	明末	袁于令	柳浪馆
《新刻袁中郎先生批评红梅记》	明末	袁宏道	三元堂
《新刻袁中郎先生批评红梅记》	崇祯年间	袁宏道	陈长卿
《邯郸梦记》	天启元年	袁宏道、 臧懋循 屠隆、 柳浪馆、 刘志禅、 闵光瑜	闵光瑜

---

① 笔者倾向于郑振铎和郑志良两位先生的观点，认为《玉茗堂批评红梅记》为袁于令所评。

续　表

书名	刊刻时间	评点者	出版者
《清晖阁批点玉茗堂还魂记》	天启四年	不详	张弘毅
《牡丹亭》	天启年间	茅暎、臧懋循	茅暎
《还魂记传奇》	崇祯年间	王思任	安雅堂
《独深居点定玉茗堂传奇》	崇祯九年	沈际飞	嘉会堂
《批点牡丹亭》	崇祯年间	袁宏道	蒲水斋
《柳浪馆批评玉茗堂还魂记》	明末	袁于令	柳浪馆
《玉茗堂丹青记》《明珠记》	明末	陈继儒	师俭堂
《玉茗堂新词四种》	明末	臧懋循	雕虫馆
《明珠记》	天启年间	不详	闵齐伋
《李卓吾先生批评无双传明珠记》	明末	李贽	不详
《汤海若先生批评无双传明珠记》	明末	汤显祖	读书坊
《盛明杂剧》	崇祯二年	沈泰	沈泰
《小青娘风流院》	明末	明道人	德聚堂
《古今名剧合选》	崇祯六年	孟称舜	孟称舜
《三社记》	崇祯七年	李渔	必自堂
《鸳鸯绦》	崇祯年间	醉竹居士	不详
《苏门啸》	崇祯十五年	"横李雁道人仙上"	敲月斋
《二奇缘》	崇祯十六年	不详	不详

书名	刊刻时间	评点者	出版者
《谭友夏钟伯敬先生批评绾春园传奇》	崇祯年间	谭友夏、钟伯敬	蝴麟斋
《谭友夏批点想当然传奇》	崇祯年间	谭友夏	不详
《蝴蝶梦》	崇祯年间	不详	柱笏斋
《新刻浙江新编出像题评范睢绨袍记》	崇祯年间	不详	与耕堂
《凤求凰》	崇祯年间	不详	不详
《息宰河》	崇祯年间	且居	沈嵊
《贞文记》	崇祯年间	陈箴言、吕王师、俞而介、王毓兰	不详
《张玉娘闺房三清鹦鹉墓贞文记》	崇祯年间	祁彪佳	石渠阁
《娇红记》	崇祯年间	陈洪绶	不详
《新镌二胥记》	崇祯年间	"巽倩龙友氏"	不详
《玉茗堂批评新著续西厢升仙记》	崇祯年间	汤显祖	来仪山房
《白雪斋五种曲》	崇祯年间	集艳主人	不详
《墨憨斋定本传奇》	崇祯年间	冯梦龙	冯梦龙
《四声猿》	崇祯年间	澄道人	不详
《四艳记》	崇祯年间	苗兰居士	不详
《新镌歌林拾翠》	崇祯年间	西湖漫史	不详

书名	刊刻时间	评点者	出版者
《新镌绣像评点玄雪谱》	崇祯年间	媚花香史	不详
《南音三籁》	崇祯年间	凌濛初	凌濛初
《画中人》	明末	画隐先生	两衡堂
《西园记》	明末	西园公子	两衡堂
《情邮记》	明末	不详	两衡堂
《怀远堂批点燕子笺》	崇祯年间	汤显祖	毛恒
《雪韵堂批点燕子笺》	明末	不详	不详
《鼎镌郑道圭先生评点红杏记》	崇祯年间	郑之玄	存诚堂
《快活庵批评红梨花记》	明末	快活庵	不详
《校正原本红梨记》	明末	不详	不详
《西楼记》	明末	陈继儒	师俭堂
《临川玉茗堂批评西楼记》	明末	汤显祖	不详
《盐梅记》	明末	峨冠子	漱玉山房
《丽句亭评点花筵赚乐府》	明末	丽句亭	不详
《李卓吾先生批评古本荆钗记》 《李卓吾先生批评浣纱记》	明末	李贽	不详
《怡云阁浣纱记》 《宝晋斋鸣凤记》	明末	汤显祖	读书坊
《李卓吾先生批评绣襦记》	明末	李贽	不详
《鼎镌陈眉公先生批评绣襦记》 《鼎镌绣襦记》	明末	陈继儒	师俭堂

书名	刊刻时间	评点者	出版者
《玉合记》	明末	陈继儒	师俭堂
《李卓吾先生批评金印记》	明末	李贽	不详
《丹桂记》	明末	陈继儒	宝珠堂
《李丹记》	明末	陈继儒、彭幼朔	不详
《李卓吾先生批评香囊记》 《李卓吾先生批评宝剑记》 《李卓吾批评锦笺记》	明末	李贽	不详
《玉茗堂批评种玉记》 《玉茗堂批评节侠记》	明末	汤显祖	许自昌

附录八　清刊戏曲评点本目录

书名	刊刻时间	评点者	出版者
《闹乌江》	顺治七年	"江右田大奇常卿评"	玉啸堂
《杂剧三集》	顺治十八年	邹式金	不详
《清忠谱》	顺治年间	不详	树滋堂
《雨蝶痕》	顺治年间	"汪南溟点定"，又罗列薛采等一百多人的"参阅品评姓氏"	郎润斋
《十三娘》 《狗咬吕洞宾》	顺治年间	"洆阳季子点次"	友声堂

书名	刊刻时间	评点者	出版者
《孔方兄》	顺治年间	"叶承祧奕绍校"	友声堂
《贾阆仙》	顺治年间	田御宿等	友声堂
《买花钱》	顺治年间	"友人吴园次、罗然情、刘雨先评阅"	南湖享书堂
《大转轮》	顺治年间	"同社诸子评订"	南湖享书堂
《浮西施》	顺治年间	"同社诸子评阅"	南湖享书堂
《秋风三叠》	顺治年间	不详	倘湖小筑
《详校元本西厢记》	顺治年间	封岳	含章馆
《闲情偶寄》	康熙年间	宋澹仙等	翼圣堂
《毛西河论定西厢记》	康熙十五年	毛西河	浙江学者堂
《西来意》	康熙年间	潘廷章	渚山堂
《祭皋陶》	康熙年间	"海上随缘居士评"	不详
《风流棒》	康熙二十五年	"古越琰青道人吴秉钧题评"	粲花别墅
《空青石》	康熙二十五年	"山阴雪舫溪渔吴棠祯题评"	粲花别墅
《念八翻》	康熙二十五年	"姚江药庵居士吕洪烈题评"	粲花别墅
《人天乐》	康熙年间	不详	夏为堂
《洛神庙》	康熙年间	"烟波钓徒批点"	不详
《桃花扇》	康熙四十七年	孔尚任	介安堂

书名	刊刻时间	评点者	出版者
《拜针楼》	康熙四十八年	"研露斋主人批点"	杨氏研露斋
《蟾宫操》	康熙年间	"虎林沈西川评定"	不详
《续四声猿》	康熙年间	不详	不详
《香草吟》	康熙年间	"湖上笠翁鉴定"	曲波园
《载花舲》	康熙年间	"鹿溪居士评阅"	曲波园
《秦楼月》	康熙年间	"湖上李笠翁评阅"	文喜堂
《封禅书》	康熙年间	"古虞东山下人批点"	秘奇楼
《广寒香》	康熙年间	"寒水生评"	文治堂
《芙蓉楼》	康熙年间	"同人评校"	叩钵斋
《明翠湖亭四韵事》	康熙年间	冯家桢	绛云居
《穆天子绝域快遨游》《阮嗣宗穷途伤痛哭》《柳子厚乞巧换冠裳》《米元章拜石具袍笏》	康熙年间	吴琦、顾彩等	不详
《怜香伴》	康熙年间	"玄洲逸叟批评"	翼圣堂
《风筝误》	康熙年间	"朴斋主人批评"	翼圣堂
《意中缘》	康熙年间	卷上题"禾中女史批评"，卷下题"禾中闺史批评"	翼圣堂
《蜃中楼》	康熙年间	"垒庵居士批评"	翼圣堂

书名	刊刻时间	评点者	出版者
《玉搔头》	康熙年间	"睡乡祭酒批评"，	翼圣堂
《奈何天》	康熙年间	"紫珍道人批评"	翼圣堂
《比目鱼》	康熙年间	"秦淮醉侯批评"	翼圣堂
《凰求凤》	康熙年间	"冷两梅客批评"	翼圣堂
《巧团圆》	康熙年间	"莫愁钓客、睡乡祭酒合评"	翼圣堂
《慎鸾交》	康熙年间	"匡庐居士、云间木叟合评"	翼圣堂
《化人游》《赤松游》《蚺蛇胆》	康熙年间	丁耀亢、宋琬等	煮茗堂
《读离骚》《吊琵琶》	康熙年间	彭孙遹	聚秀堂
《桃花源》《黑白卫》	康熙年间	彭孙遹、王阮亭、曹顾庵	聚秀堂
《清平调》	康熙年间	彭孙遹、梁玉立	聚秀堂
《钧天乐》	康熙年间	不详	聚秀堂
《西厢记演剧》	康熙年间	李书云、汪蛟门	秘园
《双龙坠》	清初	不详	笔花斋
《拟寻梦曲》	清初	王铎	王鑨
《秋虎丘》	清初	"门人张圻邑翼氏参评"	不详
《双蝶梦》	清初	"山阴朱氏曾敬身父评"	不详
《才子牡丹亭》	雍正年间	吴震生、程琼	吴震生

书名	刊刻时间	评点者	出版者
《醉高歌》	乾隆三年	"简闇道人评点"	灵雀轩
《六合同春》	乾隆十二年重刻明刊本	陈继儒	修文堂
《介山记》	乾隆十五年	"评氏繁多，不及详载"	不详
《芝龛记》	乾隆十六年	"海内诸名家"	不详
《惺斋新曲六种》	乾隆十八年	"同里徐梦元徐村评"	世光堂
《颐情阁五种曲》	乾隆二十一年	不详	五亩园
《旗亭记》	乾隆二十四年	不详	雅雨堂
《鱼水缘》	乾隆二十五年	"海上竹轩主人评点"	博文堂
《雨花台》	乾隆年间	"蒲坂散人崔桂林燕山评"	贮书楼
《碧天霞》	乾隆年间	"蒲伴常庚辛位西评点"	贮书楼
《双翠圆》	乾隆年间	不详	秋水堂
《杨状元进谏谪滇南》	乾隆三十六年	"寿阳西塘主人方廷熹庵批评"	啸梦轩
《雷峰塔》	乾隆三十七年	"海棠巢客点校"	水竹居
《石榴记》	乾隆三十七年	"同社诸子"	柴湾村舍
《珊瑚鞭》	乾隆四十三年	"天津王嵩龄西园论文"	穿柳亭
《玉茗堂还魂记》	乾隆五十年	冰丝馆、快雨堂	冰丝馆
《纳书楹曲谱》	乾隆五十七年至五十九年	不详	纳书楹
《双星会》	乾隆五十七年	"舒城任康二田评点"	种石山房

书名	刊刻时间	评点者	出版者
《花间乐》	乾隆五十七年	"秣陵庞淦虹溪评"	种石山房
《此宜阁增订金批西厢记》	乾隆六十年	周昂	此宜阁
《新西厢》	乾隆年间	"济南范建杲秋塘氏评定"	贮书山房
《临川梦》	乾隆年间	"秀水钱世锡百泉评校"	红雪楼
《空谷香》	乾隆年间	"武康高东升井文照题评"	红雪楼
《桂林霜》	乾隆年间	"大兴张三礼椿山评文"	红雪楼
《香祖楼》	乾隆年间	"天都两峰外史评文"	红雪楼
《第二碑》	乾隆年间	"苍厓老人评校"	红雪楼
《雪中人》	乾隆年间	"秀水钱世锡百泉评点"	红雪楼
《四弦秋》	乾隆年间	"梦棲居士题评"	红雪楼
《采樵图》	乾隆年间	"维阳罗聘两峰校阅"	红雪楼
《一片石》	乾隆年间	"华亭王兴吾宗之评定"	红雪楼
《繁华梦》	乾隆年间	"观察张息圃先生鉴定"	槐庆堂
《全福记》	乾隆年间	"朱石君先生鉴定"	槐庆堂
《乞食图》《鹦鹉媒》	乾隆年间	"同学诸子"	钱维乔
《遗真记》	乾隆年间	不详	惬心堂
《琵琶行》	乾隆年间	"琴斋小筑江三髯夫"	琴鹤轩
《梦中缘》	乾隆年间	"同里杨杏林评点"	不详

书名	刊刻时间	评点者	出版者
《梅花簪》	乾隆年间	"钱塘柴次山评点"	不详
《怀沙记》	乾隆年间	"云间沈学子评点"	不详
《玉狮坠》	乾隆年间	"嘉定张龙辅评点"	不详
《玉田乐府》	乾隆年间	"无梦道人批阅"	锄经楼
《寒香亭》	乾隆年间	"同里素园范梧评点"	怀古堂
《也春秋》	乾隆年间	不详	不详
《玉尺楼》	乾隆年间	不详	雅雨堂
《栖云石》	乾隆年间	"癸亥中秋同学弟张廷乐僭评"	看山阁
《渔村记》	乾隆年间	"青田湘岩居士评点"	妙有山房
《新制增补全琵琶重光记》	乾隆年间	蔡应龙等	不详
《月中人》	乾隆年间	"碧琅卧雪居士评句"	乐真别墅
《新琵琶》	嘉庆四年	"同里成锡田（采卿）评定"	贮书楼
《晋春秋》	嘉庆五年	"铅山世弟心余蒋士铨拜复"	太虚斋
《紫霞巾》	嘉庆六年	"东村氏评阅"	陈烺
《兰桂仙》	嘉庆七年	"皋城程秉铨楠村评点"	藤花书舫
《百花梦》	嘉庆八年	"荆宝高山桃评"	市隐庄
《潇湘怨》《怡红乐》	嘉庆八年	"同里浣红老叟李瘦人评点"	青心书屋
《才子牡丹亭》	嘉庆十三年	"钱塘袁枚子才氏评"	小仓山房

书名	刊刻时间	评点者	出版者
《三星圆》	嘉庆十五年	不详	尺木堂
《万紫园》	嘉庆十六年	张履信	有怀堂
《桂花塔》	嘉庆十七年	"筠亭山人论文"	天香馆
《琵琶侠》	嘉庆十七年	"泰州红豆村樵（仲振奎）评点"	半野草堂
《双鸳祠》	嘉庆二十五年	不详	咬得菜根堂
《鹤归来》	嘉庆年间	"同里周昂少霞评点"	秋水阁
《奇酸记》	嘉庆年间	"防风馆客评"	自然庵
《岁星记》	嘉庆年间	怀荫居士等	自然庵
《催生帖》	嘉庆年间	"蕺山耐斋居士评点"	不详
《帘外秋光》	嘉庆年间	周百顺、朱凤森、孟长炳	不详
《棠宴》	嘉庆年间	孟长炳	不详
《避债台》	嘉庆年间	"琴想居士（许月南）题评"	不详
《梦华因》	道光元年	"季弟青豆山人参阅"	桐阴书屋
《花月痕》	道光七年	"东村氏评阅"	丁学海等
《错中错》	道光九年	徐西云	怀清堂
《补天石》	道光十年	"同人评点"	静远草堂
《东海记》	道光十一年	张曜孙	宛邻书屋
《审音鉴古录》	道光十四年	不详	王继善

书名	刊刻时间	评点者	出版者
《红楼梦》	道光十五年	不详	汗青斋
《合浦珠》	道光十六年	"白沙桂庵居士论文"	不详
《盂兰梦》	道光十九年	彭宗岱	吴青霞斋
《海烈妇》	道光二十一年	"樊圃老人评"	梅花庵
《回春梦》	道光三十年	"长安王元常南圃氏评"	三鱣堂
《江梅梦》	道光年间	"养花精舍点论"	梁廷楠
《昙花梦》	道光年间	"红豆村樵评校"	梁廷楠
《圆香梦》	道光年间	不详	梁廷楠
《断缘梦》	道光年间	"弹红醉客点论"	梁廷楠
《味尘轩四种曲》	道光年间	贺仲瑊、张雨香、周腾虎、	味尘轩
《紫荆花》	道光年间	"善化贺仲瑊美恒评校"	味尘轩
《胭脂鸟》	道光年间	"磁州张餞雨香评点"	味尘轩
《银汉槎》	道光年间	"阳湖周腾虎稻甫评校"	味尘轩
《六如亭》	道光年间	"同郡云门山樵"	赐锦楼
《凤飞楼》	道光年间	"翰难锡淳厚庵批评"	味尘轩
《芙蓉楼》	咸丰元年	不详	不详
《椿轩五种曲》	同治三年	不详	不详
《生佛碑》	同治年间	"同邑汉章史云焕点校"	不详
《茂陵弦》	光绪年间	"钱塘瞿世瑛颖山评文"	卧游草堂

续　表

书名	刊刻时间	评点者	出版者
《脊令原》	光绪年间	"新城陈硕士夫子鉴定"	卧游草堂
《鸳鸯镜》	光绪年间	"新城陈硕石夫子鉴定"	卧游草堂
《桃溪雪》	光绪年间	"武林李光溥俭才评文"	卧游草堂
《帝女花》《凌波影》《居官鉴》	光绪年间	不详	卧游草堂
《芙蓉碣》	光绪九年	"武陵王以慜梦湘评点"	张云骧
《儒酸福》	光绪十年	"萧山倪星垣莲舟评文"	玉玲珑馆
《梅花梦》	光绪十年	"凤仙博士评文"	成都龚氏
《后缇萦》	光绪十一年	"泰州夏嘉谷少舫评点"	泰州夏氏
《木樨香》	光绪十六年	"梁安湖上醉渔评订"	暗香楼
《雁鸣霜》	光绪十六年	"新建心香居士评订"	暗香楼
《雾中人》	光绪十六年	"岭海志道人评定"	暗香楼
《青灯泪》	光绪十六年	不详	希㘞斋主人
《沧桑艳》	光绪三十四年	"合肥张士瑛东甫评点"	豹隐庐
《理灵坡》	光绪年间	"同里王先谦逸梧评文"	杨氏坦园
《麻滩驿》	光绪年间	"善化曾传钧评文"	杨氏坦园
《媲婳封》	光绪年间	"北平魏式曾镜余评点"	杨氏坦园
《再来人》	光绪年间	"同里毛松年季卿论文"	杨氏坦园
《桃花源》	光绪年间	"宜昌吴锦章云毅论文"	杨氏坦园

书名	刊刻时间	评点者	出版者
《桂枝香》	光绪年间	"茶陵慧道人题评"	杨氏坦园
《碧声吟馆丛书》	光绪年间	"海阳停云逸客评点"	碧声吟馆
《西厢记》	清刊	金圣叹	文苑堂等①
《琵琶记》	清刊	毛声山、 毛宗岗	龙文堂等②
《吴吴山三妇合评牡丹亭还魂记》	清刊	陈同、谈则、钱宜	怀德堂、 梦园、 绿野山房、 三多斋、 清芬阁等
《玉茗堂四梦》	不详	"得我斋批阅"	来薰阁书庄
《六十种曲》	不详	石韫玉	不详

---

① 清代文苑堂、文会堂、致和堂、学者堂、渚山堂、怀永堂、学余堂、□业堂、秘园、贯华堂、世德堂、四美堂、宝淳堂、芥子园、文明阁、三槐堂、文德堂、聚古堂、远来斋、舟山堂槐荫堂、三乐斋、新德堂、琴香堂、芸经堂、文德堂、楼外楼、书业堂、九如堂、致和堂、三让堂、金谷园、五车楼、经元堂、文盛堂、裕文堂、益智堂、文苑堂、同文堂、敦化堂、味兰轩、如是山房、映红仙馆、汲修山馆、润宝斋、文宝斋、鸿宝斋、益元局、大中堂、雅言堂、元盛堂、永顺书业、谦益堂、尚德堂、聚奎堂、经纶堂、经文堂、善美堂、维经堂、金谷园等书坊均刊刻了金圣叹评《第六才子书》。

② 清代龙文堂、映秀堂、成裕堂、芥子园、王继善、三多斋、聚锦堂、三益堂、天籁堂、怀德堂、文盛堂、善成堂、石室山房、书业堂、四美堂、两仪堂、琴香堂、文玉轩、步月楼等书坊均刻有毛声山、毛宗岗评《第七才子书》。

后　记

我的博导程国赋先生在"出版文化与文学研究"这个领域取得了很多不错的成果，尤其是国家社科项目"明代书坊与小说研究"，结题获"优秀"等级。记得刚入程门，对于以出版文化研究文学的方法，我十分感兴趣，同时对戏曲又比较偏爱，程师便建议我写戏曲出版方面的论文。于是，我的博士学位论文题目定为"明代戏曲刊刻研究"，主要探讨明代戏曲刊刻的特点及刊刻对于戏曲文学的意义。参加工作后，我以博士学位论文为基础，拟定新的课题"明清书坊对戏曲的影响研究"，于2013年参加国家社科基金的申报。不料，第一次就申报成功。此书稿是课题的最终成果。

我于2017年12月提交了课题的结题材料，2018年专家盲审，全优通过。课题得以申报成功并顺利完成，得到了很多专家学者的支持和帮助。国家社科项目申报，一般要通过学校初选，我的申报书刚开始写得比较粗糙，没有通过初选，当时的科研处副处长傅东平老师建议我转报国家社科"艺术学"单列项目，并给我提出很多宝贵的意见。感谢傅老师的指点。我在论文写作过程中，也遇到了不少困难，尤其是书稿中各种目录表格的整理，需要查阅大量的文献资料，还要到北京、上海、南京等地查阅书籍。幸好，程国赋老师、冯仲平老师以及同门、朋友给我提供了很大的帮助，在此深表感激。

目前，书稿的部分内容已发表，有9篇论文发表在《北京社会科学》、《戏曲艺术》、《云南师范大学学报》（哲社版）、《山西师大学报》（哲社版）、《出版科学》、《美术观察》、《美术学报》、《戏剧文学》等核心刊物，其中5

篇中文社会科学引文索引来源期刊，2篇被中国人民大学复印报刊资料全文转载，1篇获得"广西第十四次社会科学优秀成果奖"论文类三等奖。感谢以上刊物的编辑老师、广西社会科学优秀成果奖的评委对我的支持和鼓励！

由于能力有限，此书稿难免有些遗漏和错误，希望得到同行专家、读者的批评与指正。

廖　华

2020年1月于广西民大